ESCRAVOS DO AMANHÃ
AS ILUSÕES DO PROGRESSISMO

LUCAS BERLANZA
HIAGO REBELLO

ESCRAVOS DO AMANHÃ
AS ILUSÕES DO PROGRESSISMO

70

ESCRAVOS DO AMANHÃ
AS ILUSÕES DO PROGRESSISMO
© ALMEDINA, 2022

AUTORES: Lucas Berlanza e Híago Rebello

DIRETOR DA ALMEDINA BRASIL: Rodrigo Mentz
EDITOR DE CIÊNCIAS SOCIAIS E HUMANAS E LITERATURA: Marco Pace
ASSISTENTES EDITORIAIS: Larissa Nogueira e Rafael Fulanetti
ESTAGIÁRIA DE PRODUÇÃO: Laura Roberti
REVISÃO: Marco Rigobelli e Tamiris Maróstica

DIAGRAMAÇÃO: Almedina
DESIGN DE CAPA: Roberta Bassanetto

ISBN: 9786554270182
Dezembro, 2022

Dados Internacionais de Catalogação na Publicação (CIP)
(Câmara Brasileira do Livro, SP, Brasil)

Berlanza, Lucas
Escravos do amanhã : as ilusões do progressismo / Lucas Berlanza,
Híago Rebello. – São Paulo, SP : Edições 70, 2022.

Bibliografia.
ISBN 978-65-5427-018-2.

1. Brasil – Política e governo 2. Ciência política 3. Conservadorismo
4. Liberalismo 5. Positivismo 6. Progresso – Aspectos morais e éticos
7. Progresso – Aspectos sociais I. Rebello, Hiago.
II. Título.

22-125926   CDD-320

Índices para catálogo sistemático:

1. Ciências políticas 320

Eliete Marques da Silva – Bibliotecária – CRB-8/9380

Este livro segue as regras do novo Acordo Ortográfico da Língua Portuguesa (1990).

Todos os direitos reservados. Nenhuma parte deste livro, protegido por copyright, pode ser reproduzida, armazenada ou transmitida de alguma forma ou por algum meio, seja eletrônico ou mecânico, inclusive fotocópia, gravação ou qualquer sistema de armazenagem de informações, sem a permissão expressa e por escrito da editora.

EDITORA: Almedina Brasil
Rua José Maria Lisboa, 860, Conj. 131 e 132, Jardim Paulista | 01423-001 São Paulo | Brasil
www.almedina.com.br

Agradecimentos do Lucas:

Aos meus pais, José Gomes e Valéria, e a todos os familiares que enriqueceram e viabilizaram a jornada desta existência,

Ao amigo Alex Catharino, pelas oportuníssimas indicações bibliográficas,

Ao amigo e editor Marco Pace por nos dar a chance de enfim trazer à luz este trabalho.

Agradecimentos do Hiago:

Agradeço, primariamente, ao meu pai, João, o homem que possibilitou que eu trilhasse o caminho para esse livro, assim como a minha mãe, Kelvin, que me deu a vida; também será necessário agradecer a Alex Catharino, por suas sugestões bibliográficas que foram imprescindíveis para a escrita deste livro, assim como também quero agradecer ao editor e à Edições 70 por terem aceito a ideia deste projeto -- mas, acima de tudo, agradeço a Deus, por ser a derradeira Fonte para tudo o que é conhecível.

Agradecimento mútuo:

Também queremos agradecer a uma amiga em comum, uma amiga progressista, mas que, anos atrás (2012) teve a ideia de apresentar esses dois autores que, agora, questionam a tudo que ela acredita. A História é feita de ironias, afinal.

SUMÁRIO

INTRODUÇÃO 13

1. A FALSA LINHA DO PROGRESSO 17
   1.1. Progresso: um problema histórico 18
   1.2. O Homem, Jano e Saturno 30
   1.3. A fictícia escada teleológica 40
   1.4. A impossibilidade do "Mundo Melhor" 65

2. O TRADICIONAL E O NOVO 81
   2.1. O peso do passado e da permanência 94
   2.2. O peso da novidade e da mudança 105
   2.3. O turbilhão humano na tradição e na inovação 112

3. RELIGIÃO, CIÊNCIA E PROGRESSO 131
   3.1. E no caso do cristianismo... 151
   3.2. Religião e progresso racional 158
   3.3. Fé, razão, ciência e progresso social 172

4. O PROGRESSISMO CONTRA O PROGRESSO 183
   4.1. Secularização e progresso? 183
   4.2. O caso do feminismo 200
   4.3. A Torre de Babel 219

ESCRAVOS DO AMANHÃ

5. SOBRE O DESEJO DO MELHOR E O "PROGRESSISMO"
COMO ÉTICA 237
5.1. A ideia de "melhor" como base para a ideia de
"progresso" 237
5.2. O progresso sob a égide dos oitocentos. 250
5.3. A crise do "melhor" e o desastre do "progressismo
contemporâneo" 262

6. SOBRE O CONSERVADORISMO E A BARBÁRIE
DO PROGRESSISMO RETRÓGRADO 275
6.1. O conservadorismo: adequando o conceito
à discussão 275
6.2. A barbárie do progressismo retrógrado. 289

7. O CASO BRASILEIRO: O "MELHOR" E O "PIOR"
EM NOSSA HISTÓRIA 301
7.1. O "melhor" na pátria: do simbolismo do "Fico"
às profundezas do orifício anal 301
7.2. Brasil Colônia, Império, República: o "melhor"
no tempo da pátria 306
7.3. A "primeira mulher" e José Sarney como criador
da cultura brasileira 318
7.4. A "Nova" República: o Brasil não começou em 1988 . 325

8. DISSECANDO A DOENÇA. 333
8.1. O coitadismo na ficção: heroína machista e desenhos
animados fascistas? 338
8.2. O amor à humanidade – mas nem tanto às pessoas . . 345
8.3. "Arte" e arte: o "melhor" jogado no lixo. 349
8.4. As capas imorais do jornal *Extra* 353
8.5. A onda de fascistas e os virtuosos "antifas" 356
8.6. "Estado laico": falar em Deus é crime? 359
8.7. Uma selva de falsa moderação 362
8.8. Pombinhas brancas da paz e o desprezo ao mundo
real 367

SUMÁRIO

8.9. A "comunidade preta" e o verdadeiro racismo 372

8.10. Intelectuais: o caso de Leandro Karnal........... 378

8.11. O avanço da República feminista 379

8.12. A censura e o progressismo 384

8.13. Gênero e família: o teatro do absurdo 389

8.14. Portanto.................................... 395

REFERÊNCIAS 397

INTRODUÇÃO

Por que alguém seria *"contra o progressismo"*? O motivo, talvez, poderia ser uma imagem idílica, reacionária ao extremo, de um passado perfeito, quase imperturbável se não fossem os movimentos de certos grupos agitadores? Não, definitivamente, *não*. Na atualidade vemos grupos revoltados com a *realidade*, protestando e exigindo supostos direitos para aqueles que (tão supostamente quanto) representam, pois seria uma atitude contrária ao progresso humano não atender a suas demandas. Esses grupos são o que nós consideramos como os *progressistas*.

Você, leitor, possivelmente já ouviu falar deles: os que lutam pelos direitos das mulheres, dos homossexuais, dos transexuais, dos trabalhadores, dos negros, dos mais necessitados, dos estudantes, dos professores, dos moradores das favelas, das minorias étnicas, dos bandidos, enfim, dos *Direitos Humanos*. Se é desses progressistas que falamos, podemos voltar à pergunta inicial: por que alguém seria contra o progresso social que estes últimos dizem defender? Seria porque existem progressos diferentes, diferenças conceituais entre progresso e progressismo?

Progressismo e progresso são coisas diferentes. O progresso existe no mais básico hábito, como o caminhar, correr, conversar, comer, etc. Ele ocorre no nível individual, mas também no coletivo. Sociedades podem melhorar a coleta, plantação, os meios de caça, construção, transporte, sistemas de pensamento... e vemos isso, durante nossas próprias vidas, ocorrer a todo ano. O progressismo, porém, é uma noção que abarca cada ínfimo detalhe da vida humana e afirma existir um *telos*, uma direção final e única, para todo o percurso da História.

Muitos sistemas de pensamento já embarcaram nessa noção de progressismo. Nos séculos XVIII e XIX, por exemplo, acreditava-se que as guerras cessariam e que haveria uma paz universal, um futuro justo, sem necessidade de violência, coerção, opressão e dominação. De maneiras diferentes, várias correntes de pensamento caíram nesse esquema teleológico para tratar o Homem. O positivismo, o comunismo, a Paz Universal de Kant (1724-1804), a Filosofia da História de Hegel (1770-1831) e até mesmo o liberalismo (Adam Smith e Stuart Mill) já tiveram em seus sistemas uma noção finalista através do progresso[1].

Nenhum dos progressismos acima era igual ao outro. Uns acreditavam que a sociedade de mercado traria o progresso inevitável e alavancaria o Homem (*em essência, sempre*) às alturas; outros acreditavam que a luta de classes, em aliança com uma dialética histórica, levaria a humanidade a um progresso contínuo, linear e certeiro para uma utopia no futuro. No século XX, eis uma novidade, acreditou-se que separar as nações e raças política e geograficamente ajudaria no progresso global, pois a miscigenação criaria condições biológicas para doenças, problemas cognitivos e estagnação tecnológica. Uma ideologia bastante conhecida e muito influenciada por esse último tipo de concepção de progresso foi o nazismo – e sabemos o que aconteceu depois.

Não ficaremos, contudo, presos apenas aos exemplos do passado neste livro. A noção de progresso total não foi sepultada, mesmo falhando sucessivamente. Hoje se acredita numa "Justiça Social" indispensável para toda e qualquer nação, sociedade e cultura. Aqueles que não se curvarem às medidas consideradas "modernas" serão os retrógrados, conservadores, reacionários.

O tipo de progresso que defendem atualmente é um que, arbitrariamente, deve transcender a tudo e todos. Sem leis para cercear qualquer discurso que incomode a comunidade LGBT, por exemplo, tem-se

---

[1] Algo tão comum na época que até o Pai do Conservadorismo, Edmund Burke, autor que será muitas vezes citado no decorrer deste livro, o tinha em suas propostas e críticas.

um país, um corpo legislativo e social, *criminoso*, homofóbico. Outras demandas afirmam que uma condição *sine qua non* para uma sociedade avançada, humanista, bela e sem preconceitos abolir a diferenciação sexual de banheiros, assim como admitir o aborto, desmilitarizar a polícia e abolir a religiosidade dos meios e espaços públicos.

Sem a devida atenção para as minorias, dentro desses parâmetros do progressismo do tipo "woke", não se pode ter uma sociedade moralizada, ser uma pessoa boa, justa, valorosa. Sem tais virtudes progressistas, qualquer um é taxado como um monstro. Aqueles que questionam, discordam ou não aderem a tal tábula de novíssimos valores são necessariamente contrários ao andar da humanidade para um futuro igualitário, onde todos *devem* seguir os preceitos morais criados por ideólogos e filósofos em seus bem arejados, limpos, mobiliados e prestigiados *gabinetes*.

Este livro, escrito originalmente há cerca de cinco anos e recentemente incrementado com considerações atualizadas, é uma resposta ao progressismo, sob as perspectivas de dois autores que se distinguem em algumas aplicações particulares das premissas adotadas e no estilo das abordagens que desenvolveram, mas se conjugam no foco de preocupação e no alvo a ser contestado. Aqui serão expostas as contradições internas (e aquelas para com a própria realidade) das crenças progressistas, assim como as incongruências históricas que atingem o cerne da noção que têm de "retrógrado", "conservador", "tradicional", "moderno", "novo" com a própria linha temporal que abarca a humanidade.

A falta de coesão, alimentada pela carência de autocrítica séria, é o que impulsiona tais movimentos contemporâneos ao ativismo irracional, para propostas que aviltam as crenças e valores perenes que compõem toda e qualquer sociedade humana; mas também é um golpe contra a racionalidade, a coerência, a honestidade, a Verdade e a realidade – há, porém, uma ressalva: não trataremos exclusivamente de uma esquerda mais "ortodoxa", voltada para a infraestrutura econômica que ampara a superestrutura cultural. Esse tipo de esquerdismo antigo está quase morto e foi gravemente modificado, ainda que não em sua totalidade, pela *New Left*, a cismática ala que, nos dias que correm, domina o pensamento do que seria a esquerda.

ESCRAVOS DO AMANHÃ

Contudo, este livro também é para sujeitos que *não* são de esquerda. Liberais, libertários, apolíticos e mesmo conservadores que não necessariamente concordam com as propostas econômicas e políticas da esquerda, mas ainda assim creem em um progresso total e essencial impulsionado pela ciência, tecnologia, economia etc. – ainda que de maneira não sistemática, carecendo de um pensamento ideológico ou filosófico profundamente organizado e cimentado, como as filosofias positivistas e marxistas.

Esse trabalho, porém, não possui o intuito de ser um livro de Filosofia, História ou Teoria da História. O histórico da humanidade será de grande importância e seu uso se mostrará no decorrer de boa parte dos argumentos, assim como a reflexão sobre como a História se "comporta", como os Homens agem no decorrer do tempo, porém não haverá nenhum foco específico na história do progressismo, apesar de a mesma estar inserida na discussão.

O propósito do livro é ser crítico e expositivo, ao invés de ser um trabalho teórico-historiográfico que abre uma linha temporal de eventos, autores, contextos e uma discussão bibliográfica e conceitual a respeito, apesar de beber consideravelmente da teoria da História, de historiografias e de algumas filosofias – tais elementos estão presentes de maneira dividida, sem a configuração sistemática e formal de uma obra acadêmica, como as que nos serviram de base teorética, bibliográfica e contextual.

Aqui, caro leitor, as entranhas dos que se (e *nos*) colocaram sob o jugo do "amanhã" serão expostas. Muito do que é considerado como um fato dado, tal qual o Estado laico ter que se afastar da religião, ou o feminismo ser a força motriz que sempre levantou as mulheres da opressão masculina, será questionado em seus conceitos mais elementares e importantes para suas estruturas ideológicas.

Serão criticados os que colocam sempre o futuro como algo idílico, como uma base em que devemos pautar nosso presente, julgar nosso passado e algo que necessariamente seguirá a receita dos grupos interessados em *fazer* a História, para criar um mundo melhor ao seu molde e de acordo com suas medidas, colocando todos os critérios racionais, éticos e morais abaixo de suas ideologias do futuro, tornando-se servos, escravos do mesmo inexistente e imprevisível *amanhã*.

1.

A FALSA LINHA DO PROGRESSO

O que seria o avanço, o andar evolutivo de uma sociedade e de uma cultura? O "progresso" humano existe? Se existe, pode ser quantificável, qualificável e observável satisfatoriamente para ser medido, estudado e mesmo impulsionado? O progresso é vivido e acessível por e para toda a humanidade? Se sim, de que modo? De uma maneira integral, uniforme, única e irrepreensível, ou plural e incerta?

Para tal, será indispensável ir além do que se entende por causas e ganhos sociais na atualidade. Quando se proclama uma melhoria futura e moderna (a do casamento gay, por exemplo), como um "andar para frente", imputa-se automaticamente a concepção de um presente que se separa de um passado atrasado, inferior, para seguir rumo a um futuro promissor. Essa característica, em grande medida, é de uma questão *histórica*, isto é, referente aos componentes da *História do Homem*.

Para observar os problemas estruturais e constitutivos do progressismo, portanto, será necessário adentrar na natureza da História, isto é, sobre como a História se "opera" na humanidade, em como as civilizações e sociedades se comportam com o passar do tempo e como os eventos e as condições históricas se apresentam. Se o progresso existe, ele só faz sentido dentro de uma concepção temporal e, admitindo sua existência, também há um tipo de parâmetro para classificar o que seria um atraso ou um avanço causado por tais movimentos no decorrer do tempo. Para tal empreitada, algumas perguntas inevitavelmente precisarão ser feitas: o que determinaria e comporia tais movimentos? Quais seriam seus cernes, suas características marcantes e atributos para alavancar a humanidade para "o alto", ou "para frente"?

No intento de responder essas perguntas, se torna necessário tratar do que seria esse avanço, verificar se ele se mostra homogêneo ou, caso não, como pode existir na extrema quantidade de heterogeneidades das sociedades humanas, em sua rica e longa História.

1.1. Progresso: um problema histórico

Este primeiro subcapítulo dará as questões que os demais desenvolverão, porém, em um primeiro momento é preciso dizer que negar a existência de todo e qualquer progresso[1] é, sobretudo, um *suicídio intelectual*, já que é como negar uma evidência que pode ser observada diariamente. A noção de "progresso" atinge todas as instâncias da vida. Quando alguém aprende a escrever, a tocar piano, a ler, aprende um novo idioma e a se comportar em público, está em jogo um nível de evolução deste alguém nesses assuntos. Se não existem melhorias, então também a existência de valores está comprometida. Quando *tudo* é igual em valor, apenas sendo diferente de acordo com a circunstância temporal, cultural ou, pior ainda, subjetiva, perde-se os parâmetros para se avaliar as coisas, como se o cosmos inteiro se tornasse insosso, equilibrado ao extremo, *estagnado*.

Se tudo fosse equivalente, por sua vez, todos os critérios para classificar ou até mesmo distinguir as coisas seriam inevitavelmente perdidos. O progresso entra nessa questão epistemológica porque, ao ser negado, nega-se ao mesmo tempo elementos que podem pautar o conceito de progresso – que é, em resumo, os de *incremento* e *melhoria*. Um exemplo pode ser dado, nesse sentido: negar em absoluto o progresso em uma

---

[1] O termo "progresso" é de uso e entendimento comum em nossa sociedade. De fato, o termo pode ter uma variação de significados enorme, podendo ser aplicado para todo e qualquer movimento que melhore, se incremente ou se realize. Em essência, ele significa o avanço ou andamento de algum movimento, e é com esse significado que será usado.

1. A FALSA LINHA DO PROGRESSO

sociedade que produz mais alimentos em um tempo presente em comparação a um tempo passado é, por consequência, desconsiderar o acréscimo numérico que esse tipo de progresso necessita.

Considerando que, no senso comum, qualidade não raramente é confundida com quantidade, dizer que alguém escreve melhor hoje do que quando começou a ser alfabetizado é querer dizer que ele conhece e aplica *mais* regras ortográficas e gramaticais e comete *menos* erros nas mesmas. Negar esse tipo de progresso é, na prática, não aceitar a razão categórica de *quantidade*, onde o número maior de acertos e conhecimentos *não* pode ser *equivalente* ao número menor dos mesmos produzido no passado.

Outros critérios podem definir o progresso. O que define o progresso na ciência, por exemplo? É a aproximação com a Verdade, isto é, a melhor descrição da realidade. Pensemos em Louis Pasteur (1822-1895) e a sua refutação da *teoria da geração espontânea*. Ao comprovar que moscas não nascem da carne apodrecida espontaneamente sem a deposição de ovos, ele alcançou, ou não, o entendimento da realidade sobre a geração, se aproximando da Verdade? Se o progresso não existisse factualmente nesse caso, então não haveria problemas em dizer que é verdade que moscas nascem espontaneamente da carne em decomposição e ao mesmo tempo afirmar, como fez Pasteur, que não. Tudo teria a mesma validade e nada seria melhor ou pior, na ciência.

Quando a negação do progresso parte para o campo da moral, a situação piora. Qualquer um dirá que todo discurso igualmente *não vale nada*. Uma teoria racista do início do século XX tem a mesma validez da teoria que nega o racismo, assim como qualquer ideologia tem o mesmo valor que outra ideologia, como a nazista, pois nada pode ser medido pelo valor, por conceitos imutáveis de certo e errado, bem e mal.

Mais exemplos podem ser dados: ao afirmar e defender a inexistência de progressos sólidos, o afirmador está dizendo que um *estupro* equivale à defesa de alguém que é estuprado, ou que acolher alguma vítima de assédio tem o mesmo valor que deixá-la sem amparo; que lutar pela vida de alguém é de igual valor a matar essa pessoa. Inúmeros exemplos podem ser adicionados. Nada importaria se não

ESCRAVOS DO AMANHÃ

existisse melhoria, evolução, progresso na cultura humana, ou na *ação humana*[2].

Esse pensamento que prega a igualdade absoluta de tudo o que contorna o Homem ocorre por um motivo: *a negação da Verdade*. Sem a Verdade, ou admitindo a total impossibilidade de alcançá-la, tudo se torna homogêneo em uma convenção social ou individual, pois não existe um parâmetro geral para balizar alguma coisa. Basicamente, quem nega o progresso e, portanto, a capacidade humana de chegar à Verdade, te diz: *"eu não estou dizendo a Verdade"*.

Dadas essas contradições essenciais, só há uma via para se seguir: o progresso existe. Se o avanço existe, como identificá-lo? Em nossas vidas, não há tarefa mais fácil. Se alguém está desempregado e arranja um emprego, há uma melhoria econômica, contudo também vemos diante nossos olhos o progresso quando enriquecemos nosso cabedal cultural, lendo, pesquisando, estudando; há também um progresso da coletividade, quando grupos conseguem se comunicar, produzir, consumir e se locomover com mais eficiência.

---

[2] Também existem, é verdade, os progressos relativos, espaciais, temporais e circunstanciais. Alguns não nos interessam neste livro, no entanto vale a explicação do primeiro e a relação que os últimos possuem com o conceito de progresso – alguém que caminhe por uma via e que tenha como meta chegar até algum ponto, efetivamente, progride. Pode ser um progresso subjetivo, como a meta de simplesmente ler embaixo de uma árvore no ponto C, que leva alguém a atravessar os pontos A e B, mas também é um progresso espacial, onde o caminhante necessita percorrer o espaço para alcançar seu objetivo, assim como também é um progresso temporal, onde um determinado tempo necessitou ser progredido para atingir o destino. A palavra "progresso" vem do latim *progredire*, mas tem sinônimos que são usados com o mesmo intuito: *processus* era usado tanto com o sentido de "processo", mas também com o sentido de progresso, fosse temporal, espacial, pessoal ou qualitativo. Todo progresso, afinal, é um processo, um movimento. O progresso relativo, ou pessoal/subjetivo, por seu turno, possui a possibilidade de não ter uma relação com a Verdade descritiva ou moral, como nos exemplos citados acima. Ele é pautado e balizado pelo objetivo de um indivíduo, ou grupo. Esse tipo de progresso, porém, não consegue esgotar ou resumir o conceito, já que ele é fechado e relativo a uma meta ou vontade.

1. A FALSA LINHA DO PROGRESSO

A facilidade de constatar o desenvolvimento progressivo do Homem morre, porém, quando tentamos jogar estes conceitos no oceano de pluralidades que é a humanidade – ao dizer "humanidade", não me refiro apenas à contemporânea, mas sim *a de todas as épocas*. Há mais mortos do que vivos na humanidade e, durante sua trajetória no tempo, as disparidades culturais, qualitativa[3] e quantitativamente falando, estão em níveis astronômicos.

Pense em alguém relativamente próximo a você. Uma avó, quem sabe? Agora a imagine com vinte e três anos de idade, em um mundo de décadas e décadas atrás. Como aplicar os valores que foram descobertos, ou redescobertos, há pouco tempo para sua jovem avó? Temos aqui uma óbvia trava de juízo, pois em tese não faz sentido aplicar parâmetros atuais em períodos onde eles simplesmente não existiam, ou pior: impor tais preceitos de valor em épocas que foram necessárias para *formar* os mesmos preceitos. Somos filhos do passado e, portanto, devedores das construções passadas necessárias para o mundo presente.

Sem um passado, não há como ter um presente, um futuro. Julgar taxativamente a sua avó de vinte e três anos como "homofóbica", com o mesmo peso de hoje por conta do mundo em que ela vivia não faria sentido. Sem as dinâmicas e assuntos do século XX, o século da mãe, de seu pai, de seus avós e bisavós, com certeza o conceito do que é homofobia não poderia ser criado, delimitado e apresentado como nos é hoje, mesmo que tenha pouco ou não nenhum significado para as pessoas da época de sua avó, assim como não tem para certas pessoas atualmente.

A temporalidade não é o único fator contido no cálculo em questão. Se as diferenças se dão no tempo, só se dão pelo fator antropológico e plural da humanidade, das culturas. Da mesma forma que não faria sentido ter *certos* juízos sobre algumas décadas atrás, não os faz ter sobre culturas muito distantes, diferentes. Tratando-se da matéria *História*,

---

[3] A qualidade de algo é um atributo descritivo que está além da quantidade, como por exemplo a qualidade de uma parede possuir alguma cor, ou algo ser "gramático", "histórico", "biológico". Uma qualidade alcançada por algum progresso pode ser como uma pessoa se tornando letrada, em relação comparativa ao estado de iletrada que ela detinha antes.

ESCRAVOS DO AMANHÃ

o crime de julgar o passado fora de seus parâmetros para enaltecer os da época do julgador chama-se *anacronismo*[4]; já o mesmo crime, tratando-se de antropologia, para com culturas distintas e diversas, quando quem julga põe sua cultura (ou grupo) como um molde para as demais, se chama *etnocentrismo*.

Se para alguém próximo, possivelmente ainda vivo, se torna no mínimo complicado o julgamento da vida e da época em que viveu, imagine tentar realizar o mesmo com tempos mais remotos ainda. Tente julgar os levitas de Israel nas proximidades ao ano mil antes de Cristo, ou a sociedade cartaginense do período das guerras púnicas, um povo germânico durante o ocaso do Império Romano Ocidental, uma população indo-europeia invasora do subcontinente indiano, no segundo milênio A.C.; quem sabe com a sociedade do Reino do Congo de séculos atrás, ou a União Ibérica do século XVI e o Império Britânico do século retrasado; as tribos indígenas no norte da América do Norte do século XVII. Os exemplos são intermináveis.

Quanto mais nos distanciamos no passado, mais nos afastamos de nossa cultura atual, privando-nos daquilo que nos cerca em vida, começamos a vislumbrar o *diferente*, o *estranho*. Ao mergulhar no "outro", ficamos sem as normas da nossa realidade, pois entramos em um espaço de outras normas. Analise o espírito, a economia, a política, a sociedade, ciência, filosofia e cosmovisão do Homem medieval, por exemplo, e verá que não só os paralelismos contemporâneos são poucos, como também aqueles que se conservaram até hoje *são frutos da sociedade do medievo para a nossa, e não o oposto*.

A irradiação do futuro para o passado não existe. O que existe é uma projeção epistemológica do indivíduo do presente para o passado. Quando projetamos o presente nos tempos de outrora, a interpretação é deficiente, podendo criar estudos com conclusões aberrantes[5].

---

[4] Um problema conceitual e terminológico que sempre assombrou as escolas históricas – BLOCH, Marc. *Apologia da História ou o ofício do historiador*. Rio de Janeiro: Zahar, 2001, p. 135-153.

[5] É impossível estabelecer uma interpretação das fontes sem nada apriorístico em nossas mentes. Sabe-se, no entanto, que também é da mesma impossibilidade

1. A FALSA LINHA DO PROGRESSO

Contudo, *seria possível existir o juízo sobre a História, levando em conta a falta de parâmetros de lugares e épocas que não são os nossos?* E se é impossível, *não estaríamos entrando na contradição pueril do relativista*, como já demonstrada acima?

Caso os parâmetros sejam invariavelmente mutáveis em suas *totalidades*, não poderíamos jamais tecer algum juízo sobre o passado em nossos estudos. Se a humanidade fosse tão mutante através das eras, perderíamos os parâmetros existentes descobertos ou criados em períodos passados. Seria, então, a História imbuída de um denso e insolúvel relativismo cultural, ou em um imobilismo epistemológico absoluto?

Para encontrar uma solução para essa pergunta, é preciso entender *como a natureza da História se comporta*. Sistemas de pensamento, como filosofias, ideologias políticas e econômicas, muitas vezes pretendem tocar no *cerne* do Homem, quer de maneira transcendental, crendo em algo para além da matéria, quer de modo materialista. Partes desses grandes aparelhos de pensamento, portanto, colocam seus dedos no passado e teorizam em cima dele – "*o que move a História?*". Essa pergunta ainda ecoa na historiografia contemporânea e já foi vital para muitos sistemas de pensamento no passado.

Nos séculos XVIII, XIX e XX – e em menor medida, até hoje – uma interpretação forte e pretensiosa se apoderava das mentes na Europa: *o motor da História estava na Luta de Classes*. Mesmo antes de pensadores como Karl Marx (1818-1883) e Friedrich Engels (1820-1895), homens como François Guizot (1787-1874) colocavam crédito na ideia de uma dialética de classes que, enfim, fazia os grandes acontecimentos da humanidade ocorrerem – mas o marxismo, graças ao seu sucesso teórico no século passado, é um grande exemplo a se ater. Marx estudava o Homem, a sociedade, a História e para suas teorias terem sentido, era preciso delinear como era possível a humanidade ter chegado até o nível de sua época. A proposta de que haveria uma *infraestrutura econômica* – escorada e originada pela relação de trabalho entre dominantes

---

o oposto, isto é, ter o peso das composições apriorísticas de nossas vivências de forma total e intransigente ao olhar para o passado, como se os vestígios do mesmo fossem totalmente mudos.

e dominados – e uma *superestrutura cultural* – sustentada e causada pela infraestrutura –, com a ocorrência de conflitos e tensões no decorrer dos tempos, criando uma luta de classes e uma dialética temporal entre os dominantes e os dominados, era valiosa ao pensamento marxiano.

Marx, para que sua teoria fosse minimamente lógica, teria que colocar essa infraestrutura e o conceito de classes para toda a humanidade, não importando região, tempo ou qualquer outra característica. Todos os Homens caberiam em seu "desenho", pois caso não fosse assim, o esquema da infraestrutura e superestrutura seria mutável, podendo se inverter e, é claro, estaria sujeita aos outros fatores que possibilitariam essa mutabilidade. O autor, portanto, acreditava em um progresso positivo, irrefreável e constante na humanidade. Os *modos de produção* da infraestrutura determinariam qual estágio a humanidade estaria para, no fim, alcançar a *utopia*.

O pensamento de Marx era, portanto, *progressista*. Ele defendeu em uma escalada para a perfeição, um futuro sempre superior ao passado e, tentando demonstrar isso, usou de pronunciados totalizantes, ou seja, de elementos que *precisam* ser comuns para *todos* os Homens em todos os lugares e em *todas* as épocas que levariam a humanidade a ter um caminho similar ao das sociedades europeias industrializadas. Daí que se origina o famoso anacronismo reducionista de Marx, pois este reduz a *causa* das mudanças históricas a um fator material de base econômica[6]. As diferenças culturais notórias entre os povos, estas que são decisivas para o modo como uma sociedade irá se desenvolver com o tempo, são postas "de lado" por conta de uma infraestrutura econômica de

---

[6] Apesar de que, verdade seja dita, a História para Marx não se resumia apenas ao fator material e econômico, as *causas* podiam ser traçadas pelos modos de produção, pela configuração social constituída pela produção e a relação com a matéria. Ainda que não seja integralmente atrelada a um economicismo, é inegável que o pensamento marxiano defende que os motores da História advêm de uma dialética de base totalmente material, esta que seria o pináculo das estruturas da humanidade e definiria todo o restante das características e os movimentos da História.

1. A FALSA LINHA DO PROGRESSO

classes dominadas, porque a luta dessas classes seria o lastro de toda e qualquer sociedade, de todo e qualquer movimento histórico[7].

O positivismo pode ser outro exemplo, pois, como diz o próprio nome da ideologia, nele se defende uma melhoria sempre positiva na humanidade. Auguste Comte (1798-1857) acreditava em progressos concretos, podendo ser estes apenas materiais e científicos, para pautar e alavancar a humanidade. Esses progressos levaram a humanidade ao estágio onde os europeus estavam, na época de Comte, com esse parâmetro europeu sendo o "espelho" histórico para todas as outras sociedades.

A falsidade de tais teorias e crenças ideológicas está no fato de totalizarem algo muito particular da cultura em que estão inseridos para todo o resto do globo, negando a pluralidade ao estudar os povos. *Eles erraram por não serem suficientemente relativistas*; mas qual é o limite de um relativismo cultural voltado para a História? Os parâmetros usados para tratar de um determinado povo só poderiam ser relativos ao próprio povo, e não de elementos alienígenas a ele?

Esse questionamento já aparece na antropologia de Franz Boas (1858-1942), que problematizava a comparação entre a cultura ocidental, em sua época, com as culturas ditas "primitivas". Boas já chamava a atenção para o fato de que não existia um processo uniforme e único

---

[7] *"Até hoje, a história de toda a sociedade é a história da luta de classes.*

Homem livre e escravo, patrício e plebeu, senhor e servo, mestre de corporação e aprendiz – em suma, opressores e oprimidos sempre estiveram em oposição, travando luta ininterrupta, ora velada, ora aberta, uma luta que sempre terminou com a reconfiguração revolucionária de toda a sociedade ou com o ocaso conjunto das classes em luta": ENGELS, Friedrich; MARX, Karl. *Manifesto do partido Comunista*. São Paulo: Penguin Classics/Companhia das letras, 2012, p. 44. – Não é difícil encontrar esse pensamento circunscrito em todo o trabalho de Karl Marx. De fato, pode-se notar essa dicotomia dialética entre as obras de Marx desde seus 26 anos de idade, nos *Manuscritos econômico-filosóficos*, que consistiam em cadernos do jovem Marx, apontando o surgimento do *Trabalho Estranho* e como este moldava a História humana: MARX, Karl. *Manuscritos econômico-filosóficos*. São Paulo: Boitempo, 2014, p. 79-90.

ESCRAVOS DO AMANHÃ

de evolução cultural, mas sim vários casos diversos[8]. Uma cultura não era mais ou menos avançada por conta de elementos biológicos[9] ou determinados pelo meio natural e social que inclinava todos os Homens para os padrões europeus. Boas foi o primeiro a defender e a demonstrar que não existe um sistema único que obrigatoriamente paute toda a sociedade humana.

A constatação de Boas pode ser usada para solapar toda e qualquer comparação entre as culturas? Não faria sentido afirmar que a lança é inferior ao rifle para catalogar, de algum modo, a sociedade que usasse a lança como arma de caça ou de guerra, pois o rifle não faria parte daquela sociedade? A resposta seria negativa, caso o progresso comparativo entre as culturas não existisse.

O argumento de Boas possui sentido para fazer uma análise exclusiva de um povo estranho ao seu próprio, pois leva em consideração a singularidade e o espaço da população estudada. Uma interferência externa na análise, de fato, não faria sentido quando se quer estudar o aspecto particular de uma população, pois seria uma "contaminação" na abordagem, tirando uma cultura de sua singularidade para pôr elementos arbitrários de outras, criando uma interferência sem nexos dentro da pesquisa[10]. A tese de Boas, esta que sustentou parte do que é o relativismo cultural, é bem lúcida ao tratar o estudo de uma cultura naquilo que é *relativo a ela*, e o autor não desconsiderava o progresso cultural, ou colocava tudo em igual valor[11].

O preciosismo absoluto ao analisar uma cultura, porém, também carece de sentido. Culturas totalmente isoladas em si mesmas não fazem sentido. Mesmo aquelas extremamente afastadas tiveram ligações no passado com outras culturas, antes de seu isolamento. No caso da antropologia, que trata de estudos *contemporâneos*, o argumento de

---

[8] BOAS, Franz. Os métodos de etnologia. IN: CASTRO, Celso (org). *Antropologia Cultural*. Rio de Janeiro: Zahar, 2004, p. 47.

[9] Como acreditavam alguns cientistas da época.

[10] BOAS, Franz. *Alguns problemas de metodologia nas ciências sociais*. Ibid., p. 31-32.

[11] Ibid., p. 61.

1. A FALSA LINHA DO PROGRESSO

que não se pode analisar uma cultura sob o prisma de outra dura até a intenção de estudo mudar. Em um *estudo comparativo*, o relativismo cultural como uma ferramenta para analisar uma cultura dentro de si mesma não faz sentido.

É certo que Boas, ao refutar o cientificismo existente nas ciências sociais, dizimou os argumentos que defendiam uma "cultura global" para a humanidade, destruindo um tipo de universalismo integral de moldes ocidentais para todos os povos no globo. Essa superação de uma antropologia eurocêntrica, porém, não anula o uso de comparações culturais, ou mesmo a constatação de certas superioridades ou inferioridades. Vê-se o que o Império Britânico conseguiu com seus rifles, por exemplo, e compare isto com uma tribo africana, ainda muito dependente do uso da lança. Muitos poderiam afirmar que tal comparação seria descabida, imprópria e sem sentido, pois seriam culturas muito diferentes; no entanto, esse descabimento só seria verdadeiro se a pesquisa fosse totalmente focada e centrada na tribo em questão, relativizando os parâmetros apenas para a sociedade pesquisada. A investigação e conclusões advindas de um esforço comparativo não podem ser inadequadas em si, pois esse esforço não necessariamente centraliza uma cultura em detrimento de outra.

O estudo comparativo, ou o mero intuito de comparar diferentes culturas em áreas similares, não é algo condenável em si. Para começar, qualquer estudo antropológico terá o viés comparativo da cultura e da sociedade do antropólogo – as categorias classificatórias da vida e dos ritmos sociais são retiradas de um "terreno" cultural pré-determinado, quer o pesquisador queira ou não. Se alguém pesquisa a guerra ou a religião, a família ou a relação entre as estações e a concepção de universo de uma tribo, a pesquisa é feita dentro de categorias de análise que dependem de uma comparação intrínseca. Se falam da guerra em um povo, é inevitável que a guerra, como é concebida pela cultura do antropólogo, entre em cena no momento da observação, assim também vale para a dança, para a festa, para o canto, etc.

Essas categorias são conceitos abstratos, algumas chegando ao ponto de serem universais, como o conceito de "virtude" ou de "mal", mesmo com todas as diferenças culturais existentes entre as sociedades.

ESCRAVOS DO AMANHÃ

Estudos que visam comparar esses conceitos comuns, ou elementos extremamente similares entre duas culturas diferentes, não podem simplesmente ser apagados por um relativismo cultural extremado – caso oposto, seria o mesmo que admitir que todo elemento cultural humano distante é incomunicável para o antropólogo, o que faria com que a antropologia perdesse sentido de existir.

Essa questão não é nova. Christopher Dawson (1889-1970), em 1929, já apontava esse erro fatal do relativismo na obra de *Oswald Spengler* (1880-1930), que acreditava que cada cultura era fechada em si mesma, onde a comparação do melhor e do pior entre diferentes culturas não seria possível. Se as culturas não podem ser comparadas, se não existem critérios comuns para avaliarmos qualquer coisa entre duas culturas, perderíamos a capacidade de diferenciá-las.

Se dermos crédito ao relativismo cultural exacerbado, teremos que aceitar o fato de que:

> Cada cultura é um mundo em si mesma, hermeticamente selada contra toda influência de fora e impermeável aos olhos do resto do mundo. E Spengler não consegue explicar como ele ou como qualquer outra pessoa pode captar o processo de vida de um organismo diferente daquele do qual faz parte, mesmo pelo exercício do 'tato fisionômico'. Porém, essa ideia é irreconciliável com todo o curso da história da humanidade, que nada mais é do que um vasto sistema de relações interculturais.
>
> Mesmo nas coisas externas, podemos ver como a vida de um povo pode ser transformada por alguma invenção ou arte de vida que tenha sido tomada emprestada do exterior, como é o caso da introdução do cavalo em meio aos índios americanos pelos espanhóis[12].

O exemplo dado por Dawson é forte: por que índios norte-americanos iriam se interessar pelo uso do cavalo, algo vindo de uma cultura estrangeira? Se a cultura de equitação espanhola fosse intransponível para a percepção indígena, caso as culturas fossem absolutamente

---

[12] DAWSON, Christopher. *Progresso e Religião:* uma investigação histórica. São Paulo: É Realizações, 2012, p. 92.

1. A FALSA LINHA DO PROGRESSO

relativas apenas a si próprias, então como os índios perceberam as vantagens do uso de cavalos?

A cultura indígena, tanto quanto a cultura espanhola de séculos atrás, apesar das diferenças colossais entre uma e outra, estavam assentadas sobre algo que embasa, opera e manda em toda cultura: a *realidade*. Só com a percepção do *real* proveito do cavalo, os índios puderam mudar sua cultura e acrescentar algo que era, inicialmente, alienígena.

Na História, como já dito, esse tipo de ótica relativista também tem suas razões, pois nos arma uma trava no julgamento que previne a interferência de características estranhas às sociedades de tempos passados, por isso o sério estudo histórico só pode ser realizado com a análise das fontes – em especial as primárias, porém também as secundárias, que só detêm a sua validez *em função de terem tido contato com as fontes primárias.*

As fontes são os materiais que ecoam o passado através dos tempos. Monumentos históricos podem servir de fontes, como templos, teatros, casas, palácios, torres, castelos, aquedutos, túmulos etc.; porém coisas simples e pequenas também, tais quais ânforas, lâmpadas, agulhas, facas, pentes, cacos, roupas, joias – carros, latas, geladeiras, torradeiras, motores, computadores, óculos, cestas de lixo e telefones, caso se vá tratar de algo mais próximo –, assim como *documentos escritos*. Tudo o que se compõe em uma época é produto da História. Literalmente, um rabisco em um guardanapo sujo pode dar muitas informações aos historiadores. A *Ilíada*, por exemplo, nos dá uma noção da religião, entretimento, hierarquia e poder na Grécia do período arcaico, mesmo sendo uma criação literária com o intuito de *entreter* – e é tão rica historicamente que nos presenteia, até mesmo, com a visão que os gregos da época detinham sobre as sociedades gregas *anteriores* às deles. Com o cruzamento das fontes, cria-se uma imagem do passado. Mesmo dados que, aparentemente, não são conexos, podem dar ao menos uma ideia de passagem temporal de um período para o outro, criando assim um quadro onde podemos visualizar a situação de povos, eventos e características de eras pregressas.

Com essas possibilidades abertas pelas fontes, o cientista da História pode conjecturar e teorizar, comprovar e demonstrar suas ideias e perspectivas. Mas as fontes não são absolutas. Se elas, por um lado, nos dão os parâmetros de análise de uma sociedade do passado, por outro são um produto da humanidade e, como tal, estão sujeitas à mentira, falsidade e desinformação – contudo, apesar desse fato incontestável, é preciso ter a percepção de que o documento só vale como tal porque consegue em alguma medida nos transmitir a *realidade* do passado ao qual pertencia; e se tudo pode ser um documento histórico, então composições que contém mentiras, informações não-verdadeiras (como os famosos falsários) etc., entram no cálculo histórico. O historiador, logo, deverá saber separar o joio do trigo para elaborar de maneira sensata seu trabalho. A História, portanto, *precisa do julgamento*, da comparação de dados, do verificar atento e trabalhoso para saber o que de fato estava ocorrendo no passado.

A razão de o historiador ter a necessidade de colocar um juízo sobre o passado já é uma dependência de pensamentos do tempo presente para com um período anterior. Caso tal reflexão temporal de *nós* para com *eles* inexistisse, o próprio estudo do passado seria estagnado pela impossibilidade de atravessarmos nossa cultura atual para entendermos uma cultura antiga, e o estudo da História seria completamente impossível. De fato, qualquer tato com o passado deveria ser impraticável, se assim fosse: mesmo uma lembrança da infância, ou canções, contos e lendas a respeito de algo que não é do *agora* seriam inexecutáveis.

Ora, sabemos que compreender e visualizar, estudar, cultuar, honrar, lembrar, comemorar aquilo que já passou não apenas é possível, mas é *evidente*. Então como escapar do anacronismo? Como não pecar, não cair no erro de julgamento descabido com conceitos unicamente de nossas épocas, com pensamentos e entendimentos singulares de mentes contemporâneas, como tantos ideólogos, filósofos e historiadores já fizeram? E, afinal, o que tudo isso tem a ver com o progressismo?

1.2. O Homem, Jano e Saturno

Na mitologia romana existe um deus chamado Jano. Essa divindade teria se estabelecido em uma região da península itálica e lá criado

1. A FALSA LINHA DO PROGRESSO

uma cidade, dando a agricultura para a população e estabelecendo a ordem. É Jano que propicia abrigo, em alguns relatos mitológicos, para Saturno, depois que este é destronado por Júpiter.

Saturno – deve-se lembrar que essa divindade é *Cronos*, em grego, isto é, o *Tempo* – presenteia Jano por conta do refúgio. O titã destronado, como recompensa, concede a capacidade de ver o passado e o futuro, o que faz Jano ter duas faces: uma para frente e a outra para trás – o mês de janeiro, *januarius,* é o mês de Jano, ou seja, o único período em que se pode olhar para trás, para o ano anterior, mas também para frente, o ano novo.

Somos um pouco como o deus Jano. Não temos a total habilidade de observar o que virá, ou assistir com perfeição o que já veio, porém, com a interferência do tempo temos a capacidade de *ver* o passado e possuímos também a prudência para visualizar – mesmo que de modo precário, limitado – o que *acontecerá.* Sabemos que amanhã o sol nascerá, pessoas morrerão, bebês nascerão. Pode-se ir além: temos certezas *absolutas* sobre o futuro, como o fato de que, em algum dia, morreremos – há também o fato de que certas previsões, sofisticadas ou banais, estarem corretas, como se uma guerra ocorrerá ou se choverá no dia seguinte. Ninguém conhece uma pessoa que já errou em *todas* as previsões que fez em vida.

Em relação ao passado, sabemos que nossos pais tiveram uma história, que o mundo antigamente era diferente de hoje, que existe mudança com o passar dos anos, décadas, séculos, milênios. O que passou não existe mais, mas *existiu.* Resquícios dos tempos de outrora podem ser vistos com facilidade, contando-nos sobre o mundo antigo, ecoando uma realidade que já não é mais a atual.

Os Homens são aqueles que, como Jano, têm a capacidade de se colocar entre os diferentes "espaços" temporais, de observá-los e estudá-los. Por isso o historiador é uma figura chave, pois com sua *ciência histórica* consegue ir mais a fundo nos mistérios passados; o pesquisador e seu estudo são feitos do choque, do embate e do entendimento crítico *do próprio historiador e suas fontes.* A fonte fala por si[13], exibe-se, mesmo

---

[13] Se uma fonte afirma que "o rei morreu em batalha", sendo ela uma informação verdadeira ou falsa, uma mensagem foi transmitida. Não foi o historiador

que seja deliberadamente falsa, enganando o pesquisador e, só pelo fato de *existir* como um *objeto* do passado, ela possui sua independência. O problema é que mesmo com essa objetividade, o historiador, sendo um indivíduo de uma época distinta, e por muitas vezes longínqua do assunto estudado, não pode *se colocar* totalmente no passado.

Não é uma questão de *deveres*, mas de ser ou não possível. Não somos, de forma alguma, o "todo" do universo, abarcando o cosmos em nosso subjetivo – se assim fosse, não haveria cosmos, ou o que abarcar, mas apenas um subjetivo estático, sem possibilidade de interação, *pois não existiriam objetos exteriores com os quais interagir*. Existe algo para além do nosso subjetivo ou nossos contextos, algo que escapa de nosso "eu", algo verdadeiro. História tem uma ampla dependência com a *busca pela verdade* – De fato, se trata de uma verdade passada, porém ainda assim é uma busca tal qual a do perito que investiga a cena de um crime para descobrir quem foi o assassino, ou como um jornalista investigativo procura por traços em suas fontes para chegar até uma verdade[14].

Antoine Prost (1933 –) já explicou muito bem essa dependência da História com o conceito de Verdade. A análise e crítica dos fatos passados são as *provas* que o pesquisador terá em seu domínio para

---

que inventou ou simplesmente interpretou a mensagem – ela já existia antes mesmo do historiador observá-la, o que não torna a interpretação e a crítica das fontes desnecessária. O historiador não é um sintetizador de fontes. Como argumentou Bloch (BLOCH, Marc. Op. Cit., p. 75), o passado é fixo, intangível pelos Homens do presente, com sua informação preexistente nas fontes, porém a interpretação do passado é o que nos faz chegar até ele. É pela pergunta e pela interpretação, pela crítica e pela análise, que o historiador verifica e retira a informação de suas fontes. Uma leitura literalista de modo algum pode resumir o trabalho historiográfico (ibid., p. 78-79).

[14] Ricardo da Costa resumiu isso muito bem, no seguinte recorte: "*(...) para o historiador, a verdade, a verdade histórica, não é nem um* **objetivismo puro**, *nem o* **subjetivismo radical**, *e sim, a simultânea apreensão do objeto (o passado) e a aventura espiritual do sujeito do conhecimento (o historiador)*" – COSTA, Ricardo da. *O ofício do Historiador*. Disponível em: <http://www.ricardocosta.com/artigo/o-oficio-do-historiador>. Acesso em: 16 de agosto de 2022.

1. A FALSA LINHA DO PROGRESSO

comprovar algo[15]. A labuta para verificar a existência ou não de um personagem, um evento, a magnitude de um acontecimento, a realidade ou não de um relato, está nas mãos do historiador, onde ele pode demonstrar como o passado ocorreu e, por vezes, até mesmo o porquê de os eventos terem acontecido.

Se possuímos a potência de captar o passado, mesmo sem necessariamente corrompê-lo, *então podemos julgá-lo sem comprometer uma análise justa, racional, séria e honesta.* Se fossemos, afinal, estáticos ao determinar que não podemos incluir em absoluto nenhuma visão sobre o passado, então a própria teoria de que não se pode incluir nada no passado – *por ser um elemento humano, logo, também um ponto da História* – só é válida enquanto o seu tempo presente durar. Ela própria não poderá ser avaliada e entendida com segurança depois de alguns anos.

Para poder observar e tecer comentários sobre algum evento pregresso, temos que saber operar e manejar as fontes, saber fazê-las "falar", procurar a informação que tanto procuramos para, então, entender o que ocorria. Essa ação não é perfeita, direta e clara como um exame laboratorial de um elemento químico reagindo com um meio. A História é muitas vezes aproximativa, onde a realidade pode ser exprimida mais por probabilidade ou possibilidade do que por uma prova cabal.

Um dos cuidados cruciais para entender o passado é o estudo e o cuidado conceitual e terminológico. Já nos anos 40, Marc Bloch (1886--1944) argumentava que a terminologia deveria ser uma das grandes questões do historiador, o que demanda atenção e cuidado ao usar um termo existente hoje para o passado, mesmo que esse mesmo termo estivesse presente na época estudada[16]. Essa preocupação vem das diferenças que os mesmos termos possuem, além do perigo de enxertar elementos genuinamente contemporâneos para épocas distintas.

---

[15] PROST, Antoine. *Doze Lições Sobre a História.* 2ª ed., Belo horizonte: Autêntica Editora, 2015, p. 54-56.

[16] BLOCH, Marc. Op. Cit., p. 145.

ESCRAVOS DO AMANHÃ

Bloch também já antevia que, mesmo com esses perigos, era preciso uma relação mais próxima com os contextos dos períodos analisados para se construir uma nomenclatura adequada. O problema ganhou uma nova dimensão e um melhor tratamento com Reinhart Koselleck (1923-2006) e sua teoria e metodologia da *História dos Conceitos*. Apesar de ser um tema já percebido décadas antes, Koselleck ampliou a questão ao ressaltar a dependência de um conceito antigo com o mundo ao seu entorno, criando um método para estudar a história dos conceitos.

Koselleck ressaltou as diferenças gritantes ou suaves que um termo pode ter no decorrer dos decênios ou séculos. O que pode ser chamado de "democracia" hoje, por exemplo, não pode ser o parâmetro total para alguém entender o que era a democracia ateniense. Criticar a democracia de Atenas com base nos princípios atuais desse regime é algo que carece de sentido, pois o conceito de democracia não foi sempre pautado pelas demandas e princípios de hoje.

Os conceitos, no entanto, não são apenas massas absolutamente mutantes e que se adequam a tudo, não tendo um pano de fundo que os defina e consiga trazer alguma relação e comunicação com o Homem do presente. Malgrado sua obra se concentre em estabelecer uma meto- dologia exemplar onde o modo de se lidar com as mudanças esteja em foco, Koselleck admite essa característica fixa dos conceitos[17]. Assim também fez Prost, quando admitiu que se pode usar de conceitos atuais para se tratar do passado[18], mas sempre salientando que os conceitos não necessariamente obedecem à realidade atual, mas sim às definições que o passado dispunha, já que conceitos usados para se tratar da História são por definição elásticos, dependentes de generalizações e da contingência dos tempos[19].

Essa aparente contradição entre um conceito com um núcleo de definição imutável (algo que, por definição, compete à Lógica, e não

---

[17] KOSELLECK, Reinhart. *Futuro passado:* contribuição à semântica dos tempos históricos. Rio de Janeiro: Ed. PUC-Rio, 2006, p. 306-309.

[18] PROST, Antoine. *Op. Cit.*, p. 115-118.

[19] Ibid., p. 118-126, 130-131.

1. A FALSA LINHA DO PROGRESSO

às ciências do Homem) e a mutabilidade das sociedades humanas pode ser respondida a partir da ideia de *extensão conceitual* dentro das "humanidades". José D'Assunção de Barros (1957-) explorou com mais atenção a questão: conceitos utilizados hoje, quando voltados ao passado, *podem* ser anacronismos, mas não necessariamente o são[20]. Essa característica ocorre porque os conceitos possuem extensões por onde podem ser instrumentalizados pelos observadores do presente.

Conceitos mais gerais, como o de *crise*, podem ser utilizados sem muitos problemas pelo historiador, mesmo que as sociedades estudadas não possuíssem essa nomenclatura ou não entendessem o período em que viviam dessa maneira[21]. Observar como características que compõem uma sociedade, ou um evento, é perceber que as mesmas podem fazer parte de um conceito que seja elástico o suficiente para visualizarmos o passado de maneira eficiente e racional, é algo essencial para entendermos a História.

Amor, economia, governo, poder, opressão, repressão, tirania, alegria, religião, casamento, assassinato, crime, ódio, festas, armas, guerra... Tudo possui sua singularidade histórica de significados. A guerra pode ser muito bem parte de uma ascese religiosa, ou até mesmo sinônima da política corrente de um povo; "amor" também pode ser representado de diversíssimas maneiras com o tempo, etc., porém suas singularidades históricas e culturais não afetam a captação do conceito. Caso assim fosse, não estaríamos aptos para falar de "relações de poder" no decorrer da História, tampouco sistemas econômicos, de mentalidades, de imaginários, períodos de crises, soberanias, formas de exploração, guerras... pois tudo seria *extremamente* único. Se o passado não possui nenhuma baliza *meta-histórica*, o estudo da História é impossível.

Dadas essas características do conceito na História, nada mais natural do que constatar que *julgar* (ter juízo) o que já se passou, como o mundo durante a juventude de sua avó, não é necessariamente um pecado de análise quando existe um parâmetro-mor: a *Verdade*. Se não

---

[20] BARROS, José D'Assunção. *Os Conceitos:* seus usos nas ciências humanas. Petrópolis: Vozes, 2016, p. 146.

[21] Ibid., p. 160-163.

ESCRAVOS DO AMANHÃ

existe a Verdade, volto a repetir, tudo está em um vendaval de inconstâncias históricas e culturais, sendo essas indecifráveis, inatingíveis e invalidáveis; sem a Verdade não há como verificar se os conceitos usados para qualificar ou constatar algo do passado são cabíveis ou não; também não existe um lastro para determinar o que é valor, e sem valências a própria teoria de que só se pode ver o passado com os olhos do passado, tem o mesmo *valor* daquela que afirma que só podemos ver com os olhares do presente.

Com isso, também não se pode afirmar que nossa mente contemporânea é imperativa no estudo de tempos diferentes. Ter juízo sobre a época de sua avó, de Carlos Magno, Napoleão I, Kublai Khan ou de Salomão e Mansa Musa, só tem sentido apenas com as balizas na Verdade, todavia, apesar das Verdades atemporais[22] serem os parâmetros máximos em nosso período e nessas épocas diversas, certos julgamentos não cabem, no estudo da História, pois cada época possui sua singularidade, sua característica onde parte da crítica contemporânea não tem espaço de existência[23].

---

[22] De modo que julgar se sua avó era homofóbica, por fim, irá depender de quanto e como o conceito de homofobia é elástico, se ele é vago, se possui vários componentes que são extremamente intrincados ao tempo e à sociedade em que foi composto, ou se é simples o suficiente para ser aplicado para vários períodos e situações difusas e distintas.

[23] É importante constatar que, ao julgar outras épocas ou indivíduos que nelas viveram, existe a necessidade de separar as pessoas dos atos. Condenar ordálias, por exemplo, faz todo o sentido para defender uma concepção decente de Justiça, contudo, julgar absolutamente as culturas e os indivíduos que usavam de ordálias para julgamentos como incapazes, monstruosas etc., é querer colocar no colo delas insultos que caberiam para o *agora*, ou seja: é ser anacrônico em seu julgamento de valor. Observar o mal da homofobia no tempo de sua avó é admitir que o ódio e a discriminação pelos homossexuais é um mal, mas julgar cegamente todo o passado por esse prisma é ser carente de crítica moral. Como sua avó, ou mesmo um asteca que sacrificava pessoas em sua pirâmide, podem ser *resumidos* moralmente por uma conduta que suas sociedades não foram capazes de criticar ou ver como negativa? É como lamentar pela deficiência de alguém e, em seguida, resumir toda a vida desse alguém na mazela em que se encontra.

1. A FALSA LINHA DO PROGRESSO

O que garante, porém, que possuímos a Verdade em nossas visões? Algo transcendente, perpétuo e totalmente seguro? Poderíamos estar, como Karl Marx, errados e criando sistemas de análise totalizantes, etnocêntricos, problemáticos e sem sustentação real.

Para tal, vale muito a pena citar algumas partes de um artigo do medievalista *Ricardo da Costa* (1962 –), que possui uma solução para remediar esse problema:

> O historiador que coloca sua ideologia (marxista) ou seu sistema explicativo acima da História, tem diante de si a tentação de preferir fatos que se ajustem à sua ideia, e ocultar o que sabe que pode fazer com que seu leitor discorde dele. Além de se tratar de uma recusa deliberada de saber, um medo de compreender, nesses casos, ele é um *propagandista político*, nunca um historiador. Para esses, a História é apenas um instrumento a serviço de uma causa, não um fim em si. Sua História não é confiável.

Como um modo de sanar essa questão, o historiador citado ainda afirma:

> Para que isso não aconteça, para que a prática do historiador seja verdadeira, para que sua paixão seja racional e não obscureça sua capacidade de pensar e de julgar, deve-se ter amor ao passado, não esperar nada dele, não querer que ele tenha sido outra coisa a não ser o que ele realmente foi. Se por um lado não podemos ocultar nada que saibamos ter acontecido, por outro, não devemos ter um comportamento de suspeita e de malícia e querer ver o que não está escrito, subentendendo tudo o que está registrado como um depoimento de segundas intenções. *Henri Marrou* (1904-1977) definiu muito bem a atitude do verdadeiro historiador: não podemos ter com as testemunhas do passado uma atitude rabugenta e carrancuda, como se elas estivessem a priori mentindo e ocultando algo. Essa, para o historiador francês, é a atitude do mau investigador, para quem todos são culpados até prova em contrário[24].

---

[24] COSTA, Ricardo da. *O conhecimento histórico e a compreensão do passado: o historiador e a arqueologia das palavras*. Disponível em: <http://www.ricardocosta. com/artigo/o-conhecimento-historico-e-compreensao-do-passado-o-historiador- -e-arqueologia-das-palavras>. Acesso em: 16 de agosto de 2022.

Notemos algo importante: *o comprometimento deve ser com a Verdade*, com a tentativa de alcançá-la na busca da realidade dos fatos do passado. Embora não sejamos dotados por Saturno, como Jano, de uma visão perfeita do que já se foi, ainda podemos discernir com alguma certeza o passado sem ter de modo totalmente determinante uma ideologia apriorística do nosso tempo. O passado fala, então podemos ouvir.

Essa possibilidade só existe porque a Verdade existe, e também possuímos a capacidade de captá-la, transmiti-la. Como a Verdade é o que determina o valor, seja subjetivo ou objetivo (pois é *preciso* que seja *verdade* que aquilo que é valoroso para alguém *tenha algum valor subjetivo para esse alguém*, fazendo com que a noção de valor subjetivo possua um lastro no conceito de *Verdade objetiva*), então também é possível obter um juízo sobre o passado, ainda que a época em questão não esteja próxima de nossa cultura, abrindo assim a viabilidade de se observar o progresso no decorrer dos tempos.

Aristóteles (384-322 a.C.), em sua monumental *Metafísica*, já se viu perante do problema de como chegar no verdadeiro:

> A investigação da Verdade é, num sentido, difícil, e, em outro, fácil. Isso é indicado pelo fato de que, se nenhuma pessoa isolada é capaz de ter uma adequada apreensão dela, não é possível que todos falhemos na tentativa. Cada pensador faz alguma observação a respeito da natureza e, individualmente, pouco contribui ou em nada contribui para a investigação; mas uma combinação de todas as conjeturas tem como resultado algo considerável. Assim, como parece que a verdade é como a porta proverbial na qual ninguém pode deixar de bater, neste sentido nossa investigação será fácil; por outro lado, o fato de estarmos impossibilitados, ainda que dispondo de alguma compreensão do todo, de apreender uma parte particular, indica sua dificuldade. Entretanto, visto que a dificuldade também pode ser avaliada em dois sentidos, é possível que sua causa esteja presente não nos objetos de nossa investigação, mas em nós mesmos, ou seja, tal como ocorre com os olhos dos morcegos relativamente à luz do dia, ocorre com nossa razão em nossa alma relativamente àquelas coisas que são, naturalmente, as mais evidentes[25].

---

[25] Metafísica, Livro II, 1, 993A1: 30; 993B1: 5-10.

1. A FALSA LINHA DO PROGRESSO

A busca pela Verdade não é vetada a ninguém, mas suas dificuldades também não são. Nenhum Homem é inibido da Verdade, por menor fração que seja, mas todos nós somos banhados com dificuldades, muitas vezes intransponíveis, para alcançá-la. Mesmo o nosso próprio subjetivo, como explicou o Estagirita, pode ser uma barreira para uma adequada captação do que é a Verdade[26].

Não é, portanto, apenas pelo balizamento cultural de uma época que se pode ter juízo sobre um corpo social ou temporal, mas pela Verdade, esta que não se pode deixar de "bater à porta", estando *além da História*.

Da mesma forma que não faz nenhum sentido metodológico comparar a cultura do rifle com a cultura da lança, caso se queira de maneira específica estudar a tribo que usa a lança, também carece de sentido ter uma larga amplitude de análise, comparando nações, e manter esse relativismo cultural extremo. Essa lógica vale por causa de algo universal: a Verdade. Sua busca, por meio das fontes e da racionalidade, nos mostra o que cada cultura conseguiu alcançar e como cada uma teve suas eficiências com as armas, em uma pesquisa. É apenas admitindo uma Verdade universal que é possível ver como essas duas culturas "militares" podem ser comparadas.

Os resultados da busca pela Verdade sempre irão servir de medição para todas as coisas. Se a cultura do rifle consegue criar uma arma mais eficiente e em uma cadeia de produção de larga escala, e a cultura da lança só consegue ter uma produção mais tímida de uma arma menos efetiva, temos critérios objetivos que podem ser decisivos para julgar a superioridade bélica dessas culturas, no que tange as armas; também é possível usar da mesma lógica para determinar os motivos

---

[26] O leitor já deve ter notado que o uso do termo "Verdade", com o V maiúsculo, é um uso que visa falar de algo que não tem um método próprio para ser alcançado, mas que demanda a racionalidade, a honestidade, o senso das proporções, etc., para ser verificado. É a partir desses elementos que os métodos da ciência são criados, mas os mesmos não necessariamente compõem uma receita para se chegar até essa Verdade. A Verdade nos ajuda a chegar até outras verdades, com v minúsculo, onde cada caso terá sua particularidade verdadeira.

ESCRAVOS DO AMANHÃ

dos rifles terem se modificado com os anos: de percussão foram para os de repetição e destes para os automáticos. O princípio comparativo entre as diversas épocas e entre as modificações da arma é o mesmo.

Como dito no início deste capítulo, *o progresso existe* e, de modo parecido com o de Jano, podemos percebê-lo no tempo e prevê-lo para o futuro. Saturno ceifa as culturas, os Homens, as nações, cidades, civilizações inteiras. É o historiador que deve, analisando o que restou da colheita do Titã, pesquisar como eram os antigos campos do Tempo. Nessas análises, pode-se descobrir campos mais vistosos, ou aqueles que cultivavam plantas diferentes, quiçá, voltados a criar, não plantas, mas vários tipos de animais, com fazendeiros e lavradores diferentes.

Quando observamos esses campos, fatalmente os comparamos e, tão inevitavelmente quanto as suas comparações, constatamos que existem alguns mais pobres que outros, mais secos e pequenos, com carências em algumas partes e abundância em outras, se postos "de frente" com nossas cultivações atuais.

1.3. A fictícia escada teleológica

O tempo se move para frente, nunca para os lados (seja lá o que seria uma temporalidade "para os lados") ou para trás. A Física contemporânea comprovou que até mesmo a velocidade do tempo pode ser acelerada, fazendo-o passar mais rápido para certos objetos do que para outros, contudo não é possível voltar no tempo. Não se altera o que já aconteceu.

Já que essa característica temporal impera sobre a humanidade, nada mais comum do que existirem confusões a respeito da "caminhada" humana no tempo. Se em um ponto do tempo alguma coisa é criada ou aperfeiçoada, é natural concluir que o ponto anterior é defasado, quando comparado. Até alguns séculos atrás não havia eletricidade, amplo tratamento sanitário, meios de transporte rápidos, uma agricultura mecanizada.

Até uma rápida pesquisa histórica facilmente revela a existência de uma progressão que impulsiona o Homem para o melhor. Se há seis mil anos nossos sistemas de agricultura eram de produtividade baixa,

1. A FALSA LINHA DO PROGRESSO

muitas vezes sendo irrecuperavelmente destruídos pelas intempéries e pragas, hoje a agricultura domina de tal maneira que, além de conseguir alimentar *bilhões* de pessoas, raríssimas vezes ela é destruída até seu ponto crítico. No campo da moral e da ética também podemos argumentar que ocorreu um progresso notável: diferente dos gregos antigos, por exemplo, que chacinavam crianças deficientes, consideramos algo positivo tratar, cuidar e incluir essas crianças em nosso convívio com afeto; a escravidão foi abolida no século retrasado, os direitos civis de hoje são superiores aos da década de 50 do século passado.

Dado que o progresso existe, dado que o tempo se move para frente e que a humanidade está em melhores condições *"hoje"* do que *"ontem"*, a História se comportaria como uma escada, não? Se a melhoria apenas avança, se nossas estruturas e sistemas sociais apenas evoluem, crescem e se tornam mais justos, então haverá uma época em que o mundo partilhará de um mesmo nível, uma mesma escala de avanço, igualdade, liberdade, etc. Um *telos*, para o Homem e a História, portanto, seria algo parecido com democracias justas, garantidoras dos direitos humanos, buscando ter uma lei que abarcasse tudo e todos em prol do bem, da Justiça Social, minando os problemas que as minorias possuem, mas também indo para além da humanidade, com proteções para a natureza: animais selvagens, a flora, ecossistemas, bichos de estimação, etc. – para muitos, o mundo se guinaria para algo parecido com o modelo escandinavo. Nos transformaríamos, então, em *uma grande e melhorada Suécia?*

Nem todas as teorias que abordam como o progresso ocorre na humanidade defendem uma subida sem fim do mesmo. Para tratar desse problema, pode-se abordar uma noção histórica sobre progresso – que, fechada em si, não é teológica[27] – muito interessante em *Adam*

---

[27] O princípio da divisão do trabalho de Smith, não é necessariamente dependente de toda a teoria smithiana, assim como não o é para com a concepção de estágios de desenvolvimentos históricos e totais para a humanidade. A especificação do trabalho, alinhada com a vocação do trabalhador ou empreendedor, está aquém de "períodos de evolução" social, podendo ser encontrados em sociedades diversas.

Smith (1723-1790). Na obra *A Mão Invisível,* Smith, tratando do princípio da divisão do trabalho, argumentou que a especialização dos ofícios é benéfica para toda e qualquer sociedade. Buscando por exemplos, aponta uma tribo – uma sociedade bem diferente da sua, a britânica – para demonstrar como a atual especificação no trabalho pode ajudar a dar mais qualidade para a economia.

> Numa tribo de caçadores ou de pastores, determinada pessoa faz arcos e flechas, por exemplo, com mais disposição e destreza do que qualquer outra. Essa pessoa os troca frequentemente com seus companheiros por gado ou por carne de caça, e afinal descobre que pode, desse modo, obter mais gado e carne de caça do que obteria se saísse em campo para pegá-los. Considerando, portanto, seu próprio interesse, a feitura de arcos e flechas passa a ser a sua principal atividade, e essa pessoa se torna uma espécie de armeiro[28].

Os exemplos se estendem às outras atividades que existiriam em uma sociedade menos avançada tecnologicamente para, por fim, se centrarem no argumento de que um maior foco na vocação do indivíduo termina numa maior qualidade e quantidade na produção[29].

O pensamento de Smith pode ser considerado um clássico, nos estudos que tentam explicar os motivos para o desenvolvimento e os meios que levam ao mesmo. Seu exemplo é cabível para qualquer sociedade, pois leva em conta os talentos individuais no meio social de comércio e composição de bens.

Contudo, o autor ainda assim cai numa espécie de teleologia. Smith tentou estabelecer uma regra arbitrária para explicar o mundo através da economia, e defendeu que uma nação pacífica, com baixos impostos e com justiça, no final, terminaria por levar um povo "bárbaro" para um mais "opulento", intensificando o comércio, e usando o dinheiro como meio de troca. Mesmo em outros assuntos, como a literatura,

---

[28] SMITH, Adam. *A Mão Invisível.* São Paulo: Penguin Classics/Companhia das letras, 2013, p. 21.

[29] Ibid., p. 22-23.

1. A FALSA LINHA DO PROGRESSO

Smith se intrometeu e afirmou que sociedades mais bárbaras eram aquelas que criavam a poesia, já a prosa apareceria, enfim, em povos opulentos graças ao comércio[30]. O pensamento smithiano é de um tipo mecânico (ou quase mecânico) que mostra uma escada evolutiva impulsionada por modos econômicos que criavam riquezas materiais e uma cultura rica.

Tal anacronismo de Smith (que olhava para toda a História através do que ocorria em sua época), apesar de não ser materialista, colocava a economia em um plano muito alto, validando e balizando estágios de desenvolvimento de povos inteiros, em todos os *incontáveis e insondáveis* eventos de suas Histórias, através de um esquema econômico que delimitaria o que seria uma sociedade "bárbara" e o que seria uma "opulenta"[31].

Vemos, portanto, uma diferença do pensamento smithiano mais elástico que trata do progresso pela especialização do trabalho com um mais fatalista, visando parâmetros (econômicos) fixos para todo o andar da humanidade no tempo. Essas duas faces de ver o progresso podem mostrar que é possível falar de elementos universais que causam o progresso sem cair no progressismo.

O anacronismo progressista, ainda que decadente na historiografia atual, atrai o imaginário coletivo, pois seja no século XVIII ou no atual XXI, veem-se aparentes etapas cronológicas e linhas de desenvolvimento de maneira fácil, ao se olhar para o passado. Isto ocorre porque *qualquer* ato humano ocorre em uma linha temporal que sempre aponta "para frente", isto é, sempre progride quantitativamente rumo

---

[30] ROSS, Ian Simpson. *Adam Smith:* uma biografia. Rio de Janeiro: Record, 1999, p. 149.

[31] Um breve conhecimento da História da Literatura pode ser de grande valia para criticar Smith. As composições nórdicas, por exemplo, detinham tanto a prosa quanto o verso, assim como sociedades muito mais afeitas à opulência, como a romana, tinham muito mais a presença do verso (pensemos em Virgílio, Horácio, etc.) do que a prosa – isso sem citar sociedades menos opulentas em comparação, como a dos israelitas, que presavam muito mais pela prosa em seus textos sagrados do que pelo verso.

ao futuro (e isso será relembrado sempre que possível nos próximos capítulos).

Ora, o tempo só anda para frente, logo, qualquer ação feita, todo avanço, retrocesso, erro, acerto, etc., só podem ser feitos num obrigatório *avançar cronológico*. Dentro deste avanço é preciso considerar outra característica: a humanidade possui meios de conservação capazes de preservar características do passado para transmiti-las ao futuro. Pensa-se na escrita, muitas vezes, para destacar tal conservação, porém a oralidade e a cópia de hábitos – esses milênios mais velhos que a escrita – fazem parte dos modos de se conseguir o verdadeiro progresso humano.

O argumento smithiano pode explicar o porquê de um determinado avanço no plantio pode ter sido conquistando há muito tempo, mas a comunicação e a transmissão de como se plantar com tal melhoria pode ir para além das sociedades e as civilizações que criaram esse aprimoramento, assim como formas de construção, ritos, meios de criação de animais, etc. A escrita foi o que mais ajudou a manter os conhecimentos preservados no tempo. Caso um sumério escrevesse na argila cozida sobre alagamentos em um campo próximo ao seu terreno, e acaso esse escrito sobreviva até o século XXI, *a informação do sumério poderá ser absorvida pela cultura atual.*

Escrever, isto é, fixar informações em um material físico, serviu para conservar cada vez mais os avanços obtidos com os tempos, facilitando a transmissão e a continuidade de tais avanços. Por esse motivo é que a História *aparenta* ser um fluxo contínuo de estágios de Civilização, ou seja, uma escada que sempre aponta para o alto, mas se o percurso temporal humano fosse totalmente determinante para o avanço em qualquer circunstância, o progresso deveria ser *ininterrupto*.

Essa característica ininterrupta seria imperativa de acordo com o passar do tempo, não podendo ser abalada. Se qualquer outro processo histórico, contrário ou paralelo, interferisse nessa suposta linha de progresso de modo danoso, então pode-se concluir com certa facilidade que *o que condiciona esses outros processos não progressivos é guinado por outros fatores, estes sendo tanto ou mais potentes e imperativos do que a melhoria histórica da humanidade.*

1. A FALSA LINHA DO PROGRESSO

Na História, existem evidências o suficiente para observar que não podemos insistir em um progresso contínuo, total e positivo. Elementos estranhos a essa positividade temporal e cultural são comuns demais, de modo que mudanças abruptas na mentalidade, política, economia e religião se tornam muito "exóticas" para serem coerentes com um progresso sucessivo. Na História da Filosofia, por exemplo, podemos notar isso em duas ocasiões: no nascimento do que se chama de "filosofia helenista" e no aparecimento da filosofia cristã.

Após Aristóteles, *grosso modo*, a filosofia grega tem um período de esquecimento das conquistas platônicas e aristotélicas. A *Segunda Navegação* e a *epistemologia* de Platão (428/427-348/347 a.C), ou a *Física* e a *Metafísica* de Aristóteles são deixadas de lado e os filósofos ficam aquém de todo o peso do fundador da Academia e do fundador do Liceu. Se, enquanto Aristóteles vivia, a Lógica e a Biologia foram *fundadas*, uma ala de pensamento influente, conhecida como *Escola Cínica,* era criada e já tinha o seu mais famoso e fiel discípulo: Diógenes de Sipone (412-323 a.C.) – mais conhecido por seu nome pejorativo, Diógenes, o *Cão*. Tal filósofo (ou semifilósofo), por ver um rato andando pelos ermos sem nenhum motivo que o condicionasse (como a alimentação, hidratação ou procriação), concluiu o seguinte: a autarquia humana era a chave para a felicidade, ou seja, o total domínio do indivíduo por si mesmo, não cedendo ao mundo, às doenças, aos prazeres e tristezas da vida. No caso da Escola Cínica, o Homem dependeria apenas de si só, não sendo necessárias as interações sociais de qualquer gênero – podendo estas, inclusive, serem as causas dos malefícios –. Só assim alguém poderia ser feliz e livre (liberdade e natureza, para Diógenes, eram sinônimas): ignorando convenções da sociedade, protocolos e regras de convívio. Dessa forma nem a fome, a pobreza, a hipocrisia ou qualquer coisa poderia atrapalhar o Homem, pois as grandes mazelas se encontravam nas cidades, ou em qualquer grupamento humano, *na sociedade em si*[32].

---

[32] REALE, Giovanni. *Filosofias Helenísticas e Epicurismo:* história da filosofia grega e romana. vl. V. 2ª ed., São Paulo: Edições Loyola, 2011, p. 23-27.

ESCRAVOS DO AMANHÃ

O pensamento de Diógenes caía, no fim, em uma apatia[33] extremada. Outra corrente de pensamento que tomou terreno enquanto Platão e Aristóteles decaíam era a de *Pirro de Élis* (360-270 a.C.), que fundou o ceticismo na Grécia Antiga. Em semelhança a Diógenes, Pirro queria manter a *Ataraxía*, isto é, ser impassível em relação aos tormentos da vida, às tentações e depravações, pois estas colocariam o indivíduo à mercê de outras condições além de si mesmo; apenas estando na impassibilidade apática o filósofo poderia ser feliz; no entanto, Pirro vai um pouco além: ele destrói *todos os critérios do saber*, pregando a afasia como modo de pensar, mas também como um modo de vida[34].

Afasia é a abstenção de juízo, a admissão de que não se pode saber de nada, nem que se pode saber que não se sabe de nada[35]. Como o ceticismo de Pirro também era baseado em um modo de vida em que regras éticas da filosofia imperam na vida de seus seguidores, pode- -se dizer que a extrema indiferença sobre todas as coisas contida no pirronismo era *uma apologia à ignorância.*

Pirro e Diógenes eram contemporâneos a Aristóteles, mas suas filosofias – pela convenção historiográfica – são postas como posteriores por conta de suas continuidades. Ao contrário do Perípato de Aristóteles (exceto no caso de Teofrasto), que decai em um mecanicismo extremado, o ceticismo e o cinismo sobrevivem por mais tempo e com uma razoável conservação de seus postulados originais. Aristóteles foi esquecido além de seus escritos exotéricos. As obras mais importantes do filósofo de Estagira só iriam ser reencontradas e expostas ao mundo (e ao seu próprio Perípato) muitíssimo tempo após a sua morte.

Certas filosofias Helenísticas, porém, vigoraram e se perpetuaram em relação à aristotélica. O pai da Lógica havia sido esquecido, mesmo com o tempo correndo cada vez mais, tendo suas descobertas imprescindíveis enterradas (literalmente) enquanto outras escolas filosóficas,

---

[33] Ibid., p. 31-33.

[34] REALE, Giovanni. *Estoicismo, Ceticismo e Ecletismo:* história da filosofia grega e romana. vl. VI. 2ª ed., São Paulo: Edições Loyola, 2011, p. 142-146.

[35] Ibid., p. 153-159.

1. A FALSA LINHA DO PROGRESSO

claramente inferiores, cresciam e mantinham a coesão necessária para com seus fundadores.

Como isso poderia ocorrer se o tempo fosse o propagador do progresso por si só? Sem Aristóteles e suas concepções de *Natureza, Elemento, Matéria, Forma, gênero, espécie, acidente*, etc., a ciência contemporânea seria *impossível*, mas o filósofo de Estagira já foi esquecido, com sua magna obra estando inócua nos maiores centros de discussão filosófica da cultura helênica. Tempo e progresso não são, portanto, agarrados um ao outro de modo necessário. A situação política e militar, por exemplo, podem guinar mais a sociedade do que o próprio progresso: Atenas foi anexada pelo monarca macedônio Felipe II (382-336 a.C.), pai de Alexandre (356-323 a.C.), mas quando o próprio Alexandre morre, Aristóteles é estigmatizado por ser um macedônio e por ter sido o antigo tutor do falecido Imperador. O Filósofo precisou sair de Atenas, e seus trabalhos e alunos sofreram com a política antimacedônica de Demóstenes (384-322 a.C). O progresso filosófico foi impedido por algo *de fora* da Filosofia, o que demonstra como as marés do tempo dependem de vários fatores para algo progredir ou não.

Outro elemento estranho na História do pensamento é o cristianismo e a drástica modificação que ele fez na Filosofia. Se a razão cresce com o passar dos séculos e a religião (considerada por muitos como aliada ou sinônima de "falsidade mitológica", mais distante da racionalidade por conta da fé alienante no que toca o entendimento adequado do mundo, sempre recorrendo às explicações "mágicas" e "miraculosas") fosse antagônica ao desenvolvimento intelectual, sempre diminuída no campo racional com o passar das gerações de pensadores, ela deveria ser atenuada nos grupos científicos e filosóficos com o tempo, mas o que ocorreu na história *foi exatamente o oposto*. Durante os primeiros séculos do cristianismo, a Filosofia cresceu conjuntamente à religião, não diminuindo ou dando sinais de abrandamento.

Philotheus Boehner (1901-1955) e *Etienne Gilson* (1884-1978), como introdução para o livro *História da Filosofia Cristã*, explicam o conceito *sine qua non* para definir o que é um pensamento filosófico cristão:

ESCRAVOS DO AMANHÃ

Não falaremos, pois, em filosofia cristã senão quando o assentimento às proposições por ela enunciadas se basear na experiência, ou em reflexões de ordem racional. Em outros termos, seu ponto de partida lógico não deve situar-se no domínio das verdades reveladas, inatingíveis à razão. Há, pois, uma diferença essencial entre filosofia cristã e a teologia cristã, *que abrange principalmente as proposições direta ou indiretamente reveladas por Deus, e bem assim as que delas se derivam com a ajuda de verdades naturalmente conhecidas*[36] (grifo meu).

Mais à frente, os autores continuam:

Com efeito, há certas proposições que toda a filosofia cristã rejeita de antemão, *por contradizerem a verdade revelada*. A fé traça à razão certos limites de caráter inviolável" [...] "A doutrina cristã oferece numerosos pontos de partida para o aprofundamento racional das verdades da fé. Com efeito, as verdades religiosas contêm em germe, e em estado latente, muitas doutrinas filosóficas que, uma vez trazidas à luz pelo esforço especulativo de gerações sucessivas de pensadores eminentes, mostram-se passíveis de desenvolvimento filosófico fecundo [37] (grifos meus).

Como se vê, a mensagem religiosa do cristianismo não é obtida primordialmente por meios racionais, mas por uma Revelação Divina. Não se chegou, dentro da espiritualidade cristã, na fé através da Razão, *mas na Razão através da fé*[38]. Este capítulo não tratará da falsa dicotomia progressista entre *Religião e Ciência*, porém será preciso dizer: a Filosofia não só se enriqueceu com o aparecimento do cristianismo, como tomou caminhos que seriam, sem o cristianismo, impossíveis. Podemos ter como exemplo a refutação de Orígenes de Alexandria (185-254) às noções médio-platônicas sobre Deus, que é poderosa em seu teor racional, desafiando, assim, séculos de argumentações na filosofia sobre Deus. Se a alta religiosidade fosse algo retrógrado, levando

---

[36] BOEHNER, Philotheus; GILSON, Etienne. *História da Filosofia Cristã*. 13ª ed., Petrópolis: Editora Vozes, 2012, p. 11.

[37] Ibid., p. 12 e 14.

[38] Ibid., p. 20-22.

1. A FALSA LINHA DO PROGRESSO

a sociedade em geral, um grupo social ou um indivíduo, a voltar a ter um pensamento mitológico e irracional de um *estágio anterior da História*, então como foi possível o estágio filosófico greco-romano[39], já na primeira metade do primeiro milênio cristão, ter sito positivamente afetado por algo alienígena e supostamente tão inferior quanto o cristianismo? O teor filosófico do texto de Orígenes é marcante, com sua merda existência sendo contrária decisivamente a essa visão progressista da racionalidade humana:

> Suponhamos, com efeito, que Deus haja encontrado aquela matéria-produto-do-acaso. Ainda assim Ele não poderia ordená-la e dar-lhe forma, a menos que ela já possuísse uma aptidão ou suscetibilidade prévia para receber as respectivas formas e qualidades; além disso, era necessário que houvesse a quantidade exata de matéria que lhe fosse possível plasmar. Mas qual a origem de todas estas determinações? Donde sobretudo aquela medida exata? Já que os adversários se recusam a derivá-la da Providência divina, só lhes resta atribuí-la ao acaso; pois é por mera causalidade que existe tal quantidade precisa de matéria condizente ao poder de Deus[40].

Esta problematização da visão filosófica antiga sobre o acaso e Deus que, afinal, põe contra a parede a visão de uma divindade criadora

---

[39] É *muito importante* frisar que a religiosidade se encontrava, *sim*, na filosofia pré-cristã. Mesmo em movimentos "deístas", como o epicurismo – que não acreditava na possibilidade interventiva de qualquer poder divino no Homem –, ou de caráter monista como a Escola Megárica, ceticista como a de Pirro, ou no Perípato pós-Aristóteles, onde filósofos ateus de fato existiram, a existência de concepções do *Sagrado* e do *Profano* era um fato. As ideias que acreditavam, os valores que defendiam e a existência que estudavam com suas mentes tinham uma sacralidade diferente – fossem até, aliás, partes da religiosidade pagã tradicional –. *Mircea Eliade*, buscando a *essência das religiões*, demonstra que mesmo no homem mais ateu e secularizado, o componente religioso se manifesta nas visões de elementos sacros e profanos em sua cosmovisão – este estudo pode ser verificado em ELIADE, Mircea. *O sagrado e o profano*: a essência das religiões. 3ª ed., São Paulo: Editora WMF Martins Fontes, 2013, p. 17-23; 27-28; 135-137.

[40] ORÍGENES. *Contra Celsum*, In: Migne, Patrologia, série grega t., 12, col. 48s.; De Principiis. II. 1,4; 110, 17ss. IN: Idem, p. 62-63.

ESCRAVOS DO AMANHÃ

aquém da criação de fato, só conseguiu mais espaço especulativo com o advento do cristianismo. Muitíssimas vezes é do choque cultural entre atributos estranhos e contrastantes que uma cultura cresce, uma sociedade se desenvolve e o avanço ocorre. A positividade não está em fases ordenadas pelo mero avançar do tempo, tampouco em características "datadas" desse ou daquele período da humanidade. O crescimento positivo se efetivou no contraste e no "inesperado" – embora, claro, essa disparidade, no geral, não seja *totalmente* determinante para o progresso.

É possível lançar o contra-argumento de que o progresso histórico tem uma linha cronológica obrigatória, onde o tempo e o impulso para o avanço seriam uma simbiose, pelo fato de que tudo o que aconteceu tem a possibilidade de ser dividido em fases necessárias dentro do desenvolvimento humano, isto é: no fim tudo culminou para chegarmos onde estamos. Todavia, se alguém ainda é capaz de afirmar isso, então não nota a contradição de fenômenos que (segundo uma mentalidade que acredita em estágios temporais de evolução cultural) não deveriam estar em tal estágio e, estando, dominam o cenário e ainda contribuem positivamente para a História[41].

E a respeito das contribuições genuínas que marcaram certas épocas e que nos fazem avançar? É preciso dizer: só o fazem pelo único motivo *de estarem próximas a ou na Verdade efetiva*. A Verdade, porém, apesar de poder ser adquirida pela evidenciação (o contato e a interação entre

---

[41] Com um dado oferecido por Franz Boas, vemos que certas características culturais de povos do Crescente importantes para a construção de grandes cidades, como a domesticação de animais, são muito fracas nas Américas, onde cidades grandiosas e civilizações inteiras foram erguidas: "*(...) pareça existir paralelismo nos dois continentes, seria vão tentar levar a cabo uma ordenação detalhada. Na realidade, isso não se aplica a outras invenções. A domesticação de animais, que no Velho Mundo foi uma realização antiga, foi muito tardia no Novo Mundo, onde animais domesticados, exceto o cachorro, quase não existiam na época do descobrimento. Um tímido início havia ocorrido no peru com a domesticação da lhama, e pássaros eram capturados em diversas partes do continente*" – BOAS, Franz. Métodos de etnologia. *In:* CASTRO, Celso (org.). *Antropologia Cultural.* Rio de Janeiro: Zahar, 2004, p. 50.

1. A FALSA LINHA DO PROGRESSO

o sujeito e o objeto), também é conquistada pela cultura. Foi no mundo grego, e apenas nele, que a Filosofia teve terreno cultural para aparecer primeiramente; foi no Oriente Médio que a junção geográfica, contendo a fauna e a flora, além da cultural, permitiu com que a primeira civilização surgisse, assim como a escrita e o primeiro código de leis.

Os povos que, com inumeráveis meios, se aproximam da Verdade, seja ela técnica ou de maneira científica, poética, religiosa e material[42], são os que avançam com o tempo. Esse avanço, como já demonstrado, não é dependente do futuro, contudo, depende do agir, pensar e ver de um povo. Para os atuais habitantes do Reno, por exemplo, não faz sentido perseguir minorias étnicas como os renanos do medievo central, que por vezes perseguiram os judeus. É um avanço, de fato, mas se voltarmos mais ainda no tempo, ou analisarmos outras sociedades mais antigas, veremos que povos mais velhos e distantes que os renanos da Idade Média Central eram mais tolerantes com minorias étnicas – esses povos mais distantes no passado estavam mais próximos da Verdade, esta que mostra a irracionalidade, desserviço e *imoralidade* criminosa de matar minorias étnicas e religiosas dentro de uma população. Eram mais antigos, mas estavam em um progresso moral mais elevado. As sociedades do mesmo Reno, no Alto Medievo, eram menos desenvolvidas do que as que massacraram os judeus séculos mais tarde, mas ainda assim estavam em um progresso moral superior.

---

[42] Seria de demasiada pretensão tentar criar uma "teoria da Verdade" ou desenvolver toda uma epistemologia nesse livro. O que basta, no entanto, é estabelecer fundações que firmem a realidade de que nós conseguimos chegar na Verdade. Como salientado no início deste presente capítulo, há várias formas e sentidos para se aproximar de uma Verdade. Dependendo do assunto, a demanda para chegar até o verdadeiro vai exigir uma nova tecnologia, para observá-lo (como um telescópio, para evidenciar os fenômenos celestes de forma mais acurada), ou mesmo uma cultura material que propicie condições para se inquirir acerca de alguma questão. "Ferramentas" filosóficas e do juízo também são precisas, como o bom senso, a lógica, o reconhecimento de uma dialética do conhecimento, a metafísica, a matemática. Todos esses elementos foram produzidos pelos Homens no tempo, possibilitando uma aproximação com a Verdade.

ESCRAVOS DO AMANHÃ

Julgar com o prisma da Verdade, isto é, com a ótica de algo meta-histórico é o caminho singular para determinarmos, assim, o avanço de um povo. O cronocentrismo é um problema que, diferente do anacronismo, não é muito trabalhado. Negar que existiam Verdades meta-históricas é cair no cronocentrismo de um historicismo crente na impermeabilidade entre os períodos históricos, com nada de perene entre as eras, ou com nada existindo para além da História.

Cronocêntrico é aquilo que fecha todas as possibilidades de um contexto em seu tempo. Não existiriam Verdades para além das que eram conhecidas no período, não existiria nada "acima" da própria época estudada. O indivíduo seria apenas um "filho de seu próprio tempo", não sendo possível que as influências da realidade objetiva, ou a ressonância de conhecimentos de períodos anteriores, afetassem qualquer época fora do escopo e do prisma com que as sociedades enxergavam o mundo.

O problema do cronocentrismo é o de reduzir os tempos em si mesmos. Se é verdade que todos somos filhos de nossas épocas, também é que somos igualmente netos, bisnetos, trinetos e tataranetos de várias outras, assim como existem elementos que, por serem verdadeiros, estão além da História e além do tempo. As descobertas do passado não apenas ecoam no presente, mas estão vivas no mesmo, não sendo apenas peças de um pretérito distante e morto, mas sim partícipes *vivos* e *atuais* do nosso mundo – e assim são porque muitas vezes tocam em alguma medida na Verdade.

C. S. Lewis foi um autor que percebeu que essa mesma Verdade traduz uma realidade para além do Homem, da sociedade e da cultura. Os parâmetros só podem ser analisados nessa Verdade, onde poderemos criar bases críticas e analíticas para todos os povos. Lewis a chama de *Tao*, que não deve ser confundido com a divindade suprema do taoísmo, ou mesmo, por conveniência ocasional da obra de Lewis, com qualquer divindade, segundo o autor.

O Tao é a realidade que *"vai além de todas as situações, o abismo que havia antes do próprio Criador. Trata-se da Natureza, do Caminho, da Estrada, da Via. Trata-se do Caminho pelo qual o universo caminha, do qual emergem as coisas de forma eterna, silenciosa e tranquila para o*

1. A FALSA LINHA DO PROGRESSO

espaço e o tempo. Trata-se também da Via que todo homem deve trilhar, imitando o progresso cósmico e supercósmico, conformando todas as atividades àquele grande exemplar"[43]; portanto, o Tao é meta-histórico. O progresso real se determina pelo contato com essa verdade metafísica, com aquilo que pertence à Natureza humana.

O bem, o mal, o certo, o errado, o feio e o belo *estão* nas culturas, porém não podem ser concebidos *apenas* como produtos culturais. Podemos, como humanos, chegar até realidades que vão para além de nossas construções. Mais uma vez voltamos às questões: Se não for esse o caso, como sequer podemos sair de nossas culturas e analisar outras? Como identificamos padrões entre as culturas? Como criamos parâmetros para análise? Sem padrões e parâmetros não é possível sequer a mais superficial e amadora análise de qualquer cultura que seja. A antropologia, sociologia e a História seriam meras ficções e, como bem disse Dawson, a interação entre culturas seria impossível[44].

---

[43] LEWIS, C.S. *A abolição do homem*. Rio de Janeiro: Thomas Nelson Brasil, 2017, p. 23-24.

[44] Dawson usou de lógica básica para desmontar o argumento relativista e racialista de Spengler, pois este defendia que as culturas eram fechadas em si mesmas e que caminhavam para um progresso socialista prático, no qual a cultura na Europa desempenharia um papel decisivo: DAWSON, Christopher. Op. Cit., p. 84-8 – Ele refuta, especificamente, esse relativismo da seguinte maneira: "*Se for verdade [o relativismo extremo entre os povos], fica claro que a cultura é exclusivamente o resultado do crescimento racial e não deve nada à razão ou a qualquer tradição que transcenda os limites da experiência de um único povo. Pois cada cultura é um mundo em si mesma, hermeticamente selada contra toda influência de fora e impenetrável aos olhos do resto do mundo. E Spengler não consegue explicar como ele ou qualquer outra pessoa pode captar o processo de vida de um organismo diferente daquele do qual faz parte, mesmo pelo exercício do 'tato fisionômico' [...] É verdade que, ao se tornar muçulmano, o negro ou o turco passa por uma transformação cultural; um novo tipo cultural surge que não é nem o muçulmano da Arábia nem do povo nativo pagão. Porém, o fato de que tal processo possa ocorrer é fatal à teoria spengleriana dos ciclos de cultura absolutamente isolados e não relacionados. Isso readmite o princípio de causalidade e a oportunidade da análise racional de Spengler professa banir para sempre. E mesmo que ele negue que tal mistura seja uma cultura verdadeira e relegue os povos em questão a sua categoria de Fellachenvolker*

O Tao de Lewis é a fonte para os valores culturais. Não temos como alcançá-lo plenamente, mas sempre o tocamos, pois ele *embasa* as culturas. O amor à ciência, ao saber etc., está no próprio amor, já que "amar" está contido no Tao, algo que é preciso não só para todo o conhecimento humano, mas também para nosso convívio, pois jaz em nossa natureza. Mesmo o instinto e nossa composição biológica não fogem a essa regra. A "autopreservação" individual ou da espécie podem muito bem se contradizer em certas situações; o instinto sexual masculino, por exemplo, pode ser ao mesmo tempo a causa de um relacionamento sexual saudável, mas ao mesmo tempo ser um dos motivos para um *estupro*. A natureza biológica não é suficiente para explicar nossos valores, pois não é a fonte total dos mesmos[45].

Um exemplo de como a Verdade, o Tao, pode ir para além até mesmo de sua própria conjuntura social, sendo encontrado no caso de *Sócrates* (469-399 a.C.). *Olavo de Carvalho*[46] (1947–2022), analisou

---

– *"povos de Fellahin"* –, *será que poderá excluir o fator das influências intelectuais estrangeiras da própria cultura-mãe?"* – ibid., p. 92-93.

[45] *"Isso que chamei de Tao, por questão de conveniência, e que os outros podem chamar de Lei Natural, Moralidade Tradicional, Primeiros Princípios da Razão Prática ou Primeiras Trivialidades, não é um de uma série de sistemas de valor possíveis. Trata-se da única fonte de todos os juízos de valor. Se ela for rejeitada, todos os valores terão sido rejeitados. Se qualquer desses valores for observado, ela também será observada. O esforço de refutá-la e para erigir um novo sistema de valores no seu lugar é um contrassenso. Nunca houve e nunca haverá um juízo de valor radicalmente novo na história do mundo. O que hoje se constituem em nossos sistemas ou (como eles costumam chamá-los agora) 'ideologias', não passam de fragmentos do próprio Tao, arbitrariamente deslocados do seu contexto mais amplo e depois levados à loucura em seu isolamento, sendo que a sua validade continua, ainda assim, a ser devida ao Tao e a ele somente. Se a justiça é uma superstição, então o mesmo vale para o meu dever para com o meu país ou minha raça. Se seguir no rastro do conhecimento científico é um valor real, o mesmo vale para a fidelidade conjugal. A rebelião das novas ideologias contra o Tao é a rebelião dos ramos contra a árvore; se os rebeldes tiverem sucesso, acabarão descobrindo que terão acarretado a destruição de si mesmos"* – LEWIS, C. S. *Op. Cit.*, p. 45-46.

[46] Em que pese a péssima última fase da vida de Olavo de Carvalho, onde ele abandonou os princípios filosóficos que pregava com tanta veemência em seus

1. A FALSA LINHA DO PROGRESSO

o caso deste filósofo ateniense, salienta bem como a própria Filosofia, por conta de suas conquistas universais, também se vê livre dos papéis sociais em alguma medida.

A diferença específica de Sócrates reside num estrato mais profundo da experiência da discussão. Enquanto seus adversários repetem ideias correntes, apegando-se à segurança dos papéis sociais que lhes infundem a ilusão de estarem certos por pensarem de acordo com a maioria, ou com a classe dominante, Sócrates fala apenas como indivíduo humano, sem respaldo em qualquer autoridade externa. E não apenas faz isso, mas apela ao próprio testemunho íntimo de seus contendores, o que equivale a despi-los de suas identidades sociais e induzi-los à confissão direta, sincera, humana, de seus verdadeiros sentimentos[47].

De fato, Sócrates vai para além de sua sociedade, mas sem sair dela. É preciso ter a noção de que para Sócrates ter sido filósofo, foi preciso uma *tradição* de filósofos e suas relações com a sociedade. Ao alcançar o âmago do ser-humano, Sócrates encontrou algo acima do social, mas que é impulsionado por um histórico e uma cultura. Quem seria Sócrates sem quem o precedeu? Do que seria o cenário que influenciou e criou Sócrates sem esse panorama sociocultural que definia a intelectualidade grega na Antiguidade? Sem Arquelau de Atenas (séc. V. a.C), Anaxágoras de Clazômenas (500-458 a.C), etc., sem o teatro grego, a mitologia, Sócrates conseguiria ter feito o que fez?

---

ensaios, livros e programas na internet, caindo em uma egolatria e uma busca de poder dentro da política brasileira (com direito a ajudar a espalhar mentiras sobre a pandemia que, por fim, causou sua morte), seu trabalho filosófico pode ser separado dos últimos anos de sua vida. Se condenar integralmente um autor, jogando-o em um limbo por conta dos erros de sua vida (e mesmo de sua obra) fosse o correto e o normal a se fazer, lhes garanto que ninguém leria Foucault, Beauvoir, Heidegger, Marx, Franklin ou mesmo autores como S. Gregório Magno e Aristóteles. Seríamos iletrados à espera de um anjinho puro enviado dos céus para nos ensinar qualquer coisa.

[47] CARVALHO, Olavo de. *A Filosofia e seu Inverso: e outros estudos*. Campinas: Vide Editorial, 2012, p. 35.

ESCRAVOS DO AMANHÃ

Forçar os espectadores a despir-se de sua identidade civil e política para levá-los a contemplar sem defesas a fragilidade da condição humana era já o objetivo da tragédia grega, que por isso mesmo escolhia como herói, com frequência, o estrangeiro, o desconhecido, o rejeitado e marginalizado, de modo que todo senso de identificação nacional ou social cedesse lugar à humanidade nua e crua das experiências fundamentais[48].

O teatro grego e Sócrates alcançaram verdadeiros progressos, assim como a cultura grega, a medieval, a chinesa, a indiana, egípcia etc., pois galgaram verdades que superam as contingências históricas das mesmas – e estas são frutos de culturas, sem dúvidas, mas estão ao mesmo tempo além das mesmas, pois chegaram em suas próprias bases: a Realidade[49].

Doravante, mesmo com a conservação do conhecimento e da Verdade (ou o Tao), além do cenário sociocultural, serem as causas do progresso, parâmetros cronológicos e evolutivos não são suficientes para delimitar o progresso. Existe um movimento mutante e constante – permitindo, então, uma absurda variedade de realidades, avanços, retrocessos, no decorrer das eras – na humanidade, impulsionando e dando *causa* às mudanças, sejam elas bruscas ou demoradas. Essa extrema pluralidade pode ser estudada e analisada corretamente, porém a causalidade, por ser plural, *jamais terá uma constância causal contínua na História*.

Paul Veyne (1930-2022), em seu livro *Os gregos acreditavam em seus mitos?*, tratando do que movimentaria a História[50], põe um ingrediente

---

[48] ibid., p. 36.

[49] Olavo de Carvalho possui uma ótima explicação de como a filosofia pode ultrapassar a *doxa* (a "cultura"), o valor cultural. O autor, assim como eu, não separa totalmente os indivíduos de suas culturas e sociedades, mas defende que estes, alcançando a Realidade Suprema, "se descolam" de seus meios e os superam: ibid., p. 38-41.

[50] Veyne, é preciso ressaltar, possui uma visão muito alinhada a um existencialismo de *Jean-Paul Sartre* ou a uma visão histórica que possuía *Ortega y Gasset*, o que torna o livro citado problemático para servir de um adequado aporte teórico. De fato, Veyne se embasa no irracionalismo pós-moderno para falar da

1. A FALSA LINHA DO PROGRESSO

inconstante e variado para os fenômenos que fizeram a humanidade mudar para sempre.

Temos o costume de explicar os acontecimentos por uma causa que empurra o móbil passivo numa direção previsível ('Guardas, obedeçam!'), mas, sendo o futuro imprevisível, resignamo-nos à solução bastarda de enfeitar a inteligibilidade com a contingência: uma pequena pedra pode bloquear ou desviar o móbil, o guarda pode não obedecer (e, se tivesse obedecido, escreve Trotsky, não teria havido revolução em Leningrado em fevereiro de 1917) e a revolução pode não estourar (e também, escreve Trotsky, se Lenin tivesse uma pedra na bexiga, a revolução de Outubro de 1917 não teria estourado). Pedras tão mínimas que não têm nem a dignidade dos esquemas inteligíveis nem a dignidade de desqualificar os referidos esquemas[51].

Veyne defende a pluralidade de causas, muitas delas vindas do acaso, de ações e elementos somados, mas impossíveis de serem rastreados para o pesquisador ou para os contemporâneos do evento. Tal característica múltipla de causas não ocorre apenas com fatores físicos, como pedras ou uma doença eventual.

O acaso – aqui este termo será correspondente às situações não propositalmente geradas pelas culturas ou pelos Homens; não me refiro à definição original de acaso, que é, claro, absurda, pois nada no mundo existe sem uma causa – pode ser o verdadeiro motor de diversos acontecimentos na História, além de poder ser uma das causas para grandes acontecimentos, assim como *de melhorias e retrocessos*, sem a ação proposital de nenhum grupo, nenhum sujeito. Como em um caldeirão de ingredientes diversos que configuram uma sopa, no fundo, a realidade do Homem e sua História têm diversas causas, estas que,

---

pluralidade das causas na História – VEYNE, Paul. *Os gregos acreditavam em seus mitos?: ensaio sobre a imaginação constituinte.* São Paulo: Editora UNESP, 2013, p. 185-187 – e coloca o Homem (o observador) no lugar de Deus (numa concepção cartesiana) – Ibid., p. 195. Essas incoerências serão respondidas de forma direta no decorrer do texto.

[51] Ibid., p. 68-69.

afinal, podem ser ocasionadas pelo acaso, pelo imprevisível e por forças que estão além da vontade ou do entendimento humano.

Ao estudar História, nota-se sistemas sociais, modos e crenças que só se esclarecem para quem está vendo o período estudado de fora. Muitas vezes os próprios partícipes de épocas convulsas não fazem ideia de que estão envoltos em uma mentalidade e em um sistema econômico que são altamente necessários para a convulsão ocorrer e as mudanças se operarem. Esses fatores fogem ao entendimento e conhecimento dos contemporâneos da época, assim como a atuação do acaso pode fugir do olhar de pessoas de qualquer período. Uma doença, ou uma carroça desgovernada, poderiam parar uma Cruzada[52], uma insurreição, o avanço político de uma dinastia, uma descoberta científica – do mesmo modo que um tombo não planejado pode arruinar a carreira de uma modelo, uma ventania pode levar embora papéis com as colas de um estudante... *tudo é História.*

Esse acaso, porém, não é absoluto ou faz com que seja impossível estudar o passado. Paul Veyne cometeu o erro de balizar suas teorias no *irracionalismo.* Ele enxergava as causas históricas, isto é, seus "motores", como um "polígono de vários lados".

> Mas suponhamos que, em vez de uma causa, corrigida pela contingência, tenhamos elasticidade e um polígono de número indefinido de lados (pois, muitas vezes, o recorte dos lados se faz à luz retrospectiva do conhecimento). O acontecimento produzido é ele próprio ativo: ocupa como um gás todo o espaço livre deixado entre as causas e tende mais a ocupá-los do que a não ocupá-los: a história se gasta por nada e não provê às suas necessidades. A possibilidade de prever dependerá da configuração de cada polígono e será sempre limitada, porque nunca saberemos levar em conta um número in(de)finido de lados, dos quais nenhum é mais determinante que os outros. O dualismo da inteligibilidade corrigida pelo reconhecimento de uma contingência apaga-se ou, melhor, é substituído

---

[52] E, de fato, parou para os germânicos que seguiam o imperador Frederico I em 1190, quando este se afogou por algum motivo (parada cardíaca? Não se sabe) no caminho para a Terra Santa.

1. A FALSA LINHA DO PROGRESSO

pela contingência em um sentido diferente e, na verdade, mais rico do que o do nariz de Cleópatra: negação de um primeiro motor da história (tal como a relação de produção, a Política, a vontade de poder) e a afirmação da pluralidade dos motores (diríamos, antes: a pluralidade desses obstáculos que são os lados do polígono). Mil pequenas causas tomem o lugar de uma inteligibilidade. Esta desaparece também porque um polígono não é um esquema: não existe esquema trans histórico da revolução ou das preferências sociais em matéria de literatura ou culinária. Consequentemente, todo acontecimento se parece mais ou menos com uma invenção imprevisível. Explicitar esse acontecimento será mais interessante do que enumerar suas pequenas causas e, em todo caso, será a tarefa preliminar. Enfim, se tudo é história e se existem tantos polígonos diferentes quanto revoluções, de que as ciências humanas ainda poderiam falar?[53].

O autor, como se vê, defende um estudo meramente *descritivo*, ao contrário de um que busca causas para esse ou aquele fenômeno. Veyne põe como firmamento da História, ou seja, do Homem, essa multiplicidade que suplanta a inteligibilidade, porém é preciso nos perguntar *como Paul Veyne consegue captar essa multiplicidade sem usar da inteligibilidade?* Ele não consegue. É inteligível a existência da pluralidade extrema, *assim como é inteligível o fato desta pluralidade e deste acaso serem causas para inúmeras coisas.*

Apenas a busca pela Verdade impera sobre o entender histórico. O acaso não deixa de existir por conta da existência do verdadeiro, pois ele só pode existir sob determinadas *condições*. Podemos entender isso por uma analogia com o floco de neve, que em um microscópio sempre é algo singular e parece ter sido esculpido à mão, mas é feito sob condições "caóticas", e pela pressão atmosférica, temperatura etc.; dizem que o floco é um produto de um "acaso", e apenas dele, apesar das claras causalidades que formaram o floco.

Várias ciências podem nos ajudar a entender como a humanidade possui uma ordem. O Homem, embora não seja puramente um ser

---

[53] Ibid., p. 69.

do mundo da geografia, da química, da física etc., mas sim um ser profundamente mais complexo, deve ter certas precedências culturais para que existam *outras* características culturais. Como pode haver uma "Revolução Comunista" *sem um movimento comunista*? – ou acaso ocorreu alguma na Suméria, em uma tribo de esquimós, na Gália pré-romana?

Defender que o acaso deva substituir as explicações das grandes causas na História desagua em outro problema enorme: se são apenas situações fortuitas que determinam todos os acontecimentos históricos, então não existem constâncias no decorrer da História. Todas as estruturas sociais e culturais não passariam de ilusões provindas de similaridades vindas de particularidades absolutas.

Em última consequência, totalizar o acaso também implicaria em negar a similaridade entre dois particulares, pois o que é semelhante só o é dentro de um nível de um padrão constante – se não há similaridades entre uma borboleta e um elefante, é porque não há nenhuma presença igualmente constante nos dois seres: nem por serem "seres-vivos", nem mesmo os átomos poderiam ter condições semelhantes, e conseguiríamos afirmar que não existem ligações para classificar os dois dentro de uma abstração ordenadora, como o fato de ambos serem do reino *animalia*, em suas taxonomias – isso vale também para composições humanas, onde nenhuma tradição, fosse ela literária, filosófica, religiosa, moral, científica ou linguística seria possível sem elementos comuns.

O problema se alarga ainda mais quando possuímos a noção de que a inteligência humana funciona a partir da identificação de padrões, ou seja, da identificação de condições *similares* ou iguais presentes no que observamos ou raciocinamos. Se a aleatoriedade imperasse sobre tudo, existiria um problema gnosiológico impossível de se solucionar: como o autor que defende o Império do acaso conseguiria identificar o conceito de causalidade, se ele também é humano e, como tal, pelo acaso, possui uma capacidade de absorver a realidade de um modo sempre imperfeito?[54]

---

[54] Isso só seria possível *se ele saísse da humanidade*, e nos revelasse tal fato como *um deus revela uma Verdade aos Homens*.

1. A FALSA LINHA DO PROGRESSO

Só é possível alcançar a importância do acaso sob as constatações do verdadeiro e saber discerni-las do falso. Mas, ainda que Paul Veyne tenha esse lastro irracionalista, sua visão é muito proveitosa: o acaso pode ser, ao seu modo, um motor e um vetor para os acontecimentos. O acaso, por si, faz o que movimenta a História ser algo instável. Aplicando ao conceito de progresso, enfim, temos a nítida noção do quão frágil pode ser a criação de avanços na humanidade, dada a *potência* de uma *eventualidade*. O progresso se mostra incerto, não obedecendo necessariamente ao acúmulo cultural que ocorre com a passagem dos tempos e podendo, como tudo o que envolve uma cultura, *ser causado ou desfeito por um mero acaso*.

Lawrence Stone (1919-1999), em seu marcante livro *Causas da Revolução Inglesa 1529-1642*, também considerava o papel do acaso, das consequências não planejadas e não construídas propositalmente pelos atores da História. Assim como exemplificado por Veyne, em Stone tal conclusão também se aplica a eventos de grande importância, como as Revoluções – logo essas, que definiram parte do mundo Moderno e todo o Contemporâneo, sendo muitas vezes as responsáveis por tachar o *antigo* e *tradicional* como coisas inferiores.

Sozinhas, as pretensões da crença política, ideológica, econômica, religiosa, científica, moral, etc., não são os impulsionadores máximos e absolutos da História[55]. Uma nova crença religiosa pode ser a causa, mesmo fora de sua ambição, de um evento como uma Revolução, ou a futura defesa de um novo tipo de regime de governo. Assim foi o caso dos protestantes puritanos que, nas antecedências da Revolução Inglesa, viviam numa tensão com a realeza no cenário religioso e político do reino inglês.

É preciso enfatizar, contudo, que muito do caráter finalmente subversivo do puritanismo foi mais fruto do acaso do que de um desígnio. Penetrou sorrateiramente pela porta dos fundos de muitos programas políticos propugnados pelos puritanos, em geral sem passar pelo seu

---

[55] Também podemos ver outro historiador discutindo esse aspecto mais diretamente em: BLOCH, Marc. *Op. Cit.*, p. 104-105., 128-135.

conhecimento ou aprovação. Todos os puritanos, quase sem exceção, acreditavam firmemente na preservação das hierarquias sociais e políticas, e dos valores tradicionais. Mas não foi este o resultado das suas ações. Ainda que por um lado sua teologia do *Covenant* tendesse a reforçar a legalidade e a obrigação contratual, por outro, sua ênfase na consciência tendia para a direção contrária [...]. Poucos puritanos eram favoráveis à democracia participativa por amor a esta última, mas suas ações certamente a encorajaram. A insistência puritana na alfabetização popular para permitir a leitura das Escrituras, e na pregação popular, para possibilitar sua correta interpretação, acabaram por politizar os *yeomen* e os artesões urbanos. Suas consequências foram a torrente de petições de massa, os frequentes motins e a emergência do movimento dos niveladores, que caracterizaram os anos de 1640. Este foi um resultado que estava bem longe dos pregadores puritanos do meio século precedente[56].

Não são medidas de alguma classe, ou de um grupo qualquer, alinhadas às suas convicções que *necessariamente* causarão uma mudança drástica para o melhor, mas sim todo um conjunto de ações paralelas que, afinal, darão forma e conteúdo para a mudança[57]. Com o fato de as Revoluções serem altamente dependentes do acaso, somando com a realidade de que nossa era é filha das mesmas Revoluções, vemos que o que se chama de "progresso social" é bem mais frágil em sua formação, se o considerarmos como uma marcha obrigatória no tempo.

Tal fragilidade prejudica o argumento de "luta" pelo progresso, ou até mesmo da dicotomia entre "progressista e reacionário", com um lado sempre indo para "frente", e uma reação, fazendo o movimento contrário, uma vez que movimentos conservadores podem ser, como Stone demonstrou, um dos barris de pólvora para revoluções ou progressos. Os puritanos, aliás, tinham o hábito de serem mais moralistas (nos costumes) do que católicos e anglicanos na Idade Moderna. *Eles* é que foram responsáveis pela criação de uma situação política

---

[56] STONE, Lawrence. *Causas da Revolução Inglesa 1529-1642*. Bauru: EDUSC, 2000, p. 184-185.

[57] Ibid., p. 114-115.

1. A FALSA LINHA DO PROGRESSO

favorável para a democracia participativa, não uma luta secular dos oprimidos contra os opressores retrógrados, com a vitória paulatina dos primeiros causando sempre o progresso na História.

É claro que existem, nas precondições necessárias para qualquer ato na História, movimentos que se "auto entendem" como movimentos históricos, e estes de fato podem desencadear eventos de forma concisa e direta, mas isto não ocorre quando se alarga mais o campo estudado, seja geográfico ou temporal, ao analisar movimentos históricos de larga escala.

A dificuldade de separar uma linha temporal teleológica que sempre cresce e evolui com o tempo do progresso cultural, se deve pelas características elementares do tempo e da cultura. O tempo, como já dito, não vai para nenhuma direção que não para "frente": do presente para o futuro; a cultura, todavia, não funciona da mesma maneira. Uma cultura pode "ir" para os lados, para as diagonais, para frente, para trás, e em velocidades distintas e indiferentes ao tempo.

Uma prova dessa impossibilidade teleológica é a existência de avanços em sociedades que, aparentemente, são "atrasadas" em tudo quando comparadas a outras. Quando os portugueses chegaram ao Brasil, por exemplo, a higiene dos índios era melhor do que a portuguesa. Mesmo com uma cultura capaz de fazer viagens transoceânicas para a colonização, guerra e comércio, os portugueses eram *inferiores* aos índios em matéria de higiene pessoal.

Há de se comentar, porém, que a defesa direta de teleologias mais drásticas e evidentes é algo relativamente raro, em nosso início de século. Mesmo hoje poucos dão algum crédito de validade para teorias que induzam a algum tipo de utopia final. Até aqueles que nomeio de "teleológicos" não têm um *telos* (fim) tão sistematizado ou formal quanto a "Paz Perpétua" kantiana e o fim das guerras, de Comte ou a utopia comunista de Marx. O novo fim desejado é o conhecido *Mundo Melhor*, onde se acredita que "amanhã" os Homens serão mais inteligentes, sensatos, eficientes, tolerantes, cientes de seus direitos e deveres, amáveis, conscientes, onde a justiça social imperará. O *Amanhã* ao qual me refiro sempre será a condição necessária para a inovação, o progresso social. "*Como você pensa assim em pleno século XXI? Como as pessoas ainda agem assim em 2022!?"*: eis o mantra retórico e moral que, para os progressistas atuais, move a História rumo a um fim positivo, algo que os coloca na mesma linha de pensamento de raiz progressista que os iluministas, comunistas, etc.

Apesar de existirem vários tipos de progressismo, não há uma sintetização total do que seria um "progressismo", já que ele navega entre várias ideologias, logo, não é impossível captar suas características totais de modo relativamente coerente. O progressismo de uma feminista é diferente de um cientificista, assim como é de um progressismo de alguém sem ideologias políticas, acreditando que seus filhos e netos *no futuro* serão mais inteligentes e a sociedade será mais avançada em todos os quesitos, por conta de um progresso temporal inevitável. Esses progressismos ignoram que os progressos no saber, na racionalidade, moralidade, etc., não possuem uma linha "para cima", como degraus de uma escada que leva para um mundo mais coeso, correto, justo. Muitos caminhos existem, muitas causas consideradas atrasadas, ou o acaso, produzem eventos considerados como melhoras. No fim, o progresso é algo por demasiado incerto, frágil e instável.

O avanço da humanidade é contingente por sua dependência multi-causal, sem uma linha histórica contínua e resistente, já que o progresso pode ser impedido, regredido ou até mesmo ignorado por sociedades inteiras. Vemos isso no Brasil atual, onde a falta de educação impera, a violência reina e é propagada por uma das músicas mais populares do país (o funk) – algo que é encarado como normalidade –, mas ao nos compararmos com o Brasil da década de 1950, onde vemos um país mais racista, homofóbico, machista, é verdade, *porém também um país menos violento, onde suas músicas mais populares não fazem apologia de assédio, assassinatos, roubos e tráfico de drogas.* Com o passar do tempo, nosso Brasil melhorou com o avanço social de um lado, diminuindo drasticamente males como o racismo, mas piorou por outro lado, com uma violência nunca antes vista, sendo comparada a baixas de guerra. A História nos mostra: o Homem e a sociedade, não tendem para o positivo de modo completo.

1.4. A impossibilidade do "Mundo Melhor"

O historiador britânico Christopher Lee (1941-2021) tinha uma frase forte e famosa: *"As pessoas fazem a História, mas raramente se dão conta do que estão fazendo"*. **Nós formamos a História**, fazemos parte dela e ela é criada por nós; eventos históricos não são apenas os protagonizados por coletivos imensos. Como você se comporta ou como você é, em suas particularidades que te fazem único, *também são matérias da História*.

Se nós formamos a História, nossos defeitos também a formam. Você sabe, leitor, que já cometeu decisões erradas e também sabe que todas as outras pessoas fazem o mesmo. Seja no ato de comprar um doce que você não deveria ter comprado, ou na compra de uma máquina de lavar inferior à antiga, você fez algo que, logo em seguida, se arrependeu. Da quebra de uma dieta, a um pedido de casamento indevido, certas decisões não são nem um pouco positivas. Não somos máquinas perfeitas, simetricamente desenhadas para adquirir o que nos interessa e sempre fazer o mais racional, sempre nos guiando pelo que é mais interessante e proveitoso para nossas vontades.

Sociedades e Civilizações têm o mesmo problema dos indivíduos que as formam. Os clamores populares, as modas e tendências em correntes de pensamento, o desenvolvimento técnico e científico, as necessidades políticas e militares... todos repousam em um mar nada calmo, sempre podendo mudar ao longo das décadas, dos séculos, dos *segundos*.

Essa capacidade de errar é uma outra face da fragilidade da origem múltipla do progresso que mais uma vez mostra porque, afinal, ele não é uma luta fruto de um processo contínuo, seja deliberadamente planejado através das eras ou feito a partir de movimentos organizados e imperceptíveis, existindo em sociedades com a vontade de evoluir e superando seu passado necessariamente inferior e mais inóspito para as novidades superiores.

As causas múltiplas de algo tão importante como uma Revolução estão além de propósitos individuais, ou de grupos inteiros, sendo estes ingredientes de um imenso caldeirão borbulhante, como Lawrence

Stone demonstrou no caso da Revolução Inglesa[58] e Paul Veyne refletiu sobre a História em geral. Um dos elementos dessa multiplicidade é e a incapacidade humana de acertar em todos os aspectos.

Mas insisto na pergunta: Ainda assim, mesmo com os erros e essa instabilidade dos tempos – diante do verdadeiro progresso, que é a proximidade com a Verdade –, não podemos dizer que nossa sociedade, ou outras, melhoraram em comparação com as mais antigas?

Ora, podemos exemplificar o progresso dos tempos modernos facilmente. Alguns dos antigos habitantes de Canaã, os amonitas, por exemplo, adoravam um deus chamado *Moloch*. Moloch era conhecido por receber sacrifícios de crianças, que eram consumidas pelo fogo para a sua adoração. Se outra cultura tomou conta da região cananéia e, por fim, acabou com a adoração a Moloch e outros sacrifícios humanos, temos um avanço. Se atualmente quase nenhuma potência global mantém campos de extermínio ou políticas raciais, há outro avanço em comparação à primeira metade do século passado.

O progresso necessita de precondições, de movimentos históricos para existir. Embora não seja totalmente condicionado no tempo, a sua existência temporal é inquestionável, ainda que ele não vá necessariamente existir em todos os quesitos de um povo, e, portanto, não irá necessariamente ocorrer e continuar *ad infinitum* em sociedade alguma.

Então há um "mundo melhor"? Se nós, no presente momento, superamos sociedades, como a dos amonitas ou até mesmo um sistema econômico escravista, apesar de todas as instabilidades, não crescemos e melhoramos com o tempo?

Não se pode (como enfatizei desde o início deste capítulo) negar a existência do progresso, porém, mais especificamente: *é impossível negar o progresso através do tempo*. Como o tempo só corre para frente e como a humanidade possui formas de conservar suas tradições culturais, o passar dos séculos acumulará progressos em relação ao passado, ainda que de maneira multiforme e não necessariamente ordenada, sem

---

[58] STONE, Lawrence. *Causas da Revolução Inglesa 1529-1642*. Bauru: EDUSC, 2000, p. 99-100.

1. A FALSA LINHA DO PROGRESSO

um ímpeto final declarado desde o início e historicamente arranjado por determinados grupos.

Se não fosse a capacidade de preservação cultural, inerente à natureza humana, com toda a certeza perderíamos progressos de maneira tão rápida que, com o passar de poucas gerações, as sociedades irremediavelmente voltariam para seus estados mais primitivos. Apenas com a *conservação* é possível alcançar algum avanço, pois é apenas a conservação de ideias, tradições, ditos, feitos e crenças que transmite ao indivíduo e aos coletivos parâmetros variados com os quais poderá sustentar algo mais avançado.

Edmund Burke (1729-1797), apesar de ter um forte pensamento teológico[59], foi um crítico feroz da Revolução Francesa e pai do conservadorismo político moderno. Sua crítica contra a inovação revolucionária argumentava que a França passava por todas as mazelas que passava porque os filhos da Revolução agrediram e ignoraram as fundações sólidas do passado e da tradição: "*Um espírito de inovação é geralmente o resultado de uma disposição egoísta e de pontos de vista limitados. Jamais terá expectativa de posteridade gente que nunca relembra o exemplo de seus ancestrais*"[60] – Burke comparava a trajetória política inglesa com a França Revolucionária, mostrando a racionalidade de se sustentar no passado, conservando as tradições.

O caráter teleológico do autor, porém, aparece nas páginas onde compara o caso inglês com o francês. Argumentando que, se os franceses tivessem seguido o exemplo anglo-saxão, preservando suas instituições numa sólida relação com o passado:

> Teriam feito a terra envergonhar-se de seu despotismo, demonstrando que a liberdade é não só reconciliável, mas que, quando bem disciplinada,

---

[59] Burke acreditava numa teleologia designada por Deus para as sociedades humanas, todavia, a teleologia criticada neste livro não se confunde com essa, uma vez que a teleologia da Providência é suprafísica e depende da vontade divina, esta que é insondável. Há, porém, outro tipo de teleologia burkeana que será tratada adiante.

[60] BURKE, Edmund. *Reflexões sobre a Revolução na França*. Rio de Janeiro: TOPBOOKS, 2012, p. 186.

torna-se acessória à lei. Teriam tido um rendimento não opressivo, mas produtivo. Teriam tido uma constituição livre; uma monarquia potente; um exército disciplinado; um clero reformado e venerado; uma nobreza mitigada, mas animada, para animar a virtude, e não asfixiá-la; teriam tido uma ordem liberal de comuns, para emular e arregimentar essa nobreza; teriam tido um povo protegido, satisfeito, laborioso e obediente, que aprendeu a buscar e a reconhecer a felicidade que pode ser encontrada pela virtude em todas as condições (...)[61].

Burke, no entanto, não possuía um pensamento absolutamente teleológico, como os ideólogos do século XIX que propunham um único modelo político, econômico, produtivo e familiar "perfeito" como um final. O Reino Unido é usado como exemplo comparativo em um tipo de "evolucionismo" que se valia da experiência histórica como guia. O *telos* inglês advém das consequências de suas velhas conquistas, não de uma inovação abstrata que é superior só porque é um modelo novo, sem ligações com o "velho". Em Burke, por sua vez, o tempo não é o árbitro supremo da política. A exemplo do regime que um Estado deveria adotar, o autor considerava estapafúrdia a ideia de que monarquias seriam superiores para qualquer caso, em comparação a outros tipos de governo. A crítica, no entanto, também é feita àqueles revolucionários crentes na eleição democrática como o único direito legítimo para governos.

Pedirei permissão, antes de avançar ainda mais, para registrar alguns reles artifícios que os defensores da eleição como o único direito legítimo à coroa estão sempre prontos a empregar, a fim de tornar a defesa dos princípios justos de nossa constituição uma tarefa um tanto desagradável. Esses sofismas recorrem a uma causa fictícia e a personagens inventados, em cujo favor eles lhe dão como comprometido, sempre que o senhor defende a natureza patrimonial da coroa. É comum entre eles discutir como se estivessem em conflito com alguns daqueles desacreditados fanáticos da escravidão, que antigamente afirmavam, o que, acredito, criatura nenhuma

---

[61] Ibid., p. 191 – a comparação histórica entre o reino inglês e a república revolucionária francesa se dá entre as páginas 185-191.

1. A FALSA LINHA DO PROGRESSO

hoje afirma, "que a coroa é possuída por direito divino, hereditário e irrevogável". Esses velhos fanáticos do poder arbitrário único dogmatizavam como se a realeza hereditária fosse o único governo legítimo do mundo, exatamente como os nossos fanáticos do poder arbitrário popular sustentam que uma eleição popular é a única fonte legal de autoridade. É verdade que os velhos entusiastas das prerrogativas especulavam insensatamente, e talvez impiamente também, como se a monarquia tivesse mais sanção divina do que qualquer outro modo de governo; e como se um direito a governar por herança fosse, a rigor, *indiscutível* em toda pessoa que se devesse encontrar na sucessão a um trono, e sob qualquer circunstância, o que nenhum direito civil ou político pode ser[62].

Burke, portanto, era mais *elástico* e seu peso teleológico, *baixo*.

O "mundo melhor" não vem com o tempo. Nem por conservação, nem por exemplos de países estrangeiros, parecidos, estranhos ou totalmente alienígenas, mesmo com algum avanço factual pela interação cultural e a conservação das conquistas alcançadas em uma sociedade. A pluralidade social impede esse avanço total, essa assimilação perfeita em diferentes níveis e grupos sociais que irão reagir de formas distintas, pois, *a priori*, estão em diferentes condições. Não é possível recriar perfeitamente uma condição social do passado no presente, tampouco de um país vizinho em nosso próprio país, muito menos uma "ideia de gabinete" em uma cultura estranha a essa ideia sem consideráveis fraturas e problemas no processo.

A natureza humana impera, e o Homem é plural e instável demais. O evolucionismo de Burke pode ser exemplar para expor o problema: o protestantismo calvinista e anglicano da Inglaterra, por exemplo, só se instalou e se proliferou por conta de condições específicas na História da sociedade inglesa sob os reinados de Henrique VIII e Elizabeth I. Crer, como Edmund Burke, que a situação francesa melhoraria incondicionalmente se imitassem ou se inspirassem no caso inglês, é ignorar por completo as diferenças entre as duas monarquias, a diferença entre o catolicismo e o protestantismo, do campesinato dos dois países, da

---

[62] Ibid., p. 176-177.

formação e das leis e as mentalidades que influenciaram os dois reinos pelos séculos.

É verdade, como já dito, que seguir exemplos de países distintos e de épocas distintas pode causar um avanço: as interações entre Japão e Portugal no período das Grandes Navegações fizeram os japoneses copiar e adaptar os arcabuzes portugueses, seguindo o exemplo militar de um país estranho; o direito romano influenciou todo Ocidente europeu em suas leis e seu ordenamento jurídico, ainda que fosse estranho às leis germânicas que ainda imperavam na Europa durante a segunda metade da Idade Média. É certo que, das mudanças listadas por Burke, algumas ocorressem em solo francês, entretanto não ocorreriam da mesma forma e intensidade e *nem com a mesma eficácia* que no Reino Unido, pois um progresso certeiro, igual, *determinante* é totalmente barrado pela disparidade cultural e Histórica.

Podemos ver como o progressismo avilta essa pluralidade em uma questão mais atual: não é incomum existirem partidos, nesta primeira metade de século (mas também no crepúsculo do século passado), grupos e movimentos político-sociais querendo impor a "igualdade e liberdade". Tais exigências não são clamadas em um *strictu sensu*, mas em um sentido geral[63] seus impactos políticos e sociais podem até visar um progresso em larga escala em movimentos que se entendem como *agentes de transformação positiva* da História – infelizmente, tal transformação tenta ser sempre totalizante. Uma família, um partido político, um grupo ideológico, podem ter como fim as suas permanências no poder, ou aumentar até certo ponto suas influências na política e na economia de um país inteiro, porém isso muda quando alargamos o campo de influência que tais grupos exercerão e sofrerão.

Pautas progressistas que têm grande força na atualidade, como o casamento gay, o aborto, os vários tipos de inclusão social, cotas raciais, pautas de gênero, de identidades, compartilham espaço dentro de um escopo geral progressista com os ativismos pela nudez ou seminudez

---

[63] É importante notar que a teleologia *pode* existir na História, contudo, apenas em um sentido fechado, como em um microcosmo. Um indivíduo ou um grupo pequeno podem ter um *telos* de maneira ordenada, estudada e lógica.

1. A FALSA LINHA DO PROGRESSO

pública (como a *militância nudista* na Europa e nos EUA, a luta feminista para fazer com que não seja atentado ao pudor mulheres andarem sem camisa em locais públicos), clamam ser inclusos como parte dos *direitos humanos*. O motor axiológico e argumentativo desses movimentos culturais (ou contraculturais) se baseia, principalmente, na busca pelo reconhecimento de identidades em nome de uma "igualdade", com políticas *universais*, buscando interferir e ajudar *todos* os povos e minorias, procurando criar laços fraternos e de felicidade no *mundo*.

Esse progressismo, assim como nos antigos progressismos do século passado e do retrasado, contém o mesmíssimo erro de buscar um *telos* geral para suas lutas e pautas. O fim que buscam é a tolerância, a aceitação, a realização de suas felicidades e o fim das repressões para o indivíduo, ou grupos minoritários frente à maioria de alguma nação.

Como já comentado no último subcapítulo, o "Mundo Melhor" progressista atual, um mundo amável e avançado para tudo e todos, para minorias religiosas, étnicas e sexuais, visando até mesmo os direitos dos animais silvestres e domésticos, se aproxima muito do que é hoje a Escandinávia. Os países escandinavos, e outros lugares como o estado da Califórnia, nos Estados Unidos, podem ser o resumo de tudo o que o progressismo prega[64]. Acrescentemos mais uma problemática:

---

[64] É importante notar que não se trata de particularismos pelo mundo, mas sim leis e ações que abrangem países, ou estados, inteiros. Pode-se destacar as lutas por leis que permitam a nudez pública na Califórnia (além do conhecido fato de que ruas inteiras, neste estado, sejam decoradas por bandeiras LGBT) (BRYANT, Miranda. 'We got skin, you got skin, love your body, ain't no sin': Meet the NUDE activist who regularly gets naked in public and marches against anti-nudity laws to 'free' others. *Daily Mail*. Londres, 21 jul. 2016. Disponível em: <http://www.dailymail.co.uk/femail/article-3690935/We-got-skin-got-skin-love-body-ain-t-no-sin-Meet-NUDE-activist-regularly-gets-naked-public-marches-against-anti-nudity-laws-free-others.html>. Acesso em: 16 de agosto de 2022); a política de governo clara e ativamente feminista, na Suécia, que tem o feminismo como pauta geral (CHAMY, Constanza Hola. Suécia aposta em política externa feminista por 'mundo melhor'. *BBC News Brasil*. Londres, 25 jun. 2015. Disponível em: <https://www.bbc.com/portuguese/noticias/2015/06/150624_politica_exterior_feminista_suecia_rm>. Acesso em: 16 de agosto de 2022); o claro *combate ao natal*, e portanto ao cristianismo e

ESCRAVOS DO AMANHÃ

Como qualquer progressismo, o atual vê o mundo *antigo* como algo necessariamente atrasado, obsoleto e sem nenhum motivo para ser exaltado ou usado.

Qualquer coisa fora da agenda de mudanças, além das causas reclamadas, vira sinônimo da luta reacionária contra o mundo melhor. Há nesses progressismos uma dicotomia separando a mudança inovadora como algo bom, e a manutenção conservadora como algo mau. Quem ousar criticar e questionar o novo *modus operandi* da moral e dos novos valores, da nova ética, é necessariamente alguém que vai *contra* um futuro promissor, positivo e inexoravelmente mais igualitário, justo e livre. É como se alguém fosse contra a própria História.

O que esses militantes do mundo melhor, do *Amanhã*, não aceitam ouvir, criando militância jurídica e legislativa para aplicar o que acreditam, é que por mais que trabalhem, se empenhem e criem leis e jurisprudências para calar, travar e incriminar quem ouse discordar de suas pautas, *elas simplesmente não funcionarão.*

Mesmo quando um progresso genuíno acontece numa sociedade, esse mesmo progresso pode ser a causa de males futuros. O avanço da ciência, da anatomia, foi primordial para a medicina, mas também foi o

---

suas tradições, no Reino Unido (BBC Brasil. Natal sem Jesus provoca polêmica na Grã-Bretanha. *BBC Brasil*. Londres, 21 dez. 2006. Disponível em: <http://www.bbc.com/portuguese/reporterbbc/story/2006/12/061221_natalsemjesusebc_ac.shtml>. Acesso em: 16 de agosto de 2022), além da *Associação Médica Britânica* querer proibir o termo "expectant mothers" porque isso pode *ofender pessoas transgêneras* (!); o fato da *Catedral de Notre Dame de Paris* ser invadida por grupos feministas que urinam, profanam, quebram e ofendem não apenas os fiéis católicos, mas os séculos de História francesa contidos naquela catedral: O GLOBO. Femen invade Catedral de Notre Dame para festejar renúncia do Papa. *O Globo*. Rio de Janeiro, 12 fev. 2013. Disponível em: <http://oglobo.globo.com/mundo/femen-invade-catedral-de-notre-dame-para-festejar-renuncia-do-papa-7558197>. Acesso em: 16 de agosto de 2022; e *algumas ainda foram absolvias* (FERNANDES, Daniela. Absolvidas por ato na Notre Dame, feministas despertam críticas de políticos. *BBC News Brasil*. Paris, 10 set. 2014. Disponível em: <http://www.bbc.com/portuguese/noticias/2014/09/140910_femen_inocentadas_df_rb>. Acesso em 16 de agosto de 2022).

1. A FALSA LINHA DO PROGRESSO

foco de um racismo científico brutal há cem anos atrás, por exemplo[65]. O atual progressismo identitário não escapa desta regra, mesmo se fosse um progresso pautado absolutamente na Verdade.

Para o "mundo melhor" existir, *à la* Califórnia e Suécia, as diferentes e contrárias políticas, valores e ideologias *precisarão ser niveladas.* Se algum grupo realmente *se considera uma engrenagem para um amanhã mais elevado*, ele deve considerar como um agente da História de modo irremediável e, como consequência, crer que a oposição a estas ideias de progresso são, em suma, criminosas, injustas, monstruosas e que devem ser, sem dúvidas, *obliteradas.*

Se analisarmos a História, essa navalha necessária para a construção desse mundo melhor já ocorria nas primeiras propostas de uma sociedade igualitária. *Georges Minois* (1946 –), em sua obra *História do Futuro: dos profetas à perspectiva*, analisou a História das profecias e das concepções de futuro. Durante o século XVIII, a onda nascente de um progressismo que visava "fazer a História" tinha como meta o controle social para estabelecer a igualdade, e a felicidade. Analisando o caso do livro *Guillaute*, onde um *Estado Policial* é imaginado e requerido na França, com todo o tráfego de pedestres e carroças sendo de antemão assinalados, fichados, e com todo corpo civil em observação e vigia, para a manutenção de um Estado que promove o amor, a fraternidade e a igualdade social, podemos ver como a força, o poder e o controle podem ser usados para criar ou manter esse "mundo melhor", dentro da mentalidade dos que o defendem. Como observado por Minois, esse ideal utópico é o mesmo ideal dos gigantescos Estados totalitários e burocráticos do século XX[66]; o mesmo caso pode ser visto no livro *Ano 2440*, de Louis-Sébastien Mercier (1740-1814), onde, para atingir a igualdade e virtuosa, sem que privilégios existam, a vida simples não é apenas exaltada, mas *obrigatória.*

> Censores, vigias, espiões perseguem os eventuais arruaceiros, denunciam os maus cidadãos, preservam o conformismo e o respeito dos valores

---

[65] Este aspecto da ciência será tratado em outro capítulo.

[66] MINOIS, Georges. *História do Futuro:* dos profetas à prospectiva. São Paulo: Editora UNESP, 2016, p. 491.

ESCRAVOS DO AMANHÃ

cívicos, e podem até ler os corações; o ambiente é tão sufocante quanto o da Inglaterra de *1984*, sob vigilância permanente dos *telescreens* do *Big Brother*. A semelhança não para por aí: o passado é remodelado; todos os livros de história foram queimados, e seu conteúdo foi condensado num livrinho *in-doze*, grosso o suficiente para resumir a trama de crueldades e opressões dos tiranos que compõe o passado. Há, além do mais, um cheiro de *Fahrenheit 451* no ar: toda a literatura mundial passou por um imenso auto de fé, do qual sobreviveram apenas algumas dezenas de obras, da mais lacrimosa virtude, que cabem nos armários[67].

O que era de um ideal literário passou a dominar a mentalidade filosófica, com a fé no poder ilimitado da razão que guiaria a humanidade para um futuro necessariamente melhor. As religiões históricas foram aos poucos sendo consideradas mentirosas, cruéis, obscurantistas e dominadoras; criou-se o mito (no sentido pejorativo do termo) de que o passado era controlado por religiosos fanáticos, inimigos da razão e do progresso[68]. Quem se aliasse ao passado seria, necessariamente, um representante dessa obscuridade contrária à luz da razão.

Apesar dos séculos e das diferenças do progressismo atual e o progressismo iluminista francês, existe algo necessário para a existência do progressismo de ontem e o de hoje: essa característica niveladora da sociedade em que o progressista se encontra. É preciso, mesmo atualmente, que ele se imponha, que anule culturas, subverta cosmovisões, se intrometa em tradições legislativas e judiciárias, mesmo que seja totalmente alienígena a essas; ele precisa agir *rápido*, necessita aplanar tudo com uma navalha inexorável da "justiça social", em nome dos oprimidos, que no discurso atual são as minorias.

Uma boa amostra dessa ânsia de mudar o mundo, herdada dos progressistas do século XVIII e desconsiderando tudo o que é antigo e seguro, pode ser encontrada numa das manifestações culturais mais marcantes e notórias do século passado, mas que ainda pulsa com força até à atualidade, nessas primeiras décadas do século XXI:

---

[67] Ibid, p. 494.

[68] DAWSON, Christopher. *Progresso e Religião:* uma investigação histórica. São Paulo: É Realizações, 2012, p. 66-68.

1. A FALSA LINHA DO PROGRESSO

Imagine there's no heaven
It's easy if you try
No hell below us
Above us only sky

Imagine all the people
Living for today

Imagine there's no countries
It isn't hard to do
Nothing to kill or die for
And no religion too

Imagine all the people
Living life in peace

You may say, I'm a dreamer
But I'm not the only one
I hope someday you'll join us
And the world will be as one

Imagine no possessions
I wonder if you can
No need for greed or hunger
A Brotherhood of man

Imagine all the people
Sharing all the world

You may say, I'm a dreamer
But I'm not the only one
I hope someday you'll join us
And the world will live as one

ESCRAVOS DO AMANHÃ

Imagine, de John Lennon (1940-1980), é o grito vivo (quase um choro), o resumo perfeito, simétrico e potente sobre o que grande parte dos progressistas atuais acreditam ser um amanhã mais evoluído, como um sonho. O sonhar progressista coloca o futuro como um condutor da humanidade, não o passado. Não é mais o *antes* que sustenta o *agora*, mas sim *o que virá*, o *não existente* irá sustentar as causas, os sonhos, os anseios e propostas para um "mundo melhor". E se o amanhã incerto é o critério para a mudança, não uma sustentação básica e sólida na *experiência* conservada pelos séculos, tudo o que é contrário a esse futuro, o que é velho, é necessariamente perigoso. Imagine um mundo sem religião, sem propriedades privadas, um mundo de comunhão absoluta... um mundo que não é tão distante daquele com o qual sonhava Mercier, um mundo de sonhos que, para ser implementado, *precisa* solapar tudo o que o contradiz, isto é, *tudo ao seu redor*. Lennon não está tão distante assim de um O'Brien, de *1984*, dos valores cívicos do *Anno 2440*, ou das preocupações dos bombeiros de *Fahrenheit 451*.

Para o progressista atual, o perigo desses que vão "contra o mundo melhor" deve ser combatido nos campos adequados para tal. É na lei, na jurisprudência, no poder executivo, nos únicos locais onde a força é, social e historicamente, legitimada. Caso contrário, se os progressistas atuais ignorassem essas estruturas, suas propostas e lutas seriam diluídas no meio popular mais conservador. O mundo "retrógrado" *engoliria* qualquer proposta progressista em algumas décadas.

No globo seriam poucos os países com alguma efetividade progressista em suas leis e cultura – já que tudo cantado em *Imagine*, como tudo o que é proposto por partidos como o PSOL, ou a ala mais esquerdista dos Democratas, nos EUA, é uma agressão a quase tudo aquilo que o povo tradicionalmente crê e possui em seu imaginário político, religioso e moral.

Mas ao se aprofundar no mundo político, nas Instituições democráticas, ao tentar nivelar as tradições e culturas, os progressistas automaticamente se transformam nos demônios que tanto odeiam. A agressão, o deboche social, a *necessidade* inflexível de dilacerar a cultura mais antiga, acabam por fazê-los *líderes*, pessoas com o poder

1. A FALSA LINHA DO PROGRESSO

nas ruas, no executivo, no legislativo. Líderes precisam criar jogos de pressão, necessitam dialogar, convencer, deixar serem convencidos, ceder e manipular; a liderança, intrinsicamente, faz com que um líder *precise* lidar com diferentes grupos de pessoas dentro de um país para se manter no poder, para ter o moral necessário e ser legitimado como tal.

Ao cair nesse mar plural, o discurso universalista do progressismo, procurando fazer de cada país uma "Suécia", não será praticável em todos os casos, tendo que ceder... e *se ceder*, será um monstro dentro dos próprios padrões progressistas. Se, por algum acaso, uma ala progressista agir, de algum modo, politicamente contra a promoção do aborto, será automaticamente contra "os direitos da mulher"; se agirem contra a imigração, serão rotulados automaticamente de xenofóbicos; caso façam alguma movimentação política que seja um empecilho ao casamento gay, serão homofóbicos. Mesmo se a situação política assim exigir, mesmo que para permanecer no poder o discurso tenha que mudar, o impedimento do "amanhã" mais avançado será criticado, pois caso algo saia da agenda de progressos, o mesmo é automaticamente rotulado de forma negativa e retrógrada.

Também há o caso de grupos de pressão progressistas da atualidade que possuem metas vinculadas às suas causas que ocasionarão, irreme-diavelmente, atrasos e problemas no futuro. Combater a "homofobia", lutar pelos "direitos das mulheres", criar um esquema de um "mundo melhor", para "todos", pode muito bem dar poder para pessoas que usarão desse discurso para pisotear outras liberdades ou, no mínimo, causar outros atritos, outras injustiças sociais, discriminações diferentes e, por fim, aumentar ou criar novas desigualdades.

Luiz Felipe Pondé (1959 –) resumiu, já há algum tempo, como o Homem, com suas ansiedades, precariedades, inseguranças, vícios, limitações, frustrações, pecados e irracionalidades simplesmente está impedido de, por si só, produzir um "mundo melhor". Mesmo onde ocorre um progresso de fato, *efeitos colaterais* afetam o andamento teleológico de querer "mudar o mundo". Soluciona-se um problema, mas criam-se outros que não serão solucionados tão cedo. Tratando da *emancipação feminina*, o autor enumerou algumas questões.

ESCRAVOS DO AMANHÃ

'Emancipação', para mim, define-se em três etapas:

1. Partir de problemas reais. Por exemplo, submissão de algumas mulheres a maridos insuportáveis por falta de grana para mandá-los para o inferno ou impossibilidade de mulheres herdarem patrimônios, como era prática comum no passado.

2. Solucionar esses problemas de modo eficaz. Por exemplo, divórcio, profissionalização definitiva das mulheres, nova legislação para proteção dos direitos das mulheres.

3. Negar sistematicamente os efeitos colaterais indesejáveis causados pelas soluções dadas (item 2) aos problemas reais (item 1). Por exemplo, mulheres independentes financeiramente, mas sozinhas e desesperadas que se iludem dizendo "pelo menos hoje eu posso transar livremente com meninos de 20 anos sem dar satisfação pra ninguém", mães solteiras e disfuncionais cotidianamente, repressão sistemática pela mídia ou intelectuais engajadas de qualquer discussão séria acerca desses efeitos colaterais indesejados, acusando-os de mera propaganda machista[69].

A emancipação feminina solucionou vários problemas que muitas mulheres tinham, ao longo da História? Solucionou, sem dúvidas, *mas acabou criando outros.*

A História nos mostra que não existe um "mundo melhor", seja pela ciência avançada, pela tecnologia sofisticada, por uma "justiça social" ativa, por conta dos computadores ou por causa de um capitalismo pujante. O próprio capitalismo deixa a população mais rica, mas ser mais rico não é sinônimo de ser mais decente, honesto e justo, podendo criar, até, uma sociedade mimada, sedentária demais, consumista, o que pode causar um materialismo que pode destruir o próprio liberalismo econômico – isso fora o próprio histórico expansivo do capitalismo, que por muitas vezes sustentou oligarquias, criou o cenário para a expansão imperialista e dizimou sociedades inteiras. A expansão para o oeste, nos Estados Unidos do século retrasado, ou a colonização da salva amazônica pelos seringueiros no Brasil são exemplos notórios de como

---

[69] PONDÉ, Luiz Felipe. *Contra um mundo melhor: ensaios do afeto.* 2ª ed., São Paulo: LEYA, 2013, p. 31-32.

1. A FALSA LINHA DO PROGRESSO

o avanço econômico pode trazer mazelas sem conta, com um incontável número de povos indígenas perdendo suas terras para as empresas que traziam colonos e seringueiros nos Estados Unidos e no Brasil.

De outro ângulo, a luta por um mundo melhor foi e é embasada pelo direito de "*ser feliz*", mas o "ser feliz" é algo plural, então buscaram nivelar as pluralidades sociais em nome de *outras* pluralidades através de uma busca por direitos que foi alargada pelo progressismo contemporâneo, indo para a vida pública, para a "praça", para as ruas, bares, shoppings e supermercados. Contudo, a própria pluralidade, a mesma diversidade que tanto defendem, é o que impede, e impedirá, a aplicação da navalha progressista; ao nivelar uma sociedade, agem como agiram os europeus do século XIX na famigerada Conferência de Berlim que, em uma justificativa ideológica imperialista, dizia ser importante colonizar a África para levar a Civilização para os povos africanos, dilacerando violentamente as culturas africanas, nivelando--os totalmente de acordo com as culturas ocidentais de então.

Um progresso em *lato sensu* é sempre muito frágil, seja historicamente ou culturalmente. Há muitas mudanças históricas capazes de solapá-lo, fazendo com que grande parte do que já foi conquistado se perca, e com que muitos avanços fossem arrasados com o passar dos tempos. Não há nenhuma superioridade concreta no progresso pelo progresso, no novo pelo novo.

A natureza do Homem, por fim, impera. A estrutura da psique humana, as funções e dinâmicas sociais, os inúmeros movimentos contidos dentro de uma civilização, ou mesmo em um simples grupo, fazem com que um futuro sempre bom e melhor se esmague na parede da realidade.

Não somos os primeiros a crer em um amanhã dourado, ou rosado. Durante as décadas que precederam a Primeira Guerra Mundial, salvo algumas exceções[70], a Europa fervia de otimismo por conta de seus

---

[70] Georges Minois lista algumas, tanto do século XIX como do início do XX. Tocqueville, por exemplo, previa uma decadência pelos mecanismos de controle existentes nas democracias, estes que inchariam e supririam as liberdades que possibilitaram a própria democracia de existir; outros autores acreditavam que

progressos industriais e científicos. Produzia-se como nunca, a taxa de natalidade aumentava e a de produção alimentícia mais ainda; novas descobertas na medicina faziam com que doenças, que por milênios assombravam a humanidade, conhecessem seu fim; carros eram puxados automaticamente por seus motores sem a necessidade de tração animal; o homem *voava* pela primeira vez, podia-se falar com outra pessoa de outro continente, sem cartas, por um telégrafo ou, melhor ainda, conversando normalmente por um *telefone*. Tudo avançava. Acreditavam em um futuro de paz, racionalidade, progresso e melhorias perfeitas.

Depois veio o século mais violento da História Humana: o século XX, o período de Lenin, Stálin, Pol Pot, Mao, Hitler, das inúmeras ditaduras diversas, dos campos de extermínio, das Guerras Mundiais, da engenharia social, do genocídio, dos programas de castração química para minorias étnicas, da eugenia, do aborto legalizado e disseminado – que longe de serem movimentos conservadores do passado, em suas épocas eram elementos muito *inovadores*.

Aos que acreditam que o *seu* progressismo um dia triunfará, faço uma pergunta: quantos progressismos já falharam por causa de suas tentativas de melhorar o mundo e que, no fim, só pioraram o mesmo? O padrão do progressismo é o do fracasso.

---

as democracias parariam a dialética histórica entre a burguesia e o proletariado, como Georges Sorel; outros ainda, como Drieu la Rochelle, Édouard Drumont e Céline acreditavam na decadência futura por conta dos pensamentos racistas que possuíam, pondo a culpa nos judeus; Nietzsche acreditava que a prevalência dos valores cristãos anunciava uma queda na civilização, Dostoievski já cita que a perda dos mesmos ocasionaria tal queda, assim como Ernest Renan; H. G Wells teme um futuro onde a tecnologia será usada por uma minoria que procurará controlar e oprimir a maioria – MINOIS, Georges. *História do Futuro:* dos profetas à prospectiva. São Paulo: Editora UNESP, 2016, p. 584-589; 602-612.

2.

O TRADICIONAL E O NOVO

Há mais de mil anos, na Alta Idade Média[1], havia um monge galês chamado *Nennius* (ou Nênio, séc. IX), sendo este o autor da obra *Historia Brittonum*, a *História dos Bretões*. Nennius vivia em um ambiente relativamente precário em relação aos conhecimentos históricos de sua própria terra, de sua gente. Segundo ele, os "professores" não conheciam os assuntos que ministravam, pois foram apagados com o tempo e o abatimento da nação bretã.

O escrito de Nennius é interessantíssimo por vários fatores. Para começar, ele fazia parte de um movimento internacional desenvolvido e empurrado pela Igreja, um movimento de preservação, cultivação e alavancagem do conhecimento. Neste sentido, o autor pode ser posto ao lado de grandes nomes medievais, como S. Beda (673-735), o venerável; São Gregório de Tours (538-594) e Santo Isidoro de Sevilha (560-636), pois assim como esses homens, ele trabalhou para dar manutenção a uma cultura intelectual agonizante, destruída em suas estruturas sociais com a queda da Roma Ocidental.

Nennius, antes de tudo, reconhece tal precariedade cultural em seu próprio mau uso do latim, e não se limita: pede desculpas ao leitor pela sua escrita rude, mas também recorre às fontes antigas, romanas e cristãs, para balizar e realizar seu trabalho. Ele deve ao passado, e sabe

---

[1] A Idade Média é dividida em três períodos: Alta, Central e Baixa, com a primeira indo do fim século V até o X.

disso. O *antigo*, na tradição, era a única taça da qual ele podia beber com segurança em um mundo que esqueceu da cultura intelectual romana de outrora.

Um monge galês de latim precário, morto há mais de um milênio, pode ter mais humildade, honestidade e racionalidade do que legiões de novos pensadores da atualidade.

Eu, Nennius, o mais humilde ministro e servo dos servos de Deus, pela graça de Deus, discípulo de Santo Elbotus, para todos os seguidores da verdade envio saúde.

Que seja conhecido pela vossa caridade que, mesmo sendo estúpido em intelecto e rude no discurso, eu presumi entregar estas coisas em língua latina, não confiando no meu próprio conhecimento, que é pequeno ou nenhum, mas parcialmente pelas tradições de nossos ancestrais, pelos escritos e monumentos dos antigos habitantes da Bretanha, e parte pelos Anais dos romanos e as crônicas dos pais sagrados, Isidoro, Jerônimo, Próspero, Eusébio, e pelas Histórias dos escotos e saxões, embora estes sejam nossos inimigos, não seguindo minhas próprias inclinações, mas, para o melhor de minha habilidade, obedecendo aos comandos de meus senhores.

Eu reuni, com dificuldade, esta história de várias fontes, e me esforcei devido à humilhação, para entregar à posteridade as poucas notícias remanescentes sobre as realizações do passado, para que elas não pudessem ser esmagadas com o pé, vendo que uma ampla safra já havia sido arrancada pelos ceifeiros hostis das nações estrangeiras. Pois muitas coisas estiveram no meu caminho, e eu, até hoje, tive grande dificuldade em entender, mesmo superficialmente, os ditos dos outros homens; muito menos fui capaz em minhas próprias forças, mas como um bárbaro, assassinei e corrompi a língua de outros.

Porém, carrego comigo um ferimento na alma, e estava indignado que o nome do meu povo, outrora famoso e distinto, pudesse afundar para o esquecimento, e como fumaça ser dissipado.

Mas desde então, entretanto, eu preferi ser um historiador dos bretões a (ser) ninguém, embora haja tantos a serem encontrados que possam executar muito mais satisfatoriamente o labor imposto a mim; humildemente entretenho meus leitores, cujos ouvidos poderia ofender pela

2. O TRADICIONAL E O NOVO

deselegância de minhas obras, que preenchem o desejo dos meus senhores, e concedem-me a indulgente tarefa de ouvir com candura as minhas histórias. Pois esforços zelosos frequentemente falham, mas o entusiasmo corajoso, se estivesse em seu poder, não me faria falhar.

Que possa, então, a candura ser mostrada onde a deselegância de minhas palavras for insuficiente, e que a verdade desta história, que minha rude língua aventurou, como um tipo de arado, para traçar nossos sulcos, não perca sua influência do que causa, nos ouvidos dos ouvintes. *Porque é melhor beber de um único gole a verdade de um humilde receptáculo, do que o veneno misturado ao mel em uma taça de ouro*[2] (grifos meus).

O monge praticamente entra em uma contradição, em suas próprias palavras. Ele sabe de suas limitações, conhece a grandeza dos autores do passado e, se compará-los com sua própria pessoa, verá as carências profundas que possui ante a riqueza de um autor antigo, no entanto, apesar de reconhecer seus próprios problemas, se pôs a escrever.

Mas por que ter esse pesar intelectual, por que ter essa autocrítica desta forma? Para quê expressar e crer nessa deficiência em si mesmo? Nennius vivia em um contexto consideravelmente diferente do nosso, em um meio açoitado pela guerra e onde o conhecimento não poderia ser facilmente passado, ocorrendo perdas irremediáveis[3] que, no fim, causariam essa "anormalidade" do passado ser exaltado e do presente ser denegrido, pois afinal, o passado era mais fértil e adequado ao conhecimento?

Não seria uma total falsidade afirmar que a Alta Idade Média era um período, no mínimo, difícil para alguém almejar ter uma cultura intelectual com facilidade e profundidade. Em certos períodos, hostes queimavam bibliotecas, destruíam cópias de trabalhos antigos e novos com suas pilhagens e invasões, porém essa violência não se aplica a

---

[2] NENNIUS. História dos Bretões. *In:* COSTA, Ricardo da (org.). *Testemunhos da história:*
documentos de história antiga e medieval. Vitória: Edufes, 2002, p. 209-253.

[3] *"Muitos professores e escribas tentaram escrever isto, mas de algum modo ou outro abandonaram por causa da dificuldade, ou devido às mortes frequentes, ou às recorrentes calamidades de guerra"* – Ibid.

todas as épocas, ou a todo o zelo e reverência de Nennius para com os mais antigos que ele.

A obra do monge galês pode nos ensinar algo bem precioso: ele amava o passado, pois é nele que se firma o caminho para chegar à Verdade. Nennius, antes de começar de fato a falar da História dos Bretões, além de admitir a superioridade dos antigos, se lembra de que foram eles que ergueram a História bretã, a língua latina, e as valiosas descobertas e conhecimentos sobre o mundo e Deus. Neste aspecto relativo, podemos observar como o reconhecimento e a boa relação com o passado são qualidades que podem ser transmitidas para qualquer contexto.

Além de Nennius, existe alguém mais velho, de uma época mais rica, de uma cultura crescente e monumental, membro de uma civilização que marcaria para sempre toda a humanidade: *Aristóteles*. O filósofo macedônio viveu durante os reinados mais poderosos da Grécia Antiga. Filho de um médico da corte de Felipe II, aluno de Platão, *tutor* do futuro imperador *Alexandre, o Grande*, Aristóteles foi um marco grandioso para o pensamento humano.

Para Aristóteles compor e defender suas propostas, era necessário rever tudo o que já fora produzido na Filosofia até ele: de Tales de Mileto (624-546 a.C.), passando por Heráclito (500-450 a.C.), Pitágoras (570-495 a.C.), Melisso (séc. V a.C.), Demócrito (460-370 a.C.), até Platão. As teses de que o cosmos era composto de água, fogo, ar, números, átomos, se ele era feito por múltiplas *"sementes"* – no sentido de componentes –, ou se era uno e imutável, batiam de frente com as conquistas efetuadas por Aristóteles.

Contudo, longe de negar absolutamente o valor destas teorias, o estagirita identificava nelas uma importância na gênese do conhecimento, nas descobertas e no modo de responder às questões do mundo. Aristóteles sabia que, sem os grandes pensadores do passado, sua filosofia sequer teria bases para existir, e não apenas por um fator meramente cronológico, mas porque a *"essência"* do que estudava sequer seria uma questão sem as descobertas de seus antecessores.

Não passa de justiça mostrar gratidão não apenas com aqueles cujos pareceres podemos partilhar, como também com aqueles que exprimiram

2. O TRADICIONAL E O NOVO

opiniões um tanto superficiais. Estes também contribuíram com alguma coisa. Foi graças ao seu trabalho preliminar que o exercício intelectual foi desenvolvido. Se não tivesse nenhum Timóteo, não possuiríamos muito de nossa música. E se não houvesse existido nenhum Frinis, não teria havido nenhum Timóteo. O mesmo ocorre com os que teorizaram acerca da verdade: extraímos certos pontos de vista de alguns deles e eles, por sua vez, estavam em débito com outros[4].

Débito é um bom termo a se fiar. Sem as *conquistas* de nossos antepassados, não haveria um presente. Somos devedores perpétuos de nossos mortos, de suas descobertas e avanços. A *dívida* não se estabelece apenas no campo dos progressos adquiridos no passado, mas também nos arranjos sociais, nas normas de conduta, nas mutações que ocorreram nos tempos já decorridos e que, no fim, determinam muito do presente.

As *Tradições* marcam o comportamento e são o legado cultural em todos os povos. Extermine a tradição de um povo, qualquer que seja, e verá sua cultura geral perder suas características marcantes, se deteriorar pela falta de parâmetros que tramitam pelo tempo. Sem uma tradição, não existem cargas culturais para sustentar de forma adequada uma cultura do presente – esta seria amorfa, sem propósito.

Elimine a tradição democrática, por exemplo, ou hierarquias tradicionais presentes há muito tempo em nosso país, e conseguirá uma espécie de vácuo social e político. A democracia será impossível e o regime de governo se transformará em algo díspar e estranho para a ordem usual na política. Termine com as tradições, só por estas serem "velhas", "elementos que não são mais da nossa realidade", ou porque de algum modo sustentam e perpetuam as injustiças no mundo, e apenas o inexistente "futuro", será uma baliza para construções culturais que *serão* mais instáveis na sociedade. É o passado que sustenta o presente, que nos adiciona experiência de convívio, interação, estudo, reflexão.

Nennius e Aristóteles entendiam essa dívida para com o passado de maneira efetiva. O primeiro, vendo suas deficiências intelectuais,

---

[4] Metafísica, Livro II, 1, 993B1: 15.

via força e solidez nas épocas antigas ricas e desenvolvidas; o segundo, vendo as insuficiências de seus predecessores, não deixa de creditá-los as conquistas que, se não tivessem sido realizadas, impossibilitariam a existência de sua obra, de suas posições no campo filosófico, físico, biológico, etc.

Os reais progressos do passado, no entanto, não nos influenciam apenas porque, sem eles, não teríamos bases para nos sustentar. Desenvolverei mais, aqui, algo que foi abordado no último capítulo: O *atual é dependente do antigo em tudo*, pois o tradicional não apenas sustenta o novo, mas *vive na novidade*. Mentalidades, imaginários, noções de justiça, etc., quase tudo o que temos *hoje* foi criado *ontem*, e não *agora*, não por um grupo de inovadores exclusivos.

Negar o passado por ser velho e exaltar algo novo, por ser novo, é o mesmo que negar as fundações da sua própria casa. Um edifício não pode existir sem suas bases presentes, sem a influência destas para com toda a estrutura. Qualquer prédio sobrevive se os telhados forem arrancados por um vendaval, mas retire o que o sustenta e nenhuma telha, janela, parede, chão ou teto vão ficar intactos.

C. S Lewis identificou, como uma dessas éticas que se propõem a destruir tudo o que foi construído para pôr algo novo no lugar, a ética de *Friedrich Nietzsche*. O que Nietzsche pretendia fazer era erguer a humanidade acima de algo que considerava inferior, que era a moral cristã. Se estivermos dispostos a aceitar a ética nietzschiana, escreve Lewis, temos que nos dispor a:

> [...] destruir todas as morais tradicionais e descartá-las como equivocadas, colocando-nos depois numa posição a partir da qual não podemos encontrar fundamento para quaisquer juízos de valor. Trata-se da diferença entre alguém que nos diga: "Se você gosta que os legumes estejam moderadamente frescos por que, então, não os planta por si mesmo para tê-los perfeitamente frescos? E alguém que diz 'jogue fora aquele pão e experimente comer tijolos e centopeias no lugar"[5].

---

[5] LEWIS, C.S. *A abolição do homem*. Rio de Janeiro: Thomas Nelson Brasil, 2017, p. 48.

2. O TRADICIONAL E O NOVO

A diferença entre um conservador e um progressista se apresenta no modo de como se lidar com a novidade e o tradicional. O conservador *conserva* aquilo que, outrora, foi proveitoso: as conquistas e cenários que são prudentes, racionais e compensadores de se manter, além de possuir uma política de reformas, de *mudanças*, ainda que sempre cuidadosas e sem grandes solavancos, preservando as conquistas do passado, mantendo cenários e sustentando regras mais sólidas, já engessadas pelo tempo.

As grandes Revoluções da História provam a vantagem da perspectiva conservadora. Nenhum ato da Inquisição foi equivalente ao Terror, na Revolução Francesa; nenhum veredito real de qualquer rei exterminou tanto quanto os revolucionários na França do século XVIII; o mesmo vale para a Revolução Russa, para a Revolução Chinesa, para os países debaixo da Cortina de Ferro. Nenhum monarca, por mais tirano que fosse, chegou aos pés, em termos de matança, daqueles que lutavam por um mundo melhor. A luta pelo "mundo melhor", em um curtíssimo período de tempo, matou mais do que qualquer fanatismo religioso demorou para matar em séculos – se a violência religiosa tem milênios de idade que testemunham seus milhões de mortos, a luta revolucionária por um novo mundo, desde 1789, fez mais covas do que qualquer cruzada cristã no medievo ou as guerras de religião da Era Moderna.

Edmund Burke observou isso muito bem, dado o estado catastrófico da França revolucionária. Quebrar com o passado, inibir tradições, sistemas de hierarquia, modos de pensar, autoridades, regimes inteiros, é tumultuar uma ordem já estabelecida, jogar fora um cenário que, apesar de defeituoso, é o único existente.

Pode-se argumentar, contrariamente, que o tumulto e a desordem são necessários para mudar o sistema corrupto, injusto, já decaído, para substituí-lo por algo novo e diferente, com mais vigor e entendimento da realidade, porém trocaremos o que já está já estabelecido pelo quê? Os atores políticos se tornarão quais? O novo sistema se embasará no quê, além de ideias nunca antes testadas, de cenários que nunca passaram das mentes de filósofos e ideólogos? Onde está o chão desse tipo de novidade?

Ao propor algo avassaladoramente *novo*, não há no que se fiar pela experiência. A política, as relações de poder, *tudo* o que já está estabelecido pela tradição é quebrado e nada imediato pode advir com isso além do caos. É como demolir uma construção antiga e venerável e querer começar uma nova a partir do zero achando, por fim, que o casebre que está montando será melhor do que a catedral que foi destruída.

A piora com a destruição das tradições ocorre pela falta de balizas existentes no novo cenário. Quando se rejeita tudo o que é concreto por um sonho, por uma ideia que não encontra parâmetro na realidade, apenas a desordem pode se resultar. Os franceses *nunca* conseguiram mais liberdade, fraternidade e igualdade com a Revolução, mas conquistaram um massacre que fez a *Noite de São Bartolomeu*[6] parecer uma brincadeira infantil; a luta pela liberdade gerou um regime tão opressivo e que fomentava tanto ódio que desestabilizou toda a nova estrutura social, com ela caindo em defasagem em comparação ao período monárquico; isso para não se falar da fraternidade revolucionária, esta que gerou uma perseguição em massa de quem contrariasse o espírito revolucionário – no fim, a Revolução abriu caminho para a tirania imperial de Napoleão I. A primeira Revolução por um "mundo melhor" foi um fracasso.

Todas as outras revoluções[7] fracassaram. Todas são herdeiras da Revolução Francesa, de sua ânsia de pôr o futuro e a inovação

---

[6] A Noite de São Bartolomeu (1572) foi o massacre feito por católicos contra protestantes. Esse evento marcou a queda do crescimento do protestantismo no reino da França, com seus maiores líderes sendo mortos.

[7] É importante frisar que a Revolução Americana não se encaixa aqui. Ela não é uma "herdeira da Revolução Francesa", mas uma revolta colonial que, antes de qualquer inovação, *preservou as tradições legislativas, filosóficas e políticas do reino inglês*. A Constituição Americana, com certeza, é filha da Carta Magna. Malgrado não fale da constituição, Burke possui um excelente comentário a respeito do caso em *"Speech on Conciliation With the colonies"* – BURKE, Edmund. Speech on conciliation with the colonies. *In: The works of the right honourable Edmund Burke*. Londres: Henry G. Bohn. Disponível em: <http://press-pubs.uchicago.edu/founders/documents/v1ch1s2.html>. Acesso em: 16 de agosto de 2022, onde podemos ver o mesmo espírito britânico que preencherá o constitucionalismo americano.

2. O TRADICIONAL E O NOVO

necessariamente acima do passado e da *experiência* histórica da política da nação. Pense em qualquer caso revolucionário da História: comunista, nazista, fascista, nacionalista, todos tinham algo em comum, mesmo sendo díspares, pois acreditavam estar construindo um mundo inovador, superior ao anterior.

Assim como a monarquia dos Bourbon era menos violenta que a República Revolucionária, o império dos Czares russos era mais brando que o comunismo de Lenin (1870-1924) e Stálin (1878-1953); do mesmo modo a Alemanha dos Kaisers era mais pacífica, se comparada à Alemanha nazista; os exemplos vão além do campo político. Os arranjos e entendimentos tradicionais abarcam a cultura em geral – definições de certo e errado, obsceno e agradável, grosseiro e gentil, dominam nossas mentalidades e dão bases para nos relacionarmos uns com os outros.

Aliemos isso ao que foi abordado no último capítulo: Se há um movimento revolucionário cultural interno em um povo, ele não irá apenas causar um estranhamento moral, mas tentará nivelar a cultura geral, procurará destruir, de maneira necessária para seu implemento e existência, o que existia antes. Não será, e nem pode ser (para a aplicação correta da inovação inexoravelmente melhor do que a tradição) um processo prudente, autocrítico e lento, caso contrário a conservação de arranjos culturais considerados como retrógrados será feita.

Negar o que é tradicional é sinônimo de destruir a cosmovisão que embasa uma população, solapar parte essencial de toda uma sociedade, ignorando a pluralidade, as funções e legitimidades de posturas, crenças e hábitos antigos de um povo. Atualmente, podemos encontrar suas origens no século XVIII, mesmo entre pensadores não pertencentes ao iluminismo.

Reinhart Koselleck em seu monumental *Futuro Passado: contribuição à semântica dos tempos históricos*, traçou a origem do progressismo. Em contraste com o que, desde a Antiguidade, a humanidade aproveitava do passado (que era a crença de que o passado, em todos os assuntos, ditaria o que ocorreria no futuro, logo, "nada existiria de novo sob o sol" e o pensamento de que, malgrado o passado resumisse a certeza de como seriam os tempos futuros, ele serviria de guia para os novos tempos, logo, abaixo do sol, *em si*, nada seria novo), a

Modernidade nos trouxe a noção de que a História era singular e, portanto, não poderia servir de modelo para as ações do presente e nem para uma referência ao futuro.

Tiveram [os modernos], entretanto, como perspectiva comum, a destruição da ideia do caráter modelar dos acontecimentos passados, para perseguir em lugar disso a singularidade dos processos históricos e a possibilidade de sua progressão. A constituição da história [*Geschichte*], no sentido que hoje nos é corrente, teve origem em um mesmo e único evento, tanto do ponto de vista histórico quanto linguístico[8].

[...]

Se a história se torna um evento único e singular da educação do gênero humano, então cada exemplo particular, advindo do passado, perderá força, necessariamente. Cada ensinamento particular conflui então no evento pedagógico geral. A perfídia da razão impede que o homem aprenda diretamente a partir da história, impelindo-o ao seu destino de forma indireta. Trata-se aqui da consequência progressiva que nos leva de Lessing a Hegel. "*O que a experiência e a história nos ensinam é que os povos e os governos jamais aprenderam algo a partir da história, assim como jamais agiram segundo ensinamentos que delas fossem extraídos*". Ou então, nas palavras de um experiente contemporâneo de Hegel, o abade Rupert Kornmann: "*É destino dos Estados, assim como do homem, tornar-se sábio apenas quando já passou a oportunidade de sê-lo*"[9].

Com tal perspectiva, uma concepção teleológica surgiu: se o passado não é mais um guia para o futuro, uma marcha positiva para um futuro melhor deveria ser feita. Assim surge o progressismo, pregando uma "aceleração do tempo" para, enfim, chegarmos até um futuro melhor[10]. Será desse progressismo da era Moderna que as ideologias positivistas, fascistas e socialistas nascerão.

---

[8] KOSELLECK, Reinhart. *Futuro passado:* contribuição à semântica dos tempos históricos. Rio de Janeiro: Ed. PUC-Rio, 2006, p. 54.

[9] Ibid, p. 55.

[10] Ibid, p. 58-60; 174-175; 238-243.

2. O TRADICIONAL E O NOVO

Mais além do século XVIII, com as consequências da Revolução Francesa, *Frédéric Bastiat* (1801-1850), observador e crítico dos socialistas franceses do século retrasado, já percebia que esse pensamento estava envolvendo sua sociedade, e denunciava a vontade de moldar o mundo (no fundo, a natureza humana) por parte de políticas progressistas:

> Os socialistas consideram a humanidade como matéria para combinações sociais. E isto é tão verdade que, se porventura os socialistas tiveram alguma dúvida a respeito do sucesso destas combinações, eles pedirão que uma pequena parte da humanidade seja considerada matéria para experiência. Sabemos o quanto é popular entre eles a ideia de experimentar todos os sistemas. E um líder socialista, seguindo sua fantasia, pediu seriamente à assembleia constituinte que lhe concedesse um pequeno distrito, com todos os seus habitantes, para desenvolver sua experiência[11].

A diferença é que, hoje, já não pedem mais uma fração da sociedade para executar uma experiência, como parte de um elemento químico para efetuar uma reação. Atualmente, fazem suas políticas de forma central, uniforme e direta, quando implementadas efetivamente. Não há dúvidas quanto à potência do impacto que uma política progressista pode gerar em uma sociedade – apenas a taxação pejorativa dos que reagem negativamente à mudança já mostra o caráter totalitário, na cultura, que o progressismo possui.

O ímpeto da "mudança social" existente no progressismo atual mascara, contudo, a intenção de combater a realidade humana, a natureza. Não existe uma *"sociedade má"* e um *"Homem bom"*, como recitou Rousseau, isto é, uma camada "metafísica" (como diria Burke) humana boa, pura, limpa e uma crosta social velha, mofada, suja e corrupta. A crença de que os elementos tradicionais da sociedade são sujeiras artificiais que podem ser removidas, no fundo, está no cerne de todo o progressismo de esquerda atual. A sociedade de mercado,

---

[11] BASTIAT, Fréderic. *A Lei*. 3ª ed., São Paulo: Instituto Ludwig von Mises Brasil, 2010, p. 29.

ou um sistema político velho, os valores tradicionais, o que seja, serão criticados no mesmo espírito crítico: *"o mundo está errado, logo, temos que mudá-lo"*; mas ao fazer isso, ao tentar se aplicar qualquer tipo de "navalha social" revolucionária, nega-se a natureza das sociedades humanas, *o modo natural de interação e sustentação do passado para com o presente.*

A continuidade do progressismo de ontem e o de hoje pode ser observada quando vemos que um militante de alguma causa identitária é muito parecido com um legislador socialista do século XIX. Se lermos as críticas de Bastiat, notaremos algo muito semelhante às políticas sociais do PSOL:

> Enquanto a humanidade tende para o mal, eles, os privilegiados, tendem para o bem. Enquanto a humanidade caminha para as trevas, eles aspiram à luz; enquanto a humanidade é levada para o vício, eles são atraídos para a virtude. E desde que tenham decidido que este deve ser o verdadeiro estado das coisas, então exigem o uso da força a fim de poderem substituir as tendências da raça humana por suas próprias tendências.
>
> Basta abrir, mais ou menos ao acaso, qualquer livro de filosofia, de política ou de história, para que se veja o quanto está enraizada em nosso país esta ideia, filha dos estudos clássicos e mãe do socialismo. Em todos eles, encontrar-se-á provavelmente a ideia de que a humanidade é uma matéria inerte, que recebe a vida, a organização, a moralidade e a prosperidade do poder do estado. Ou, então, o que é ainda pior, que a humanidade, por si própria, tende para a degeneração e só pode ser contida nesta corrida para baixo pela misteriosa mão do legislador.
>
> Por toda parte, o pensamento clássico convencional nos mostra, por trás da sociedade passiva, um poder oculto que, sob os nomes de lei, legislador, ou designado apenas de uma forma indeterminada, move a humanidade, a anima, a enriquece e a moraliza[12].

---

[12] BASTIAT, Fréderic. *A Lei*. 3ª ed., São Paulo: Instituto Ludwig von Mises Brasil, 2010, p. 30-31.

2. O TRADICIONAL E O NOVO

Atualmente, quem sair do eixo será automaticamente rotulado como um inimigo da humanidade: um xenofóbico, transfóbico, homofóbico, racista, machista, fascista. *Eles* é que sabem como conduzir tudo, como separar o obsoleto e antigo do útil e do novo, não as tradições do povo, não as instituições que por séculos representaram e atuaram na cultura popular, na mentalidade, nos conceitos existentes, na Filosofia, na cosmovisão da população. Ao serem confrontados sobre esses aspectos, normalmente dão respostas como *"mas a sociedade muda, o mundo muda, logo, temos que mudar com ele. Nada fica estático e imutável para sempre"*. A afirmação é verdadeira, mas muito mal aplicada.

Não é mentira o fato de as sociedades humanas mudarem, e precisarem, por isso, de novos arranjos, esquemas e modelos sociais para existirem. Mas as coletividades humanas em geral não precisam de revolucionários, não necessitam de progressistas ativistas para se modificarem, tampouco para evoluírem.

Os movimentos revolucionários só aparecem na História durante a *Era Moderna*. O Homem não careceu deles em quase seis mil anos de Civilização, nem nos *duzentos mil anos* de História de nossa espécie.

As sociedades sempre mudaram, se adaptando às mudanças naturais que ocorrem com os tempos, mas também sempre se *conservaram* de algum jeito. São as mesmas mudanças, muitas vezes imprevisíveis, aliás, que tornam impossível o próprio "mundo melhor" do amanhã existir, como já demonstrado no capítulo anterior. Negar o peso do passado, sua validez, sua posição natural e necessária para toda e qualquer sociedade humana, no fundo, é ignorar a natureza humana.

Mas o que é tradicional, o que está estabelecido há séculos, ou milênios em uma sociedade é necessariamente bom? Não era tradicional para algumas sociedades escandinavas, há mais de mil anos, a pirataria e a invasão de outros locais? Não eram tradicionais, na França pré-revolucionária, ordens reais para prender quem quer que fosse, pois "o rei só devia explicações para Deus"?

Qual é o verdadeiro peso do passado? Até onde devemos preservá-lo, até onde se deve mudá-lo? E, afinal, o que uma "mudança social natural"?

2.1. O peso do passado e da permanência

Edmund Burke, como já dito, foi o pai do conservadorismo e por isso seus argumentos servem como base para refletir a respeito do peso que o passado possui. Suas argumentações mostravam a importância da conservação plural de cada cultura, mantendo suas virtudes, seus arranjos e qualidades que comporiam, não apenas a identidade de uma política, de um povo, mas também suas essências, seus entendimentos de mundo.

Antes de escrever contra o processo revolucionário, Burke foi um historiador. Seu pensamento foi moldado pelo seu trabalho historiográfico, onde a investigação dos povos do passado ajudou a criar e a maturar seus ideais.

A observação de grandes eventos na história Ocidental, na história inglesa e na história das Américas foi o terreno onde suas ideias se assentaram. Burke notou que grandes agressões e massacres na História muitas vezes advinham de distúrbios nos *modos* (*manners*), ou no que hoje poderíamos chamar de cultura de um povo. Essa caraterística cultural era o que dava a argamassa para a organização social efetiva, uma vez que os modos determinariam não apenas a cosmovisão de uma população, mas também suas hierarquias, seus entendimentos de certo e errado e seus sistemas de governo, leis e justiça.

Essas características foram consideradas, sobretudo, em seus estudos sobre as invasões romanas na Grã-Bretanha celta, na Antiguidade. Burke notou que a política de invasão e manutenção da presença romana entre os celtas detinha um padrão de domínio pacífico e violento de acordo com a quebra da cultura das populações locais pelos romanos. Quando Suetônio Paulino (41-69) detinha as rédeas dos exércitos imperiais para a supressão dos nativos, a sociedade celta foi extirpada de suas lideranças políticas, de boa parte de sua população guerreira, mas igualmente de sua religião. Os druidas, que eram os árbitros e líderes espirituais de inúmeros reinos e parte incondicional do ordenamento social que determinava a cultura e o imaginário dos povos, davam ritmo, sentido e orientação para suas sociedades e foram

2. O TRADICIONAL E O NOVO

obliterados[13]. Ao matar a maioria dos druidas e queimar seus locais sagrados, Paulino não apenas decepou um membro do corpo social daqueles povos, mas abalou as fundações da mentalidade e da funcionalidade social dos celtas, causando um morticínio no processo.

As ações romanas durante as invasões causaram uma série de revoltas e mais custos de sangue para a permanência de Roma na localidade. Isso ocorreu porque a cultura tradicional de um povo foi varrida, desrespeitada, destruindo a mentalidade que mantinha a ordem social. Essa característica não foi apenas observada na Europa, uma vez que a própria conquista europeia das Américas também cometeu os mesmos erros. Francisco Pizarro (1478-1541) e Diego de Almagro (1475-1538) foram exemplos de tiranos e assassinos, rompendo a ordem política e religiosa do Império Inca[14], assim como quase toda a colonização das Américas[15].

Exemplos de indivíduos que *conservavam* os modos locais, ainda que fosse para dar manutenção ao domínio estrangeiro, contrastavam muito na historiografia de Burke. Júlio Agrícola (40-93), Cristóbal Vaca de Castro (1492-1566), Pedro de la Gasca (1493-1567), Egberto (770-839) e Canuto II (995-1035) eram homens que preservaram as tradições e a cultura de terras conquistadas. Esses líderes possuíram

---

[13] De minha tradução: "*Ele, portanto, resolveu cometer tal golpe na cabeça que, com certeza, tanto sustenta todas as partes inferiores.*

A ilha então chamada de Mona, agora Anglesey, naquele tempo era a principal residência dos Druidas. Aqui seus conselhos eram assegurados, e suas ordens [commands] eram, portanto, dispersadas entre todas as nações britânicas. Paulino propôs, ao reduzir esse sítio sagrado favorito, destruir, ou ao menos enfraquecer imensamente, o corpo dos druidas, terrivelmente extinguir os atores principais [the great actuating] de todo povo celta, e aquilo que seria capaz de comunicar ordem e energia para suas operações". – BURKE, Edmund. An Essay Towards an Abridgement of the English History. *In: The works of the right honourable Edmund Burke*, Vol. VII. 15ª ed., Boston: Little, Brown and Company, 1877, p. 195.

[14] BURKE, Edmund; BURKE, William. *An account of the European settlements in America, vol. I.* 5ª ed., Londres: J. Dodsley, 1770, p. 129-142.

[15] Ibid., p. 279-280; 285-286 – onde Burke defende o modelo de colonização por uma aculturação pacífica e autônoma nos moldes dos Jesuítas.

ESCRAVOS DO AMANHÃ

mandos com resultados muito mais frutíferos e menos violentos. Essa percepção que Burke adquiriu enquanto historiador se manteve até a idade avançada, chegando até mesmo ser utilizada para defender os colonos norte americanos das taxações e cobranças que o governo britânico impunha, já que estas causariam tumultos por quebrarem com os costumes dos americanos[16], e também questionou o poder colonizador do próprio Império para o qual legislava, em sua maior empreitada política: o *impeachment* do governador das índias orientais, Warren Hastings (1732-1818), por conta do estrago que fez entre a população local, ao humilhá-los e a desprezar e desrespeitar suas tradições locais para melhor adequar o jugo britânico[17].

Não foi necessária a existência de revoluções para que, na humanidade, a cultura e a organização social que dela advinham fossem quebradas e, com isso, o caos surgisse. O expansionismo imperial e o colonialismo foram dois exemplos marcantes desse processo, tão marcantes que mostram a importância da preservação das tradições em toda a percepção social e em boa parte das propostas políticas de

---

[16] De minha tradução: "*As palavras da nona carta do governador Bernard, escritas em novembro de 1765, estabelecem essa ideia com muita força: 'É necessário', ele diz, 'estar sendo considerado que uma inovação, tal qual a taxação parlamentária, causaria grande alarme e encontraria grande oposição na maior parte da América; isso foi muito novo para o povo, e tinha limites visíveis'. Depois de exprimir a fraqueza do governo de lá, ele diz, 'Era esse o tempo de introduzir uma novidade tão grande como uma taxação parlamentar interna na América?'. Qualquer que tenha sido o direito, esse modo de uso foi absolutamente novo na política e na prática*" – BURKE, Edmund. Speech on American Taxation. In: The works of right honorable Edmund Burke, vol. II, 3ª ed., Boston: Little, Brown, and Company, 1869, p. 32.

[17] De minha tradução: "*Mas existiam, naquela província (vendida aos atormentadores, pelo Sr. Hastings), ações cometidas que pelos modos peculiares da Índia eram até piores do que tudo o que tenho colocado ante vocês; como o domínio dos modos e a lei da opinião contribuem mais para sua felicidade e miséria deles do que qualquer coisa que a mera natureza sensível pode fazer*" – BURKE, Edmund. *Speeches in the impeachment of Warren Hastings, esquire late governor-general of Bengal. In: Works of the right honorable Edmund Burke*, vol. X. 7ª ed., Little, Brown, and Company: Boston, 1881, p. 89; mas com especial atenção à página 438.

2. O TRADICIONAL E O NOVO

Burke, e foi pelo estudo da História que ele percebeu que é no passado onde se constroem nossos entendimentos, nossas noções e conceitos[18].

Através dessa descoberta de Burke podemos ver que, socialmente, não vivemos em um mundo como o *rio de Heráclito* (535 a.C-475 a.C), onde não se pode "entrar no mesmo rio duas vezes", pois o fluir do rio estava sempre em mudança. Se Heráclito estava certo, o curso da realidade sempre muda como a água corrente, então como Heráclito conseguiria saber o que é um "rio"? Como ele conseguiria diferenciar um rio de uma montanha, de um lamaçal, ou de um leão? Se tudo muda, então nada pode ser mantido e servir de parâmetro para nada – *sequer conseguiríamos dar identidade às coisas, fenômenos, ou a nós mesmos*, já que a identidade mudaria a cada momento em que fosse observada. Socialmente, as tradições têm essa função de dar identidade, sentido, significado para os elementos que compõem os povos.

Burke sabia que esses elementos se mantinham, e deste modo detinham certo lugar especial em uma sociedade. Da mesma maneira que ele via uma necessidade de manter e aproveitar das conquistas passadas, o elemento aparentemente contraditório também era evidente para Burke: existe a necessidade de se *mudar* com o tempo, dando uma manutenção justa para responder às modificações que ocorrem com o passar dos anos, das gerações e com os novos arranjos no mundo.

Essa constatação não serve apenas para uma resposta política aos movimentos revolucionários, mas possui uma serventia para analisar toda e qualquer estrutura social humana, estando acima de todo debate político, pois a necessidade de mudar está na própria condição humana. Se mudar é preciso – e não, como já enfatizado e demonstrado aqui, o "mudar por mudar", mas sim porque a Natureza Humana *precisa* dessa mutabilidade sociocultural –, então a preservação de algumas das mudanças já ocorridas é tão imprescindível quanto.

A mudança, o devir, é o natural na humanidade. Não vivemos em um mundo estático onde nada precisa de alteração. A mera variação

---

[18] Tenho um artigo que trata dessa questão dentro da obra historiográfica de Burke: REBELLO, Hiago Maimone da Silva. Edmund Burke e a História. *Coletânea*. v. 21 n. 41 p. 115-158 jan/jun. 2022.

climática já produz um efeito em cadeia na dinâmica social: a colheita sofre com a geada, os grãos ficam mais caros, o comércio e os agricultores sofrem, lojas fecham, novas demandas e ofertas no mercado de uma sociedade surgem. A mudança cultural chega a ser ainda maior, uma vez que é mais volátil: uma nova religião, ou a intensificação e recuo de uma velha, podem ter mais espaço, alterando a moral e os valores de um povo; um gosto musical ou literário podem mudar os padrões de consumo ou as visões de mundo de uma população; novas formas de comunicação ou de informação podem mudar as interações entre as pessoas e as ideias políticas de uma nação, mas as mudanças, como já dito, não podem resumir tudo.

O que seria de nós, membros das democracias ocidentais, sem os moldes políticos criados no passado? Ignore a Grécia Antiga e verá que o fenômeno da democracia é impossível; ignorando o Parlamento, criação da Idade Média, veríamos nossos sistemas legislativos serem dissolvidos num misto de poderes difusos e regionais, talvez muito parecidos com aqueles que existiam antes do poder parlamentar se ressaltar na era Contemporânea.

Anule os mais de três mil anos de influência bíblica e veremos que nossa moralidade, nossas leis de conduta e nossas concepções de certo e errado seriam, inevitavelmente, anuladas da mesma maneira. "Guerra Justa", "Caridade", ou até mesmo a separação do mundo natural do divino não teriam suas origens culturais sem suas nascentes no cristianismo. Essas característica só se mantêm e conseguem ser identificadas se elas são *preservadas*, conservando alguma característica ao longo dos séculos, ainda que mudando com o passar das eras.

Sem as mudanças que ocorreram no passado, seríamos um nada. O nosso mundo contemporâneo sequer existiria em *hipótese*, pois não existiriam os elementos *necessários* para a construção de nossa realidade atual.

Já que nossa presente sociedade, para não falar da Civilização, necessita de raízes profundas e antigas para existir como tal, a dispersão dessas raízes cria, nada mais, nada menos, do que uma espécie de caos no arranjo de uma sociedade. Seria preciso voltar aos exemplos revolucionários para mostrar como, politicamente, essa conjuntura caótica

2. O TRADICIONAL E O NOVO

de desprezar o passado já causou um dos episódios mais sanguinários da humanidade. Sabemos que nada matou mais operários do que as Revoluções comunistas no século XX, sabemos que o nazismo ceifou mais vidas alemãs, mandando-as para a guerra, do que qualquer guerra que os povos germânicos já travaram; a Revolução Cultural, na China de Mao Tsé-Tung, roubou mais almas do que qualquer Imperador Chinês desde Qin Shin Huang Di (260-210 a.C), *o primeiro Imperador da China.*

Essa quebra brusca com as tradições, com a cultura, com (usando o termo de Burke) os *modos* e costumes de um povo, é o que rompe a continuidade natural de uma sociedade, seja por invasão ou colonização, seja por revolução. O ritmo natural de uma mudança, ainda que não possa ser medido ou mensurado com exatidão para toda a humanidade, não pode ser impulsionado violenta e rapidamente. Mudanças ativadas de modo que quebrem coisas elementares e vitais da cultura de um povo não podem ser, portanto, consideradas naturais. São fraturas, quebras e descontinuidades muito diretas e abruptas para serem consideradas como algo que seja "normal" nas mutações de uma sociedade – ainda que este "normal" não possa ser definido além de generalizações.

Foi o espírito de inovação exacerbada, ou, como disse Burke, a negação das contribuições dos ancestrais, que fez com que os homens se rebelassem contra o que, no fundo, construiu e constituiu tudo o que conheceram. Já no ocaso do século XVIII, Burke alertava para a imprudência que era destruir um edifício político antigo apenas para construir, em seu lugar, uma casa nova:

> A ciência de construir uma nação, renová-la, ou reformá-la, não pode, como qualquer outra ciência experimental, ser ensinada *a priori.* Nem há de ser uma breve experiência que nos poderá instruir nessa ciência prática; porque os reais efeitos de causas morais não são sempre imediatos; mas aquilo que na primeira instância é prejudicial pode ser excelente em sua operação posterior; e sua excelência pode originar-se até mesmo dos maus efeitos produzidos no princípio. O oposto também acontece [...]. A ciência do governo, sendo, portanto, tão prática em si mesma, e destinada a esses propósitos práticos; sendo um assunto que requer *experiência*, e mesmo mais *experiência* do que alguma pessoa consegue ganhar em sua

ESCRAVOS DO AMANHÃ

vida inteira, por mais sagaz e observadora que possa ser, é, portanto, com infinita cautela que alguém deveria aventurar-se a pôr abaixo um edifício que durante séculos atendeu em algum grau tolerável aos propósitos comuns da sociedade, ou a edificá-lo de novo, sem ter diante dos olhos modelos e plantas de utilidade comprovada[19] (grifos meus).

A extrema falta de preservação do passado, como pode-se verificar na História, simplesmente ocasionou ditaduras em quase todas as repúblicas democráticas criadas no século XIX e no XX. Portugal, Espanha, Alemanha, Brasil, Argentina, Chile, Itália, Rússia, Congo, Etiópia, China, França, Turquia, Romênia, Angola, Vietnã, Egito, Líbia, Síria, Cuba, Venezuela, Sudão... Os exemplos não param. Em todos os continentes habitados, a execração das tradições foi a responsável pela queda vertiginosa da ordem de vários países. Em casos não tão raros, certas regiões estavam melhores quando eram *colônias* do que quando se tornaram independentes, após um processo revolucionário que buscou varrer todas as instituições já estabelecidas.

Burke também já notava que esses desastres, em parte, foram causados pelo *fenômeno nivelador* existente em mentalidades revolucionárias, buscando igualar, por um princípio falso de justiça, o mundo, mas ao mesmo tempo não o encarando a realidade de que o que se chama de "velho" é o que funciona e constitui o "atual".

Os que tentam nivelar nunca igualizam. Em todas as sociedades, constituindo em várias categorias de cidadãos, alguma categoria deve ser predominante. Os niveladores, portanto, somente alteram e pervertem a ordem natural das coisas: eles sobrecarregam o edifício sociedade, ao erguer no ar o que a solidez da estrutura requer que fique no chão[20].

Essa busca pela nivelação deve ser diferenciada dos episódios onde um regime antigo de fato oprimia, com toda a injustiça possível, certo

---

[19] BURKE, Edmund. *Reflexões sobre a Revolução na França*. Rio de Janeiro: TOPBOOKS, 2012, p. 223-224.
[20] Ibid., p. 207.

2. O TRADICIONAL E O NOVO

povo, um grupo ou até mesmo toda uma nação onde a ação violenta teria sua justificativa, criando um cenário de guerra justa para sanar um mal[21].

Os exemplos da Revolução Americana, ou da Independência do Brasil, nos mostram como conservar do que foi bem experimentado nas metrópoles ajudou, de fato, as colônias a se manterem como países independentes e com integridade institucional. É de conhecimento geral que a Constituição Americana conserva as antigas leis inglesas que podem remontar até o medievo, e o mesmo ocorre nos arranjos e sistemas políticos do Brasil imperial, ao menos até o golpe republicano em 1889 (que gerou um regime militar, a *República da Espada*).

Esse peso que o passado possui, contudo, não é apenas legado à política e aos regimes e sistemas que abolem o mundo político. Mesmo em termos práticos, e a nível pessoal, observamos o peso colossal das antigas experiências de nossa sociedade e de outras. As tradições são as mães de nosso meio.

Podemos ver a verdadeira amplitude que o passado detém em nossas vidas simplesmente prestando atenção em nossos *livros*. Um livro acadêmico, que tem uma função importantíssima em todo o mundo atual, sempre vai depender de *outro livro*. Ao ler uma obra de História, por exemplo, notamos que há citações, referências a outras obras sobre o mesmo tema ou de assuntos que esbarrem no tópico tratado no livro. A bibliografia é uma das bases que o autor se sustenta para abordar alguma questão – caso ela não existisse, debilitaria drasticamente toda a produção do autor. Isso não vale apenas para a História. A química, a física, a medicina, a literatura, a Filosofia, a ciência política, a matemática, todas as vertentes da intelectualidade contemporânea têm a mesma dependência[22].

---

[21] Numa excelente reflexão sobre a manutenção de antigos regimes, em comparação com os novos regimes inovadores *per se*, Burke critica a postura pró revolução do reverendo e doutor Richard Price (ibid., p. 252-254), onde existe a defesa de um confronto justo para solapar um antigo mal político.

[22] Pensemos, por exemplo, na dependência que as ciências possuem com as tradições. Os estudos que orbitam ou abordam a teoria da evolução, por exemplo, estão todos em uma tradição darwiniana. Suas origens remontam a Darwin e aos

ESCRAVOS DO AMANHÃ

De fato, caso um precedente literário não existisse, provavelmente seria *impossível* escrever a maioria dos assuntos acadêmicos. Ao escrever sobre qualquer ciência, um autor se verá dependente de constatações *anteriores*, importantíssimas para seu trabalho; assim haverá uma gama de referências nas notas de rodapé, nas partes para a bibliografia, etc. Os livros citados foram, todos, escritos *antes* do livro mais atual sobre o assunto ser finalizado, frutos de períodos diferentes do nosso.

Nenhum acadêmico pode dizer que o passado intelectual era, concreta e totalmente, inferior, errado e dispensável. O uso do termo "datado", para desqualificar obras mais antigas precisa, urgentemente, ser problematizado. Uma vez que todo livro depende de livros mais velhos, os trabalhos mais antigos também têm dependências bibliográficas mais antigas ainda. Pegue um livro em sua casa e verifique a bibliografia, depois arranje alguns outros livros presentes na bibliografia do primeiro e verá a existência de mais dependências, mais bibliografias que levarão às obras mais velhas ainda. No fim, chegará até uma época na qual a citação bibliográfica era rara, mas ainda existente de modo indireto no texto[23]. O passado não apenas ecoa, *mas deposita vida ao presente*. Algo que é "velho" e está presente em nossos tempos não pertence apenas a um período anterior. Ele *é* do *nosso* tempo, constituinte da *nossa* realidade, não uma espécie de viajante do tempo que se intromete em nossa contemporaneidade.

As constatações de Edmund Burke sobre o peso do passado valem até para a própria esquerda. Ideologias, por exemplo, têm a mesma

evolucionistas pré-Darwin de modo direto, a fim de que um estudo sobre a seleção natural feito em 2022 terá que, direta ou indiretamente, obrigatoriamente se reportar aos escritos feitos no século retrasado. Caso ele queira seguir minimamente com seus estudos sobre a seleção natural, ele obrigatoriamente vai ter que se referenciam aos pais da mesma, assim como aos sucessores da mesma seleção, em suas ideias, procedimentos, teses centrais e métodos – mesmo com a grande mudança que o darwinismo passou no século XX.

[23] É necessário lembrar que nossos padrões para citações são uma invenção nova, pois antes essas citações e referências existiam de modo implícito nas obras, ao lado das explícitas.

2. O TRADICIONAL E O NOVO

dependência com o que já passou. O que seria da esquerda identitária atual sem a *Escola de Frankfurt*? Ou sem Hebert Marcuse (1898-1979), sem Antônio Gramisci (1891-1937)? E o que seria o feminismo atual sem elementos do século *retrasado*, ou sem as reflexões tardias de Marx e Engels com base na antropologia de Lewis Henry Morgan (1818-1881)? Foi a influência de Morgan que fez Marx e Engels escreverem *A Origem da Família, da Propriedade Privada e do Estado*, sem a qual o feminismo não teria suas atuais pautas e os conceitos que fundamentam suas reivindicações.

Mas muitos progressistas *sabem* disso. É curioso que seu dito "progresso" não tropece em seu próprio passado, em sua própria tradição, com o mesmo vigor, rigor e potência que esbarra nos "passados" restantes, em outras tradições que compõem a sociedade. A esquerda pode servir de exemplo: antes, era materialista, ortodoxa em Karl Marx, mas hoje essa característica já quase não existe mais; diferente da maior parte do século passado, nosso século é imbuído consideravelmente por uma esquerda interessada em assuntos culturais para, depois, influenciar os campos da política e economia.

Não vemos, atualmente, esquerdistas formando colunas de militares descontentes ou guerrilheiros em nosso país. Também é preciso lembrar que a esquerda progressista atual descende de um progressismo consideravelmente distinto. Basta olhar para a extinta União Soviética, esta que, possivelmente, era o Estado mais homofóbico do século passado – a homofobia russa atual vem diretamente das políticas homofóbicas comunistas. De fato, uma boa parte dos líderes comunistas *possivelmente se enforcaria*, caso deslumbrassem o que a esquerda se tornou na atualidade, pois seria uma grande quantia de tudo o que odiavam: individualismo exacerbado, libertinagem sexual, questões de cunho íntimo sendo transformadas em políticas sociais – isso para não falar da capitalização das novas *identidades* alavancadas pelo progressismo. O travesti, o homossexual, a lésbica e até mesmo os assexuados entram em uma espécie de vitrine, com uma quantidade gritante de grandes empresas se valendo da "inclusão" como *propaganda*. A luta por direitos de minorias se transformou em um produto do mercado e é alavancada pelo mesmo mercado.

ESCRAVOS DO AMANHÃ

Parte do progressismo contemporâneo descende de movimentos que consideraria totalmente permissivos e desumanos, mas não há uma negação pública e constante dessas perversidades do passado. O passado do progressismo, simbolizado por figuras heroicas libertadoras é tão marcante que, mesmo quando é composto por figuras machistas (como Marx ou Fidel), por estupradores (como Mao), terroristas (como Che Guevara) e por genocidas (como Lenin e Stalin, além do próprio Mao), são exaltados na busca por representar as raízes de uma esquerda atual, mesmo com esta não se comportando como a antiga, mesmo que o esquerdista atual certamente fosse *perseguido* pelos heróis que tanto exalta, caso voltasse no tempo.

A foice e o martelo atualmente andam ao lado da bandeira do arco-íris. O problema do progressista de hoje é que, mesmo não podendo negar totalmente o passado, ele ainda o tenta, ignorando a experiência vinda dos acontecimentos, pensando apenas no futuro, se negando a criar uma crítica minimamente concreta para o histórico do movimento que faz parte – o que explica a repetida exaltação do comunismo, mesmo com seu passado sangrento e sua grande distância com o progressismo moderno.

Essa característica nos mostra como as tradições são importantes na constituição social e na identidade de grupos humanos, pois mesmo no progressismo elas *demandam* espaços. Eric Hobsbawm (1917-2012), alguém que não pode ser confundido com um burkeano de forma alguma, já alertou que mesmo as esquerdas dependem de uma continuidade de seus passados, para suas existências. Toda revolução precisa inventar tradições[24] para preencher um vácuo que criado em

---

[24] "Tradição", como entendido por Hobsbawm, tem o sentido de "invenção", ou de projeção do presente para um determinado ponto no passado. Hobsbawm, no entanto, não entende que toda a tradição é fictícia. Sua terminologia é voltada para invenções que certas épocas atribuem ao passado e procuram recriar ou dar continuidade, afirmando serem tradições. O autor, no entanto, não nega em nenhum momento que existiam tradições genuínas e perenes na História – HOBSBAWM, Eric. Introdução: a invenção das tradições. *In:* HOBSBAWM, Eric;

2. O TRADICIONAL E O NOVO

uma sociedade, ao tentar apagar a memória e a permanência do que mantinha a população em sua ordem sociocultural[25].

Se o passado, por si, fosse realmente desprezível, se ele de fato representasse tudo de ruim e que não se enquadrasse em nada fora de sua época, então o próprio futuro também será assim, pois *nada é o futuro, sem o passado*. O progressismo e sua História apenas comprovam esse fato.

2.2. O peso da novidade e da mudança

Em uma resposta aos monarquistas tradicionalistas e absolutistas de sua época, Burke assim respondeu: *"Um Estado sem os meios de alguma mudança é um Estado sem os meios de sua conservação"*[26].

Burke, no entanto, não está sozinho nesse tipo de pensamento. Na Antiguidade, de fato, *sabia-se* da grandeza do passado, mas colocava--se a grandeza da tradição, do antigo em virtude da mudança, no ímpeto de se modificar, inovar e evoluir em relação a períodos anteriores[27]. Prender-se ao passado, na Antiguidade, não era sempre sinônimo de algo bom, podendo ser algo temerário. Não haveria nenhum progresso sem o ato de *mudar*.

Sem mudanças, o caos também impera. Se não nos adaptarmos ao mundo sempre mutante, entraremos em contraste com a realidade dos

---

RANGER, Terence (orgs.). *A Invenção das Tradições*. 12ª ed., Rio de Janeiro/São Paulo: Paz&Terra, 2018, p. 11-16.

[25] Ibid., p. 12, 16-21.

[26] BURKE, Edmund. *Reflexões sobre a Revolução na França*. Rio de Janeiro: TOPBOOKS, 2012, p. 170.

[27] Essa percepção não foi gerada exclusivamente por Burke ou sua época. Desde a Antiguidade a humanidade detinha, em alguns casos, a noção de que, com o passar do tempo, o Homem e a sociedade progridem em algum aspecto. Alguns historiadores já se debruçaram no assunto: HARTOG, François. O confronto com os antigos. *In:* GUIMARÃES, José Otávio (org). *Os antigos, o passado e o presente*. Brasília: Editora Universidade de Brasília, 2003, p. 118-121; LE GOFF, Jacques. *História e memória*. 7ª ed., Campinas: Editora da Unicamp, 2013, p. 219-227.

fatos, não conseguindo, por fim, enxergar o real. Como conseguimos ter o método empírico na ciência, com Roger Bacon (1220-1292), na Idade Média, ou a substancial melhoria e sistematização do mesmo método, com Francis Bacon (1571-1626), na Idade Moderna? Ou a primeira ciência moral, com Sócrates? Não foi através de mudanças, de novidades que as tradições e conquistas se efetuaram? Em suas épocas o que podemos considerar tradicional era diferente de tudo que as precedia.

Como conseguiríamos conservar alguma coisa (para o bem ou para o mal) se tudo estivesse estagnado no tempo, se o novo não fosse valorizado e se apenas o que é considerado antigo fosse válido? O próprio ato de "conservar" não faria sentido; a inexistência do progresso, de toda e qualquer chance de alcançar algo melhor, seja para um povo, ou a um indivíduo, seria um fato dado.

Para além desses pontos, o "novo" é necessário para a adequação de uma população ao seu meio, sempre em mudança. Uma civilização que se "paralisa" é uma civilização suicida. O próprio conservadorismo é relativamente recente, datando do crepúsculo do século XVIII, como algo novo em sua época, que foi fruto de uma *mudança* na mentalidade.

Mas se o "mudar" é obrigatório, então ele impera?

Normalmente progressistas usam da inexorável obrigação de mudança para justificar suas pautas. O curioso, porém, *é que não notam que o mesmo argumento pode solapar as próprias mudanças*. O progressista que milita pela mudança pura é aquele que, no futuro, verá todas as suas marcas intelectuais e culturais jogadas no "lixo da História". Já que tudo muda, então as causas e pautas progressistas – em questão de décadas – serão, não apenas inúteis, mas *censuráveis*. Se a mudança para a novidade é a chave de tudo, como um imperativo para o Homem, então qual seria o mal de censurar tudo pelo que o progressismo de hoje milita, no dia de amanhã?

Como uma justificativa para uma militância, o "mudar por mudar", pela única razão de que "o mundo muda" é basicamente o mesmo que militar por mais banhos porque a "água molha". Não há substância no argumento, nada além de um óbvio, brevíssimo e superficial contato

2. O TRADICIONAL E O NOVO

com a realidade. Se é verdade que mudanças são necessárias, é preciso ir além dessa obviedade.

Mutatis mutandis, o Homem sempre foi plural e mutante. Faz parte, não apenas de nosso ser individual, como da natureza inerente de nossa espécie, mas também da condição do mundo ao nosso redor. O universo muda, as partículas se estressam, se aquietam e movimentos cinéticos, físico-químicos, ações e reações, potências e atos banham e compõem a própria existência do mundo material. Sabemos, no entanto, que a mudança jamais é absoluta. Podemos captar padrões, coesões, regras e leis universais, por isso pode-se criar *ciência* para estudar o mundo. Essas constantes, ainda que impeçam o "caos heraclitiano", no entanto, tampouco têm formas absolutas na existência.

Dentro da noção geral de mudança, também podemos encaixar os tipos diferentes de modificações culturais – e nem toda mudança cultural é uma mudança "natural". "Natureza", *aqui*, pode ter dois significados: o primeiro seria de ordem estritamente material, que causaria mudanças no meio-ambiente de uma população de tal modo que esta teria sua cultura, de alguma forma, modificada; o segundo constituiria um modo interno de desenvolvimento, como, por exemplo, uma cultura intelectualizada produzir, naturalmente, um refinamento maior em sua sociedade através de vários tipos de erudição.

Existe na História, contudo, movimentos *"artificiais"*[28] que são compostos por culturas. Uma ditadura, assim como alguma política ou político tem a potência de criar artificialidades para programar, de cima para baixo, uma cultura na sociedade; ou através da violência,

---

[28] Não uso a expressão em continuidade a Hobsbawm. "Artificial" tem o significado de invenção proposital, não dentro de uma natureza contingente. Uma invasão militar, uma revolução, a imposição de uma cultura alienígena dentro de um povo são normais na História e são, em algum sentido, até mesmo naturais dentro do padrão de eventos na humanidade, mas se diferem da *natural* continuidade das culturas, ainda que estas mudem ou caiam sem precisar ser invadidas ou destruídas, essas mudanças ocorrem lentamente, ao longo de uma série de modificações que vão, aos poucos, transformando o bojo de uma sociedade ao longo das gerações.

ESCRAVOS DO AMANHÃ

utilizando a força para a coação de sistemas, instituições e organizações sociais já existentes, com elementos estranhos sendo implantados na cultura geral, quebrando um certo ritmo que foi adquirido historicamente de maneira brusca. A naturalidade de uma cultura se mostra na tendência de *continuidade* da mesma. Um povo que fala um idioma *naturalmente* tende a manter esse idioma em sua cultura linguística, por mais que a língua venha a se modificar com o tempo; acaso um povo invasor se estabeleça e domine, essa naturalidade pode ser quebrada pela entrada de um idioma alienígena.

Se a mudança natural é mais (embora não o seja necessariamente) benéfica e menos turbulenta, a artificial é o oposto. O fato é que *essas artificialidades são comuns na História*, apesar de serem anormais para as sociedades que sofrem suas influências. Assim como uma guerra civil anormalmente sangrenta para um determinado povo é algo que ocorre historicamente, isto é, *um elemento da História*, também é fato que não é algo natural para uma sociedade se digladiar *exacerbadamente*, destruindo-se total ou parcialmente (em seus modos políticos, econômicos, intelectuais e até mesmo militares) no processo.

Um exemplo dessa artificialidade pode ser encontrado no iluminismo francês, que foi marcado por uma visão idealista (utópica, ou quase utópica, em alguns casos) de um passado mais puro que quebraria com as tradições e os costumes políticos feudais. A Grécia era vista como um modelo ora a ser imitado, confrontado, ou a ser fonte de inspiração. Licurgo, Clístenes e Sólon, serviriam de bases para homens como Jean-Jacques Rousseau (1712-1778)[29], além de serem modelos-mor para justificar uma mudança revolucionária, colocando a monarquia absolutista em comparação ao Império Persa e a Revolução com a Grécia – mas principalmente na figura do *legislador*, como uma espécie de salvador, defendendo sua cultura superior, sua democracia republicana[30].

---

[29] HARTOG, François. *O Confronto com os Antigos. In:* GUIMARÃES, José Otávio (org), Os Antigos, o Passado e o Presente. Brasília: Editora Universidade de Brasília, 2003, p. 138-142.

[30] HARTOG, François. *Fazer a viagem a Atenas: a recepção francesa de Johann Joachim Winckelmann. In:* Ibid., p. 175-176.

2. O TRADICIONAL E O NOVO

O modelo de um ideal idílico transgredia a realidade da França da Era Moderna, pois ao invés de se embasar na cultura e nas tradições *reais* que fizeram a França se formar, preferiram um modelo artificial, sem nenhum contato com a cultura política real de seus tempos.

Se é Verdade que apenas na novidade se pode chegar até uma melhoria, também é um fato incontestável que no passado, e apenas neste, as condições para a implementação dessa melhoria se fizeram, de modo que, ao crer que o novo, por ser novo, é intrinsicamente melhor, o progressista cai no *mesmo* tipo de erro do sujeito que acha o passado, por ser passado, é uma época necessariamente mais dourada que o presente, criando *artificialidades*.

Podemos facilmente encontrar esse problema além do iluminismo de séculos atrás: ao tentar fazer a civilização ocidental engolir a *ideologia de gênero* (sendo esta, basicamente, a defesa da tese de que a identidade pode ser resumida apenas na autodefinição subjetiva, não importando as condições biológicas dos indivíduos), obrigando todas as culturas do ocidente a *aceitar*, caladas, homens que acreditam ser mulheres tomando banhos na frente das mesmas em um vestiário. Não importa se isso agredirá as mulheres, tampouco se fará crianças se assustarem ou chorarem, ao assistirem transexuais nos banheiros; não interessa o sentimento de quem se avilta e se incomoda, no que os outros acreditam ou no que sempre guiaram suas vidas e costumes, pois nada importará em suas moralidades: as mulheres que reclamarem, protestarem ou expulsarem o homem do banheiro, *correrão o risco de serem processadas, multadas ou presas*. Os que quebrarem o "progresso" artificial contido na ideologia de gênero serão tratados como criminosos.

Essa atitude transformadora do progressismo de hoje vem da velha ideia de direitos universais e novos, que deveriam sujeitar toda a sociedade para que sejam efetivos, não importando mais nada além da própria novidade desses direitos. Burke identificou tais artificialidades, quando são levantadas por pretensos "direitos universais":

> Esses direitos metafísicos penetrando na vida comum, como raios de luz penetram por um meio denso, sofrem, pelas leis da natureza, uma

refração de sua linha reta. De fato, na rudimentar e complicada massa de paixões e preocupações humanas, os direitos primitivos do homem sofrem uma tal variedade de refrações e reflexos, que se torna absurdo falar deles como se continuassem na simplicidade de sua direção original. A natureza do homem é intricada; os objetivos da sociedade são da maior complexidade possível; e, portanto, nenhuma simples disposição ou direção de poder está adequada ou à natureza do homem [...][31].

Essa artificialidade, promovida como novidade em busca do direito do "bem absoluto", quando introduzida numa sociedade corrói padrões morais, agredindo uma *real* estrutura já antiga, que agora é destruída, e sem direito de resposta. No tempo de Burke, eram os direitos da realeza, os direitos feudais e religiosos que foram maculados em nome dos "Direitos do Homem"; hoje é em nome do "direito de não se sentir ofendido" que as antigas liberdades de expressão, os direitos religiosos e o senso comum são atacados. Se esse "afogamento" cultural e social, porém, é normal em todos os tempos. Romanos, gregos, cristãos, muçulmanos e judeus já o fizeram, mas nunca com a égide da *novidade*. Uma dicotomia entre experiência passada sempre negativa e futuro dourado e promissor, só existirá na renascença[32], e a mesma dicotomia (com o tempo) irá pautar todos os movimentos revolucionários sanguinários até o nosso século, os que buscam subverter toda ordem vigente em prol de ideias jamais experimentadas.

Essa foi a história imediata e repetitiva após as revoluções que destruíram as tradições e os costumes culturais e políticos na era contemporânea. Podemos voltar a abordar como o comunismo pode ser um exemplar dessa destruição, mas não é preciso ir até o totalitarismo para tal. Repito aqui, de fato, que a maior parte das repúblicas que hoje existem só foram possíveis a partir de um total desprendimento com

---

[31] BURKE, Edmund. *Reflexões sobre a Revolução na França*. Rio de Janeiro: TOPBOOKS, 2012, p. 224.

[32] LE GOFF, Jacques. *História e memória*. 7ª ed., Campinas: Editora da Unicamp, 2013, p. 227-229.

2. O TRADICIONAL E O NOVO

as tradições e vontades políticas de suas populações, além da anulação das estruturas monárquicas e aristocráticas vigentes – a grande parcela dessas repúblicas terem se tornado ditaduras, como Espanha, Alemanha, Portugal, Áustria, Hungria, Sérvia, Bulgária e Brasil, não ocorre por acaso.

Esse padrão existe porque tudo o que é potencial para uma melhoria futura, inevitavelmente, está no passado. É apenas com as condições e os movimentos do passado que construímos uma boa inovação, mesmo uma que vai inutilizar ou superar totalmente um modelo tradicional qualquer. A tradição pode ser inferior à inovação em inúmeros casos, mas mesmo a mais recente novidade possui ligações e dependências com tradições que podem existir séculos ou milênios antes do que é "novo" ter sido criado – esse exemplo pode ser o mais variável possível, servindo desde regimes políticos, até mesmo para invenções tecnológicas. Qualquer inovação que procure rejeitar um importante traço das tradições que criaram e embasam o cenário social, inevitavelmente não apenas falhará nessa empreitada, como também não irá conseguir inovar para conseguir algum progresso verdadeiro.

Se quisermos voltar aos exemplos totalitários, veremos que as crises de fome na Rússia comunista ou o incremento da violência, controle e inépcia política durante os anos do Terror revolucionário francês são provas disso: as monarquias e aristocracias, mesmo que feudais (ou mais próximas do feudalismo, no caso russo), eram mais eficientes, pacíficas e menos autoritárias do que as novidades que procuraram nivelar toda a tradição de modo violento e repentino.

Será necessário frisar novamente: essa atitude prudente, conservadora, no entanto, não pode excluir o fato de que, já que o progresso de fato existe na humanidade através da História, ele aparece como uma *novidade*.

Uma tradição moral atual no México, como a proibição do sacrifício humano, veio com a conquista espanhola e a cristianização do Império Asteca, a mesma cristianização e colonização que quebravam e iam contra inúmeras tradições. Os astecas, com seus sacrifícios religiosos, tinham o hábito de capturar membros de outras tribos para seus rituais de sangue – suas ações buscavam agradar e conter os deuses para,

ESCRAVOS DO AMANHÃ

enfim, respeitar a ordem natural do mundo e, assim, proporcionar uma condição adequada para a continuidade da sociedade. Esses sacrifícios não eram vazios de significado: eles faziam parte da cosmovisão que determinava o entendimento de *ordem* cósmica e social do mundo asteca. Sua existência tinha implicâncias nos humores da população, na política imperial, nas dinâmicas e crenças que davam sentido para a vida e o cotidiano asteca.

A quebra de tradições, por si só, não é problemática, desde que seja um progresso concreto, palpável, se adequado com o que já foi discutido sobre a naturalidade de uma mudança nas sociedades humanas e, sobretudo, com o que já foi falado da Verdade, ainda que haja certas tradições que, por serem extremamente contrárias à natureza humana (como a escravidão e o sacrifício humano), necessitem de novidades mais rápidas para serem destruídas.

Como o leitor já deve ter percebido, essas questões que envolvem o bem e o mal entre a tradição e a inovação, entre a permanência e a mudança, não possuem uma resposta simples. Taxar a tradição como algo sempre positivo, por mais estruturante e importante que seja para um povo, é algo que carece tanto de sentido quanto uma militância que procura inovar por inovar. Se podemos usar da experiência histórica para demonstrar como o progressismo é falho, é ainda *mais fácil* usar da mesma experiência para comprovar que tradições podem ser incrivelmente danosas, conservando e propagando malefícios em inúmeras sociedades.

Todas as questões que envolvem o progresso, novidade e antiguidade se desenvolveram e se desenvolvem dentro de um turbilhão de acontecimentos na humanidade. É a partir do contingente, do acaso e do inesperado que os movimentos do Homem no tempo, que nossas tradições e inovações ocorrem, morrem, se preservam ou mudam.

2.3. O turbilhão humano na tradição e na inovação

Se é na tradição que a inovação está em potência, a mesma tradição possui aquilo que é benéfico e maléfico para um ato inovador.

2. O TRADICIONAL E O NOVO

Edmund Burke, ao elogiar as tradições, o faz pensando no traçado estável existente em qualquer sociedade, ainda que este mesmo esquema – raras vezes, como o próprio admite – mereça perecer em determinadas situações. A tradição, por constituir como um povo enxerga o mundo ao seu redor, por ter em seu seio as concepções religiosas ou filosóficas da mentalidade geral, deve ser preservada, sempre buscando resgatar aquilo de proveitoso para gerir alguma novidade. Burke, no entanto, não reduz toda a positividade do Homem, tal como os iluministas Johann J. Wincklemann e J. B. Wicar[33], em tradições distantes, em um passado extremamente alienígena.

Burke, ao produzir toda a matriz do conservadorismo, não se atém a um passado dourado, digno da *Utopia*, cujo brilho suplanta a tudo e a todos dos tempos atuais. Não é no medievo, ou nos séculos mais recentes ao seu próprio, tampouco em toda a Antiguidade pagã, que Burke se sustenta, mas na *tradição em si*, no peso que o passado possui em todo o globo, por ser o que todos os povos construíram, em um amálgama plural, mas firme.

Essa característica burkeana transcende o progressismo da Revolução, ou o nosso progressismo identitário. Henrique Raposo possui um texto útil que usa de princípios desenvolvidos por Burke para combater um mal ainda presente, o *eurocentrismo*, e consegue resumir adequadamente o pluralismo burkeano:

> Ao contrário de John Stuart Mill e de James Mill, Burke tinha uma visão pluralista, ou seja, respeitava as culturas não-europeias. Se os Mill consideravam os textos do hinduísmo peças de um povo bárbaro, Burke considerava que os ditos textos revelavam uma enorme riqueza estética e até subtileza legal. Os indianos não eram, para Burke, uma "populaça bárbara" ou um conjunto de "gangs de selvagens". Pelo contrário:

---

[33] J. J. Wincklemann e J. B. Wicar colocavam a perfeição absoluta na antiguidade grega. Para esses homens, ser perfeito era imitar os gregos. Suas concepções estéticas e críticas se deslocaram do "mundo da arte" para o da política, dentro da Europa – ver em HARTOG, François. Fazer a viagem a Atenas: a recepção francesa de Johann Joachim Winckelmann. *In: Op. Cit.*, p. 162-185.

representavam uma civilização antiga, que atingira os píncaros da sofisticação num tempo em que os europeus ainda não passavam de meros druidas a saltar de bosque em bosque. Para os Mill, a mente humana era uma tábula rasa que poderia ser moldada ideologicamente sem qualquer respeito pela tradição e, por isso, pensavam que os indianos podiam ser transformados em ingleses de gema. Contra essa posição, Burke defendia uma convivência respeitosa entre os ingleses e os indianos, sem um processo de transformação acelerado da Índia. Os britânicos, dizia Burke, deviam respeitar as 'leis locais' dos indianos. Em resumo, os Mill não reconheciam legitimidade à mundividência dos indianos. Nas suas cabeças mui progressistas, só havia uma mundividência aceitável: a europeia (i.e., a britânica). Por oposição a este fundamentalismo liberal, Burke defendia a existência de diversas mundividências com legitimidade[34].

Não são as culturas grega, romana ou medieval que detêm um valor ou molde absoluto a ser imitado em todas as suas facetas pelos Homens do presente. Cada local tem sua singularidade, seu *modus operandi*, com distinções inconcebíveis para culturas mais estranhas, porém todas possuem sua validade, sua virtude e seus diversos graus para chegarem até o real, o verdadeiro. Contudo, ainda existe um problema:

Defender a tradição pela tradição, como já foi dito, possui a mesma limitação que a defesa do novo pelo novo. Tanto na novidade, como na antiguidade, a humanidade é uma só, e possui a marca de ser *violenta, má, limitada*.

Sabe-se que o *estupro*, o *infanticídio*, o *homicídio*, são, em um certo sentido materialista, naturais, pois abundam no mundo da natureza. Os animais matam uns aos outros, abusam sexualmente, comem suas próprias crias, ou matam as de outros, etc. Há uma naturalidade, ou seja, uma norma biológica que não possui moral e isso também pode ser visto no Homem. Humanos abortam, canibalizam, estupram, roubam, assim como muitos animais, porém possuímos algo superior: a moral.

---

[34] RAPOSO, Henrique. Voltar a Edmund Burke. *Nova Cidadania*. Portugal. Disponível em: <http://www.novacidadania.pt/content/view/774/67/lang,en/>. Acesso em: 16 de Agosto de 2022.

2. O TRADICIONAL E O NOVO

Existe uma tensão entre as concepções de certo, errado e a natureza animalesca no Homem.

Quando alguém está com os nervos à flor-da-pele, seus impulsos naturais, seu histórico de milhões de anos de evolução, impelem essa pessoa à raiva. Historicamente, tanto a filosofia, religião ou a polidez dos modos de conduta, são elementos que em diferentes níveis podam a cólera humana. A natureza de matar, machucar e destruir é impedida, contida e expulsa pela cultura, ainda que de variados modos – a raiva pode ser incentivada, claro, mas sempre de modo *restrito, controlado*, não abocanhando todo o cenário social. É dessa fonte que vem nossa ideia de Justiça e de ordem social, onde a violência é contida.

Diferente de algo mecânico, ou um objeto simples e inanimado, o Homem não se comporta de modo coeso. Sua natureza biológica pode impulsioná-lo para um lado, sua moralidade – feita nos arranjos culturais –, para o outro. Não é como um copo d'água, onde se pode esvaziá-lo ou enchê-lo de amor ou raiva: a humanidade é em essência caótica, infusa nessa tensão perpétua. Não se resolve o problema da violência acabando com a mesma, como se esvaziasse um copo, pois ela irá surgir em todo e qualquer lugar (de preferência nos corações dos que estão tentando saná-la).

Se os gregos construíram a aurora da ciência, foram os mesmos que sistematizaram, teorizaram e defenderam a escravidão, os mesmos que tinham, aos montes, hábitos infanticidas, ceifando a vida de crianças deficientes (e isso quando não matavam as saudáveis, por motivos diversos); os romanos tinham seu *pater familias*, que poderia escolher a sorte de sua prole, independente da vontade da mãe, onde muitas vezes colocavam os filhos em praça pública para serem coletados por um vendedor de escravos que poderia, também, descartá-los, além do aborto ser usual para a mulher romana[35]; no medievo, as perseguições religiosas não raramente cobriam regiões inteiras com um banho de sangue, como a caça aos judeus implementada no vale

---

[35] VEYNE, Paul (org). *O Império Romano*. IN: História da Vida Privada, I: do Império Romano ao ano mil. São Paulo: Companhia das Letras, 2009, p. 21-25.

do Reno do século XI, por Emich II[36], e este pode ser apenas *um* exemplo da já conhecida mania antijudaica do central e do baixo medievo.

Essas mazelas, esses sistemas que exigem um mal para existirem, geram cadeias de desgostos no decorrer da História.

Marc Ferro (1924-2021), em seu ensaio *O Ressentimento na História*[37], trouxe amostras bem vivas (apesar de resumidas) dos processos históricos que desencadeavam ressentimentos de curta, longa e longuíssima duração. Um povo, ou uma fração deste, poderia ser oprimido e perseguido por séculos ou milênios, porém, o ressentimento guardado poderia ser cultivado e alargado durante a História e os antigos oprimidos poderiam se tornar opressores, com a justificativa de terem sido os oprimidos no passado. Assim ocorreu com escravos, pobres, cristãos, judeus, hereges, muçulmanos, burgueses, nobres, camponeses, operários, etc.

Uma guerra vencida, um território anexado, uma questão administrativa, podem gerar um ressentimento que pode eclodir em violência. Nossos Estados atuais foram construídos na base de ações opressivas contra outros grupos. O simples fato de uniformizar, burocratizar e centralizar a administração de um governo pode aviltar populações e culturas inteiras. Mas como seríamos, atualmente, sem esse histórico? Decerto uma grande quantidade de políticas, reformas e programas sociais não teriam a possibilidade de existir, caso a uniformização estatal tivesse uma base igualitária de respeito, em sua composição originária – e se assim ocorresse, nem mesmo idiomas oficiais os países, atuais, teriam: o Brasil, por exemplo, ficaria embolado em montes de línguas e dialetos indígenas ao lado da língua

---

[36] COSTA, Ricardo da. *Visões da Idade Média*. 2ª ed., Santo André: Armada, 2020, p. 95-124.

[37] FERRO, Marc. *O Ressentimento na História: ensaio*. Rio de Janeiro: Agir, 2009 – todo o livro de Ferro trata da constante violência que causa ressentimentos, mas que também foi causada por ressentimentos. Embora de modo demasiado geral, o autor capta bem essa espécie de "círculo" vicioso que existe, ainda que de modos variados, na História.

2. O TRADICIONAL E O NOVO

portuguesa; certos países da Europa teriam dezenas de idiomas para cada região (em certos casos, cada cidade). E quanto à ordem administrativa uniforme, central? Ela e seus benefícios simplesmente não existiriam.

A simples existência da humanidade, nosso simples andar na História, produz querelas e questões, no mínimo, difíceis de se lidar. Mesmo em instituições organizadas, como a Igreja Católica, a abundância da pluralidade cultural dos fiéis pode fazer os leigos, o clero, mas também o alto clero, praticarem impunidades que agridem a própria moral e a doutrina da Igreja[38].

Ainda que a Igreja condenasse massacres, não foram poucas as vezes que os mesmos foram cometidos pelos exércitos com a égide da mesma Igreja, e com justificativas pautadas no cristianismo. Entretanto, o catolicismo sempre soube dessa característica humana. Cristo *nunca* prometeu justiça na Terra, paz, ordem perpétua... A felicidade do Homem, sua salvação, paz e bem estariam apenas fora desse mundo, ainda que perpetrar o bem no mundo seja, de fato, um dos deveres do cristão, esse dever não prevalecerá necessariamente: a teleologia do *Juízo Final* já mostrava que a corrupção no mundo não terminará até o apocalipse.

Outras questões, em outros exemplos envolvendo a ordem social vigente, poderiam significar uma reação aos longos anos de pura repressão sistemática – como no caso do exército de escravos romanos liderados por Spartacus (109-71 a.C) –, contudo, não podendo essa mesma ordem opressora deixar de existir na época em questão. Como poderíamos, mesmo se fosse possível, "nos intrometer", de tal modo, numa cultura tão distante quanto a da *República Romana*? Uma coisa é ter o juízo de que a escravidão é um mal, outra bem diferente é querer se intrometer numa época em busca de "justiça social", discriminando--a e, portanto, a colocando fora de seu próprio tempo. Se acaso alguém voltasse à Roma Antiga e alforriasse todos os escravos, o máximo que conseguiria seria um caos social, político e econômico que destruiria

---

[38] Ibid., p. 29-36.

Roma, além de ser (extremamente) possível que a escravidão voltasse inevitavelmente, *e por inciativa dos ex-escravos*[39].

É muito fácil, ao olhar para trás, nos acharmos em um estágio mais avançado em todos os aspectos. Somos herdeiros de épocas violentas, e sem esses crimes nosso mundo não teria a configuração que hoje possui. Possivelmente, nem os direitos humanos, ou a concepção de *Justiça Social*, teriam um nascedouro.

Somos um verdadeiro turbilhão de tensões contraditórias e aparentemente contraditórias. Apesar desse turbilhão não ser um paradoxo que impossibilitaria a existência humana (como se quebrássemos, em essência, o princípio da não-contradição), nós existimos em meio ao bem e ao mal, e é no meio da bondade e da maldade que vivemos, habitamos, respiramos. Faz parte de nossa existência a presença da corrupção, do roubo, ou do pecado, da feiura, mas assim também a honestidade, da virtude, do valoroso, do belo; não somos seres absolutamente inclinados ao bem, à ordem, ao belo, mas também não vivemos apenas de interesses escusos.

É *importantíssimo* voltar aos conceitos, para ser possível extrair algo desse turbilhão cultural: "Bem", "Mal", "Honestidade", "Corrupção", são *universais* na cultura humana. O que é algo "do bem" para alguém, ou para outra cultura, pode mudar, mas o *"Bem"* continua existindo, independentemente da guinada conceitual que pode ter em qualquer situação. Aristóteles já demonstrou a questão, ainda que tratando de um tema epistemológico bem diferente:

> [...] por exemplo, que um mesmo vinho pode parecer, por efeito de sua própria alteração ou daquela do corpo de alguém, num momento doce e, noutro, não doce. *A doçura, contudo, tal como é quando existe, jamais é necessariamente desta natureza*. Entretanto, todas essas teorias destroem a possibilidade da existência necessária de qualquer coisa, na medida em

---

[39] Se essa libertação ocorresse em um curto período de tempo, pode-se dizer, morreriam mais pessoas do que se tudo ocorresse normalmente, nesse cenário altamente fictício, mas verossimilhante com casos nos quais se quebra sistemas de mentalidade e de economia de modo tão abrupto.

2. O TRADICIONAL E O NOVO

que destroem a existência da substância, pois o *necessário* não pode ser de um modo e de um outro. Por conseguinte, se qualquer coisa existe, necessariamente não pode ser *tanto assim quanto não assim*.

E em geral, se somente existisse o sensível, nada haveria sem a existência de coisas animadas, já que não haveria nenhuma faculdade sensorial. A opinião de que não existiriam nem qualidades sensíveis nem sensações é provavelmente verdadeira já que estas dependem do efeito que é produzido naquele que percebe. Entretanto, é impossível que nos substratos geradores da sensação *não devessem existir mesmo independentemente* da sensação, pois a sensação não é sensação de si mesma, havendo algo além da sensação que deve ser anterior a esta, uma vez que aquilo que move é naturalmente anterior ao que é movido, o que não é menos verdadeiro se os termos forem correlativos" (grifos meus)[40].

Aristóteles atacava a visão da mutabilidade absoluta do mundo de Heráclito, assim como a medida adotada por Protágoras – a do Homem ser a medida de todas as coisas –, além dos crentes de que apenas nos sentidos podemos nos guiar para determinar a realidade, a Verdade. Apesar de não tocar no tema "cultura", ou na sociedade, o argumento do estagirita cabe na problemática: se não há nada *necessário*, nada *fora* das construções sociais, se não existem coisas em si, ou seja, *tal como são*, mas apenas objetos condicionados pelas culturas, pelas sociedades, as próprias faculdades para se detectar tais condicionamentos seriam apenas detectores de si mesmas, sem a existência de objetos exteriores da "construção social" existente[41].

---

[40] Metafísica, Livro IV, 5, 1010B1: 20-1011A1.

[41] E se tudo fosse *apenas* uma característica cultural, como a elaboração do conceito de cultura foi criada? Porque se "cultura" é também apenas um dado cultural, e nada mais, ela não serve para dar conceitos a outros povos, ou nada que seja muito estranho a esse dado cultural; a própria antropologia estaria limitada, não conseguindo realizar o que se propõe e, portanto, *não teria autorização para verificar se existem, ou não, relatividades e pluralidades culturais*. A concretude do real desapareceria.

Assim como aqueles que só acreditam no "sensível", existem os que creem apenas na "sociedade", na "cultura", não podendo existir nada para além destes. A argumentação aristotélica refuta tanto os sofistas, relativistas e céticos da antiguidade, quanto os relativistas exacerbados da atualidade que acreditam que a cultura é o determinante-mor para tudo, com nada fora do social. Outra questão pode ser adicionada: a existência de universais[42], pois são neles que se operam as mazelas e as virtudes da humanidade – sem esses universais, como disse Aristóteles, tudo seria *tanto assim, mas também não tão assim*, ou seja: um estupro seria uma maldade, mas não tanta maldade assim, e essa característica seria a essência do ato de estuprar: *nem algo ruim, nem bom*.

Um universal pode ser definido a partir de várias coisas. O universal "Homem" pode se referir à humanidade, como um conceito; o mesmo pode ser dito a respeito do universal "braço", "roda", "casa", sendo estas abstrações que podem ser aplicadas para vários *sujeitos*, isto é, os indivíduos concretos (no sentido de *objetos individuais*, sejam eles quais forem), mesmo com todas as singularidades que cada um terá. Por mais que um sujeito mude, ele sempre estará em algum universal, pois o universal é *derivado* dos sujeitos – "Sócrates" não é predicado de "Homem", mas sim o oposto, porém esse predicado é algo que consegue ser universal com ouros Homens que não são Sócrates, por mais diferentes que possam ser, o que denota uma natureza comum.

Dentro da sociedade, por sua vez, por mais que certos universais existam de diferentes modos no tempo e no devir, eles possuem aspectos em comum. Mário Ferreira dos Santos (1907-1968) resumiu bem a questão com o exemplo dos valores na História:

> Um exemplo nos esclarecerá melhor este aspecto: a prudência é, como *invariante*, "virtude que faz conhecer e evitar a tempo as inconveniências e os perigos, e que faz conhecer e praticar o que convém na vida social",

---

[42] É certo que Aristóteles, no texto citado acima, está falando da categoria da qualidade, mas também há uma relação metafísica com o conceito de universal que também é defendido no autor, ainda que aqui o texto não esteja tratando do "universal" em seus usos lógicos.

2. O TRADICIONAL E O NOVO

como a define o dicionarista. Esse [é] o conceito virtual, *invariante*. Historicamente se atualiza de maneiras diversas. Na sociedade feudal, por exemplo, prudente é quem bem se arma e toma as cautelas para evitar ser apanhado de surpresa. Na sociedade burguesa, o prudente não se arma para essa luta, mas toma o cuidado de não ser apanhado de surpresa num mau negócio ou num excesso de confiança, que o pode levar a um prejuízo[43].

Tradições podem ser ruins, maléficas, ainda que componham o *modus operandi* de um povo, pois o bem e o mal não dependem de culturas que os percebem e os conceitualizam para existirem, sendo virtuais, universais abstratos, existentes na variação dos tempos e, ainda assim, permanentes em suas definições através dessas variações, com objetividades que os definem universalmente, mesmo que nunca de modo perfeito para as sociedades humanas[44]. Usando uma comparação paralela, esse aspecto conceitual é separado da cultura da mesma forma que átomos não dependeram e não dependem da cultura científica para serem reais.

Sabendo que o bem e o mal estão além das culturas e de como os Homens os concebem, podemos afirmar que podem existir casos nos quais os lastros da sociedade, que são as crenças e sistemas tradicionais, têm a capacidade de serem tão maléficos como quase qualquer novidade imprudente, e *apenas* uma novidade melhor pode retirar um povo, uma civilização de seu lastro ruim.

Mesmo com características extremamente negativas, o lastreio é aquilo que impede qualquer navio de afundar, e mesmo este sendo bom ou ruim, é o que mantém sua estabilidade. Tradições são as únicas coisas que conseguem preservar algo bom feito no passado para o tempo presente. Quebrar com o que permite a sobrevivência de uma tradição política, por exemplo, pode arruinar com todo um país. A Rússia Imperial, por exemplo, era consideravelmente mais pacífica que a União Soviética, pois os lastros nas tradições não foram cortados pela raiz. Mesmo que

---

[43] SANTOS. Mario Ferreira dos. *Filosofia e Cosmovisão*. São Paulo: É Realizações, 2014, p. 232.

[44] Ibid., p. 226-231.

ESCRAVOS DO AMANHÃ

a potente Rússia ortodoxa fosse famosa por sua crueldade – principalmente nas guerras –, tivesse um expansionismo violento e possuísse um sistema de governo brutal, nada se compara aos massacres perpetrados, em pouco tempo, por Lenin e principalmente por Stalin. Mais uma vez recorremos a um exemplo do que pode ocorrer quando o lastreio das tradições é violentamente quebrado, com o cenário sangrento[45] e caótico do comunismo soviético – fruto de um ressentimento das massas contra os burgueses em ascensão, a nobreza e a realeza[46].

Todo o sanguinário legado da Revolução Comunista na Rússia foi fruto da falta de compreensão dos males de sua época, mas sobretudo da crença de se ter encontrado uma fórmula superior, uma *novidade acima da antiguidade*, e de tentar desconstruir toda a cultura, ordem e tradição que existiam antes, acreditando que essa mesma novidade, por si só, seria um caminho melhor, o suficiente para não existirem mais tensões, mais calamidades sociais, injustiças e mazelas. Tentavam criar uma utopia, como se o atrito que faz e move a humanidade pudesse ser consertado pela violência e pela política..

Santo Alcuíno de York (735-804) sabia dessa tensão humana. Como cristão e um douto do alto medievo, ele cuidava das almas de seus mestres terrenos. O monarca Pepino, o Breve (714-768), pelo que se atribui, teve um tipo de diálogo com Sto. Alcuíno, fazendo perguntas sobre a vida, o mundo. Algumas das perguntas eram:

P.: Que é o homem?
A.: Servo da morte, caminhante passageiro, sempre um hóspede em
    qualquer lugar.

P.: A que é semelhante o homem?
A.: A um fruto.

---

[45] *Ivã, o Terrível*, que matou seu filho herdeiro, sua nora e seu neto, (este estando *ainda no ventre da esposa de seu filho*), é um menino inocente perto da loucura sanguinária de Stalin; o *incorruptível* Robespierre foi mais assassino e tirano do que Catarina de Médici, em suas perseguições religiosas.

[46] FERRO, Marc. *O Ressentimento na História: ensaio.* Rio de Janeiro: Agir, 2009, p. 55-70.

2. O TRADICIONAL E O NOVO

P.: Qual a condição humana?
A.: A de uma candeia ao vento[47].

Sto. Alcuíno não propõe um "conservadorismo" em seus livros, mas é notório que, mais do que todas as ideologias progressistas contemporâneas, esse autor medieval entendia da mutabilidade caótica do Homem. Ele sabia que não existia um "grande e antigo mal" que deveria ser totalmente quebrado ou substituído por algo novo, para salvar a humanidade; assim como não concebia que os humanos, ou a sociedade, eram movidos por estruturas econômicas imperiosas sobre todo o resto da vida humana; não eram, também, os povos, as sociedades, essencialmente ruins e o Homem bom, como Rousseau e certos revolucionários franceses acreditavam no século XVIII. Os que acreditam em uma marcha necessária para o progresso não notaram que a condição humana é a de *uma candeia ao vento*", que o Homem é hóspede de qualquer lugar, não seguindo um padrão mecânico.

Em meio a essas tensões, o ser humano precisa da experiência no tempo, traduzida como tradição para funcionar, já que a mesma não promete um amanhã certeiro e que proponha uma exatidão irreal, pois as tradições são frutos dessa mesma natureza turbulenta. Na história revolucionária, o *novo*, por ver o lado negativo do *antigo*, quis destruí-lo completamente. Após toda revolução, ao invés de paz, igualdade, fraternidade, conseguiram guerra, injustiça e ódio. Acharam que a fonte dos problemas humanos estava nas injustiças das tradições e do mundo como existiam em seu tempo, quando, na verdade, a fonte está no próprio Homem.

Na literatura podemos encontrar obras que traduzem com muita exatidão o Homem e sua natureza tanto quanto na filosofia: dessa condição da humanidade perante os males que existem, ou aqueles ainda que estão por aflorar, é possível buscar o perfeito quadro

---

[47] Sto. ALCUÍNO. Diálogo entre Pepino e Alcuíno. Tradução de Jean Lauand. *Ricardo Costa*. Disponível em: <http://www.ricardocosta.com/traducoes/textos/dialogo-entre-pepino-e-alcuino-c-781-790#footnote1_bo1qoh3>. Acesso em: 16 de agosto de 2022.

descritivo dessa característica humana, onde nossa manca marcha pela História ocorre.

Foi com o termo "turbilhão" que Victor Hugo (1802-1885) preferiu descrever a humanidade em um capítulo repleto de divagações existenciais acerca do mundo, em sua obra *Os trabalhadores do mar*. Nossa consciência pode ser certeira, simples ou coesa, mas a realidade do mundo é caótica, incerta.

> O homem não sabe de que lado virá a brusca descida do acaso. As catástrofes e as felicidades entram e saem como personagens inesperadas. Têm a sua fé, a sua órbita, a sua gravitação fora do homem. A virtude não traz a felicidade, o crime não traz a desgraça; a consciência tem uma lógica, a sorte tem outra; nenhuma coincidência. Nada pode ser previsto. Vivemos de atropelo. A consciência é a linha reta, a vida é o *turbilhão*. O turbilhão atira à cabeça do homem caos negros e céus azuis. A sorte não tem a arte das transições. Às vezes a vida anda tão depressa que o homem mal distingue o intervalo de uma peripécia a outra e o laço de ontem a hoje [grifos meus][48].

Não existe uma linha de ação para a vida que seja totalmente pautada por nossas ideias. O ideal, que é produto da consciência, da moral, não rege nossas circunstâncias, não determina a justiça do mundo e as condições da existência. Estamos envoltos em um caos onde nenhuma ética pode ser mais do que uma luneta que aponta para um caminho difícil e sempre mutável em nossas vidas. Isso equivale para o indivíduo, mas também para a História. Victor Hugo não era um conservador burkeano, mas sim um dos filhos do iluminismo francês, sendo republicano, com grande parte de suas ideias sendo contrárias às tradições culturais e políticas francesas[49], mas mesmo assim ele

---

[48] HUGO, Victor. *Os Trabalhadores do Mar*. São Paulo: Cosac Naify, 2013, p. 635.

[49] Sua obra não raramente atacava o clero, a moral religiosa, e buscava criar outros arquétipos de heróis – como Gilliatt, o protagonista da obra supracitada, quase um pagão e um proscrito da sociedade que centra em si mesmo o que é bom ou mal, e não em uma noção cristã do mundo.

2. O TRADICIONAL E O NOVO

observava que nossa bússola moral não pode ditar as regras para uma realidade que vai para além da nossa[50].

Outro autor que já discorreu sobre a crueza do Mundo foi Albert Camus (1913-1960), em sua *magnum opus, A Peste,* com uma analogia para essa condição humana: a doença que arrasa a pequena cidade de Oran, na Argélia, serve de representação para ditaduras de governos autoritários ou totalitários, mas também para a finitude humana, para os passos pela vida que nos levam, enfim, ao final da mesma; passos estes invariavelmente repletos de amor, afeto, bons sentimentos, mas também de egoísmo, brutalidade, ódio...

A praga que devasta os malfadados habitantes de Oran vem sem aviso, como muitas catástrofes existentes na humanidade, como muitos genocídios, guerras, injustiças.

> Os flagelos, na verdade, são uma coisa comum, mas é difícil acreditar neles quando se abatem sobre nós. Houve no mundo tantas pestes quanto guerras. E, contudo, as pestes, como as guerras, encontraram sempre as pessoas igualmente desprevenidas. Rieux estava desprevenido, assim como os nossos concidadãos; é necessário compreender, também, que ele estivesse dividido entre a inquietação e a confiança. Quando estoura uma guerra, as pessoas dizem: "Não vai durar muito, seria idiota". E sem dúvida uma guerra é uma tolice, o que não a impede de durar[51].

Crer, tanto por conta de seu cotidiano ou de uma ideologia, que o *hoje,* ou o *amanhã,* estará fora da humanidade, daquilo que compõe

---

[50] *Os Trabalhadores do Mar* é uma obra curiosa, nesse sentido. Seu enredo trata constantemente da capacidade do Homem de dobrar a natureza segundo sua vontade. O barco a vapor, a intrepidez do pescador, do viajante, o engenho humano de solucionar problemas dentro das condições adversas à sua volta, fazem a grandiosa parte da prosa de Victor Hugo. O autor, porém, não trata apenas da simples ideia de um "mundo natural", isto é, dos fenômenos da natureza comum, mas sim da própria existência em sua incerteza, em sua contingência característica e intransponível que cria toda a realidade que nos circunda, seja ela do "mundo natural" ou da vida cotidiana.

[51] CAMUS, Albert. *A peste.* 13ª ed., Rio de Janeiro: Record, 2002, p. 38.

nosso passado e nossa natureza sangrenta, é acreditar em uma fantasia. Sempre estaremos propensos ao desastre e sempre teremos o nosso passado desastroso para nos sustentar. Não se trata de uma herança maldita, onde só porque a antiguidade violenta nos construiu, seremos violentos também. *Trata-se do Homem*, com suas ideologias, religiões, afetos, desafetos, imaginários, mentalidades, gostos e desgostos, o Homem sendo tal qual uma candeia ao vento.

Somos, em nossos defeitos, como o bacilo da peste de Camus, onde mesmo depois de vencido não desaparece:

> Rieux lembrava-se de que esta alegria estava sempre ameaçada. Porque ele sabia o que essa multidão eufórica ignorava e se pode ler nos livros: o bacilo da peste não morre nunca, pode ficar pacientemente nos quartos, nos porões, nos baús, nos lenços e na papelada. E sabia, também, que viria talvez o dia em que, para desgraça e ensinamento dos homens, a peste acordaria seus ratos e os mandaria morrer numa cidade feliz[52].

E se *"apenas alguns ratos mortos"* nas ruas, ou o *"desaparecimento dos gatos da cidade"*, não fazem as pessoas se prepararem, analisarem o passado e verem a realidade do mundo presente, então a peste virá com mais força, ferocidade, e a morte imperará – e mesmo sem o desprezo ao passado, com a prudência reinando, a peste vai estar presente e, cedo ou tarde, atacará. Ela não muda.

Ao lado dessas falhas, há as limitações humanas que nos impedem de ver até mesmo os contextos gerais do Mundo, já que o mundo não é algo que cabe em nossas mentes. Santo Agostinho de Hipona (354-430) tem, segundo a Tradição, uma história interessante sobre Deus e o entendimento humano. Atormentado sobre a Trindade, Agostinho, em uma praia, procurava a resposta para a aparente contradição de Deus ser Pai, Filho e Espírito Santo, mas ainda ser um só Deus, e não três deuses; ao seu lado, vinha um garoto que insistia em encher com água do mar um buraco que cavara. Quando Agostinho perguntou o que a criança pretendia, sempre indo pegar água para encher o buraco, ela disse que estava tentando pôr o mar dentro do buraco.

---

[52] Ibid., p. 269.

2. O TRADICIONAL E O NOVO

Sto. Agostinho entendeu que não se pode compreender o Criador da existência, pois a mente humana era muito limitada para tal. O cristianismo sempre teve a noção das restrições humanas, pois o divino e sua criação não poderiam ser absolutamente compreendidos pelo intelecto. A mesma lógica vale, crendo em Deus ou não, para a realidade, isto é, para nós mesmos e o mundo à nossa volta.

A humildade cristã, que sabe que não se pode absorver todo o conhecimento do cosmos, assim age porque reconhece a Criação – mesmo também crendo que a humanidade é a maior criação dentre as criações – como complexa demais e o Homem como muito debilitado para compreendê-la. Sabe-se, na teologia e filosofia cristã, que as paixões limitam a mente, que há várias coisas que nublam nossa visão, pois a ignorância assombra e também reina em nossos espíritos.

Santo Tomás de Aquino (1225-1274), em suas *Quaestiones disputatae de veritate*, é famoso por dizer que não podemos descobrir sequer a essência total de uma mosca. "*intellectus... penetrat usque ad rei essentiam*", mas... "*rerum essentiae sunt nobis ignotae*" – "*a inteligência penetra até a essência das coisas*"; "*as essências das coisas nos são desconhecidas*" –. Podemos ter um contato com as essências, ou seja, os gatilhos que nos fazem compreender as coisas, mas compreendê-las totalmente? Nunca.

Esse limite nos molda, impactando em todos os cursos históricos já navegados pela humanidade, influenciando em nossas limitações, em nossos pecados e, portanto, no turbilhão de tensões que existem na humanidade.

Embasado num profundo cristianismo, J. R. R. Tolkien (1892-1973) construiu toda uma mitologia em um mundo fantástico – mas nem por isso sem *Verdades* – da *Terra Média*. Elfos, anões, dragões, balrogs e espíritos carregando espadas, em Tolkien, possuem mais elos com a Verdade do que inúmeras ideologias.

Há, no *Silmarillion* – uma espécie de "Bíblia" para a mitologia tolkieniana –, uma forte presença do *Antigo Testamento bíblico* no que seria o início do mundo. Tolkien deu forma para o pai do mal em seu universo, na figura de *Melkor* (ou *Morgoth*). No início dos tempos, o deus criador, *Eru Ilúvatar*, fez sua primeira criação: os *Ainur*, e estes com suas músicas – sugerida por Ilúvatar – criaram a existência física. E é aí que a persona de Melkor se mostra:

> E então as vozes dos Ainur, semelhantes a harpas e alaúdes, a flautas e trombetas, a violas e órgãos, e a inúmeros coros cantando com palavras, começaram a dar forma ao tema de Ilúvatar, criando uma sinfonia magnífica; *e surgiu um som de melodias em eterna mutação, entretecidas em harmonia,* as quais, superando a audição, alcançaram as profundezas e as alturas [...].
>
> [...] Enquanto o tema se desenvolvia, no entanto, *surgiu no coração de Melkor o impulso de entremear motivos da sua própria imaginação que não estavam em harmonia com o tema de Ilúvatar;* com isso procurava aumentar o poder e a glória do papel a ele designado. A Melkor, entre os Ainur, haviam sido concedidos os maiores dons de poder e conhecimento, e ele ainda tinha um quinhão de todos os dons de seus irmãos [...].
>
> "Alguns desses pensamentos ele agora entrelaçava em sua música, e logo a dissonância surgiu ao seu redor. Muitos dos que cantavam próximo perderam o ânimo, seu pensamento foi perturbado e sua música hesitou; mas alguns começaram a afinar sua música à de Melkor, em vez de manter a fidelidade ao pensamento que haviam tido no início. Espalhou-se então cada vez mais a dissonância de Melkor, *e as melodias que haviam sido ouvidas antes soçobraram num mar de sons turbulentos*[53] – grifos meus.

Melkor, como é óbvio, foi baseado em *Lúcifer,* o anjo caído, assim como os Ainur são inspirados nos anjos criados por Deus, contudo, não são alegorias, como aquelas que abundam em *A Peste.* Tolkien não compartilhava da ideia de que alegorias, na literatura, eram boas para o desenvolvimento de uma obra. Suas referências históricas, filosóficas e ideológicas costumavam permear as entranhas da trama, não sendo, aos primeiros olhares, captadas facilmente. Melkor não é uma alegoria a Lúcifer, pois não é apenas o anjo caído que compõe o personagem.

---

[53] TOLKIEN, J. R. R. Ainulindalë. *In:* TOLKIEN, Christopher. *O Silmarillion.* 5ª ed., São Paulo: Editora WMF Martins Fontes, 2011, p. 4-5.

2. O TRADICIONAL E O NOVO

Melkor tem implicação no Homem – para ser mais exato, a *você* –. Como todos os Ainur, ele é um co-criador, da mesma forma que Adão e Eva eram cocriadores; os Ainur possuíam irmãos, esposos e esposas, tal como os primeiros humanos da Bíblia, além de serem os seres que, ao menos até certo ponto, compunham a corte celeste, como os anjos, querubins, serafins, potestades, etc.

Dessa forma, para engrandecer a si mesmo, Melkor caiu no pecado do egoísmo, da vaidade, só por compor, em ato, uma música segundo seus pensamentos. Ele queria fazer o mundo ao seu próprio jeito e, vendo que não poderia fazê-lo, entra em atrito com Ilúvatar. Melkor preferia seguir sua própria imaginação do que *realidade*, do que as ideias sugeridas pelo Criador, necessárias para compor o real.

Ao contrariar o real e as bases do que já estava estabelecido, Melkor, não querendo admitir sua pequenez, entra em guerra contra os Ainur. Em seu próprio nome, em nome de sua *liberdade* de cantoria, *independente* das consequências para com o mundo, lutou para ser *Deus*, para fazer seu próprio destino, e por isso ele cria e alicia as aberrações que o servem: balrogs são maiares – uma espécie mais baixa de Ainur – que se dobraram ao seu mando; trolls, criados por inveja das outras criaturas feitas por seus irmãos, os ents; orcs, que eram a corrupção, pela tortura e pela deformação dos primeiros filhos de Ilúvatar, os elfos; e os dragões, máquinas de guerra feitas para derrotar os reinos élficos da Primeira Era.

Todo o mal na Terra Média, em toda Arda (que é o nome do planeta onde se encontra a Terra Média), foi causado por um ser que se negava a abrir os olhos e queria fazer absolutamente tudo por conta própria, acreditando que, só por ser sua vontade, o que fazia era algo válido, certo. O único crivo e a única medida de Melkor era a si mesmo, pois ele queria ter os poderes de Ilúvatar.

E o Aniur caído só agiu assim porque não possuía *humildade*. A humildade em não reconhecer que, ante a realidade maior do que ele e, portanto, incompreensível em sua totalidade, *mesmo para a mais poderosa das criaturas* a pequenez é uma regra. Em vez de aceitar os fatos, ele tentou mudá-los, corrompendo-os, pois acreditava que, do seu modo, a realidade funcionaria melhor; sem a humildade de saber que não pode mudar tudo, reger o mundo e ditar a realidade conforme suas ideias (ideologias, para nós), Melkor foi o pai dos demônios que atormentaram os vivos, assim como foi ele, e apenas ele, o responsável por sua queda no vazio.

Melkor, Adão, Eva, você, eu, um chinês de milênios atrás, um índio, um pensador iluminista, um bispo da Idade Média, um ditador comunista e Tolkien somos bem parecidos. Esse mal universal e essa tendência de querer moldar a realidade à nossa imagem e semelhança, ignorando a Verdade, os fatos, a experiência histórica, o certo e o errado, é uma das coisas que torna nossas vidas e a História de nossa espécie, nossas estruturas sociais inteiras, um insondável turbilhão de tensões que compõem a humanidade, nossas instituições, nossos saberes, nosso passado, nosso presente e o comporá nosso futuro.

Não é possível existir uma marcha certeira para "um mundo melhor". Mesmo com todos os progressos da humanidade nós estamos, e sempre estaremos, no caos de nossa natureza.

3.

RELIGIÃO, CIÊNCIA E PROGRESSO

Normalmente o avanço da ciência é um dos exemplos mais claros para a existência do progresso. O caso de Louis Pasteur, usado no no início do livro, não foi dado pelo acaso. Em nossa história, porém, o avanço científico normalmente é compreendido através do recuo da religião. Crenças fantasiosas, que mascararam o mundo do gênio humano por milênios, teriam escondido a realidade dos Homens. Apenas um processo lento, carregado por heróis virtuosos e resilientes (alguns sendo mártires, inclusive) que, em nome da ciência, rasgaram o véu da fé por meio da razão e, enfim, iluminaram a sociedade e a fizeram progredir através das luzes da Ciência.

De fato, a ciência é uma das mais contundentes evidências da existência do progresso; o método científico e a racionalidade ajudaram a descobrir toda uma gama de fenômenos e características que, desde o princípio, nos eram desconhecidos. Medicina, física, química, engenharia, métodos de produção e organização, todos embasados por algum ramo da ciência, ajudaram o mundo. Se temos tratamento contra bactérias, geladeiras e entendemos hoje o impacto da poluição no meio ambiente, é graças à ciência – e o que chamamos de "ciência" nada mais é do que um método bem velho, com alguns defendendo que sua existência remonta ao século XIII, e outros argumentando que ele só veio a existir no século XVII.

Seja como for, a ciência foi criada a partir de um sistema de observação extremamente racionalizado. Um resultado produzido através

ESCRAVOS DO AMANHÃ

do método científico, independe do observador ou da cultura, pode ser repetido em todos os cantos do globo, desde que seja feito corretamente. A empiria empregada permite uma solução experimental que pode expor a realidade em uníssono: para citar mais uma vez Pasteur e sua descoberta, podemos argumentar que, caso qualquer um reproduza o experimento, o resultado e as conclusões de Pasteur *sempre* se repetirão. Pouco importa se existem estruturas sociais, tradições, cosmovisões e sistemas de crença religiosa que defendam a geração espontânea, assim como é irrelevante a distância sociocultural que o tempo de Pasteur tem para com o nosso: se você pegar um pedaço de carne que não tenha contato com moscas e colocá-lo em um local totalmente fechado, nenhuma larva de mosca vai surgir espontaneamente da carne. Esse é o extremo poder da ciência.

Essa característica, porém, é incapaz de reduzir toda a religião como um elemento antitético ao que é científico. Não se pode discutir o tema da religião frente à ciência sem antes esclarecer o que é a religião, ou a religiosidade. A primeira resposta quando querem definir a religião, geralmente, é a seguinte: *"Religião é a crença no sobrenatural, em deuses, espíritos, demônios, seres superiores em geral, energias, etc.".* Por isso, então, a religião seria dicotômica da ciência, esta que se firma no mundo físico.

Caso você, leitor, acreditar em algo assim, já lhe adianto: *você está errado.* Essa não é a essência das religiões, ou da religiosidade humana. A religião pode ser, aliás, indiferente à noção de "natureza" e "sobrenatureza", do que é físico e suprafísico; de fato, a maioria das religiões que já existiu na humanidade ignorava terminantemente tais concepções, já que esses conceitos possuem datas e contextos específicos em suas formações[1].

---

[1] Existem limites de conceitualização para qualquer tema. "Religião", no entanto, é algo que tem uma extensão muito grande para ser presa a conceitos que tenham uma relação obrigatória com noções que só foram conquistadas em situações históricas específicas ao Ocidente. Usar ideias especificamente ocidentais, não apenas em sua origem, mas também em seu modo de perceber o mundo, para todo o restante da humanidade é uma redução conceitual muito grande para ser levada em conta.

3. RELIGIÃO, CIÊNCIA E PROGRESSO

Para encontrarmos a nascente da atual atitude de separar "natureza" de "sobrenatureza", temos que voltar no tempo. Existem, em todos os continentes habitados, noções de vida pós-morte, aonde os espíritos vão além do corpo (seja para voltarem ao mundo, ou para irem para outro lugar). Essa é a origem de todas as ideias sobre o transcendente e de toda a concepção sobrenatural que existem na atualidade, e da dicotomia, presente em certas mentes, que essas concepções possuem com o mundo físico/natural – mas *não existe*, aí, uma distinção necessária entre natureza física e algo fora da mesma. Por quê? Porque para a maioria das religiões que já existiram na História, os mundos "natural" e "espiritual" não se diferem, mas fazem parte de um todo. A distinção entre a vida terrena e a vida pós-morte se opera do mesmo modo que a diferenciação de "lugares" em um plano geográfico– como a diferença entre estar dentro de um rio ou em um deserto.

Para várias culturas e sociedades, um espírito é algo tão "físico" quanto uma árvore, sendo a árvore de um cosmos tão "espiritual" quanto um espírito, pois não há conceitos de física e de natureza material para delimitar as diferenças entre um e outro. Portanto, a religião não é necessariamente a crença no sobrenatural. O primeiro a notar essa condição da religião foi Émile Durkheim (1858-1917), em sua marcante obra *As formas elementares da vida religiosa*, onde identificou problemas nas definições arbitrárias dos antropólogos de sua época nos aspectos definitivos da religião.

Durkheim compreendeu que precisam existir elementos singulares ao acontecimento da religião, mas universais e identificáveis o suficiente para se compreender o fenômeno religioso. Seus contemporâneos e os que o antecederam normalmente entendiam que a religião poderia ser definida através de elementos muito presos na cultura ocidental recente, como a diferenciação do sensível e do suprassensível.

A ideia de sobrenatural, tal como a entendemos, data de ontem: ela supõe, com efeito, a ideia contrária, da qual é a negação e que nada tem de primitiva. Para que se pudesse dizer de certos fatos que são sobrenaturais, era preciso já ter o sentimento de que existe uma ordem natural das coisas, ou seja, que os fenômenos do universo estão ligados entre

ESCRAVOS DO AMANHÃ

si segundo relações necessárias chamadas leis. Uma vez adquirido esse princípio, tudo o que infringe essas leis devia necessariamente aparecer como exterior à natureza e, por consequência, à razão: pois o que é natural nesse sentido é também racional, tais relações necessárias não fazendo senão exprimir a maneira pela qual as coisas se encadeiam logicamente. Mas essa noção do determinismo universal é de origem recente; mesmo os maiores pensadores da Antiguidade clássica não chegaram a tomar plenamente consciência dela. É uma conquista das ciências positivas; é o postulado sobre o qual repousam e que elas demonstraram por seus progressos. Ora, enquanto ele inexistia ou ainda não se estabelecera solidamente, os acontecimentos mais maravilhosos nada possuíam que não parecesse perfeitamente concebível. Enquanto não se sabia o que a ordem das coisas tem de imutável e de flexível, enquanto nela se via a obra de vontades contingentes, devia-se achar natural que essas vontades ou outras pudessem modificá-la arbitrariamente. Eis por que as intervenções miraculosas que os antigos atribuíam aos seus deuses não eram, no seu entender, milagres, na acepção moderna da palavra. Para eles, eram espetáculos belos, raros ou terríveis, objetos de surpresa e de maravilhamento [...]; mas de modo nenhum viam nisso uma espécie de acesso a um mundo misterioso que a razão não pode penetrar[2].

Apesar de Durkheim ter constatado essa característica há mais de cem anos, é inegável que ela permanece verdadeira até hoje e que, mesmo agora, foi "ontem" que parte da humanidade distinguiu o natural do sobrenatural. A maior virtude de Durkheim foi ter afastado do estudo geral das religiões de uma epistemologia eurocêntrica: os principais elementos da religião escapavam de simples dicotomias ocidentais como o racional e irracional, natural e sobrenatural. Para muitos povos, uma chuva poderia ser tão sobrenatural quanto a intervenção de um espírito que possui um aldeão[3].

---

[2] DURKHEIM, Émile. *As formas elementares da vida religiosa:* o sistema totêmico da Austrália. São Paulo: Martins Fontes, 1996, p. 7-8.

[3] Ideia geral em: Ibid., p. 9-10; 138; 182-183; 207-208.

3. RELIGIÃO, CIÊNCIA E PROGRESSO

Outro autor que estudava o fenômeno religioso, Mircea Eliade (1907-1986), por sua vez, demonstrou como o mito não pode ser reduzido apenas a uma explicação suprassensível arbitrária e universalmente para todas as culturas. Como parte integrante da maioria das religiões e como elemento que nós poderíamos considerar como "sobrenatural", o mito, em seu contexto, sempre significa algo *real*, nunca separado do mundo[4].

De fato, existem religiões, como a "fé tradicional" do paganismo grego, que separam locais para os mortos, ou os bem-aventurados, os deuses, os titãs caídos etc.; porém todos ainda estão em um plano indistinguível um do outro: Odisseu vai e volta do Hades, assim como Orfeu e Héracles; Poseidon e Ares vão até os campos de batalha em Tróia (Ares é ferido por Diomedes, um mortal, o mesmo que machuca Afrodite![5]); Zeus é escondido em Creta por Reia e, mais velho, enve-

---

[4] "*O mito é solidário da ontologia: só fala de* **realidades**, *do que aconteceu* **realmente**, *do que se manifestou plenamente*" – ELIADE, Mircea. *O Sagrado e o Profano: a essência das religiões*. 3ª ed., São Paulo: Editora WMF Martins Fontes, 2013, p. 85 – o mito, este sendo cosmogônico ou não, fala da realidade, da criação do mundo, dos animais, dos Homens, dos elementos. O que seria a "natureza", o mundo, faz parte do sagrado, pois são os frutos diretos das sementes criadoras das divindades. Não há, portanto, em cultos primitivos ou arcaicos, uma divisória entre natural e algo além da natureza.

[5] Depois do ferimento, Afrodite pede ajuda para Ares, *com o intuito de fugir do campo de batalha e ir ao Olimpo se curar*. Ao chegar na morada dos deuses, a deusa do amor se encontra com outra divindade, Dione, a deusa das ninfas, que assim lhe fala: "*'Aguenta, filha querida, e refreia-te, apesar do que sofres./ Muitos de nós que no Olimpo temos nossa morada já sofremos/ às mãos dos homens,* **por querermos dar tristes dores uns aos outros**.*/Sofreu Ares, quando Oto e o possante Efialtes,/ filhos de Aloeu, o prenderam com fortes correntes:/ treze meses ficou ele preso num jarro de bronze./ Então teria perecido Ares que da guerra não se sacia,/ se a madrasta deles, a lindíssima Eribeia,/ não tivesse avisado Hermes: foi ele que às escondidas/tirou Ares, já desesperado, pois as correntes o esmagavam./ Também sofreu Hera, quando o possante filho de Anfitrião/ a atingiu no seio direito com uma flecha de farpa tripla:/tomou-a nessa altura uma dor impossível de acalmar./ Além destes sofreu uma seta veloz o monstruoso Hades,/quando o mesmo homem, filho de Zeus, detentor da égide,/ o atingiu em Pilos no meio dos mortos, entregando-o à*

nena Cronos para libertar seus irmãos do estômago de seu pai; Hefesto é um deus *aleijado*.

Mais exemplos, dentro do que poderíamos chamar de mitologia, podem ser dados, no que se refere a ausência de uma noção de sobrenatural: na religião da tribo dos Napo Runa, um mito de criação explica que a origem da anaconda era pelo corte do membro sexual masculino[6]; na Melanésia, o neocolonialismo europeu e a introdução da sociedade de mercado aos povos nativos criaram um movimento religioso que cultuava *a carga transportada pelos navios*, mesmo sabendo que ela era feita por *humanos*, ainda que se acreditasse que parte de sua fonte fosse divina, não havia uma noção de suprassensível[7]; os Kanguru, da África Oriental, acreditavam que o nascimento e morte ocorriam de acordo com o mundo "normal" e o mundo dos fantasmas, e quando uma pessoa que morresse em nosso mundo, renasceria no mundo dos fantasmas, mas se um fantasma falece em seu mundo, renasceria em nossa terra: o mundo dos fantasmas não detinha nada de "suprassensível", sendo um lugar parecido com o nosso, onde as pessoas lavravam a terra para tirar seus alimentos[8]; os Ainu, além de acreditarem que até mesmo objetos fabricados por Homens possuem espíritos[9], também acreditavam que os espíritos dos mortos podiam ser farejados por cães, além do mundo dos mortos também ter estações do ano[10].

Essas condições mostram que a noção de "sobrenatural" não era, ou é, presente e necessária em várias religiões. Mesmo as que acreditam

---

dor./ Hades dirigiu-se ao palácio de Zeus no alto do Olimpo,/sofrendo no coração, trespassado de dores; é que a seta/entrara-lhe no ombro enorme e atormentava-se-lhe o espírito'." – Ilíada, Canto V, versos 374-400 –. Esses exemplos podem ser de mais valia para o entendimento de como o Homem grego encarava os seres divinos, seus poderes e fraquezas.

[6] ELLER, Jack David. *Introdução à Antropologia da Religião*. Petrópolis: Vozes, 2018, p. 161-162.

[7] Ibid., p. 270.

[8] Ibid., p. 90-91.

[9] Ibid., p. 75.

[10] Ibid., p. 92.

3. RELIGIÃO, CIÊNCIA E PROGRESSO

em um pós-vida, em espíritos ou em um mundo que não é o "nosso", acreditam através de critérios que emulam um cosmos que nós ocidentais chamaríamos de "físico", mas que para essas culturas nada tem de físico ou além-físico, já que essas noções não se encontram em suas crenças ou cosmovisões.

Outra religião antiga que, entretanto, *quase* antevê a distinção entre "natural" e "sobrenatural", foi o orfismo, com uma crença que separa o que seria a alma e o corpo, colocando-os como opostos e existindo uma purificação da alma pecadora no corpo sofredor; porém ainda não é a separação do físico e do não-físico, do mundo terreno e o da divindade, ainda que seja uma das precedências para, mais tarde, a filosofia se encarregar desta questão[11].

Há dois exemplos de grandes e tradicionais religiões alheias a essa dicotomia entre natureza e "sobrenatureza": o confucionismo e o brahmanismo. A primeira consiste basicamente na sacralidade dos ritos para a vida daqueles que os fazem – Confúcio (~551-479 a.C.) não propôs "igrejas", sacerdotes, livros sagrados, nem mesmo deuses, assim como não os negou. O que o ensinamento de Confúcio priorizava eram os ritos, estes sendo preciosos para o "Homem superior", pessoas guiadas para o bem por rituais e sacrifícios para chegar, assim, à superioridade; no confucionismo os espíritos não são negados, mas também existe uma recomendação para mantê-los à distância, além de haver um olhar negativo para as discussões sobre o Paraíso e a vida pós-morte, *pois estas seriam inúteis*[12]. Já dentro do brahmanismo hindu, nas técnicas primordiais da ioga, acredita-se em deuses, *mas estes podem ser superados pelo homem*: quem consegue a liberdade absoluta fica acima dos deuses e dos demônios, então estes provocam quem pratica a ioga para que não consiga alcançar esse estágio; contudo, para tal, é preciso "sair de si", negando seus sentimentos, sensações, vontades, paixões,

---

[11] REALE, Giovanni. *Pré-socráticos e Orfismo – História da Filosofia Grega e Romana, vl. I.* 2ª ed., São Paulo: Edições Loyola, 2012, p. 178-190.

[12] ELIADE, Mircea. *História das Crenças e das Ideias Religiosas, volume II: de Gautama Buda ao triunfo do Cristianismo.* Rio de Janeiro: Zahar, 2011, p. 28-31.

ESCRAVOS DO AMANHÃ

interesses, ódios, amores etc., renunciando-se totalmente ao mundo através da meditação pela ioga[13].

Mesmo a respeito da vida pós-morte, nem todas as religiões pregam a existência de um paraíso, ou mesmo um estágio parecido com o da vida. Na Grécia Antiga, assim como no Império Romano – para a religião geral, à exceção dos cultos esotéricos e afins –, depois da morte haveria uma espécie de "sono". Vemos isso quando Sarpédon, filho amado de Zeus, luta com Pátroclo, o seguinte diálogo ocorre entre Zeus e Hera:

'Ai de mim, pois está fadado que Sarpédon, a quem mais amo/dentre os homens, seja subjugado por Pátroclo, filho de Menécio./Duplamente se divide meu coração enquanto penso:/se arrebatando-o vivo da batalha pródiga em lágrimas/ou se o subjugarei agora às mãos do Menecida'./ Respondeu-lhe Hera rainha com olhos de plácida toura:/'Crônida terribilíssimo, que palavra foste tu dizer!/A homem mortal, há muito fadado pelo destino,/queres tu salvar de novo da morte funesta?/Faz isso. Mas todos nós, demais deuses, não te louvaremos./E outra coisa te direi; tu guarda-a no teu espírito:/se tu mandares Sarpédon vivo para sua casa,/ reflete se em seguida outro deus não quererá/tirar o seu filho amado dos potentes combates./Pois muitos são os filhos de imortais que lutam em torno/da grande idade de Príamo: entre eles raiva terrível porás./Mas se tu o amas e se sofre teu coração,/permite que ele seja subjugado em potente combate/às mãos de Pátroclo, filho de Menécio./Porém, quando a alma e a vida o tiverem deixado,/envia a Morte e o Sono suave para o transportarem,/até que cheguem à terra de ampla Lícia./Aí teus irmãos e parentes lhe prestarão honras fúnebres,/com sepultura e estela; pois essa é a honra devida aos mortos'/Assim falou; e não lhe desobedeceu o pai dos homens e dos deuses[14].

Na África Ocidental, na segunda metade do século XX, a tribo dos *Tiv* não acreditava em nada após a morte. Quando a antropóloga

---

[13] Ibid, p. 61-71.
[14] Ilíada, Canto XVI, versos 433-457.

3. RELIGIÃO, CIÊNCIA E PROGRESSO

Laura Bohannan (1922-2002) procurou apresentar oralmente (com uma espécie de adaptação dentro de seu monólogo narrativo) a peça *Hamlet*, de Shakespeare, ao povo Tiv, ela necessitou usar o termo em inglês – já que estava contando a peça na língua local – *ghost*, para designar o fantasma do pai de Hamlet, pois os nativos não acreditavam em espíritos ou em algo além-vida; a tentativa de Bohannan foi inútil, pois ao perguntarem o que seria um *ghost*, confundiram-no com um zumbi, fazendo a autora explicar o que era um fantasma para, enfim, causar uma controvérsia entre os anciãos. Um fantasma, como alguém que vive após a morte, não poderia existir segundo as crenças dos Tiv, pois nada havia de vida após a morte[15].

Mais complexa do que muitos imaginam, a religião não é limitada por um livro sagrado, templos, sacerdotes, pregações, proselitismo, ortodoxia, ortopraxia, uniformização de culto, centralização na liderança sacerdotal, tampouco pela crença em vida após a morte, magia, infernos, paraísos, deuses, espíritos, heróis, demônios, monstros ou justiça divina. A religião pode ter tudo isso, ou nada disso, podendo ser apenas um amálgama da cosmovisão de um povo com focos em assuntos, situações, entes, objetos e ritos... *sagrados*. A essência das religiões está na existência do sagrado e a diferença deste para com o profano.

No Congo e em Papua Nova Guiné, os Mbuti e os Hua detinham tão poucos rituais e ação religiosa que os antropólogos não conseguiram encontrar, no sentido ocidental e cristão, uma religião entre esses povos, mas ainda assim era possível observar um tipo de culto à floresta e uma noção de pureza que guinavam as crenças desses povos. Considerá-los como "sem religião"[16] só seria possível dentro de um

---

[15] BOHANNAN, Laura. Shakespeare in the bush. *Natural History Magazine.* North Carolina, 1966. Disponível em: <http://www.naturalhistorymag.com/picks-from-the-past/12476/shakespeare-in-the-bush>. Acesso em: 16 de Agosto de 2022.

[16] ELLER, Jack David. *Introdução à Antropologia da Religião*. Petrópolis: Vozes, 2018, p. 410-411 – Eller, apesar de sua grande exposição sobre os novos estudos da religião, infelizmente cai na percepção de que a religião se define por um entendimento de algo "sobre-humano" que é cultuado (p. 32). Os próprios

ideário ocidental de religião. O caso dos Mbuti e dos Hua nos mostra que a configuração de crenças não pode ser explicada por categorias analíticas muito específicas e distantes das mesmas crenças, ao menos se quisermos entendê-las dentro de um gênero descritivo maior nas ações humanas.

Mircea Eliade possui uma excelente elucidação para essa questão, com um desenvolvimento superior ao de Durkheim – embora já referida em uma nota de rodapé do primeiro capítulo, é preciso usá-la novamente para discernir o que é a dicotomia entre o sagrado e o profano e como ela se opera na humanidade:

> O homem toma conhecimento do sagrado porque este *se manifesta*, se mostra como algo absolutamente diferente do profano. A fim de indicarmos o ato da manifestação do sagrado, propusemos o termo *hierofania*. Este termo é cômodo, pois não implica nenhuma precisão suplementar: exprime apenas o que está implicado no seu conteúdo etimológico, a saber, que *algo de sagrado se nos revela*. Poder-se-ia dizer que a história das religiões – desde as mais primitivas às mais elaboradas – é constituída por um número considerável de hierofanias, pelas manifestações das realidades sagradas. A partir da mais elementar hierofania – por exemplo, a manifestação do sagrado num objeto qualquer, uma pedra ou uma árvore – e até a hierofania suprema, que é, para um cristão, a encarnação de Deus em Jesus Cristo, não existe solução de continuidade. Encontramonos diante do mesmo ato misterioso: a manifestação de algo "de ordem diferente" – de uma realidade que não pertence ao nosso mundo – em objetos que fazem parte integrante do nosso mundo "natural", "profano".

O homem ocidental moderno experimenta um certo mal-estar diante de inúmeras formas de manifestações do sagrado: é difícil para ele aceitar

---

exemplos que oferece ao leitor, porém, mostram como uma variedade de crenças diferentes têm conteúdos e formas que vão além do entendimento de algo além da humanidade, ou mesmo superior, ou além de uma natureza. A definição mais elaborada de Eliade, como se verá a seguir, possui uma extensão mais adequada para abarcar todo fenômeno religioso, não importando seu conteúdo ou modo de existir.

3. RELIGIÃO, CIÊNCIA E PROGRESSO

que, para certos seres humanos, o sagrado possa manifestar-se em pedras ou árvores, por exemplo. Mas como não tardaremos a ver, não se trata de uma veneração da *pedra como pedra*, de um culto da *árvore como árvore*. A pedra sagrada, a árvore sagrada, não são adoradas com pedra ou como árvore, mas justamente porque são *hierofanias*, porque 'revelaram' algo que já não é nem pedra, nem árvore, mas o *sagrado*, o *ganz andere*[17].

É importante explicar que esses "espaços" de realidade entre o sagrado e o profano não correspondem – apesar de serem seus nascedouros – com as diferenças entre natural e sobrenatural. A "realidade" à qual Eliade faz referência não é em sentido físico, mas de *valor*. Para o Homem religioso, a pedra pode ser sagrada e, porventura, a árvore não, contudo não existe uma diferença dessa sacralidade para com a *natureza "material"*, seja da pedra, ou da árvore – apenas com uma concepção do *sensível* e do *suprassensível* esta diferença se operará.

Para diferenciar o sagrado do profano, o autor continua:

> Pode-se medir o precipício que separa as duas modalidades de experiência – sagrada e profana – lendo-se as descrições concernentes ao espaço sagrado e à construção ritual da morada humana, ou às diversas experiências religiosas do Tempo, ou às relações do homem religioso com a Natureza e o mundo dos utensílios, ou à consagração da própria vida humana, à sacralidade de que podem ser carregadas suas funções vitais (alimentação, sexualidade, trabalho etc.). Bastará lembrar no que se tornaram, para o homem moderno e arreligioso, a cidade ou a casa, a Natureza, os utensílios ou o trabalho, para perceber claramente tudo o que o distingue de um homem pertencente às sociedades arcaicas ou mesmo de um camponês da Europa cristã. Para a consciência moderna, um ato fisiológico – a alimentação, a sexualidade etc. – não é, em suma, mais do que um fenômeno orgânico, qualquer que seja o número de tabus que ainda o envolva (que impõe, por exemplo, certas regras para 'comer convenientemente' ou que interdiz um comportamento sexual que a moral

---

[17] ELIADE, Mircea. *O Sagrado e o Profano: a essência das religiões*. 3ª ed., São Paulo: Editora WMF Martins Fontes, 2013, p. 17-18.

social reprova). Mas para o "primitivo" um tal ato nunca é simplesmente fisiológico; é, ou pode tornar-se, um "sacramento", quer dizer, uma comunhão com o sagrado[18].

Outra característica essencial da religião foi observada por *Francis Macdonald Cornford* (1874-1943), este que interpretou a religiosidade para com o meio na antromorfização natural dos objetos.

Estas intenções úteis ou danosas, estas forças invisíveis que possibilitam ou frustram a ação, são elementos fragmentários da personalidade. Elas constituem a matéria-prima a partir da qual o homem, quando começou a refletir, construiu o mundo sobrenatural. Na religião romana encontramos incontáveis *numina* – poderes cujo conteúdo total se expressa por meio de nomes abstratos, os *nomina*: Jânua não é um deus totalmente pessoal que preside as entradas aos lugares, mas apenas o espírito da 'entrada', concebido como força presente em todas as portas, que pode ajudar ou prejudicar quem passa por elas. Existe uma escala desses *numina* elementares, que vai de espíritos até a um deus completamente antropomórfico, como os deuses de Homero"[19].

A interpretação de Cornford não pode ser posta em absoluto para todas as religiões. A concepção do sagrado, a hierofania, embora integrada com esta antropomorfização, pode (e vai) ir além de pôr personalidades humanas em objetos e eventos naturais[20]; porém, há

---

[18] Ibid., p. 19-20.

[19] CORNFORD, Francis Macdonald. *Antes e depois de Sócrates*. São Paulo: Martins Fontes, 2001, p. 13.

[20] Vale citar o embate de Durkheim com James Frazer (1854-1951) e Edward Burnett Tylor (1832-1917) a respeito das definições da religião. Durkheim percebeu que, ao ignorarem todas as ações, sentimentos e considerações nos ritos sagrados nas crenças dos Arunta, não conseguiam ver esse povo como um povo religioso, mas que acreditava unicamente na magia (que consideravam distinta da religião). Durkheim demonstrou como uma noção mais elástica para entender o fenômeno religioso pode ajudar a fechar inúmeras lacunas no assunto – DURKHEIM, Émile. *As formas elementares da vida religiosa:* o sistema totêmico da Austrália. São Paulo: Martins Fontes, 1996, p. 188-208.

3. RELIGIÃO, CIÊNCIA E PROGRESSO

um proveito: os *numina estão no mundo*, ainda que sagrados, tendo um valor além do profano – aliás, esta outra raiz da religião está presente até hoje, em qualquer indivíduo[21], que também ultrapassa a dicotomia de "natural e sobrenatural", já que esta antropomorfização se faz em um único espaço, em um único cosmos.

Se cabras são sagradas para um povo, se há um deus-cabra que pode ser um *numinia* partícipe de uma hierofania, ele não se separa do mundo que o cerca, desse cenário que reveste o quadro da sociedade que adora um deus-cabra. Dentro do gênero religioso, não há uma dicotomia necessária entre o natural e o sobrenatural.

A humanidade teve que esperar consideravelmente para existir uma diferença que, enfim, embasou as noções de natural e não-natural, para a religiosidade. A diferença do que é sensível e suprassensível foi o que criou a ideia de que existe algo além, ou acima, da natureza, só pôde ser descoberta *após* a formulação *do que* era a física – que terá sua nascente em Tales de Mileto – e a *matéria* – com Leucipo de Abdera (séc. V. a.C) e Demócrito, os pais do materialismo – e, finalmente, com o desenvolvimento da metafísica do suprassensível por Platão[22].

---

[21] *"A suposição de que coisas úteis ou danosas possuem vontade de ajudar ou prejudicar é feita de maneira tão irrefletida pela criança que chuta a porta que lhe prendeu o dedo quanto pelo homem que xinga seu taco de golfe por não ter acertado a bola. Se esse homem fosse lógico, rezaria para seus tacos de golfe antes de começar uma partida, ou murmuraria algum encantamento para fazê-los acertar sempre. Pois esses elementos projetados da personalidade são os próprios objetos da arte mágica"* – Ibid., p. 14.

[22] Isso não implica que religiões não possam ter a concepção do suprassensível por outras vias, ou pela influência da Filosofia, porém a primeira sistematização do que poderíamos chamar de "suprassensível" foi a de Platão, assim como os primeiros a conceituar o que seria um mundo físico e o que o compõem, a matéria (criando as ideias fundamentais para acreditar em algo sobrenatural), foram os pré-socráticos. Alguns afirmam que os discípulos de Pitágoras (570 a.C – 495 a.C) já tinham a noção de objetos além do mundo físico e material (justamente em resposta a Demócrito e aos atomistas) em suas ideias antes de Platão. O ensino pitagórico foi o primeiro a entender que os fenômenos cósmicos poderiam ser traduzidos em um sistema matemático geral; os números, porém,

ESCRAVOS DO AMANHÃ

Platão nos oferece esta primeira diferenciação em sua *Teoria das Formas* (ideias), uma vez que enxergava uma extrema carência na investigação meramente física do cosmos. Utilizando um termo náutico, a *Segunda Navegação*, que significava outro tipo de impulso para a movimentação de uma nau, ele foi além de uma investigação naturalista do mundo físico, do que é *sensível*, indo para o *inteligível*. Quando o navio fica sem ventos para as velas, usa-se os remos, *os remos da metafísica*[23].

A primeira divisão sistemática e desenvolvida de algo fora da natureza física não ocorreu por conta de uma religião como entendemos hoje, ou por uma crença mágica e o acreditar em deuses, em forças místicas e espirituais; foi pela *Filosofia*. Platão via os problemas da física pré-socrática no fato desta apenas considerar a composição física,

---

eram considerados como os princípios da harmonia que compunha o mundo, mas o entendimento do número para os pitagóricos era encarado como algo *físico* e espacial – REALE, Giovanni. *Pré-socráticos e orfismo: história da filosofia grega e romana*. 2ª ed., São Paulo: Edições Loyola, 2012, p. 84-85.

[23] Embora, seja preciso dizer, metafísica não signifique necessariamente suprassensível (principalmente se aplicarmos um significado aristotélico ao termo), há uma ligação histórica entre as características suprassensíveis, isto é, *formais*, com a metafísica. Giovanni Reale (1931-2014), em seu Léxico da Filosofia Grega e Romana, possui uma definição bem clara e definida da metafísica: "*O termo, como sabemos, é de origem incerta. Até recentemente considerava-se como certo que o termo tivesse nascido de Andrômoco de Rodes, o qual,* **depois** *dos livros da física, publicou, em quatorze livros, a obra que é chamada, justamente,* **ta metá ta physiká***, que significa, literalmente,* **as coisas que vêm depois das físicas** *(...). Os antigos comentadores peripatéticos e neoplatônicos propõem duas diferentes interpretações. 1) Metafísica significa a ciência que vem depois (metá) da física; 2) metafísica é a ciência que se ocupa das realidades que estão além (metá) das físicas, as realidades suprafísicas. Com efeito,* **as duas interpretações***, do ponto de vista aristotélico, não se excluem, mas* **se implicam mutuamente***, dado que o conhecimento das coisas que são ontologicamente ulteriores com relação às físicas, para o homem, é também cronologicamente posterior, pois conhecemos, por nossa natureza,* **primeiro** *as coisas físicas e só* **depois** *as não físicas, embora estas últimas sejam* **por si** *hierarquicamente anteriores com relação às físicas.*" – REALE, Giovanni. Metafísica (τὰ μετὰ τὰ φυσικά), In: História da filosofia grega e romana, vol. IX: léxico da filosofia grega e romana. São Paulo: Edições Loyola, 2014, p. 165.

3. RELIGIÃO, CIÊNCIA E PROGRESSO

e não algo além do mundo físico (ou seja, incorpóreo), para analisar as *causas* do mundo. O filósofo compara a explicação unicamente física à movimentação do corpo, sem a vontade humana:

> Dar o nome de causas a tais coisas [físicas] seria ridículo. Que se diga que sem ossos, sem músculos e outras coisas eu não poderia fazer o que me parece, isso é certo. Mas dizer que é por causa disso que realizo as minhas ações e não pela escolha que faço do melhor e com inteligência – essa é uma afirmação absurda. Isso importaria, nada mais nada menos, em não distinguir duas coisas bem distintas, e em não ver que uma coisa é a verdadeira causa e outra aquilo que nunca seria causa. Todavia, é a isso que aqueles que erram nas trevas, segundo me parece, dão o nome de causa, usando impropriamente o termo. O resultado é que um deles, tendo evolvido a terra num turbilhão, pretende que seja o céu o que a mantém em equilíbrio, ao passo que para outro ela não passa duma espécie de gamela, à qual serve de base e suporte. Mas quanto à força, que a dispôs para que essa fosse a melhor posição, essa força, ninguém a procura; e nem pensam que ela deva ser uma potência divina. Acreditam, ao contrário, haver descoberto um Atlas mais forte, mais imortal e mais garantidor da existência do universo do que esse espírito; recusam-se a aceitar que efetivamente o bom e o conveniente formem e conservem todas as coisas. Ardentemente desejaria eu encontrar alguém que me ensinasse o que é tal causa! Não me foi possível, porém, adquirir esse conhecimento então, pois nem eu mesmo o encontrei, nem o recebi de pessoa alguma. Mas quererias, estimado Cebes, que descrevesse a segunda excursão que realizei em busca dessa causalidade?[24].

A novidade platônica consiste na identificação de atributos não-físicos que dão forma aos físicos, isto é, *que fazem estes serem inteligíveis*[25]. Se "tudo é feito de fogo", ou de átomos, o que faz esses fogos e átomos se diferenciarem entre si? O que faz o amontoado de átomos em um homem se diferenciar de um amontoado de átomos de um cavalo? Ora,

---

[24] Fédon, 99a-d.
[25] Ibid., 65c-e.

ESCRAVOS DO AMANHÃ

se tudo em absoluto fosse feito de matéria, então nada se diferencia de nada. Platão defendeu que, para além do mundo físico, existe outro que dita as "leis" (Formas) que regem este mundo. Existem as coisas "em si"[26].

As leis que regem o cosmos são acessíveis apenas pela inteligência, não se confundindo com os objetos físicos do mundo. O descobrimento efetuado por Platão simplesmente abriu a mente humana para a concepção do que seria algo para além dos sentidos humanos, para o que seria uma razão de ser do mundo, do Homem, da moral etc., para além do ente físico, para uma *Forma* que organiza sua matéria. Sem o discernimento que separa aspecto formal e ordenador do sensível, nada seria distinguível do "palpável", dos elementos, e ainda estaríamos presos às discussões elementares dos físicos pré-socráticos. Por exemplo, a Forma de "humano" não seria discernida de *um* humano, pois a discussão que separa "ideia formal" e o indivíduo concreto não teria sido ainda alcançada dentro da filosofia, *da episteme*[27].

Essa descoberta platônica, porém, não escapa da religiosidade, apesar de ser filosófica e, portando, pertencer ao mundo da razão. Platão acreditava em reencarnações, purificações sucedidas na alma através de várias vidas, o que chama de *metempsicose*, que propõe uma ascese para os vivos em virtude da imortalidade e reencarnação da alma para uma purificação desta[28]. A Segunda Navegação também

---

[26] Ibid., 78d-79a.

[27] Não podemos confundir a teoria das Formas platônica com "conceitos". A "Forma" em questão não é uma abstração da mente humana (ainda que não se possa dizer que um conceito abstrato seja algo *fictício* e falso), mas sim uma realidade suprassensível e concreta, transcendente do mundo físico que recebe suas Formas a partir de um "mundo das Ideias (Formas)" superior, não mental. O "indefectível" em Platão é o meio pelo qual essas Formas são descobertas, ou seja, através da razão e não puramente pelos sentidos – essa foi a primeira filosofia a se preocupar com essa característica. A noção de conceito vai ser mais desenvolvida posteriormente, dentro da lógica aristotélica e da concepção de conceito imaginário dentro da filosofia de Zenão de Cítio.

[28] Ibid., 75 c-d.

3. RELIGIÃO, CIÊNCIA E PROGRESSO

estava intricada nessa característica, o que demonstra como problemas do Conhecimento também podem se relacionar com características religiosas.

Há ligações da doutrina platônica com o orfismo, assim como para com os cultos pitagóricos esotéricos, que usavam de doutrinas e fórmulas filosófico-matemáticas para purificar a alma (*daemon*) que cada um detinha. O fenômeno religioso estava ligado intimamente com a ciência, as matemáticas, a Filosofia.

De fato, a Filosofia nunca foi por si mesma contra a religião, pois várias vezes ela se confundiu com esta. Se em Platão e, portanto, nos seguidores *fiéis* (e essa é a palavra exata!) aos seus preceitos filosóficos, a alma tinha uma missão purificadora, nos pré-socráticos os deuses e a alma não eram pura e simplesmente negados, ou gradualmente dispensados em nome da razão.

Se para Tales e seus seguidores tudo era feito de algum elemento, os deuses se encaixavam nesta descrição de mundo. Os elementos que formavam a natureza, enfim, também englobavam o divido. Demócrito acreditava nos deuses, mesmo sendo materialista, pois as divindades seriam feitas de átomos; os eleatas acreditavam em uma divindade, mas esta seria o *Uno*, isto é, *tudo*, já que para eles não existia pluralidade. O ateísmo já existia na Grécia antiga, mas ficava mais fora do que dentro da Filosofia, sendo no sofismo onde exercia maior presença[29].

---

[29] Alguns exemplos dignos de nota podem ser dados: Górgias (485-380 a.C.), o mesmo sofista que defendia a inexistência da Verdade e a impossibilidade do real, ou do entendimento do real e sua expressão, também não acreditava nos deuses, com seu ateísmo sendo fruto de um irracionalismo antilógico radical; Crítias (460-403 a.C.), um dos tiranos de Atenas, também sustentou que os deuses eram invenções humanas, provindos da política para controlar o povo, creditando toda possibilidade de justiça e ordem cosmológica ou cosmogônica em mentiras de legisladores. Se pensarmos em termos como a "irreligião", Protágoras (490-415 a.C.), que defendeu a falta de critérios objetivos e a impossibilidade de existir uma Verdade concreta, era agnóstico. Dentro dos filósofos poucos foram ateus, como Estratão de Lâmpsaco (335-269 a.C.), um filósofo menor e em uma escola (a *Academia*) em decadência e sem muita influência.

ESCRAVOS DO AMANHÃ

Depois de Platão, Aristóteles afirmou que sua *Filosofia Primeira* (a Metafísica), que para ele era a maior de todas as ciências, *é uma teologia*[30]; pode-se citar Cícero (106-43 a.C.), outro filósofo, desta vez romano, que acreditava numa purgação das almas (criadas pelos deuses) ao redor do planeta, caso estas cedam aos vícios durante a vida[31]; os primeiros estoicos, como Zenão de Cítio (333-263 a.C.), acreditavam que as almas eram materiais, e as dos justos ficavam em uma espécie de "deleite", no espaço, perto da lua; os epicuristas, mesmo sendo os primeiros a militarem pelo materialismo e contra a metafísica de Platão, tinham a escola de *Epicuro* (341-270 a.C) como uma espécie de espelho para os deuses – mesmo que não acreditassem na possibilidade de interação das divindades com os Homens –; ainda quando já é diferenciado do sobrenatural, o "natural" (físico, neste sentido) não é contrário à religiosidade, às variadíssimas crenças existentes na humanidade.

É verdade que o mundo das Formas de Platão não é exatamente o que nós entendemos por "sobrenatural", e que o suprassensível não pode ser confundido em todos os casos com o sobrenatural, dado que dentro do pensamento platônico são as Formas imateriais que *dão* natureza ao mundo físico, como foi defendido no *Timeu*, mas há de se entender que a separação do que é físico e não-físico só foi feita a partir dessa ideia de Platão, com a mesma sendo a matriz do que podemos entender, em nossa contemporaneidade, como algo natural (que concerne às ciências da natureza e, portanto, sensível, físico) e algo sobrenatural, isto é, suprassensível.

A diferença entre algo do mundo com algo concretamente fora deste só aparece em um ponto específico da História. Foi de Platão que o paganismo, o judaísmo e o cristianismo, pela primeira vez, retiraram e formularam suas doutrinas religiosas a partir de algo "natural" e "sobrenatural", com o sentido do primeiro ser o mundo físico onde vivemos e o segundo ser o mundo divino.

---

[30] Metafísica, Livro VI, 1, 1025B1: 5-30; 126A1: 5-30.

[31] CÍCERO, Marco Túlio. *A velhice saudável:* o sonho de Cipião. São Paulo: Escala, 2006, cap. conclusão, p. 109.

3. RELIGIÃO, CIÊNCIA E PROGRESSO

A ciência que conhecemos, mesmo a empírica, é dependente das conquistas efetuadas pelos filósofos da Antiguidade, como a que concebeu o que seria algo físico e o distinguia do que não seria físico. O método científico tem como precedentes certos axiomas, estes descobertos e formulados por filósofos que, dentro de suas filosofias, tinham elementos genuinamente religiosos[32] que abriram o caminho para nossa ciência contemporânea[33]. Historicamente, *o pensamento científico é fruto da religiosidade no pensamento humano*[34].

Portanto, não é necessário ser muito inteligente para perceber que uma simples dicotomia entre "religião e ciência", ou "religião e razão" não faz o menor sentido para buscar uma definição segura. A religiosidade não é sinônima de atraso e o conhecimento científico não é antirreligioso por si só, ou direciona, como causador de um progresso, a cultura intelectual para um afastamento da religião.

Outros exemplos históricos podem ser usados: quando a religião grega e, mais tarde, romana, foi amplamente criticada pelos filósofos

---

[32] Platão, por exemplo, teve um impacto tão grande no pensamento das mentes e das fés ocidentais que, já no final da Antiguidade, os grandes padres do cristianismo se viam preocupados com as ideias platônicas sobre a reencarnação. São Gregório de Nissa (335-394), um dos grandes *Padres Capadócios*, necessitou refutar a metempsicose, esta que influenciou por demais Orígenes, levando-o à heresia, e que ainda influenciava a época de S. Gregório, mais de um século depois da morte de Orígenes.

[33] A Filosofia Natural de Platão, por exemplo, depende de uma visão de Criação do mundo a partir da matéria por uma divindade, o Demiurgo, que por bondade e amor fez o mundo, os deuses, os animais e os Homens. Platão, no *Timeu*, se preocupa tanto com a complexidade e composição do mundo, como com o aspecto divino do mesmo, que tem uma "pregação" moral que se justifica na criação do mundo e sua natureza através do ordenamento da matéria pelas Formas escolhidas pelo Demiurgo.

[34] *"Veremos, entretanto, que a 'desmitificação' da religião grega e o triunfo, com Sócrates e Platão, da filosofia rigorosa e sistemática, não aboliram definitivamente o pensamento mítico. Além do mais, é difícil conceber o ultrapasse radical do pensamento mítico enquanto o* **esquecimento** *do que se passou* **in illo tempore** *– ou num mundo transcendental – é considerado o principal obstáculo ao conhecimento"* – ELIADE, Mircea. *Mito e Realidade*. 6ª ed., São Paulo: Perspectiva, 2013, p. 101.

ESCRAVOS DO AMANHÃ

(e esta crítica aos deuses retratados por Homero e Hesíodo existe desde Tales de Mileto), não foi por conta de um secularismo gerado pela racionalidade greco-romana, onde a razão substituiria a religiosidade em um processo natural. Se a religião tradicional perdia espaço entre as elites mais esclarecidas e instruídas, ao mesmo tempo que a filosofia avançava, é bom lembrar que religiões orientais entravam no Mediterrâneo europeu em grande quantidade, depois das conquistas de Alexandre; já no Império Romano, cultos à Isis, o hermetismo e o mitraísmo tomavam espaço entre as elites esclarecidas – sem falar do próprio cristianismo[35].

Na Idade Moderna o corpo científico era não apenas composto por religiosos, como também era *movido* por questões religiosas, com repetidas tentativas de conciliar o estudo da Natureza com a Revelação divina[36]. Exemplos de cientistas bem conhecidos impulsionados pelo religioso são os de René Descartes (1596-1650) e de Sir Isaac Newton (1643-1727), com o primeiro se valendo de um tipo de teologia natural para suas teorias de moção física, onde esta não faria sentido sem a presença de Deus e sua imutabilidade para garantir o funcionamento do mundo[37]; Newton que, para propor uma teoria geral da gravitação, estava mais preocupado com uma especulação alquímica, esotérica e mística do que com uma física "pura", alheia a uma cosmologia advinda do campo religioso – boa parte da *Royal Society*[38] também seguia um padrão muito semelhante ao de Newton, com preocupações religiosas guiando seus pensamentos.

Durante os grandes saltos científicos dos séculos XIX e XX, onde o mundo conheceu uma clara e gigantesca secularização militante na sociedade, a religião não se torna mais fraca por conta dos colossais processos de progresso e divulgação da ciência. Como demonstrou a

---

[35] Ibid., p. 133-137.

[36] HENRY, John. A religião e a revolução científica. *In:* HARRISON, Peter (org). *Ciência e religião*. São Paulo: Ideias & Letras, 2014, p. 64-67.

[37] Ibid., p. 78-80.

[38] Uma instituição centenária dedicada à promoção do estudo e desenvolvimento da ciência.

3. RELIGIÃO, CIÊNCIA E PROGRESSO

pesquisa de John Hedley Brooke (1944-), a respeito do crescimento da descrença crescente nos séculos citados acima, os cientistas não se afastavam da religião por causa da ciência que estudavam, em sua maioria. A ciência contemporânea entrava menos em conflito com a religião do que a política, como as análises de biografias dos grandes cientistas da época podem constatar:

> Os resultados apenas confirmam que dar primazia à ciência é um erro. A leitura de depoimentos de 150 descrentes, coletados entre 1850 e 1960[39], e de evidências relacionadas encontradas em outras 200 biografias, mostra que a ciência praticamente não aparece (entre essas razões). A conversão à descrença normalmente associa-se à mudança na política conservadora em direção a outra mais radical, a rejeição à religião enquanto parte da sociedade estabelecida e privilegiada[40].

Ciência e religião não são díspares. Historicamente, essa dicotomia é falha, fictícia, com o progresso científico e a religiosidade sendo parte de uma fusão, ou tendo uma indiferença total de um para com o outro, já que o fenômeno religioso, por si, é *extremamente* elástico em suas crenças, valores e costumes.

3.1. E no caso do cristianismo...

Como as religiões são extremamente plurais em quase tudo, podendo ter diferenças abissais de uma para outra, suas interações com a razão epistêmica, o saber e a empiria científica contemporânea variam em níveis verdadeiramente oceânicos; porém, no caso do cristianismo (e com ênfase no catolicismo, do qual posso falar com mais segurança), as relações de fé no sobrenatural e a ciência do mundo natural são, no mínimo, notórias, e só o são por conta da concepção cristã de *Deus*.

---

[39] Brooke utiliza o estudo de *Susan Budd, Varieties of Unbelief: Atheists and Agnostics in English Society, 1850-1960,* para se embasar.

[40] BROOKE, John Hedley. *Ciência e secularização*. IN: Ibid., p. 149-150.

ESCRAVOS DO AMANHÃ

O Deus de Abraão é extremamente diferente das demais divindades. Ele, já no Livro do Êxodo, ao se revelar para Moisés, se apresenta de um modo totalmente distinto das divindades de seu tempo (entre os séculos XI e X antes de Cristo) – modo este que é singular aos israelitas, que não possuíam uma religião filosófica por si só, como os pitagóricos, os epicuristas e estoicos, ou os platônicos e médio-platônicos.

O povo que criou os textos das Sagradas Escrituras não possuía um sistema filosófico, ou qualquer filósofo. Isaac, Israel, Isaías, Jeremias, Natã, Moisés, São Lucas ou São Pedro não eram filósofos, mas sim patriarcas, profetas e apóstolos. Há uma diferença gritante ao serem comparados com Heráclides, Anaxímenes, Sócrates, Teofrasto e Possidônio, ou mesmo qualquer tipo de sofista, como Hípias de Élis, Protágoras e Górgias. Na Bíblia, não existe qualquer desenvolvimento teórico, tese ou proposta epistêmica que seja – é um livro de *Revelação*, é bom lembrar[41].

Mas apesar de não existirem filósofos na Bíblia, há metafísica, mesmo que não conceitualizada, isto é, definida em certos postulados feitos pela reflexão, intuição ou observação com o escopo de descobrir algo do cosmos e do Homem. O que existe é a História de Deus para com o Homem e as reflexões, desafios e atitudes que uma pessoa de Deus deve, ou não, tomar em sua caminhada espiritual – se a metafísica não está manifesta conscientemente, ainda assim se faz presente.

Podemos ver essa presença no momento em que Deus se revela: *"'Eu sou aquele que é'. [...] 'Assim dirás aos israelitas: 'EU SOU me enviou até vós''. Disse Deus ainda a Moisés: 'Assim dirás aos israelitas: 'Iahweh, o Deus de vossos pais, o Deus de Abraão, o Deus de Isaac e o Deus de*

---

[41] Como dito anteriormente, apenas com o influxo das doutrinas filosóficas platônicas que a filosofia existiu francamente no monoteísmo. Podemos ver essa característica de modo claro dentro da História da Filosofia com o caso de Filo de Alexandria (20 a.C – 40 d.C), o primeiro filósofo do judaísmo. Filo foi o primeiro membro do judaísmo a compor uma teologia que identificava Deus com o suprassensível e a "carne" com o mundo físico – REALE, Giovanni. *História da filosofia grega e romana, vol. VIII: renascimento do platonismo e do pitagorismo.* 2ª ed., São Paulo: Edições Loyola, 2014, p. 235-256.

3. RELIGIÃO, CIÊNCIA E PROGRESSO

Jacó me enviou até vós [...]'" (Êxodo III, 13-15). Este peso metafísico é indubitável, pois põe em Deus as seguintes características: Ele é incondicionado, é um ser sem predicados, sem procedências, pois Ele apenas *é*.

No monoteísmo judeu e cristão, Deus, essa única divindade, não aparece como um deus das tempestades, das feras, do sol, da lua, dos mares, da morte ou das colheitas, mas sim como um ser que se difere de tudo o que existia em matéria de religião na Antiguidade do Oriente Médio – na Grécia, em um primeiro momento, encontramos uma divindade que pode *lembrar* do Deus abraâmico na crítica de *Xenófanes de Cólofon* (570-475 a.C.), este que foi o primeiro a criticar o paganismo antropomorfo (dentro da Filosofia) e a propor um único Deus, mas é bom lembrar que Xenófanes nasce bem mais de meio milênio depois do início da tradição oral do Êxodo.

Como bem disse Paul Veyne, ao comparar as divindades greco-romanas com o Deus de Abraão:

> Só existe o nome em comum entre o que o paganismo entendia por 'deus' e o que entendem os judeus, cristãos e muçulmanos. O deus dessas três religiões do Livro é um ser gigantesco infinitamente superior ao mundo – o qual, aliás, ele criou –; não existe senão como ator de um drama cósmico em que a humanidade põe em jogo sua salvação. Os deuses do paganismo vivem sua vida, e sua existência não se reduz a um papel metafísico, pois fazem parte do mundo; são uma das três raças que povoam o mundo. Há os animais, nem racionais nem imortais; os homens, mortais e racionais; e os deuses, racionais e imortais[42].

Como um deus, *Iahweh* é a Perfeição, o mais supremo dos seres, sem dependências, porém há de se perguntar se seu culto e a fé que Nele se depositou nesses mais de três mil anos desde sua Revelação entram em um nítido contraste com a razão e, portanto, com a ciência. Fé e razão não são palavras sinônimas e nem devem ser encaradas como

---

[42] VEYNE, Paul (org). O Império Romano. *In: História da vida privada, I: do Império Romano ao ano mil*. São Paulo: Companhia das Letras, 2009, p. 189-190.

ESCRAVOS DO AMANHÃ

tal, contudo, a crença de que apenas a razão leva ao progresso, e em detrimento da fé, pode ser questionada.

Deus *se revela*, não sendo descoberto pelo intelecto humano. Para o cristianismo e o judaísmo, a crença em sua divindade única não passa pelos crivos da razão, pois a grandeza deste ser criador afirma que o mesmo está acima de tudo o que foi criado, sendo Ele o definidor e autor das leis que regem a tudo e todos. Seus desígnios e ações não cabem, de modo algum, nas mentes humanas.

Somos limitados para entender o plano de Deus, e por isso o mesmo Deus exige fé naquilo que foi revelado.

Atribuído ao rei Davi, o salmo XVI (XV) apresenta o seguinte:

> Ponho Iahweh à minha frente sem cessar, com ele à minha direita eu não vacilarei. Por isso meu coração se alegra, minhas entranhas exultam e minha carne repousa em segurança; pois não abandonarás minha vida no Xeol, nem deixarás que teu fiel veja a cova! Ensinar-me-ás o caminho da vida, cheio de alegrias em tua presença e delícias à tua direita, perpetuamente" (8-11)

O profeta Isaías, por exemplo, assim escreveu:

> "Ei-lo, o Deus da minha salvação: sinto-me inteiramente confiante, de nada tenho medo, porque Iahweh é minha força e meu canto. Ele foi minha salvação" (XII, 2); São João, em seu evangelho, assim relatou, sobre a fé: "Como Moisés levantou a serpente no deserto, assim é necessário que seja levantado o Filho do Homem, a fim de que todo aquele que crer tenha nele vida eterna" (III, 14-15); em sua Segunda Epístola aos Coríntios, São Paulo escrevera: "Por conseguinte, estamos sempre confiantes, sabendo que, enquanto habitamos neste corpo, estamos fora da nossa mansão, longe do Senhor, pois caminhamos pela fé e não pela visão" (V, 6-7).

A fé dos Homens da Bíblia, seja no Antigo ou Novo Testamento, é poderosa e marcante, sempre invocada para todo e qualquer fiel, sempre vista como benéfica e necessária. Essa fé é preciosa para qualquer crente e, como independe da razão, é uma das balizas para se encarar a realidade do cosmos – mas ela não é a única coisa a fazer isso.

3. RELIGIÃO, CIÊNCIA E PROGRESSO

São João Paulo II (1920-2005), em sua encíclica *Fides et Ratio*, se aprofundou consideravelmente na problemática. O Papa entendeu que certas características da fé são inalcançáveis à razão, como o mistério pascal[43], mas esta não anula aquela. A razão não é negada na Bíblia, muito pelo contrário: com um pouco de estudo bíblico se verá que a sabedoria e o discernimento sobre as criaturas, de fato, eram encarados como uma forma de se chegar ao Criador já entre os israelitas da Antiguidade (Sabedoria, XIII, 5; Provérbios, IV, 5), e no Novo Testamento, no berço do cristianismo, São Paulo já dizia: *"Discerni tudo e ficai com o que é bom"* (I Epístola aos Tessalonicenses, V, 21).

A fé não é sinônima, mas também não é contrária à razão. Para um discurso teológico ser feito, é preciso saber julgar, ponderar e entender como o cosmos funciona, isto é, usar da razão para guinar uma ortodoxia, ao menos dentro do catolicismo.

A *teologia fundamental*, pelo seu próprio caráter de disciplina que tem por função dar razão da fé (cf. 1 Ped. 3, 15), deverá procurar justificar e explicitar a relação entre a fé e a reflexão filosófica. Já o Concílio Vaticano I, reafirmando o ensinamento paulino (cf. Rom. 1, 19-20), chamara a atenção para o fato de existirem verdades que se podem conhecer de modo natural e, consequentemente, filosófico. O seu conhecimento constitui um pressuposto necessário para acolher a revelação de Deus. Quando a teologia fundamental estuda a Revelação e a sua credibilidade com o relativo ato de fé, deverá mostrar como emergem, à luz do conhecimento pela fé, algumas verdades que a razão, autonomamente, já encontra ao longo do seu caminho de pesquisa. A essas verdades, a Revelação confere-lhes plenitude de sentido, orientando-as para a riqueza do mistério revelado, onde encontram o seu fim último. Basta pensar, por exemplo, ao conhecimento natural de Deus, à possibilidade de distinguir a revelação divina de outros fenômenos, ou ao conhecimento da sua credibilidade, à capacidade que tem a linguagem humana de falar, de modo significativo e verdadeiro, mesmo do que ultrapassa a experiência humana. Por todas estas verdades,

---

[43] S. JOÃO PAULO II. *Carta Encíclica Fides et Ratio*. 12ª ed., São Paulo: Paulinas, 2009, p. 20-23.

ESCRAVOS DO AMANHÃ

a mente é levada a reconhecer a existência duma via realmente propedêutica à fé, que pode desembocar no acolhimento da Revelação, sem faltar minimamente aos seus próprios princípios e autonomia.

Da mesma forma, a teologia fundamental deverá manifestar a compatibilidade intrínseca entre a fé e a sua exigência essencial de se explicitar através de uma razão capaz de dar com plena liberdade o seu consentimento. Assim, a fé saberá 'mostrar plenamente o caminho a uma razão em busca sincera da verdade. Deste modo a fé, dom de Deus, apesar de não se basear na razão, decerto não pode existir sem ela; ao mesmo tempo, surge a necessidade de que a razão se fortifique na fé, para descobrir os horizontes aos quais, sozinha, não poderia chegar[44].

E a História assim confirma as palavras de S. João Paulo II, pois esta interação entre fé e razão foi o *modus operandi* da intelectualidade cristã com os séculos. Durante o medievo, foi a Igreja que conservou as conquistas intelectuais dos antigos, e não apenas na teologia e Filosofia. Botânica, matemática, arquitetura, astronomia, música, letras, zoologia, física. Homens medievais, como Santo Anselmo de Cantuária (1033--1109) e Santo Alberto Magno (1206/07-1280), ou Roberto Grosseteste (1168-1253), foram grandiosos promotores do estudo, da pesquisa e da compreensão do mundo. Sto. Anselmo considerava o estudo como *"uma ascese necessária para se chegar a Deus"*[45], já Sto. Alberto era conhecido por promover os estudos da natureza[46] e Roberto Grosseteste escreveu tratados físicos sobre a luz.

O cristianismo incorporou, em sua ascese o estudo, o uso da razão para contemplar a Criação de Deus. Não é por acaso que o *método experimental* nasceu dentro de um convento, por Roger Bacon, um *frade.*

---

[44] Ibid., p. 90-91.

[45] Proslogion 1; 227 B; Cur Deus homo I, 2; 362 B; Proslogion 1225 Cs, citados em BOEHNER, Philotheus; GILSON, Etienne. *História da Filosofia Cristã.* 13ª ed., Petrópolis: Editora Vozes, 2012, p. 257.

[46] BENMAKHLOUF, Ali. Alberto, o Grande. *In:* LE GOFF, Jacques (org). *Homens e mulheres da Idade Média.* São Paulo: Estação Liberdade, 2013, p. 225-228.

3. RELIGIÃO, CIÊNCIA E PROGRESSO

É verdade, porém, que havia exceções, mas mesmo estas, no entanto, eram raras. Tertuliano de Cartago (160-220), São Pedro Damião (1007- -1072), Lanfranco de Pavia (1005-1089), São Bernardo de Claraval (1090-1153) são conhecidos por fazer um apelo maior à fé do que à razão; dos três, o primeiro condena a filosofia e cai em um tipo de fideísmo; S. Bernardo não condenava a Filosofia, ou a razão, a ciência, por si, mas tinham a prudência de pôr um maior peso na fé. São Pedro Damião e Lanfranco tiveram uma posição interessante, uma vez que afirmavam que a fé era superior à razão, quase execrando totalmente o pensamento filosófico, porém defendiam o uso da Filosofia para a defesa e a explicação da fé, sem condená-la totalmente.

Longe de abafar ou apagar a ciência, a Igreja a promoveu, conservou e desenvolveu. Pode-se dizer, sem dúvida, que a conservação de conquistas filosóficas, tal qual a dialética aristotélica, possibilitaram a criação do método científico experimental no medievo (vale lembrar que sem uma noção clara de dialética, os choques necessários para o método científico não seriam possíveis); além, é claro, da conservação do conhecimento *por motivos religiosos* e sua propulsão pelos mesmos motivos.

Se a fé do cristianismo, ou a fé em si, fosse contrária e prejudicial ao reto uso da razão, tal desenvolvimento positivo na História não seria possível. Vale acrescentar que o período de "confronto", ou desentendimento mútuo da ciência e da religião é recente. Por milênios, o padrão não era de animosidade mútua, o que mostra como essa tensão dicotômica se comporta mais como uma exceção do que como uma regra. O processo para se "laicizar" o pensamento, como um sinal da promoção da ciência, não passa de uma ficção histórica. Sem a fé, sequer as instituições que salvaguardaram e promoveram a ciência, as universidades[47], existiriam.

---

[47] Vale lembrar que as universidades, frutos do século XII, começaram a partir do ensino do clero na Idade Média. O mundo universitário surgiu da necessidade do clero se organizar melhor, no que concernia os estudos que as várias escolas catedráticas ministravam no medievo central. Essa necessidade acompanhou o espírito totalmente religioso que sustentava as razões para o estudo, pois a

Para uma conclusão final, basta citar o que um *Concílio Ecumênico* medieval (O terceiro concílio de Latrão, de 1179) considerava sobre a importância dos estudos:

> A Igreja de Deus, como uma mãe piedosa, é *obrigada a velar pela felicidade do corpo e da alma.* Por esta razão, para evitar que os pobres cujos pais não podem contribuir para o seu sustento percam a oportunidade de *estudar e progredir, cada igreja catedral deverá estabelecer um benefício suficientemente largo para prover as necessidades de um mestre, o qual ensinará o clero da respectiva igreja e, sem pagamento, os escolares pobres,* como convém (...).
>
> "Todo aquele que se opuser a esta lei perderá o seu benefício eclesiástico. Por isso parece justo que quem quer que por cobiça tente impedir os interesses da igreja vendendo a licentia docendi *seja privado do fruto do seu trabalho na Igreja de Deus*"[48] (grifos meus).

3.2. Religião e progresso racional

S. João Paulo II, na década de 80 do século passado, já afirmou:

> O homem não foi criado para viver sozinho. Nasce e cresce numa família, para depois se inserir, pelo seu trabalho, na sociedade. Assim a pessoa aparece integrada, desde o seu nascimento, em várias tradições; delas recebe não apenas a linguagem e a formação cultural, mas também muitas verdades nas quais acredita quase instintivamente. Entretanto, o

---

necessidade de se filosofar, ou simplesmente aprender a ler e a escrever corretamente, advinham da demanda religiosa para se entender corretamente a doutrina da Igreja e a Bíblia.

[48] *Chartularuim Universitatis Parisiensis*, I, n.12. In: Thorndike, L. *University Records and Life in Middle Anges.* New York: Comlumbia University Press, 1944. P. 10. Apud Espinosa, op. Cit., p. 234 – na tradução portuguesa, retirado de: PEDRERO-SÁNCHEZ, Maria Guadalupe (org). *História da Idade Média:* textos e testemunhas. São Paulo: Editora UNESP, 2000, p. 181-182.

3. RELIGIÃO, CIÊNCIA E PROGRESSO

crescimento e a maturação pessoal implicam que tais verdades possam ser postas em dúvida e avaliadas através da atividade crítica própria do pensamento. Isto não impede que, uma vez passada esta fase, aquelas mesmas verdades sejam 'recuperadas' com base na experiência feita ou em virtude de sucessiva ponderação. *Apesar disso, na vida duma pessoa, são muito mais numerosas as verdades simplesmente acreditadas que aquelas adquiridas por verificação pessoal. Na realidade, quem seria capaz de avaliar criticamente os inumeráveis resultados das ciências, sobre os quais se fundamenta a vida moderna? Quem poderia, por conta própria, controlar o fluxo de informações, recebidas diariamente de todas as partes do mundo e que, por princípio, são aceites como verdadeiras?* Enfim, quem poderia percorrer novamente todos os caminhos de experiência e pensamento, pelos quais se foram acumulando os tesouros de sabedoria e religiosidade da humanidade? *Portanto, o homem, ser que busca a verdade, é também aquele que vive de crenças.*

Cada um, quando crê, confia nos conhecimentos adquiridos por outras pessoas. Neste ato, pode-se individuar uma significativa tensão: por um lado, o conhecimento por crença apresenta-se como uma forma imperfeita de conhecimento, que precisa se aperfeiçoar progressivamente por meio da evidência alcançada pela própria pessoa; por outro lado, a crença é muitas vezes mais rica, humanamente, do que a simples evidência, porque inclui a relação interpessoal, pondo em jogo não apenas as capacidades cognoscitivas do próprio sujeito, mas também a sua capacidade mais radical de confiar noutras pessoas, iniciando com elas um relacionamento mais estável e íntimo[49] (grifos meus).

Não é necessário refletir muito sobre o assunto para ver a veracidade no pensamento do Papa, e que o mesmo não se aplica tão somente ao caso do catolicismo. Embora a *Fides et Ratio* tenha sido escrita para os bispos católicos do mundo inteiro, o Pontífice fez uma mensagem que pode ser absorvida em escala universal, ao menos nesses dois parágrafos: *a fé é necessária para a vida.*

---

[49] S. JOÃO PAULO II. *Carta Encíclica Fides et Ratio.* 12ª ed., São Paulo: Paulinas, 2009, p. 44-45.

ESCRAVOS DO AMANHÃ

Sem uma confiança no que muitas vezes não podemos ver (e fé é confiança), não teríamos sequer como viver um único dia. Não é preciso ter ciência das coisas, ou partir para uma investigação exaustiva por conta de um ceticismo extremo, para que elas funcionem. Um historiador, por exemplo, pode ser especializado na cultura flamenga medieval e ignorar a história do Egito Antigo. Acaso ele queira dar uma aula sobre o Egito, ou simplesmente ler um livro a respeito, ele *precisará* confiar no autor do livro, em suas fontes, em suas pesquisas, em suas metodologias, caso contrário o historiador sem fé terá que investigar tudo por conta própria.

Se todo cientista, de qualquer área, necessitar de comprovações para tudo, ele acabará produzindo nada. Dependemos de estudos adjacentes porque não temos tempo ou meios de verificá-los, para validá-los por nós mesmos. Qualquer um que leia com alguma regularidade alguns artigos científicos tem fé, e uma profunda fé, naquilo que está escrito, mesmo que pouco ou nada entenda do assunto. Neste aspecto, talvez a reflexão de Durkheim possa ser, mais uma vez, de grande valia.

Ao defender que a religião tem sua manutenção pela força social que nela se acredita, pois seus fundamentos e sua prática existem e se legitimam pela sociedade, o autor viu que os mesmos motivos fazem com que a própria ciência seja dependente dessa presença social, dessa validação de opiniões e dessa origem dos valores que cada coletivo[50] depositará em inúmeros tipos de objetos:

---

[50] Não devemos encarar Durkheim como um relativista exacerbado. Ele acreditava que a religião, ou qualquer cosmovisão, advinha do cotidiano da sociedade, assim como acreditava que mesmo os princípios lógicos mais elementares e as Categorias da epistemologia eram produzidas nas sociedades e, portanto, eram determinados pelo "social". Por mais estranho que pareça, ele não negava a existência de elementos objetivos e da Verdade, como algo que transcende a sociedade, contudo ele deu muito foco ao desenvolvimento social do conhecimento, de modo que em diversas partes de sua epistemologia social não considerava como esses elementos objetivos podem influenciar as sociedades humanas, e não o inverso. Para averiguar como ele, ainda que por raras vezes, não desacredita no conhecimento objetivo, ver em: DURKHEIM, Émile. *As Formas Elementares da Vida Religiosa:* o sistema totêmico da Austrália. São Paulo: Martins Fontes, 1996, p. XIX, XXIII-XXVI; 233-234.

3. RELIGIÃO, CIÊNCIA E PROGRESSO

Objetar-se-á que a ciência é com frequência antagonista da opinião, cujos erros combate e retifica. Mas a ciência só pode ter êxito nessa tarefa se tiver suficiente autoridade e não pode obter essa autoridade a não ser da própria opinião. Se um povo não tiver fé na ciência, nenhuma demonstração científica terá influência sobre os espíritos. Mesmo hoje, a se a ciência vier a resistir a uma corrente muito forte da opinião pública, correrá o risco de perder seu crédito[51].

Durkheim demonstrou que, para qualquer coisa que tenha valor em uma sociedade, uma *"pressão mental"* pelas vias sociais ocorre, com essa pressão sendo causada por algo *fora* do indivíduo, por forças (religiosas ou não) que orientam ao indivíduo o modo como deve agir ou crer[52]. Quando um entusiasta sem instrução ou formação em astronomia assiste um documentário sobre a formação de estrelas e buracos negros, ele confia naquilo que está sendo transmitido. O que ele entende do assunto? Nada além do que está sendo apresentado a ele. Ele não estudou por si só, ou se aprofundou no tema, confiando no entusiasmo cultural que gera o documentário. O telespectador pode até se iniciar nos estudos, assim como qualquer um, mas há um limite: *ele não pode estudar tudo* – a maioria da audiência do programa tampouco guinará sua vida profissional para esse tipo de estudo; mesmo que assim façam, como em qualquer estudo, a iniciação é uma questão de fé inicial *no que* se estuda. A empiria, quando existe, não é o início de qualquer ciência, pois antes é necessária a existência de um estudo introdutório, prévio à experimentação científica. Antes da experiência, é preciso ter fé.

Logo, "questionar tudo" é um romance. Se um físico a tudo questiona, ele terá que, literalmente, verificar novamente séculos de especulação, teorias, descobertas e polêmicas dentro da física. No caso do telespectador, ele está mais distante da matéria de seu interesse do que um fiel em um culto de uma igreja neopentecostal. O fiel possui em suas mãos o livro primaz de sua fé, a Bíblia, onde pode fazer uma gama de estudos exegéticos, hermenêuticos, históricos, teológicos,

---

[51] Ibid., p. 213-214.
[52] Ibid., p. 212-214; 217-220.

filológicos... tudo isso porque assiste, ao vivo e a cores, o pastor que ministra o culto. Ele está bem mais próximo de seu ponto de interesse em comparação ao sujeito assistindo, *pelo Discovery Channel*, algo que, para ele, seria bem mais difícil de fazer, ainda que em uma simples iniciação – embora, claro, esteja longe de ser impossível.

Não é possível, porém, equiparar *totalmente* a fé de um neopentecostal com a do entusiasta da astronomia. É certo que, a nível individual, nem o fiel cristão, ou o fiel de Carl Sagan (1934-1996), fazem ciência ou usam critérios de análise científica para validar o que está sendo apresentado a eles na Bíblia e no documentário, porém isso não exclui certas diferenças fundamentais do tipo de fé que as Sagradas Escrituras demandam e o tipo de fé que um programa de televisão pode causar – a primeira é uma fé no "invisível", em algo que seu próprio conteúdo obriga a ser assim (S. João XX, 29); a segunda é uma fé que, apesar de ser igual em "gênero", se difere no específico, uma vez que tem a *potencialidade* de ser averiguada pelo fiel, ainda que na maioria dos casos isso não ocorra e, para esses casos majoritários, será a força sociocultural comentada por Durkheim que a ciência detém que fará sua fé existir.

Em termos de contato com o que acreditam, porém, inicialmente o sujeito que assiste assiduamente documentários sobre mecânica celeste possui mais fé do que aquele que está no culto. O fiel do culto, por conta de seu tato com o material primário de sua fé, tem a capacidade de estudá-lo e, só por isso, a potência de questioná-lo, de acordo com um dado aprofundamento. O admirador de Carl Sagan, no máximo, *vai recitar o que os documentários passaram para ele como se fossem verdades de fé*. Ele possivelmente sequer dispõe de um telescópio e do conhecimento matemático básico para observar uma pequena parcela das coisas que Sagan disse em seu documentário.

A fé, por conseguinte, não é uma limitação ao saber racional por si só, mas o oposto: *é o sustentáculo da humanidade*. Sem fé, sem crer em algo externo e não alcançável para todos, muitas vezes causado por forças sociais em nossas mentes, como a ciência teria êxito em sua própria divulgação, valorização e influência na sociedade? Suas próprias conquistas, se dependessem exclusivamente de seu método, não teriam alcance.

3. RELIGIÃO, CIÊNCIA E PROGRESSO

Dadas essas características, não é nenhuma surpresa para a maioria das pessoas que a religião seja a base fundadora das civilizações. Do que seria o Egito sem suas divindades e crenças? Do que seria o Ocidente sem os deuses gregos e o Deus de Abraão? *Não seriam*; contudo, o que pode ser surpreendente é que o *pensamento* humano foi (e é) dependente da religião, e quando escrevo *"pensamento"*, é no sentindo mais abrangente da palavra.

Nossa percepção do cosmos foi dependente de ritos e práticas religiosas. Como fundadora das civilizações, a religião foi a responsável por uma boa parte das dinâmicas sociais que envolvem o saber. Christopher Dawson uma vez esclareceu como, desde a ascensão do movimento iluminista do século XVIII, o *religioso* é desprezado e posto de lado, mas entre os povos "primitivos", que podem indicar como seria a humanidade e a cultura em seus inícios, verifica-se virtudes existentes *apenas* por causa da religião.

O talento para as artes, assim como o místico, o cuidado para com os idosos e as crianças, as mulheres, os doentes, o próximo, etc., existe nas religiões primitivas e nas mais contemporâneas – isso organizou a sociedade e permitiu à humanidade prosperar, criando mais laços, direitos e deveres nas comunidades humanas. A religião também nos deu um sentido de ordem para o mundo, pois nas crenças primevas o mundo é organizado de acordo com certos "escolhidos": o sonhador e o místico serão os guias desses povos, pondo-os à frente dos seus "pares" – isso nada mais é do que a base e a coluna da ordem[53] nas sociedades[54].

---

[53] O leitor já deve ter notado a diferença entre a perspectiva de Durkheim e a de Dawson, com o primeiro defendendo que as crenças religiosas são frutos do meio social e o segundo apontando que o elemento religioso mais funda e concede identidade às sociedades do que o oposto. Essas duas visões, por mais dicotômicas que sejam, não excluem a diferenciação do sagrado e do profano, o peso que a configuração social tem sobre a religião e a presença transformadora e fundamental dela para a continuidade de qualquer sociedade. Todos esses elementos não se excluem, ainda que esses dois autores discordem entre si.

[54] DAWSON, Christopher. *Progresso e Religião:* uma investigação histórica. São Paulo: É Realizações, 2012, p. 143-146.

A *descoberta* do nosso mundo e de seu funcionamento foi, antes de tudo, fruto do pensamento religioso. Quando um xamã atua, ele não só é um sujeito movido por drogas que o levarão aos estados extáticos com os espíritos, mas é também um homem de *técnica*. O rito xamanista é um rito que *depende* do conhecimento:

> O xamã possui uma técnica, um conhecimento de ritos mágicos e de procedimentos religiosos, bem como de uma teoria dos métodos de cura e alguma compreensão sobre a propriedade das plantas
>
> Todo esse conhecimento pode ser passado de pai para filho em sucessão hereditária ou pode ser a tradição profissional de uma ordem. Na Austrália Central, por exemplo, enquanto o curandeiro pode dever seus poderes à direta revelação dos espíritos, ele pode também submeter-se a um treinamento sob a orientação de alguém mais velho e mais experiente, como o *oknirabata* ou 'grande professor', da Arunta, que também é a principal autoridade em todos os temas conectados com o desempenho dos ritos e das cerimônias tribais [...]. *Isso significou que uma ordem de homens foi separada de seus conterrâneos, liberada da necessidade de trabalhar, para que pudessem devotar-se à aquisição de conhecimento*[55] (grifos meus).

É possível acrescentar: a medicina tem seus primeiros passos por motivos religiosos, mas o mesmo pode ser dito da astronomia, da agricultura, da domesticação dos animais, da datação dos dias e dos anos[56].

Malgrado Dawson estivesse falando de tempos longínquos, enganam-se os que pensam que o fenômeno religioso não tem peso na contemporaneidade. Para o bem ou para o mal, é o pensamento religioso que guia todo indivíduo até hoje. Mesmo pessoas a-religiosas estão em uma realidade que, quer queiram ou não, naturalmente as induz ao ritmo das religiões. Até mesmo a busca para sair do mundo religioso pode ser enquadrada em um rito religioso, onde há um sagrado e um profano. Eliade foi um dos autores que já tocou nesse assunto:

---

[55] Ibid., p. 147 – 148.
[56] Ibid., p. 149-159.

3. RELIGIÃO, CIÊNCIA E PROGRESSO

O homem a-religioso se constitui por oposição a seu predecessor, esforçando-se por se 'esvaziar' de toda religiosidade e de todo significado transhumano. Ele reconhece a si próprio na medida em que se "liberta" e se "purifica" das "superstições" de seus antepassados. Em outras palavras, o homem profano, queira ou não, conserva ainda os vestígios do comportamento do homem religioso, mas esvaziado dos significados religiosos. Faça o que fizer, é um herdeiro. Não pode abolir definitivamente seu passado, porque ele próprio é produto desse passado. É constituído por uma série de negações e recusas, mas continua inda a ser assediado pelas realidades que recusou e negou. Para obter um mundo próprio, dessacralizou o mundo em que viviam seus antepassados; mas, para chegar aí, foi obrigado a adotar um comportamento oposto àquele que o precedia – e ele sente que este comportamento está sempre prestes a reatualizar-se, de uma forma ou outra, no mais profundo de seu ser[57].

Em nossos cotidianos, em nossa cultura, ainda temos a estrutura ritual que denuncia o sagrado em nossas vidas. O ano novo, as festas de aniversário, celebrações da vida, enterros, comemorações, a concepção de herói, vilão etc., não são nada mais do que comportamentos religiosos, noções religiosas[58], mas a questão pode ir ainda mais fundo no âmago individual e comunitário, na humanidade.

Quando o folclorista Leonard Primiano (1957-2021), em um primeiro momento, observou que a nível individual não fazia sentido considerar uma religiosidade mais ou menos "oficial", a discussão da "Religião Vernácula" foi criada. Primiano defendia e demonstrava que o sentimento religioso e a prática da religião existentes na particularidade individual, por mais que se distanciassem do que pode ser considerado como uma norma de crença, não estão mais ou menos dentro do gênero religioso[59]; caso um indivíduo religioso faça uma oração particular,

---

[57] ELIADE, Mircea. *O sagrado e o profano*: a essência das religiões. 3ª ed., São Paulo: Editora WMF Martins Fontes, 2013, p. 166.

[58] Ibid., p. 166-167.

[59] PRIMIANO, Leonard Norman. Vernacular Religion and the Search for Method in Religious Folklife. *Western Folklore*. Vol. 54, nº 1. 1995, p. 37-56.

estando ou não nos conformes das igrejas institucionalizadas, há uma vivência religiosa autêntica e presente na vida desse indivíduo. Se levarmos em conta que o fenômeno religioso existe tanto na prática, quanto na influência da cosmovisão e dos valores, no coletivo assim como no indivíduo (não importando exatamente as suas representações), não é difícil perceber que ele não sumiu de maneira alguma da humanidade.

A religião vernácula, porém, também vai além do íntimo do indivíduo. Alguns antropólogos usaram das bases de Primiano para alargar o tema, ao identificar características vernáculas em um nível coletivo. A religião pode se estender além do "púlpito", do culto religioso mais expressivo, ou até mesmo da oração e meditação interna ou em comunidade. A religião pode ser encontrada em uma história em quadrinhos aparentemente secularizada, em filmes e programas de auditório, ou mesmo em negócios e na economia capitalista, com seus símbolos e mensagens diretas ou indiretas se cultivando na sociedade[60].

David Jack Eller compilou alguns exemplos que podem servir de ilustração, como a interação entre a religião dos monges budistas com a religião das "massas" que misturam muitos temas do budismo e de crenças mais antigas, e como essa mesma interação cria uma "linguagem" religiosa, isto é, uma expressão de fé que não é a dos monges em seus espaços sagrados e seus conhecimentos teológicos, mas sim no cotidiano da sociedade; em outras áreas do mundo o mesmo também ocorre com o cristianismo ortodoxo no oriente[61]. O discurso religioso por si só não é existente apenas dentro de uma ideia de "ortodoxia", ou mesmo dentro de tradições fechadas e bem reguladas por algum "clero": a religião se expande através da sociedade e da cultura, tendo expressões e práticas que podem estar em qualquer ambiente.

Na televisão e no cinema, por exemplo, nunca foi e não é incomum a produção e a divulgação de programas religiosos que não são

---

[60] ELLER, Jack David. *Introdução à antropologia da religião*. Petrópolis: Vozes, 2018, p. 319-320.

[61] Ibid., p. 324-325.

3. RELIGIÃO, CIÊNCIA E PROGRESSO

"oficializados", como cultos, missas e eventos realizados pelo clero. Pensemos na animação *O príncipe do Egito* (1998), da DreamWorks: a história bíblica de Moisés foi retratada em uma adaptação, sem seguir fielmente o texto bíblico, mas ainda assim com uma mensagem sagrada intrínseca; Eller exemplifica o mesmo fenômeno com curtas-metragens hinduístas em séries de TV[62], ou até mesmo em programas que abordam a vida cotidiana e ordinária de protestantes africanos, onde personagens fictícios e ordinários têm a função de transmitir uma mensagem cristã específica para a vida das pessoas[63]. Mesmo no mundo das marcas e do comércio, a religião está presente: a simbologia religiosa abunda em toda a sociedade, com ícones cristãos e passagens bíblicas existindo em inúmeras empresas[64], mostrando que no meio do empresariado há um tipo de vivência religiosa que não é a "oficial" – eventos muito similares, em essência, também já ocorreram no mundo islâmico[65].

Essas características podem mostrar o nível gigantesco de interações que as religiões podem ter em nosso mundo. Vernácula ou não, a religião e seus conteúdos, isto é, a fé em divindades, em poderes mágicos, na sacralidade dos ritos, orações, meditações, comportamentos, em milagres, aparições, espíritos, anjos, demônios, monstros, imortalidade, titãs etc., não é algo imaginário, ou apenas "conceitual", como uma figura de linguagem. O *Homem Religioso*, com suas hierofanias e seus *numes*, constrói *uma cosmovisão para a criação do mundo, o funcionamento da natureza*, a existência da humanidade, dos elementos, dos fenômenos do cosmos em geral[66]. Sem essa base, ciência alguma poderia existir.

Considerar como uma realidade ideias como o mito cosmogônico da existência de Deus, na visão de que teve Maomé (do anjo Gabriel), na ida de Moisés ao Sinai, nas antigas migrações dos guaranis do Mato

---

[62] Ibid., p. 329.
[63] Ibid., p. 330-334.
[64] Ibid., p. 335.
[65] Ibid., p. 338-340.
[66] ELIADE, Mircea. *O sagrado e o profano: a essência das religiões*. 3ª ed., São Paulo: Editora WMF Martins Fontes, 2013, p. 11-12.

ESCRAVOS DO AMANHÃ

Grosso, buscando um paraíso além-mar, é algo fundamental para dar sentido às sociedades que praticam essas religiões. A ciência, no entanto, quando se choca com essas crenças, provoca uma tensão entre a religião e o discurso científico (e podemos ver que essa é uma tensão ocasional, não sendo universal ou necessária).

Se a criação do mundo não foi feita de acordo com um mito cosmogônico, ou a humanidade não foi criada como assim explica alguma antropogonia, a cosmologia de uma fé pode – e vai – bater de frente com um dado científico. A polêmica mais famosa a esse respeito é da criação do mundo, de acordo com o livro do *Gênesis*, na Bíblia, e o que a ciência nos diz sobre a evolução humana.

Não há indícios físicos de um Adão e de uma Eva. De fato, a evolução das espécies não se comporta como é mostrada a criação da humanidade, nas passagens do Gênesis. Geneticamente, é impossível que apenas um par de uma espécie espalhe seus genes e, enfim, forme um coletivo de indivíduos sem que anomalias genéticas negativas surjam da prole por conta do incesto. Se existisse apenas um par de uma espécie, é mais provável que esta seja extinta, mesmo se reproduzindo.

Isso não contrasta apenas com a Bíblia, pois nossa arqueologia, paleontologia e genética ajudam a esclarecer que não houve a humanidade descrita por *Hesíodo* (séc. VIII a.C), com sua *era dourada*, e tampouco nossa geografia valida a existência de uma cobra colossal em volta da Terra, como a Serpente de Midgard, Jörmundganger; ou que a área do Crescente Fértil é, na verdade, o corpo de um dragão gigantesco, como acreditavam os babilônicos. Não existem registros materiais de nenhum ente colossal, ou de uma era antiga onde as pessoas não passavam necessidades.

O atrito entre a religião e a ciência ocorre quando os resultados da cosmogonia, ou da antropogonia, se chocam com os dados retirados da realidade pelas ciências. O cristianismo, de fato, não foi tão afetado por esse choque, pois desde os primeiros séculos da fé cristã, seres como Deus, anjos, o espírito, demônios e afins foram postos em um plano para além do sensível; mas certas passagens bíblicas não podem ser constatadas de modo literal, como o caso clássico de Adão e Eva. Na História da teologia cristã, trechos como os do início do *Gênesis*

3. RELIGIÃO, CIÊNCIA E PROGRESSO

tiveram interpretações diferentes. O comentário de Sto. Agostinho é célebre, pois mostra que há milênios já existe um espaço para interpretações alegóricas para os mitos apresentados na Bíblia, dentro do pensamento cristão. Qualquer um que entenda o mínimo sobre o cristianismo sabe que as Sagradas Escrituras não foram ditadas – como é o caso do Corão, para o islamismo – por um anjo, ou pelo próprio Deus, mas sim *inspiradas* nas tradições orais e escritas.

Parte do Antigo Testamento, por exemplo, vem de duas tradições: a eloísta e a javista, estas que foram *compiladas* por redatores do reino de Israel. A grande parte das igrejas que compõem o cristianismo entendem que, disseminada no povo, a Palavra de Deus é uma inspiração e não possui a obrigatoriedade de ser integralmente literal, podendo estar permeada do entendimento de mundo que os antigos israelitas tinham. Para uma considerável parte da teologia cristã, mesmo que as Sagradas Escrituras sejam verdadeiras em seu conteúdo, não são, todavia, fontes para a descrição do real na totalidade de suas passagens.

Se quisermos entender onde a ciência e a religião entram em atrito, é preciso enfatizar que a Verdade e Realidade descritiva do mundo não são sinônimos, apesar de grande parte dos casos se completarem. Realidades precisam ser verdadeiras por si, mas verdades não precisam ser reais, no sentido de serem materialmente presentes no mundo. O que existe de real na *Ilíada*, de Homero? Muito pouco. Mas e na *"cólera de Aquiles"*? E as consequências dessa cólera, cantada pelas musas para os argivos e as barbaridades perpetradas pela guerra que é chamada de *"Lacrimosa"*? A mensagem passada por Homero, esta sim, é verdadeira, esta, sim, através da Verdade, vai até o âmago do Homem, mesmo não narrando algo palpável em termos históricos ou empíricos. Páris nunca roubou nenhuma Helena de nenhum Menelau, Príamo nunca foi ao acampamento grego buscar o corpo de seu filho, Heitor, mas a Verdade da história da cólera de Aquiles, esta sim, vai até a realidade humana, para além da literal, já que aborda o desejo de vingança no Homem e como ações vingativas e tempestuosas podem custar caro ao próprio colérico e a todos ao seu redor.

Se a realidade palpável das coisas defendida pelo mito religioso pode ser refutada através da ciência, o mesmo não pode ser dito sobre

Verdade que pode ser transmitida pelos mitos da religião. Mesmo no cristianismo, que é avesso ao paganismo, essas verdades pagãs foram identificadas e, nelas, viu-se um brilho fecundo para todos.

São Basílio Magno (329-379) escreveu epístolas para jovens acerca da importância e utilidade da literatura pagã. Ele viu e colheu a Verdade, os bens e a grandeza de uma literatura religiosa que, afinal, contrastava com o Evangelho, mas não de modo absoluto. S. Basílio sabia que os pagãos colheram bons frutos e os representavam em sua religião.

> Sabemos que Moisés, cuja sabedoria bem conhecemos, dedicou-se às ciências egípcias antes de se dedicar à contemplação das coisas do alto. No século seguinte, o profeta Daniel instruiu-se na sabedoria dos Caldeus da Babilônia, antes de se aplicar às ciências sagradas. Então podemos concluir que as ciências profanas não são inúteis. Agora, é preciso aprender o que delas se pode extrair. Comecemos pelos poetas, cujos discursos são variados. Não devemos nos apegar a tudo aquilo que dizem, mas recolher as ações e palavras dos grandes homens dos quais nos falaram: iremos admirá-los e tentaremos imitá-los. Mas quando forem apresentados personagens infames, taparemos os ouvidos para nos proteger de semelhantes exemplos, como fez Ulisses para evitar o canto das sereias[67].

Luiz Felipe Pondé possui um resumo da questão que vale a pena citar: "*Mitos são verdades psicológicas. Só ignorantes os tomam como mentiras. Esse fato é já uma banalidade, mesmo em jantares inteligentes em que todo mundo sabe que há algo de verdade nos mitos*"[68]. Este alcance para com a Verdade que o mito tem, é preciso repetir, não necessariamente o qualifica como real. Não se pode dizer, depois de tantos avanços na filosofia e nas ciências em geral, que certas cosmologias mitológicas, ainda que atuais em milhares de religiões, sejam reais.

Mas o mito, real ou não, compartilha da razão. É importante lembrar que a ciência, principalmente o método empírico, é uma descoberta

---

[67] S. BASÍLIO MAGNO. *Carta aos jovens sobre a utilidade da literatura pagã.* Campinas: Ecclesiae, 2012, p. 37.

[68] PONDÉ, Luiz Felipe. *Contra um mundo melhor: ensaios do afeto.* 2ª ed., São Paulo: Leya, 2013, p. 157.

3. RELIGIÃO, CIÊNCIA E PROGRESSO

consideravelmente recente. Roger Bacon e Francis Bacon só surgem milênios depois que os axiomas matemáticos e filosóficos necessários para os entendimentos e as possibilidades da existência da ciência serem criados através de contextos religiosos, como já comentado. Há, portanto, uma hierarquia. A ciência não teria se desenvolvido sem a razão humana *per se*.

A razão humana, aliás, foi o que proporcionou o conceito do que seria sensível e suprassensível, ou seja, ela que chegou, antes do método científico moderno, em conclusões sobre o que seria a matéria, por exemplo. A razão lida com o inteligível, e não apenas com o que pode ser percebido pelos sentidos.

Se foi através do inteligível que pôde-se conjecturar propostas, métodos e estruturas para a ciência empírica atual, então nada mais natural do que colocar as filosofias que não dependiam do método empírico como *independentes* da ciência, já que a ciência *procede* das mesmas – o que não implica, no entanto, em uma hierarquia absoluta, onde métodos analógicos, indutivos e dedutivos sempre imperarão sobre o sistema metódico que coloca primazia na empiria. O método científico apenas não consegue explicar tudo, e sua dependência para com filosofias mais antigas e mostra que, além de não conseguir justificar a si próprio a partir de suas próprias premissas e práticas, a metodologia científica também pode padecer de uma insuficiência para explicar outros eventos, fenômenos ou objetos, já que a própria gênese do método científico mostra a necessidade para com outras ideias que vão além do empirismo.

Retomemos um exemplo já utilizado: sem uma concepção e noção de dialética (algo bem mais velho do que o entendimento da importância da empiria), por exemplo, a confrontação de hipóteses por meio da experiência no método científico sequer seria imaginável. Essa dependência para com a Filosofia só nos informa que a ciência contemporânea por si só não tem a capacidade para explicar todas as coisas.

Podemos ver esse fato quando qualquer um tenta combater a ideia do suprassensível através da ciência. O próprio conceito de algo extrassensível não permite que qualquer argumentação empírica a atinja, dado que o suprassensível é algo que provém da racionalidade, não da empiria. Se o inteligível necessariamente precede o sensível experimental, então ele o transcende, podendo ir além do constatável em pesquisas, nos laboratórios, nas análises experimentais de qualquer espécie.

Se a religião, como alguns casos do passado e da atualidade já mostraram, foi um dos impulsionadores da ciência empírica, o religioso também pode estar imbuído do conteúdo racional em certos casos. É claro: a ciência pode refutar um mito – se a lua não falar, se o sol não for um ser senciente, várias religiões que os divinizavam caem por terra, pois sua cosmologia é refutada –, mas será que ela consegue refutar todos os aspectos da fé religiosa?

Religião e razão, longe de serem dicotômicos, interagem entre si e podem muito bem se identificar. A cosmovisão científica contemporânea pode confirmar certas doutrinas religiosas (o *Big Bang* confirma que o universo teve um começo, o que, por sua vez, confirma um princípio, o que não o faz ser contrário ao *Gênesis*), negar outras e, em variados casos, ser indiferente no tocante à matéria de fé suprassensível de algumas crenças religiosas.

3.3. Fé, razão, ciência e progresso social

O turbilhão caótico da humanidade não está fora do escopo racional, científico ou religioso. Como tudo, as origens do nosso atual progresso científico não são lineares, como parte de um movimento homogêneo, uniforme, com uma marcha que sempre mira para o avanço da ciência, da tecnologia, das melhorias sociais e políticas.

Na realidade, nosso atual "*boom*" científico e tecnológico pouco tem a ver com cientistas visionários, românticos do saber, que buscaram nublar a ignorância causada pela religião no decorrer dos séculos. Não existe, e nunca existiu, tal movimento, ao menos não de maneira geral, na História da Ciência. Como já comentado anteriormente, Sir Isaac Newton só desenvolve sua teoria da gravidade por causa de uma investigação esotérica que fazia; o método científico de Roger Bacon só foi criado devido a uma tradição de ascese pelo debate teológico e

3. RELIGIÃO, CIÊNCIA E PROGRESSO

filosófico dentro do cristianismo medieval, fora a própria vontade de Bacon de usá-lo para defender a sã doutrina da Igreja; Louis Pasteur era um católico fervoroso, assim como Francis Collins (1950 –), o diretor do projeto *Genoma Humano*; o pai da genética foi um padre, Gregor Mendel (1822-1884), assim como o criador da teoria do *Big Bang*, Georges Lemaître (1884-1966); Einstein (1879-1955) detinha uma religiosidade particular, mas ainda assim com uma ampla fé em Deus e a crença em sua participação na Criação.

A Revolução Científica teve terreno em nações *puritanas* protestantes, assim como teve incentivo pela religião, não contrastando com a fé de cientistas. Jesus Cristo esteve mais presente na vida de muitos dos gigantes da ciência do que os métodos científicos por eles usados.

De fato, a fé em Cristo e sua religião, pelos séculos, não fez mais do que confortar corações e ajudar pessoas que, sem ela, nada seriam. Os cientistas crentes em Deus, partícipes ou não da religião, acreditavam em uma cosmogonia que dava sentido às suas existências e não que travava a ciência por si só. É claro que houve reações negativas, tentativas de censura e assassinatos de reputações para com cientistas que iam de frente com certas passagens bíblicas (com notável atenção para o evolucionismo darwiniano), mas elas não prevaleceram dentro da própria religiosidade (cristã, ao menos).

No entanto, é importante notar que a mesma fé que, para alguns é sinônimo de atraso, ignorância, ilusão, falsidade e irracionalidade, foi o que nos deu certezas sobre a natureza e a condição humana. Para ilustrar isso, é necessário ir atrás dos mitos, estes que, para seus crentes, falam da Verdade e entram em contato com o Homem, seus dramas, vícios, virtudes e valores.

Esse avanço do mito sobre a ciência pode ser notado nos episódios mais tristes e negativos da História, quando políticas racistas eram justificadas *e incentivadas* por *décadas* de *pesquisa científica*. O "racismo científico" acreditava que a humanidade era biologicamente dividida por raças, o que dava certo sentido para as grandes diferenças de progresso civilizacional existentes entre os povos – se tribos do interior da bacia do Congo eram menos desenvolvidas que europeus ou chineses, era porque eram mental e biologicamente inferiores.

ESCRAVOS DO AMANHÃ

Já se acreditou, por conta da ciência, que as distinções de qualidades e defeitos eram determinados pela raça de cada região. Uma população ou um indivíduo poderiam ter mais inclinação para a guerra, refinamento, lealdade, inteligência, roubo, violência etc., por conta de fatores *biológicos*.

Esse racismo embasado na ciência não era apenas uma teoria "como as outras", corrente pelos tempos e não representa a generalidade de sua época. O racismo científico era *regra*. Foi pelo método científico que foi alavancado, incentivando e justificando ações de Estados contra minorias étnicas entre sua própria população, como a limpeza étnica, as variadas formas de eugenia e castração química de populações. *Tudo isso era considerado correto de acordo com a ciência.*

E, de fato, eram *científicas* todas essas medidas. Não é só porque uma corrente científica está errada que esta, quando propriamente refutada, deixa de ser científica – a teoria darwiniana de uma evolução *linear* foi refutada há alguns decênios por uma perspectiva de evolução em "mosaico" (ou *modelar*, em *taxas*) entre as espécies[69], mas nem por isso a tese de Darwin caiu na categoria de uma pseudociência, ou na noção de algo anticientífico. A ciência empírica se define por suas metodologias e teorias, não pelos seus resultados.

Poder-se-ia objetar que foi a mesma ciência que, mais tarde, reconheceu que não existiam raças humanas, e que as diferenças entre as etnias eram, simplesmente, mínimas demais para existirem raças na humanidade? Sim, isso é verdade, mas imaginem: algo *errado*, falso, sendo implementado, espalhado e defendido por argumentos científicos, sendo usado ampla e potentemente em uma sociedade com a égide da frase *"ciência confirma"*, mas décadas depois comprova-se que, na realidade, tudo não se tratava de um tremendo erro. A autoridade científica, enfim, só poderá dar essa desculpa *"'ops'... foi mal, isso*

---

[69] Um exemplo pode ser tirado de como a evolução dos primatas ocorreu em: LADEIA, Iatan Rodrigues Boutros; FERREIRA, Plinio Minghin Freitas. A história evolutiva dos primatas. *In:* NEVES, Walter Alves; JUNIOR, Miguel José Rangel; MURRIETA, Rui Sérgio S. (Orgs.). *Assim Caminhou a Humanidade*. São Paulo: Palas Athena, 2015, p. 49-53.

3. RELIGIÃO, CIÊNCIA E PROGRESSO

acontece. Mas a ciência sempre estará aí para melhorar". O *"ops"* dessa autoridade que a ciência tem ante à sociedade fez com que milhares de negros fossem castrados nos Estados Unidos, fez com que leis de segregação racial encontrassem um embasamento, um porto seguro, para serem defendidas; é possível ir além do racismo, para demonstrar como a ciência também pode fazer mal a uma sociedade: homossexuais também foram compulsoriamente tratados como doentes por conta de um *errinho* da ciência.

Por seu turno, longe de ser parecido com uma ciência empírica, ou mesmo uma episteme (um legado dos antigos gregos ao mundo), a mitologia contida na Bíblia basicamente foi a ponta da lança contra essa separação ontológica brutal que a biologia do século passado e retrasado sustentaram. Os protestantes ingleses do século XIX foram aqueles que batalharam contra o grande estamento pró-escravocrata no Império Britânico. O que usavam de argumentação? E quais eram os argumentos mais potentes dos americanos que, durante a primeira metade do século XIX e todo o século XX, lutavam contra leis raciais? Os argumentos utilizados vinham com capítulos e versículos do texto sagrado. A Bíblia, a teologia, detinha um discurso religioso tão forte que fazia os parlamentares reconsiderarem todo o ganho com a escravidão.

E quanto à maior Igreja cristã? Enquanto antropólogos e biólogos propunham teorias raciais para explicarem atrasos, incapacidades mentais e morais, selvagerias, guerras e doenças de povos não-brancos em geral, o catolicismo simplesmente *beatificava e canonizava* índios, asiáticos e negros... e devemos nos lembrar que um santo, dentro da Igreja Católica, serve de seta e guia para Cristo, ou seja, ele é padrão universal para um cristão edificar e pautar sua vida. Enquanto uma ciência laica propunha eugenia no século retrasado, a Igreja Católica erguia altares para santos e beatos negros e exortava a todos os seus fiéis, brancos ou não, a se espelharem nos caminhos de vida percorridos pelos santos de pele escura. Basta darmos uma breve olhada para homens como S. Charles Lwanga, de Uganda; o antigo S. Moisés, o negro, do Egito, S. Benedito e S. Martinho de Lima – fora as aparições de certos santos, onde estes se mostram com a pele negra, como a padroeira do Brasil, *Nossa Senhora de Aparecida*.

ESCRAVOS DO AMANHÃ

Não foram por feitos de cientistas progressistas, céticos para com a religião, que a escravidão e o racismo encontraram seus fins nas leis, mas por meio de padres, pastores e de um livro muito pouco entendido e tediosamente criticado na atualidade: a Bíblia. Igrejas protestantes fizeram o grande trabalho, no mundo anglo-saxão, contra a escravidão e o racismo. Os *Quakers*, nos Estados Unidos e no Reino Unido, foram um dos grupos com a influência necessária para se abolir a escravidão usando argumentos bíblicos para impactar a sociedade em que viviam e mudar as leis e a constituição; Frederick Douglass (1818-1895), um ex-escravo americano, abolicionista e um dos pioneiros contemporâneos na luta contra o racismo, usou de seu metodismo como uma plataforma para combater a discriminação.

A Bíblia, com seus milênios de idade, oriunda dos séculos entre os descendentes de Abraão e dos seguidores de Jesus Cristo, estava mais próxima da realidade humana do que toda a ciência positiva. Se certos políticos e cientistas de mais de um século atrás tivessem dado atenção ao texto bíblico da maneira que fizeram certos movimentos sociais religiosos, ou se alguns sujeitos não tivessem tratado o Texto Sagrado como um "mito", colocando-o na altura de um conto de fadas e das fábulas, teriam feito um mundo, verdadeiramente, menos cretino.

Mas assim não aconteceu.

Vejamos o primeiro livro da Sagrada Escritura, o *Livro do Gênesis*. Composto pela transcrição das tradições orais, em meio a povos semitas seminômades de várias partes da Judeia (pensem em povos vagantes vivendo nos ermos, acreditando que o céu era, na realidade, um tipo de firmamento de uma tenda), este livro, fruto de uma mentalidade mitológica, trata da antropogonia, cosmogonia e do começo de uma teodiceia, com traços culturais bem marcantes de povos tribais que passaram essas histórias pela tradição oral até ser escrita – na Bíblia, é o exemplo de mentalidade mais primeva e antiga das Sagradas Escrituras... *e conseguiu gerar resultados mais exatos e humanos do que décadas de racialismo.*

Basta ver como na antropologia, por exemplo, certos cientistas erravam em colocar a biologia como explicadora-mor do Homem: acreditavam que os povos (as raças, para a época) do mundo detinham

3. RELIGIÃO, CIÊNCIA E PROGRESSO

suas mazelas e virtudes por razões evolutivas, biológicas. Fora dos círculos religiosos, Franz Boas foi o antropólogo dono da maior voz a se erguer contra o racialismo dentro da antropologia, quando questionava grandes nomes influentes na ciência de sua época, como a biologia de Arthur de Gobineau (1816-1888), a paleontologia de Edward Drinker Cope (1840-1897), a antropologia física e a ciência anatômica de Paul Broca (1824-1880). Boas, com isso, podava a ontogenia de seu tempo, que tendia a colocar características biológicas como imperativas para os desenvolvimentos culturais.

Franz Boas, como "pai"[70] do relativismo cultural, conseguiu refutar e sobrepujar a maioria dos antropólogos e cientistas de seu tempo apenas com a etnologia, reflexão e crítica racional, longe de qualquer laboratório. Sua antropologia, drasticamente diferente das demais, é mãe de quase toda ciência antropológica atual que possui um foco maior na cultura. Mas, como já dito, ele era *um* entre muitos. Mesmo depois de sua morte, em 1942, seus pensamentos não se somavam aos majoritários.

Já para muitos leitores da Bíblia, porém, o *Livro dos Gênesis* contrariava todos os avanços e apontamentos científicos da época. Antes de Boas criticar racionalmente o racialismo, apontando para toda a complexidade e variedade cultural na humanidade, a ciência racialista já era criticada pelo cristianismo.

O fato é que o *mito* de Adão e Eva já comunicava a existência de uma igualdade entre os Homens, *mas isto era ignorado...* e por quê? Em parte, porque a cultura já estava dando à ciência um poder determinante para políticas. A religião também já apoiou o racismo e a escravidão no passado, porém também foi através da mesma que o

---

[70] O relativismo é mais velho do que Cristo, existindo desde a sofística de Protágoras, porém o relativismo voltado para as culturas na humanidade também antecede séculos a Boas. Podemos ver certos esboços dele no Barão de Montaigne, no século XVI, assim como em trabalhos propriamente antropológicos, no século XIX. A "paternidade" de Boas é em referência ao uso do conceito de cultura para superar os reducionismos biológicos e o racialismo que o precedeu, já que Boas defendia que a cultura era o grande fator que explicava a diferença dos progressos que marcavam a humanidade, não a raça.

177

ESCRAVOS DO AMANHÃ

racismo e a escravidão encontraram seus maiores obstáculos, sejam com os protestos dos Quakers ou nas pregações de Luther King (1929-1968), com *mais* eficácia e sem a necessidade de uma ciência positiva que, na primeira vez que buscou entender o problema, foi uma das bases para o incremento do racismo[71]. Se a ciência, após a II Guerra Mundial, foi uma das armas mais mortais contra o racismo no Ocidente, ela chegou *atrasada* em comparação com uma religião que, em tese, deveria ser sinônima de algo antiquado e descolado dos progressos do "mundo moderno".

O *Gênesis*, em sua antropogonia, superava toda a ciência consensual da época por um motivo: ele pregava a unidade ontológica do Homem: *"Então Iahweh Deus modelou o homem com argila do solo, insuflou em suas narinas um hálito de vida e o homem se tornou vivente"*; *"Sede fecundos, multiplicai-vos, enchei a terra e submetei-a"* (Gênesis II, 7; I, 28).

A crença na existência da Criação bíblica do Homem transmitia uma mensagem: os Homens são iguais. Se todos são descendentes de Adão e Eva, todos são, igualmente, filhos de Deus. É claro que certas teologias tentavam explicar a inferioridade dos negros (e por vezes dos indígenas) perante os europeus; existiam argumentos religiosos racistas, e discussões dentro do catolicismo sobre a possibilidade da existência da alma em negros, além das igrejas protestantes que defenderam uma segregação religiosa racial. O próprio Arthur de Gobineau se valia de certa interpretação bíblica para sua antropologia física, mesmo que esta não fosse a guia total para sua ciência.

---

[71] A religião também pode ser uma das fontes para o racismo contemporâneo. Certas interpretações teológicas de padres espanhóis tentaram justificar a escravidão dos africanos por conta de uma interpretação bíblica sobre o destino de Cã, assim como muitas vertentes protestantes defenderam abertamente uma teologia racista (com a mais radical sendo a *Ku Klux Klan*), mas é igualmente verdade que foi através da religião que essas visões foram, ao mesmo tempo em que eram compostas, rebatidas. As origens da luta contra o racismo são religiosas e, afinal, foi o argumento religioso que imperou durante a queda de leis racistas e do avanço dos direitos civis, no século XX.

3. RELIGIÃO, CIÊNCIA E PROGRESSO

Um episódio onde a religião foi usada para justificar a segregação racial pode ser visto no caso *Loving versus Virgínia*, em 1967[72], onde, literalmente, o argumento do juiz da Corte Suprema falava da sabedoria divina que separava as raças – mas aí vem a pergunta: tais opiniões eram majoritárias? Faziam parte da ortodoxia? Representavam todo o cristianismo, ou apenas uma fração deste? Foram apenas pontualidades histórias, ou se estenderam na mentalidade teológica por séculos e séculos?

Os movimentos estadunidenses contra a escravidão e o racismo usavam, com muita ênfase e peso, argumentos religiosos para se justificarem. Políticos, juízes, homens notórios e pessoas da mídia *citavam a Bíblia para invalidar a escravidão ou a segregação*. Por quê? Porque, para tais mentes, todos eram "filhos de Deus" – a mesma noção de criação divina e igualitária que ecoava nas mentes de sujeitos como o *pastor* Martin Luther King e todo seu movimento; ou, no caso do Brasil, Joaquim Nabuco (1849-1910), paladino incansável na luta contra a escravidão, que considerava seus esforços contra o escravismo como que uma missão religiosa. Durante as décadas construíram o auge do racialismo, o Papa Pio XI (1857-1939) já denunciava o racismo em 1937, na encíclica *Mit brennender Sorge*, usando textos bíblicos para se justificar a igualdade ontológica do Homem, e não aceitando as teorias científicas de raça como científico que justificavam políticas racistas.

Em todos esses casos, o mito de Adão e Eva ecoava nesses pensamentos, em seus corações crentes e tementes à Palavra de Deus, acreditando seriamente que apoiar um sistema escravocrata e (ou) racista era, no fim, algo que interferiria na própria salvação de suas almas.

---

[72] *"Almighty God created the races white, black, yellow, malay and red, and he placed them on separate continents. And, but for the interference with his arrangement, there would be no cause for such marriage. The fact that he separated the races shows that he did not intend for the races to mix."* – US SUPREME COURT. Loving v. Virginia. *Justia US Supreme Court*. Washington, 1967. Disponível em: < https://supreme.justia.com/cases/federal/us/388/1/>. Acesso em 16 de agosto de 2022.

ESCRAVOS DO AMANHÃ

O *mito*, portanto, estava mais próximo da realidade sobre o Homem do que toda a ciência majoritária, empírica e de ponta e séria da época. Mas como isso pôde acontecer?

Crer que apenas a ciência, e nada mais, poderia dar a realidade exata e verdadeira do mundo, debaixo de suas diretrizes e parâmetros absolutos, é dar às ciências naturais os *status* de totalitárias para a explicação do cosmos, e o maior problema que decorre te tal mania positivista é o de não perceber, por incapacidade filosófica, que se a ciência pode ser definida, ela pode ser limitada.

Se a matéria científica pode ser separada e distinguida do não-científico, isso significa que ela possui limitações essenciais. O subjetivo, por exemplo, é traçado por características não-científicas. Arranjos sociais não-científicos podem determinar um terreno específico para o desenvolvimento de vários tipos de ciências, o que cria a possibilidade de influenciarem ativamente nos trabalhos científicos existentes. A ciência por si própria não detém a palavra absoluta, podendo até mesmo ser influenciada em vários graus pela sociedade, além do simples fato de que, como proposta teórica e metodológica, ela nasce da *filosofia*, de vários atributos discutidos, descobertos e talhados em meios *não-científicos* por gerações de filósofos.

Uma das expressões mais claras de "progresso" para o Ocidente, a ciência empírica, ajudou a piorar a condição humana com o racialismo. Mentes tribais, de mais de três mil anos atrás, já eram superiores a muitos dos renomados, críticos, céticos e modernos cientistas. Isso porque o mito, por estar fora do escopo científico, trata e aborda a realidade humana de modos que, por princípio, a ciência não pode tratar. O mito, assim como a poesia e a literatura, vai além da ciência e pode chegar até *verdades* que nenhum método empírico pode sonhar em alcançar.

A questão é: o que impede de isso acontecer novamente? A ciência, por si, não é munida de uma barreira conceitual que a coloque necessariamente acima de qualquer religião. Se possuísse, por que falhou tanto em criar, incentivar e dar manutenção para o racismo, em sua história recente? Seria porque ela *progrediu* e se desprendeu do racialismo? Por que ela, depois de anos de racialismo, *finalmente*

3. RELIGIÃO, CIÊNCIA E PROGRESSO

chegou à mesma conclusão que nômades hebreus de mais de trinta séculos atrás já possuíam!?

Para os hebreus, a primazia do Homem em relação aos outros seres denota a qualidade intrincada do nosso ser, esta que advém – para os crentes da Bíblia – da ocorrência de sermos cocriadores ao lado de Deus, pela razão de termos sido criados *à imagem e semelhança divina* (Gênesis I, 26), temos uma dignidade natural, fazendo com que seja *errado* atentar contra a vida e a natureza humana por motivos raciais.

Dadas essas características, não é difícil constatar: a ciência não pode ser o critério máximo para o progresso social. O avanço científico, afinal, não detém a aura mágica do avanço que seus apologistas tanto insistem em *crer*. A humanidade é bem mais complexa e complicada do que imaginamos. Nossa busca pela Verdade, o pesquisar árduo e longo da realidade, não funciona como uma escada retilínea, um "subir" constante para o alto, indo por degraus científicos e certeiros. O mundo e o Homem não são tão simples assim.

Mitos podem ter mais contato com o real do que séculos de ciência – a História da própria ciência e da religião, é preciso repetir, já nos provou isso.

4.

O PROGRESSISMO CONTRA O PROGRESSO

Várias correntes diferentes do progressismo, no fim, possuem contradições irremediáveis. Irei tratar das mais poderosas e famosas, dentro do mundo ocidental *atual*: a secularização, o feminismo e, por fim, uma conclusão geral abordando de modo breve outros tipos de progressismos e seus erros basilares. O objetivo será demonstrar a impossibilidade de coerência desses progressismos com a realidade, mostrando casos que evidenciam a falta de sentido interno nos mesmos. Ainda que não seja possível abordar de *todos* os progressismos que nos influenciam em massa, nessa primeira metade do século XXI, os que serão contemplados vão servir de amostragem, pois seus princípios gerais podem ser semelhantes a outros progressismos com a base no igualitarismo.

4.1. Secularização e progresso?

Historicamente, a secularização é defendida em nome de um tipo de "justiça", uma que busca produzir um terreno social igualitário para todos. A palavra "igualdade", sobretudo nos nossos dias, pode ter sido substituída por "equidade", mas todos esses termos se aglutinam em uma noção de justiça que procura equiparar situações desiguais em uma sociedade, "justiça" esta que tem, como razão de ser, a identificação do

ESCRAVOS DO AMANHÃ

caráter desigual como algo negativo, fruto das mazelas que as sociedades possuem.

O papel da religião e do clero na História, de fato, exemplifica essa grande desigualdade que pode existir em inúmeros povos. O fator religioso já foi (e ainda é, em muitos lugares) o critério para a obtenção ou a negação de direitos e deveres. O secularismo, isto é, aquilo que pertence ao *século*, ao *Mundo* profano, foi uma das respostas para sanar essa desigualdade que as sociedades religiosas geravam dentro de si mesmas. Retirado todo poder institucional público da religião, assim como o poder indireto que a maioria da população religiosa invariavelmente exerceria dentro do espaço civil, um cenário mais justo, homogêneo e igualitário seria composto – daí surgiu o argumento recorrente sobre a virtude da secularização da sociedade, como se esse movimento fosse, por si só, superior e mostrasse um progresso necessário. Basta presenciar, de algum modo, qualquer manifestação em prol do "Estado laico" para verificar que a defesa da secularização da política e da sociedade, enfim, é acompanhada por frases no estilo de *"estamos em pleno século XXI!"* na defesa de uma diminuição, senão de uma total execração, da influência religiosa no mundo civil em nome da democracia e dos direitos iguais.

Para abordar a necessidade da expressão política e civil das ideias religiosas, talvez seja preciso recapitular rapidamente exemplos onde a ciência, na verdade, não fez avanços em termos morais em sua busca pela Verdade, sendo usada para justificar a segregação racial, enquanto a religião era usada para sustentar a real igualdade humana. Como hoje nos é evidente, questões de eugenia racial não são mais defendidas em teses científicas. A mestiçagem não é combatida na academia e, salvo *raras* e sempre polêmicas exceções, o racialismo está *morto*. Tanto as ciências humanas, alavancadas por Homens como Franz Boas, e, com certa demora, as biológicas acabaram por sepultar um dos grandes promotores do racismo nas ciências – usando os devidos e próprios métodos da própria ciência, ainda que sem deixar de usar argumentos morais para tal. A parte extremamente majoritária da religião (ao menos a cristã) também aboliu de seus discursos a segregação racial sustentada por argumentos religiosos. Mas o fato é: um progresso social

4. O PROGRESSISMO CONTRA O PROGRESSO

de reconhecimento da realidade humana foi feito por motivos religiosos. Não foi a *laica* e avançada ciência que, desde o início, militava em prol de um mundo menos racista. Foi o cristianismo.

Se as sociedades não sofressem a pressão do argumento religioso, seja dentro de seus movimentos e forças sociais, ou nas consciências dos políticos religiosos da época, a luta contra o racismo não teria a proporção e o sucesso que teve no século passado – de fato, talvez ela sequer existisse. Relembrados esses fatos, um questionamento pode surgir: *como é possível que a religião seja necessariamente um mal espalhado na política e na sociedade?*

Vejam os programas de qualquer partido à esquerda; vislumbrem as políticas europeias, americanas, canadenses etc., que limitam o alcance e o poder religioso no espaço público com a desculpa de que, deste modo, promovem a "igualdade" e retiram antigos privilégios das religiões. Todos almejam evitar o atrito e uma pretensa discórdia, característicos de uma sociedade altamente influenciada pela religião.

É verdade que, em si, a religião pode ser tanto boa, quanto ruim. Atos temerários, para não dizer cruéis e sanguinários, já foram cometidos em nome da fé religiosa, ou eram partes intrínsecas de uma religião. No paganismo (que é, aliás, um termo extremamente geral para se referir às religiões politeístas não-abraâmicas) não é incomum a existência de sacrifícios humanos; no islamismo já foi crucial a busca da conversão do mundo pela espada; o cristianismo já impulsionou ondas de violência em nome da fé e da conversão. Apesar de seu histórico, a influência do elemento religioso não pode ser igualada para todo tipo de religião.

"Religião" é uma palavra que engloba, como já foi mostrado, um verdadeiro oceano de diferenças brutais entre cosmovisões, práticas, mitos e crenças. Julgar toda a religião, para o bem ou para o mal, por conta de um único grupo religioso é, para resumir, uma ignorância digna dos asnos, antas e cavalos – e é justamente isso que a secularização em massa faz.

As religiões têm como característica a justificação e composição do mundo que envolve o crente. Como já dito no último capítulo, valores, noções de certo, errado, bem, mal, vocação, o significado do mundo, da vida, de seu papel na comunidade, além da própria existência da mesma comunidade e da natureza, são justificados na religião, na linguagem mitológica que compõe o religioso.

Eliade já resumiu como essa linguagem, esse entendimento do cosmos como um todo, concede significado para o Homem, e um ritmo para seu mundo, sua vida:

> O homem das sociedades nas quais o mito é uma coisa vivente, vive num mundo 'aberto', embora 'cifrado' e misterioso. O Mundo 'fala' ao homem e, para compreender essa linguagem, basta-lhe conhecer os mitos e decifrar os símbolos [...]. O Mundo não é mais uma massa opaca de objetos arbitrariamente reunidos, mas um Cosmos vivente, articulado e significativo. Em última análise, *o Mundo se revela enquanto linguagem*. Ele fala ao homem através de seu próprio modo de ser, de suas estruturas e de seus ritmos.
>
> A existência do Mundo é consequência de um ato divino de criação, suas estruturas e seus ritmos são produto dos eventos ocorridos no princípio dos Tempos[1].

Portanto, ao promover um combate contra a influência religiosa na política e no meio público, o secularismo militante atual acaba por cair naquilo que ele mesmo acusa tanto a religião: se intrometer na vida dos indivíduos e das comunidades religiosas de uma nação ou país. Ao limar o fenômeno religioso do público e jogá-lo na esfera privada – quando não se intervém literalmente dentro das casas das famílias, como no Canadá, onde os pais que não "respeitarem" a opção de gênero que seus filhos menores de idade escolherem, perderão a guarda de suas crianças, mesmo que isso ataque diretamente todo o ensinamento religioso que uma família pode querer dar aos seus filhos –, o Estado secular agride a cosmovisão e a linguagem religiosa geral, colocando unicamente as suas normas como mandatárias, obrigando a todos, não importando suas tradições, crenças e costumes, a aceitarem a nova autoridade que a todos governa.

---

[1] ELIADE, Mircea. *Mito e realidade*. 6ª ed., São Paulo: Perspectiva, 2013, p. 125.

4. O PROGRESSISMO CONTRA O PROGRESSO

Talvez o leitor duvide e questione as afirmações acima. Para sanar esses questionamentos, basta exemplificar: em 2016 uma nova polêmica se deu na França: tratava-se do "burkini", um traje de banho utilizado pelo crescente número de muçulmanas no país. Acontece que ter muçulmanas externando suas crenças em público, nas praias francesas, acabou por abalar os sentimentos laicos dos franceses. Solução? *Proibiram* o burkini em cerca de trinta cidades praianas na França em nome da laicidade(!)[2]; a mesma laicidade criada e sustentada para não permitir que a tradicional cultura católica da França cerceasse os demais grupos religiosos em solo francês. É verdade que, semanas depois, os tribunais suspenderam a proibição do burkini, mas não deixa de ser interessante notar o fato de a mentalidade laica não conseguir se conter e se expressar de modo *laicista* – isto é, sem se impor, como uma religião teoricamente faria.

A mesma França que expõe sua mentalidade agressiva contra a religião é aquela que, ironicamente, sentencia todos a se portarem de acordo com um padrão artificial e homogêneo, quando se trata se sua cultura religiosa em ambientes públicos. Símbolos que expressam a religiosidade dos estudantes franceses são coibidos nas escolas. Burkas, quipás, crucifixos, etc., são proibidos por lei em ambientes escolares, com a desculpa de se impedir atritos e tensões entre os franceses, com respeito à religião alheia[3].

Essa perseguição à expressão religiosa em prédios públicos não é nova, mas também não é preciso voltar até ao genocídio que os ateus impuseram aos católicos, judeus e protestantes durante a Revolução

---

[2] TERUEL, Ana. Cannes proíbe o uso do burkini em suas praias. *El País Brasil*. São Paulo, 12 ago. 2016. Disponível em: <https://brasil.elpais.com/brasil/2016/08/12/internacional/1471003957_038249.html>. Acesso em: 16 de agosto de 2022.

[3] BRANCO, Sofia. França adopta lei que proíbe "símbolos religiosos ostensivos" nas escolas públicas. *Público*. Porto, 10 fev. 2004. Disponível em: <https://www.publico.pt/2004/02/10/sociedade/noticia/franca-adopta-lei-que-proibe-simbolos-religiosos-ostensivos-nas-escolas-publicas-1185764>. Acesso em: 16 de agosto de 2022.

Francesa, pois *hoje* tudo o que a Igreja construiu na França pelos milênios foi capturado pelo Estado francês, não sendo propriedade da Igreja, mas sim do Estado Secular – a Igreja tem direitos de culto nas catedrais e basílicas, tem o dever de pagar integralmente pela manutenção, restauração ou reformas desses locais e ainda assim não tem o direito de ter a propriedade do que construiu. Em nome da defesa da igualdade, secularistas solapam e tentam homogeneizar tudo e, para que nenhuma religiosidade fosse afetada pelo poder público, agridem *todas* as religiosidades, efetuando tudo o que o secularismo nasceu para combater: a discriminação religiosa. O Estado Secular se mostrou, nada mais, nada menos, como a velha troca de seis por meia dúzia.

Estados confessionais, aliás, mesmo tendo uma religião oficial, não perseguem ou denigrem necessariamente minorias religiosas. O Reino Unido é uma monarquia confessadamente anglicana, a Argentina é um Estado de confissão católica, Dinamarca, Islândia e Noruega são luteranos; Israel é confesso ao judaísmo... e em todos existem paradas LGBT, minorias religiosas diversas e não há perseguição a outros cultos religiosos. A religião ser obrigatoriamente opressora em um Estado que a confessa é, no sentido negativo do termo, um *mito*.

Já em certos Estados laicos, a religião em geral tem sido, e em doses homeopáticas, diluída da vida e dos assuntos públicos. Suécia, Holanda, França, Alemanha etc., cada vez mais atentam contra o pensamento e os fundamentos da religião tradicional.

O cristianismo pode ser considerado a maior das vítimas desse "progresso" secular. O catolicismo, por exemplo, se configura como uma religião pública, então se um governo retirar o costume de uma sociedade de ter feriados, eventos públicos – como procissões, festas, decoração de cidades em datas especiais, consagrações públicas e símbolos icônicos da fé em locais como ruas e praças, será um golpe contra o modo de vida e como as sociedades católicas expressam sua religiosidade. Secularizar um Estado composto em grande parte por membros católicos é, para o catolicismo, uma ofensa e uma tentativa de frear a Igreja e seu modo de existir. A secularização, *alavancada como laicidade*, no fim, *acaba por ferir ainda mais o sentimento religioso alheio.*

4. O PROGRESSISMO CONTRA O PROGRESSO

Para justificar esse secularismo travestido de laicidade, a tradição comportamental e moral, importante para cristãos quando se trata do convívio público e privado, vem sendo vilipendiada há décadas em boa parte do Ocidente, em nome de minorias barulhentas. Por causa de poucos, agride-se muitos, e esses "muitos" não zelam ou vivem em uma cultura qualquer, mas sim na que *formou todo o ocidente*. Se o atual Estado Nação existe, se as leis funcionam como funcionam, se temos instituições democráticas, bases morais para justificar a lei, o governo, os protocolos sociais escritos e não-escritos, devemos tudo isso ao legado cristão.

No caso dos Estados Unidos, por exemplo, a *Declaração de Independência* evidencia esse fato com clareza:

> Quando, no curso dos eventos humanos, se torna necessário para um povo dissolver grupos políticos [*political bands*] que os conectavam com outros, e assumir entre os poderes da Terra, a posição separada e igual à que as leis da Natureza e da *Natureza de Deus* lhes dão direito, um respeito decente às opiniões da humanidade requer que eles devam declarar as causas com as quais os impelem para a separação.
>
> Nós sustentamos que essas verdades são autoevidentes, que todos os Homens são criados iguais, que eles *são dotados pelo seu Criador* com certos direitos inalienáveis, que entre esses estão Vida, Liberdade e a busca pela Felicidade. — Para assegurar esses direitos, Governos são instituí-dos entre os Homens, derivando seus justos poderes do consentimento dos governados — e sempre que qualquer Forma de Governo se torna destrutiva desses fins [os direitos inalienáveis], é o direito do povo alterar ou aboli-la e instituir um novo Governo, estabelecendo essas fundações em tais princípios e organizando seus poderes em tal forma, como lhes pareça mais adequada para assegurar sua Segurança e Felicidade[4] (de minha tradução e meus grifos).

---

[4] *The Declaration of Independence: the want, will, and hopes of the people.* 4 jul. 1776. Disponível em: <http://www.ushistory.org/declaration/document/index.html>. Acesso em: 16 de agosto de 2022.

ESCRAVOS DO AMANHÃ

Veja bem: trata-se dos dois primeiros parágrafos da Declaração. É a abertura que mostra a justificativa para a qual os Estados Unidos estão se separando do Império Britânico, a causa máxima da cisão entre os colonos e a metrópole, causa esta que será a força motriz da guerra de independência e, por fim, *da criação de um novo país*. Os Estados Unidos da América foram criados dentro de um ideário cristão. Sua filosofia da liberdade, suas ideias de igualdade, direitos e gritos de independência eram dependentes de uma noção *religiosa* do mundo – o que justificava suas ações, o que dava um norte para seus rumos, suas labutas, suas mortes e o desafio ao Império Britânico. A religião era a fonte de seus *significados*, fazendo com que a Criação de seu país estivesse dentro de uma tradição cristã. Os americanos nasceram assim, seu Estado foi moldado de acordo com o Deus de Abraão, com o Cristo dos Apóstolos.

John Adams (1735-1826), o primeiro vice-presidente dos Estados Unidos, o segundo presidente americano e um dos pais da Constituição, em uma carta à *Milícia de Massachusetts*, simplesmente demonstrou – e com clareza – o caráter cristão e religioso da constituição americana, de seu governo e de seu povo:

Mas deveria o Povo da América, uma vez se tornado capaz dessa profunda simulação entre si e outras nações estrangeiras, que assume a Linguagem da Justiça e moderação enquanto é praticada a iniquidade e a extravagância; e exibe da maneira mais cativante as imagens charmosas de candor, franqueza & sinceridade enquanto se revolta em rapina e insolência: esse país será a habitação mais miserável do mundo. Porque nós não temos um Governo armado com um Poder capaz de enfrentar as paixões humanas desenfreadas pela moralidade e Religião. Avareza, Ambição, Vingança ou Galantria, romperiam os mais fortes cordões de nossa Constituição, como uma baleia rompe uma rede. *Nossa Constituição foi feita unicamente para um povo moral e religioso*. É totalmente inadequada para o governo de qualquer outro"[5] (grifos meus, tradução minha).

---

[5] ADAMS, John. *From John Adams to Massachusetts Militia*, 11 out. 1798. Disponível em: <https://founders.archives.gov/documents/Adams/99-02-02-3102>. Acesso em: 16 de agosto de 2022.

4. O PROGRESSISMO CONTRA O PROGRESSO

George Washington (1732-1799), no mesmo ano em que a França começaria a ser sangrada pela Revolução, simplesmente justificou uma lei *com base no cristianismo* (lei que está em vigor até hoje), fazendo parte do cotidiano anual e que impacta o espírito e o imaginário de todo americano, a lei que criaria o feriado de *Ação de Graças*:

> Considerando que é o dever de todas as Nações reconhecer a Providência de Deus Todo-Poderoso, obedecer sua vontade, ser grato por seus benefícios, e humildemente implorar pela sua proteção e favor — e considerando que as duas Casas do Congresso têm, pelo seu comitê conjunto, requisitaram a mim *"recomendar para o Povo dos Estados Unidos um dia de pública Ação de Graças e oração para ser observada pelo reconhecimento com corações agradecidos os muitos favores de sinal de Deus Todo-Poderoso, especialmente dando-lhes uma oportunidade de estabelecer pacificamente uma forma de governo para sua segurança e felicidade"* (de minha tradução)[6].

Pode-se argumentar que os Estados Unidos foram o primeiro país a se declarar como neutro em relação à religião em geral; contudo, é necessário notar, mais uma vez, que a América foi criada e constituída em seus pilares centrais pela crença religiosa de uma justiça divina, de uma natureza nos conformes de um Criador; o poder público americano foi criado nesses pilares, tanto é que não entram em contradição com sua laicidade (que é diferente do secularismo). Isto significa que a laicidade *é* de matriz religiosa, ainda que se diferencie de um Estado Confessional, de uma hierocracia ou de uma teocracia. A laicidade (democrática, vale dizer) *permite* que a cultura popular e a religião do povo influenciem a política.

Mas os Estados Unidos não estão sozinhos nessa questão. A Europa também não escapa. Vejamos o caso da França: embora boa parte dos Francos tenham sido pagãos até certo período do reinado de *Clovis I* (466-511), rei que se converteu ao catolicismo em 508, a fundação do

---

[6] WASHINGTON, George. *Thanksgiving Proclamation*, 3 out. 1789.

ESCRAVOS DO AMANHÃ

reino Franco tem todas as suas características culturais com origens extremamente ligadas à fé cristã. Sem essa lenta conversão dos povos francos ao cristianismo, não haveria quem patrocinasse o florescimento intelectual perpetrado pelos mosteiros medievais. Técnicas de agricultura, arquitetura, música, letras, a valorização do conhecimento, da filosofia, das matemáticas e ciências em geral, bem como da lógica, retórica e dialética não seriam possíveis.

Graças a conversão de Clovis I, futuros monarcas francos como Dagoberto (608-639), Carlos Magno (724-814) ou outros nobres, tais quais Sta. Radegunda (520-587), Santo Elói (590-660), dentre incontáveis e diversos aristocratas e reis que patrocinaram a Igreja e sua evangelização na França até 1870, ano em que a monarquia cai de vez no país, existe a formação da cultura e do espírito francês, o entendimento de pertencimento, as suas noções de justiça, suas instituições jurídicas e políticas, suas artes e seus símbolos. O que seria da cultura francesa, sem essas experiências em seu histórico? Talvez esta sequer fosse algo.

A Inglaterra também não possui um histórico alheio à religião. As grandes invasões escandinavas aos reinos anglo-saxões, entre os séculos VIII e IX, só encontraram uma grande resistência inicial com o reinado de *Sto. Alfredo, o Grande*, em 897, o mesmo santo que, por seu amor às letras – amor este fruto de uma relação religiosa com o estudo, impulsionado pelos monges –, criou as bases para a escrita da língua inglesa, cimentando os alicerces para toda a cultura inglesa que viria em seguida. Foi através da religião que o reino inglês encontrou o sustentáculo para justificar sua existência, seu exercício da justiça e sua ordem.

A Península Ibérica chega a ter ainda mais vínculos com o cristianismo. Foram forças islâmicas que, em nome da expansão da fé, destruíram o reino visigótico católico existente em toda a Península Ibérica. Os muçulmanos só foram expulsos séculos mais tarde, em um lentíssimo processo onde os reinos cristãos foram formados. Portugal, por exemplo, foi criado em um movimento cruzadista de Dom Alfonso Henriques (1109-1185), onde a luta cristã contra o domínio islâmico foi crucial para a existência do país; na Espanha não é diferente: existem

4. O PROGRESSISMO CONTRA O PROGRESSO

feriados que comemoram a vitória católica contra os muçulmanos, a criação da Espanha também passa por movimentos cruzadistas, uma vez que a criação de todos os reinos que comporiam a Espanha se deveu a tais movimentos: Navarra, Castela, Aragão, Leão. Portugal e Espanha têm suas raízes, suas fundações e significados nas lutas para retomar os antigos territórios cristãos – todo seu imaginário nacional, toda sua ligação com a terra, com suas culturas e com a justificação para existirem enquanto países, se deve a um sentimento religioso que ainda existe.

Tirar a religião do espaço público, do espaço da política pública, com uma herança tão grande dentro da mentalidade de uma nação é desligar arbitrariamente, e pela força, um povo de sua cultura, sua identidade. Um movimento que use a força política para calar a religião tem um padrão de hipocrisia considerável. É um trabalho de grupos (minoritários, vale lembrar, já que laicistas sempre aparecem em certos grupelhos de elite) poderosos, com suas receitas prontas para a sociedade, criadas em um gabinete qualquer, ou nos corredores de universidades isoladas da realidade social.

A questão que afeta a própria configuração e o cerne das democracias, sobretudo na era contemporânea, é a emergência de grupos religiosos na política, algo que é totalmente condizente com o Estado Laico. Os partidos que seguem os ideais da *Democracia Cristã* podem ser os maiores exemplo disso. Essa ideologia política, exerceu um colossal peso na política europeia após a Segunda Guerra Mundial, sendo a principal corrente democrática opositora ao nazismo, na Alemanha, e uma das barreiras ao comunismo na Alemanha Ocidental durante a Guerra Fria, além de desempenhar grandes influências na Itália, Portugal, Espanha e França. Atualmente, a Internacional Democracia Cristã é o maior grupo político no Parlamento Europeu e o partido que governa a Alemanha. A pergunta que não quer calar é: como a defesa política dos valores e da cosmovisão cristã é contrária à democracia, se por muitas vezes estes valores e estas visões de mundo *defenderam* a mesma democracia, a reerguendo das cinzas, fazendo parte de sua reinstauração? *A gênese da democracia contemporânea está ligada ao cristianismo.*

ESCRAVOS DO AMANHÃ

Seja nos EUA, o primeiro país laico, ou na Europa do século XX, o cristianismo esteve e está presente nas bases e estruturas de Estado, e nada é mais natural e correto: democracias necessitam do povo para que sejam válidas. Se a moral e as crenças de uma população qualquer são cristãs, o Estado e seu o governo se guinarão naturalmente para o cristianismo – já que a população é a base, o sustento e a justificativa existencial de qualquer Estado contemporâneo decente que não se incline ao totalitarismo ou ao autoritarismo.

Secularizar ao máximo a política é, no fim das contas, um atentado contra a população existente no país, contra os costumes e as crenças da massa populacional. Na prática, um Estado que pratica um secularismo ativista através de uma laicização forçada e militante, faz a mesma coisa que um Estado teocrático ou hierocrata (que militam para a confissão de fé como uma política de Estado, impedindo a voz de pessoas com crenças distintas). Não somos – e *jamais* poderemos ser[7] – descolados do religioso no campo da moral e, portanto, jamais o seremos na política. Nem mesmo pessoas sem fé religiosa confessa, ou ateus, fogem à regra de serem influenciados pela religião, pelo sagrado, pela concepção de certo e errado que a tradição e a sociedade em volta os legam.

A maior das ironias é que, no fim, a justificativa para a existência de um laicismo absoluto *cria* uma noção de sagrado em uma crença política: ferir a laicidade é pecado, mostrar sua crença em público é um sacrilégio, querer que suas crenças influenciem na política é uma heresia, sendo a única opinião que pode exercer poderio político, a opinião descarnada da religião. Danem-se os valores e crenças do povo em geral (ou mesmo de minorias); danem-se as tradições que moldaram a população, que criaram o Estado, a nação, as concepções que serão as bases para a moral, as leis, as virtudes. Discorde e será excomungado da

---

[7] Minhas conclusões sobre a interação e a dependência *necessária* do presente para com o passado, estão localizadas no primeiro e no segundo capítulo deste livro. Com alguma atenção, o leitor verá que as conquistas religiosas do passado nos permeiam em variados níveis, nos influenciando no cotidiano de nossas vidas e, portanto, têm um legado macroscópico na sociedade e na civilização.

4. O PROGRESSISMO CONTRA O PROGRESSO

"laicidade" progressista – mas em vez de ser chamado de apóstata, terá um outro nome, uma ofensa muito mais moderna e na moda: *teocrata*.

O secularismo não é sinônimo de progresso. O fenômeno religioso está estritamente ligado ao Estado Laico. A laicidade foi criada assim, gerida assim, *não sendo sinônimo de uma secularização progressiva em nome de um mundo mais "igual" e melhor*. O próprio caso brasileiro pode ser exemplar. Em nossa atual constituição, em seu preâmbulo, existe uma invocação de Deus – não nos enganemos, pois *é o Deus de Abraão, Israel, Moisés, Isaías e de Cristo* – que põe em sua proteção todas as leis contidas no documento-mor do país, *inclusive a lei da laicidade*.

Esse fato só nos demonstra que *os autores da Constituição não acreditavam que a laicidade era ferida por uma invocação de Deus*. A menção, literal ou simbólica, de conteúdos religiosos nas instituições, leis e afins não contraria o Estado Laico. Os Pais Fundadores dos EUA, os mesmos pais políticos da laicidade, não pensavam na exclusão da religiosidade ou da religião da política. A ideia de que a religião, em nome de um bem social e do progresso, deveria ser extirpada do Estado é uma *falsificação* da laicidade; uma ideia *forjada*, *inventada* e que não se identifica com o desenvolvimento histórico e a essência da concepção de laicidade, mas sim com algo *novo*, tirado do "nada", em nome de um "progresso" descolado da realidade social.

Vinculada à formação de países e de identidades nacionais inteiras, a religião vai *além* do campo político, governando até mesmo as novas ideologias que tentam calá-la. Vale a pena recordar de algo: a concepção teleológica do "futuro melhor", seja qual for, tem matrizes e continuidades fortes no messianismo judaico-cristão. É o caso do marxismo, da paz perpétua de Kant, do mundo dourado que iluministas e, mais tarde, positivistas, sonhavam para o futuro, fazendo uma verdadeira escatologia[8]; a concepção apocalíptica judaico-cristã marca e governa

---

[8] Eliade tem uma boa reflexão sobre o assunto: "Bastará, para dar um só exemplo, relembrarmos a estrutura mitológica do comunismo e seu sentido escatológico. Marx retoma e prolonga um dos grandes mitos escatológicos do mundo asiático-mediterrânico, a saber, o papel redentor do Justo (o 'eleito', o 'ungido',

o progressismo atual. Georges Minois traçou o histórico sobre esse profetismo apocalíptico, mostrando que o "fim do mundo" é o fim da História, é uma intenção divina já anunciada no Livro de Daniel[9], mas que ganha toda força dentro do milenarismo herético no cristianismo[10] e depois consegue espaço dentro do secularismo iluminista e pós-iluminista.

Uma das relações mais próximas entre o secularismo e os componentes de uma religião está no milenarismo, onde a noção de um fim da História é criada, assim como também é criado um entendimento de uma passagem linear no tempo e como a humanidade pode progredir nessa passagem, com um fim último a ser alcançado (algo que o secularismo, em seu progressismo, propõe).

Em sua história, o milenarismo não começa sendo identificado como uma heresia, tendo, inclusive, grandes nomes ortodoxos do cristianismo primitivo entre seus crentes, como Santo Irineu de Lião (130-202) e São Justino Mártir (100-165), no século II d.C; contudo, já com a heresia montanista, o cristianismo católico enfrenta problemas com o milenarismo[11]; no fim da Antiguidade, porém, o milenarismo ainda se encontra

---

o 'inocente', o 'mensageiro'; nos nossos dias, o proletariado), cujos sofrimentos são chamados a mudar o estatuto ontológico do mundo. Com efeito, a sociedade sem classes de Marx e à consequente desaparição das tensões históricas encontram seu precedente mais exato no mito da Idade do ouro, que, segundo múltiplas tradições, caracteriza o começo e o fim da História. Marx enriqueceu este mito venerável de toda uma ideologia messiânica judaico-cristã: *por um lado, o papel profético e a função soteriológica que ele atribuiu ao proletariado; por outro, a luta final entre o Bem e o Mal, que pode aproximar-se facilmente do conflito apocalíptico entre Cristo e o Anticristo, seguindo da vitória decisiva do primeiro"* (grifos meus) – em ELIADE, Mircea. *O sagrado e o profano: essência das religiões.* 3ª ed., São Paulo: Editora WMF Martins Fontes, 2013, p. 168.

[9] MINOIS, Georges. *História do Futuro:* dos profetas à prospectiva. São Paulo: Editora UNESP, 2016, p. 138-143.

[10] O milenarismo surge de uma interpretação do Livro do Apocalipse (XX, 1-7), onde, segundo essas interpretações, perto do fim dos tempos os que seguiram a Cristo devidamente irão ressuscitar e governar a Terra, com Jesus, por mil anos.

[11] Ibid., p. 152-154.

4. O PROGRESSISMO CONTRA O PROGRESSO

no seio do catolicismo, sem ser condenado. Mesmo Santo Agostinho, em um primeiro momento, confirma o milênio descrito no livro do Apocalipse, embora, no decorrer de sua vida, ele vá mudar de ideia.

O milenarismo, por si, não representa uma sistematização teórica de uma História linear, mas apenas um entendimento vago de sua existência, como algo a ser implícito dentro de um mundo onde um Milênio[12] (entenda-se, tempo) fatalista que ocorrerá com o mundo (precedente, presente ou após um tipo de fim último da teodiceia). É através da noção de uma linearidade temporal, porém, que a ideia ganhará os contornos mais caros ao progressismo atual. Foi Santo Agostinho quem quebrou com a concepção de tempo cíclico do mundo antigo, teorizando teológica e filosoficamente o tempo linear, já anunciado dentro da concepção apocalíptica do Livro de Daniel e no Livro do Apocalipse[13].

O milenarismo cristão posterior a Agostinho adotou essa linearidade, e mesmo no medievo começou esta a ganhar mais contornos seculares e mais avessos ao clero.

> Pouco a pouco, a profecia se seculariza e passa de uma escatologia para a política, dando cada vez mais ênfase aos episódios terrenos que precedem o destino final do mundo, o último julgamento e a conflagração definitiva. Este último ato tem menos interesse em si, uma vez que tudo está acabado; em compensação, para o povo sofredor e para os soberanos devotados a suas ambições, o milênio de paz e a vinda do Grande Monarca encarnam esperanças concretas, e é compreensível que a ênfase recaia progressivamente nesses episódios[14].

O "Grande Imperador" medieval, que será a raiz de heresias que apontariam homens como Carlos Magno (apesar de morto) e

---

[12] Tanto é assim que o milenarismo, em sua forma mais antiga, é encontrado na Pérsia e também pode ser encontrado até mesmo dentro de algumas tribos indígenas norte-americanas, ainda que bem diferente de sua vertente cristã e mais em voga.

[13] Ibid., p. 174-179.

[14] Ibid., p. 190-191.

ESCRAVOS DO AMANHÃ

Frederico II (1194-1250), como indivíduos que iriam voltar e guiar a humanidade para seus mil anos dourados – algo que justificará até mesmo os massacres aos judeus, para a vinda mais rápida do apocalipse. Esse tipo de milenarismo não foi a única heterodoxia que causou distúrbios no medievo.

Outros tipos de milenaristas na Idade Média já identificavam a *ordem social* como o anticristo. A nobreza, o clero, seriam servidores do Inimigo, por conta de seus excessos, corrupções e imoralidades em geral – e esse moralismo incitava as massas contra a ortodoxia da Igreja, bem como contra outras minorias religiosas e a classe governante[15]. O nosso progressismo tem sua gênese nesses movimentos heréticos, que acreditavam em uma interação *sine qua non* entre o tempo humano e as profecias divinas e, portanto, poder-se-ia determinar *quando* o apocalipse iria chegar e em que *fase* a humanidade estaria, rumo a esse fim.

Joaquim de Flora (1130-1202) foi um dos pais de tais datações:

> A maior parte de sua vida é dedicada à reflexão sobre as relações entre o Apocalipse e a história do mundo, da qual ele tira um esquema grandioso, que abrange passado, presente e futuro. A força de sua teoria vem dessa coerência global entre as três fases temporais. Reside nisto a novidade de sua abordagem: apoiar a predição numa análise da história passada. Esse é o procedimento que fará a grandeza das teorias de Lessing, Schelling, Fichte, Hegel, Augusto Comte e Marx[16].

De fato, a ideia de que a humanidade terá uma era de purificação no milenarismo medieval irá gerar uma espécie de comunismo dentro de certos cenários.

Para hereges do século XIV, como John Ball (1338-1381), a ordem vigente e o mundo era problemática porque iam contra a perfeição humana, esta que estaria mais próxima do estado em que Adão e Eva se encontravam, sem aristocratas e onde todos eram iguais. A soma das heresias de Ball, John Wycliffe (1328-1384) e João Huss (1369-1415) irão

---

[15] Ibid., p. 189-201.
[16] Ibid., p. 218.

4. O PROGRESSISMO CONTRA O PROGRESSO

gerar, na Boêmia do mesmo século, movimentos proféticos e milenaristas que prometiam curar o mundo de seus males; um outro exemplo pode ser o movimento dos taboristas, estes que visavam estar entre aqueles que seriam eleitos por Jesus para um milênio de abundância. A igualdade era um dos princípios máximos de tais grupos, onde uma interpretação bíblica cruzava a pureza de Adão e Eva com o ideal que os seguidores de Cristo deveriam ter[17].

Essas concepções sobreviveram ao medievo e adentraram na Era Moderna, no imaginário europeu. Os anabatistas do século XVI foram alimentados por elas e podemos ver que, secularizadas, deram força motriz aos movimentos progressistas dentro do Iluminismo nos séculos XVII e XVIII. Se taboristas da Boêmia clamavam e matavam por uma igualdade por conta de seu ideal de justiça bíblico, revolucionários franceses farão seus massacres por conta de suas noções de justiça, igualdade e fraternidade, querendo um novo mundo, uma nova era que iria corroer a ordem vigente[18]. O espírito religioso, portanto, fundamentou a origem própria da luta pelo secularismo[19] – e este também é o caso dos progressismos mais atuais. Enganam-se aqueles que pensam que movimentos que buscam um *Telos* acima do tempo presente, mais ainda dentro do tempo do mundo, estão fora de um espírito originalmente religioso. Eliade, mais uma vez, resumiu a relação:

> Mas não é apenas nas "pequenas religiões" ou nos misticismos políticos que se reencontram comportamentos religiosos camuflados ou degenerados: pode-se reconhecê-los também em movimentos que se proclamam francamente laicos, até mesmo antirreligiosos. Citamos, por exemplo, o nudismo ou os movimentos a favor da liberdade sexual absoluta, ideologias nas quais é possível decifrar os vestígios da "nostalgia do Paraíso", o desejo

---

[17] Ibid., p. 266-270.

[18] DAWSON, Christopher. *Progresso e religião:* uma investigação histórica. São Paulo: É Realizações, 2012, p. 228-231.

[19] Ibid., p. 224-227 – seja dentro do deísmo, do liberalismo ou do socialismo. A corrupção do cristianismo foi essencial para o espírito, o ímpeto e as metas das ideologias modernas, pois ainda guardavam características cristãs que, se supridas, tragariam todas as ideologias com elas.

de restabelecer o estado edênico anterior à queda, quando o pecado não existia e não havia rotura entre as beatitudes da carne e a consciência[20].

Além de a religião não ser contrária ao progresso, mesmo o progressismo tem débitos para com os pensamentos teológicos e a espiritualidade do cristianismo (ortodoxo ou herético). A religião é algo que o Homem jamais poderá escapar, não ao menos sem que destrua absolutamente tudo ao seu redor, incluindo a si mesmo, no final[21].

4.2. O caso do feminismo

Feminismo: um movimento que quer "libertar" as mulheres. Sua meta é e sempre foi tentar buscar um mundo mais justo, *igual*, para os sexos[22]. A busca pela igualdade justa e bem medida é a base para o feminismo existir, uma vez que a quebra desta iria trazer uma carência de sentido para o movimento. Sem a noção de igualdade, o que embasaria o ideário de "justiça social" do feminismo?

Esses princípios denunciariam um histórico de opressão e injustiça, onde uma igualdade ideal sempre foi agredida, no decorrer das gerações passadas. Em resumo, toda (ou a maior parte da) história das relações entre os sexos foi uma história da dicotomia entre masculino e feminino, calcada no avanço do tempo e da sociedade para, enfim,

---

[20] ELIADE, Mircea. *O sagrado e o profano:* a essência das religiões. 3ª ed., São Paulo: Editora WMF Martins Fontes, 2013, p. 168-169.

[21] Eliade dá mais exemplos para essa questão em: ELIADE, Mircea. *Mito e realidade.* 6ª ed., São Paulo: Perspectiva, 2013, p.156-165.

[22] Sim, leitor. Sexos. Não me recuso a usar o termo "gênero", para me referir aos sexos, mas me recuso a cair na falta de senso que se tornou a teoria de gênero atual. O feminismo sempre foi um movimento que buscou lutar pelos direitos femininos, das pessoas que têm o cromossomo XX e que quase todas as sociedades humanas encararam como mulheres – ou acredita que as primeiras gerações de sufragistas lutavam por banheiros *femininos* em seus ambientes de trabalho apenas para terem, cem anos depois, pessoas do sexo masculino reivindicando o direito de usar o banheiro feminino, se assim bem entenderem?

4. O PROGRESSISMO CONTRA O PROGRESSO

uma justiça social surgir com as sociedades mais avançadas e com um melhor progresso humano visando o lado feminino da humanidade. Para tratar dessa questão, ao menos, será necessário dizer que o feminismo tem mais de uma "fase", digamos. Existem ondas que empurram e traçam o discurso feminista majoritário desde o final do século retrasado até os dias atuais. Cada onda, das três (ou quatro) existentes, possui um *modus operandi* e um tipo de mentalidade ideológica distinta da outra.

Como se trata de um movimento por demais vasto em termos de bibliografias, não cabe aqui esmiuçá-lo em seu conteúdo próprio. Não caberia descrevê-lo cronologicamente, tampouco me aprofundar nos pontos chave para as mutações na História do feminismo, como a influência do existencialismo de *Sartre* no pensamento de sua amante, *Simone de Beauvoir*, e como isso sobrevive, hoje, nas teorias de gênero propostas, defendidas e impostas pelo feminismo na sociedade – assim como também não valerá a pena mostrar os podres das principais mães do feminismo, seus crimes, hipocrisias e afins. Atingir as autoras e autores da ideologia não atingirá a ideologia necessariamente, mas apenas a imagem totêmica de tais autores, o que apenas impacta certos feministas mais sensíveis, que detestariam saber que Beauvoir era pedófila e aliciava judias fugidas da guerra para que ela e seu amante se divertissem na cama, ou que ambos assinaram petições para abaixar a idade de consentimento sexual de adolescentes *abaixo dos quinze anos de idade*, em 1977[23].

A questão aqui será outra: como o progresso se encaixa na história da emancipação feminina e do feminismo? Como, dentro da crítica feminista em voga, o progresso atuou para as mulheres e, claro, como a dicotomia *"tradicional e antigo: mau"* e *"progresso e novo: bom"*, também

---

[23] O documento com a assinatura dos dois sujeitos referidos está presente neste site: http://pedocriminalites.blogspot.com.br/2012/03/le-monde-petition--du-26-janvier-1977.html -- e para quem sentiu curiosidade no caso de Sartre e Beauvoir, eis aqui uma biografia sobre o caso deste casal, onde detalha certas "peculiaridades" bem ácidas, escrita pela historiadora Carole Seymour-jones, intitulado *Uma Relação Perigosa*, publicado em 2014 pela editora Record.

ESCRAVOS DO AMANHÃ

não funciona para o caso do tratamento e poder que as mulheres possuem ou possuíram na História.

Contra esta falsa dicotomia, basta demonstrar certas características históricas que aparecem, quando analisamos as da humanidade. Vemos, por vezes, uma contradição brutal entre direitos das mulheres, liberdade sexual e o que poderíamos achar parecido com nossas liberdades civis, no passado. Ditas como certas em locais onde a liberdade sexual era maior, as liberdades femininas no geral não acompanhavam necessariamente esse movimento de liberdade. Comparemos tempos históricos distintos para ver a diferença.

O caso dos povos pagãos com liberdade sexual mais elevada, na Antiguidade e do início do medievo, pode esclarecer muito a questão. Entre os povos germânicos que tomaram o Império Romano Ocidental, o lesbianismo não era incomum, por exemplo. De fato, para o homossexualismo masculino não havia tolerância[24] entre os germânicos, mas o feminino era não só tolerado, como também não consideravam que este desfazia a pureza virginal da mulher, algo que muda apenas com a cristianização dos povos germânicos, quando ambos os tipos de homossexualismo são vistos como impuros[25].

---

[24] *"A associação por proximidade dessas duas injúrias revela como, num mundo ao mesmo tempo guerreiro e rural, o homossexual masculino não é mais o honrado "penetrador" de antigamente, mas um ignóbil 'vira-bosta' impuro"* ROUCHE, Michel. Alta Idade Média Ocidental. *In:* ARIÈS, Philippe; DUBY, Georges (org.). *História da vida privada: do Império Romano ao ano mil*, vl. I. São Paulo: Companhia das Letras, 2099, p. 490.

[25] *"O que as pessoas confessam ao padre que não tenha sido reprovado pelo paganismo? Toda uma série de faltas realmente cometidas e que o paganismo não sancionava. Por ordem de gravidade, parece, deve-se colocar em primeiro lugar a bestialidade, muitas vezes associada à sodomia, o sexo oral, o incesto no sentido extenso do termo, a indissolubilidade, e toda forma de separação dos esposos, sobretudo depois do século IX, em particular por esterilidade da mulher, interdição completamente incompreensível para os novos cristãos, bem como a condenação da homossexualidade feminina, sem gravidade aos olhos das religiões pagãs"*. Ibid., p. 516.

4. O PROGRESSISMO CONTRA O PROGRESSO

Nesta questão, não existia uma linha progressiva do tempo histórico para a melhoria social das mulheres. Tudo está no imenso turbilhão histórico. Vemos que, em um primeiro momento do medievo, quando este era mais pagão, a liberdade sexual da mulher, tratando-se do homossexualismo feminino, era alta, porém em outros assuntos era baixa. A mulher da Alta Idade Média, mergulhada na mesma cultura germânica pagã, era entendida como um ser extremamente inferior aos homens, quase sem arbítrio próprio em uma sociedade dominada pelo masculino; entretanto, a mesma Igreja que condenou o lesbianismo – a mesma que fará este ato ser visto como um pecado sexual pior do que o homossexualismo masculino, no período medieval – é a que promoveu a noção de humanidade à mulher, ao converter a cultura germânica, com os séculos.

Vejamos o estudo de *Michel Rouche* (1934-2021), para o caso:

> Aliás, as mulheres não são a propriedade do cosmos, forças infernais e noturnas, pois, como a Lua, têm um ciclo de 28 dias? Que terror se apodera das populações durante um eclipse lunar! O mundo vai parar, as mulheres não terão mais filhos. É preciso fazer toda uma série de barulhos para ajudar a Lua a sair das trevas. Crença e cerimônia, intituladas *vince luna* — "Lua, a ti a vitória" —, foram condenadas pelo Concilio de Leptines em 743; contudo, apesar de intelectualmente bem armado pelo opúsculo de Isidoro de Sevilha, *De natura rerum*, para explicar de maneira científica os eclipses lunares, o clero teve de se esforçar muito para fazer triunfar a noção da mulher como ser humano e não cósmico. De fato, o Concilio de Leptines esclarece que alguns acreditam "que as mulheres se entregam à Lua para poder tomar o coração dos homens como os pagãos"[26].

A própria noção de igualdade natural (ontológica) entre o homem e a mulher foi construída pela Igreja, frente às cosmovisões germânicas que existiam na época.

---

[26] Ibid., p. 471- 472.

ESCRAVOS DO AMANHÃ

A mudança de mentalidade não podia, contudo, operar-se tão depressa, e a superioridade do homem sobre a mulher não podia ser eliminada por causa da violência vigente e também de um fenômeno linguístico pouco conhecido: a transformação do latim vulgar em protofrancês. Os concílios carolíngios proclamaram "uma só lei para os homens e para as mulheres", como o fez o de Compiègne, em 757, mas essa concepção não penetraria nas mentes. Como prova cito apenas a célebre intervenção de um bispo no Sínodo de Mâcon, em 585: "Ele se levantou para dizer que uma mulher não podia ser chamada de homem (*homo*), mas acalmou-se quando os bispos lhe explicaram que o livro sagrado do Antigo Testamento diz: 'Masculino e feminino Ele os criou e deu-lhes como nome Adão, que significa homem (*homo*) feito de terra; assim, isso designa ao mesmo tempo a mulher *Euva* (Eva, a que vive). Ele diz com efeito que os dois são homens'". Esse texto, que esteve na origem da célebre lenda do concilio que teria negado a existência de alma nas mulheres, revela na verdade uma alteração linguística que, ainda hoje, constitui a pobreza do vocabulário francês. Quando o bispo formulava essa questão, entendia de fato o termo *homo* no sentido de *vir*, homem ser masculino, e não homem em geral. Assim, sua questão era perfeitamente lógica, porém seu latim já era francês, pois esta última língua abandonou o termo latino *vir* e ainda hoje, ao contrário do inglês e do alemão, não tem um vocábulo específico para designar o homem como ser masculino. O duplo sentido de homem (ser humano, ser masculino) só podia perpetuar a convicção de superioridade de um sobre o outro, embora o texto bíblico implicasse sua estrita igualdade. A diferença entre mentalidade pagã e mentalidade cristã é patente, até irremediável ainda hoje em dia, tanto o significante pode ocultar o significado[27].

Quanto ao poderio masculino, evidentemente superior ao feminino durante toda a Idade Média – em termos gerais, mas não totais –, existia uma trava dada pela Igreja em relação ao modo como as mulheres deviam ser tratadas: elas não poderiam ser agredias por seus maridos, não sem que isso resultasse em um pecado gravíssimo, e um crime, da mesma forma que não podiam ter todo o pecado para si, em casos de

---

[27] Ibid., p. 517-518.

4. O PROGRESSISMO CONTRA O PROGRESSO

adultério[28]. O cristianismo, dentro de um cenário cultural diverso, se impôs para mudar a realidade cultural com o passar das gerações. As doutrinas e a moral pregadas pela Igreja moldavam o mundo germânico em suas noções morais.

Mas não é a mesma Igreja que impunha (e impõe) restrições e normas morais às mulheres? Não era uma cultura pagã, mais antiga, que dava uma maior liberdade sexual às mulheres? Resgatando as palavras de Victor Hugo, mais uma vez, presenciamos este turbilhão que nos impede de definir bem o progresso em certas sociedades com relação ao passar do tempo. Se a liberdade sexual para o indivíduo é um bem, um progresso, este bem se encontrava nas sociedades pagãs do Ocidente Medieval ao lado de uma maior violência e da sujeição da mulher. O mesmo cristianismo, hoje acusado de ser um empecilho para o progresso com relação às liberdades e à igualdade da mulher, foi o que deu às mulheres mais dignidade como seres humanos. Porém, mesmo depois de uma evangelização e uma conversão em larga escala e da mitigação das cosmovisões e crenças pagãs, ainda existia uma discriminação contra as mulheres dentro das sociedades medievais.

Jacques Le Goff (1924-2014), em uma entrevista publicada em 2000 para a revista *L'Histoire* e traduzida para o português em uma coletânea de escritos e entrevistas do autor em uma obra chamada *Uma Longa Idade Média*, surpreende um pouco ao declarar uma verdade simples, mas impactante para progressistas: *o cristianismo libertou* as mulheres. Depois da cristianização do Ocidente Europeu, estas receberam mais

---

[28] "a partir do século IX, o homicídio cometido por ódio foi punido muito mais severamente que outros assassinatos. Tratava-se já de considerar a intenção subjetiva, ainda que não formulada. Em todo caso observa-se o mesmo aumento de penitências a propósito do assassinato do bispo, da esposa e do leigo por faida. Esses três movimentos simultâneos ocorreram após 800. Destinam-se a eliminar tais delitos. Nenhum dos três era novo. Mas deviam parecer intoleráveis com a renovação carolíngia. Isso me parece particularmente claro com relação ao assassinato da mulher pelo marido". Ibid., p. 514; "*a partir do século IX a penitência para a mulher adúltera, até então superior à do homem adúltero, torna-se igual à do marido que engana a esposa. Trata-se de um abandono da ideia pagã de que o adultério macula a mulher, mas não o homem*". Ibid., p. 518-519.

ESCRAVOS DO AMANHÃ

poder político, mais influência na sociedade, eram donas de feudos, rainhas, nobres, donas de extensas terras privadas e tinham suas vozes, muitas vezes, na mesma altura que os homens[29], algo extremamente raro na Antiguidade greco-romana, judaica, germânica, céltica e mediterrânea em geral.

Ao longo do período medieval, foi o discurso religioso que igualou homens e mulheres; talvez seja possível afirmar que isso é uma consequência dos argumentos teológicos influenciavam nas leis, considerando as mulheres seres de igualdade ontológica aos homens. É na Idade Média que encontramos as grandes mulheres, como Blanca de Castela (1188-1252), regente da França, mãe de S. Luís IX (1214-1270), conselheira de alto valor de dois reis, seu marido e seu filho; Christine de Pisano (1363-1430), poetiza, crítica literária, uma das vozes mais respeitadas e consideradas de seu tempo; Sta. Joana D'arc (1412-1431), a mulher responsável pela reviravolta política e militar para o lado da França, na Guerra dos Cem Anos; Heloísa de Argenteuil (1090-1164), poetisa, abadessa, erudita; Isabel de Castela (1451-1504), possivelmente a mulher mais poderosa de seu tempo, liderando um dos países mais fortes do mundo e a responsável pela criação da Espanha; Leonor da Aquitânia (1137-1204), duquesa da Aquitânia e da Gasconha, condessa de Poitiers, rainha da França e depois da Inglaterra, realizadora de complôs para tirar o trono seu próprio marido, em proveito de seu filho, Ricardo Coração de Leão (1157-1199); Sta. Elizabeth da Hungria (1207-1231), condessa, moralista, fundadora de hospitais, patrocinadora das ordens mendicantes; Sta. Radegunda (520-587), rainha – ao menos até se revelar estéril e ter seu casamento desfeito, algo que será impossibilitado pela Igreja, nos séculos a frente –, fundadora de monastérios, influente em toda a política franca, mesmo após deixar de ser da realeza; a duquesa Dhuoda (meados do século IX), conselheira política, moral e religiosa de seus filhos; Santa Hildegarda de Bingen (1098-1179), médica, dramaturga, teóloga, mística, poetisa, conselheira política do Imperador, naturalista,

---

[29] LE GOFF, Jacques. *Uma longa Idade Média*. 3ª ed., Rio de Janeiro: Civilização Brasileira, p. 119-133.

4. O PROGRESSISMO CONTRA O PROGRESSO

hagiógrafa, exegeta; Matilde de Canossa (1045/46-1115), possivelmente a pessoa mais poderosa da península itálica em seu tempo, aliada do Papa e contrária ao Imperador Henrique IV (1050-1106), condessa de várias cidades, marquesa da Toscana, peça chave nas negociações entre o papado e o Império; Rosvita de Gandersheim (973-1002), poetisa, crítica literária, dramaturga, mãe do renascimento do teatro cristão no Ocidente; Douceline (1214-1274), uma das maiores figuras da ordem franciscana no medievo, fundadora das Beguinas.

Se me atrevesse a citar mais nomes de grandes mulheres do medievo, *precisaria mudar o tema de todo este livro.* Citei, então, apenas alguns dos nomes mais notórios, mas não podemos esquecer das incontáveis baronesas, duquesas, marquesas, condessas, rainhas, pequenas senhoras de terras, monjas, freiras, santas, abadessas, e até mesmo as mulheres mais comuns: camponesas, artesãs, médicas e ferreiras – e, é claro, as *mães* e *esposas*, mulheres que, mesmo em uma época na qual o domínio masculino era evidente, influenciavam em grande escala as famílias, os destinos de seus maridos e filhos. Sim: na Idade Média as mulheres também trabalhavam (normalmente auxiliando seus maridos), como apontou a historiadora Juliet Barker (1958-), ao analisar a sociedade que envolvia a criação do exército de Henrique V (1386-1422), quando este, pela primeira vez, decide invadir o norte da França no início do século XV.

> Embora isso possa chocar a equivocada concepção atual sobre a era medieval, as mulheres daquela época deviam trabalhar no mesmo ofício que seus maridos. A Ordenança dos Mestres em Fundição de 1390, por exemplo, estipulava que cada mestre-ferreiro podia contratar apenas um aprendiz, mas uma exceção especial era concedida a um homem de empregar dois "porque ele não tinha esposa". O fato de ser mulher não eximia a esposa de um ferreiro de encarar o trabalho pesado: era sua função quebrar pedras, ativar o fole e fundir minérios. Embora fosse paga por essas tarefas, ela normalmente ganhava um doze avos do que cabia a ele, recebendo 1 pence por xelim pago ao marido[30].

---

[30] BARKER, Juliet. *Agincourt.* Rio de Janeiro: Record, 2009, p. 118.

ESCRAVOS DO AMANHÃ

As forjas sempre tinham existido na Torre de Londres e também era comum a presença de ferreiras trabalhando lá. Durante a campanha de Crécy de Eduardo III, Katherine de Bury, a mãe do ferreiro do rei, recebia 8 pence por dia para "manter a forja do rei na Torre e realizar trabalhos de fundição" enquanto seu filho estava com o reino da França; evidentemente ela era uma ferreira experiente, pois também era viúva de Walter de Bury, que havia sido ferreiro do rei durante nove anos. O precedente sugere que é possível que Margaret Mersh também comandasse a forja do marido na Torre enquanto este participava da campanha de Agincourt[31].

Ainda assim, havia exemplos de mulheres praticando medicina tanto como médicas quanto como cirurgiãs. Por mais extraordinário que possa parecer, a Abadia de Westminster empregava mulheres nos dois cargos, muito embora isso significasse que elas tinham de entrar nos monastérios [...]; elas eram bem remuneradas pelos seus serviços, também, o que sugere que tenham sido eficientes[32].

Como podemos ver, as mulheres não eram socialmente iguais aos homens, mas já tinham um espaço e atividades que lhes seriam estranhíssimas em um mundo pagão do início do medievo, ou mesmo na Antiguidade greco-romana. É claro, antes da Idade Média existiram grandes e notórias mulheres que marcaram os acontecimentos de seus tempos. Podemos citar Artemísia I de Cária (século V a.C.), Artemísia II de Cária (século IV a.C.), Cleópatra (69-30 a.C.), a rainha Boudica (30-61 d.C.), Safo de Lesbos (630-580 a.C.), a Imperatriz Zenóbia (240- -274 d.C.) etc., porém os milênios da Antiguidade, mesmo com o avanço da Filosofia, ciências e convívios sociais, não saem das inconstâncias da História. A Antiguidade não possuiu um progresso nos direitos da mulher com um fim último. Os Homens dessa era não entendiam sequer um fim último para a História, para assimilá-lo com a felicidade geral e progressos sociais que existem hoje. Como em todas as épocas, na mesma Antiguidade existiam casos nos quais o respeito e a dignidade da mulher avançavam e regrediam.

---

[31] Ibid., 119.
[32] Ibid., 170-171.

4. O PROGRESSISMO CONTRA O PROGRESSO

A ilha de Creta, com sua civilização minoica que durou do século XXX até o XV a.C., nos legou afrescos e artefatos arqueológicos que indicam uma proeminência social de mulheres, contudo, algo é visível: estes não são os gregos (de fato, são mais velhos que os gregos). Não são os mesmos Homens da sociedade que alimentou a Filosofia, da Grécia de Sócrates e Platão, não fazendo parte dos avanços na medicina, no direito, na arquitetura e na democracia que os antigos gregos criaram. A sociedade que dava liberdade para as mulheres, e bem mais liberdade que a cultura grega as dava em seu auge, *era menos avançada do que a sociedade grega posterior* – e esse fenômeno não atinge apenas a história grega, é global.

Como demonstrado nos outros capítulos, a História não tem um fim que a guina, não tem um ponto final para servir de norte para todos os progressos existentes. Os progressos ocorrem no tempo, mas não são necessariamente condicionados pelo passar do mesmo, como degraus superiores são condicionados pelos inferiores em uma escada. A História das mulheres também não foge a essa regra. Mesmo em tempos mais recentes, há alguns séculos tal regra impera. Vejamos o caso da Era Moderna, que vai do fim do início do século XVI até o fim do século XVIII.

O "Século das Luzes", como fruto da *Crise de Consciência Europeia* (1680-1715), foi o pai do pensamento contemporâneo em muitos pontos e aspectos[33], e também pode ser um grande exemplo sobre como a mulher já foi encarada na história. As afinidades entre os sexos não melhoram por causa das novas ideias que dão origem ao atual progressismo. De fato, mesmo no florescimento do que chamamos de

---

[33] Essa crise marca as sucessivas questões que ocorrem com o europeu na Idade Moderna. É, em grande medida, a quebra do pensamento medieval em vários níveis e a perda da identidade que detinham com a vida política, social e econômica do "medievo". As monarquias são questionadas, o poder dos nobres, a religião, o modo de vida da população é posto em questão, nessa crise de mentalidades. O Iluminismo é um dos aspectos da crise, e a Revolução Francesa é sua filha direta. Como filhos do século XIX, que é, por sua vez, um fruto dos séculos XVII e XVIII e das mudanças filosóficas da época, somos uma espécie de consequência dessa crise do Homem europeu.

ESCRAVOS DO AMANHÃ

Iluminismo, ou seja, das correntes de pensamento que vieram "iluminar" o mundo, a mulher não tem um progresso correspondente ao suposto "progresso" das Luzes.

É clássico e geralmente conhecido o pensamento negativo que homens como Rousseau tinham das mulheres, em suas análises sociais. As mulheres deveriam, exclusivamente, existir como *mães* e boas *esposas* para o bem da sociedade. Este era o dever social de toda mulher, não importasse qual fosse, pois vontades individuais contrárias a isso iriam na contramão da ideia de natureza humana, segundo Rousseau.

De fato, essa característica não era única dentro do pensamento de Rousseau. Na sociedade francesa, por exemplo, as mulheres foram cada vez mais sendo afastadas dos centros de cultura intelectual. O iluminismo e seu século das Luzes, na realidade, diminuíram o real progresso para distinguir ainda mais um *tipo* de natureza entre mulheres e homens.

As mulheres foram cada vez mais separadas dos círculos intelectuais masculinos. Seitas e grupos, onde o iluminismo foi gerado e nutrido, foram as fontes dessas culturas de separações. Quanto mais o tempo avançava, criando cada vez mais diferenças entre a cultura medieval e a moderna, mais as mulheres se viam separadas, nas novas formas de sociabilidades na Europa. Maurice Aymard (1936-), em seus estudos sobre a convivialidade na modernidade, comentou tal característica:

> Num aspecto, contudo, essas novas formas de sociabilidade trazem suas marcas de origem: sua natureza quase exclusivamente masculina, em nome de uma estrita separação dos sexos, mostra que, ao contrário dos "salões", por exemplo, elas não são apenas microssociedades. Pressupõem uma opção pelo isolamento, pela segregação, ao preço de uma ruptura: com a família, mas também com essa mistura de sexos e idades [...]. As mulheres foram despojadas do termo "círculo", que haviam animado a corte desde Maria de Médici até "madame Bonaparte" – Saint-Simon (II, p. 412) diz que Luís XIII tinha saudade da "majestade dos círculos da rainha sua mãe, entre os quais se nutria"; Luís XIV os "reconstituiu" em torno da "delfina" e depois ao redor da duquesa da Borgonha. Naturalmente, elas terão suas

4. O PROGRESSISMO CONTRA O PROGRESSO

lojas e seus clubes, mas sempre à parte, e essa exclusão sistemática sugere outra dimensão de tais associações[34].

Esta separação dos sexos extrapola as cortes do Antigo Regime, indo para o restante da sociedade. É por essa razão que Le Goff foi enfático: a característica atual de sobrepujar mulheres não é algo medieval, mas moderno e contemporâneo:

> O pior para a mulher foi a difusão e o triunfo dos valores burgueses. Praticamente não existia burguesia antes do século XIX. Na Idade Média, seja como for, há essencialmente nobres e camponeses. Não foram eles os mais duros com as mulheres.
>
> *Guardemo-nos das ilusões de todo tipo. Guardemo-nos da ideia de que o progresso é irreversível, linear, constante, dos tempos mais longínquos até a época contemporânea.*
>
> *Hoje, o número de mulheres que chegam às mais altas funções é muito pequeno. No Ocidente, não se compara o número de mulheres primeiras-ministras com o que havia de rainhas governando ou de regentes na Idade Média*[35] (grifos meus).

É claro, o progresso é tão inconstante que foram os mesmos "valores burgueses"[36] que possibilitaram, do mesmo modo, uma defesa das

---

[34] AYMARD, Maurice. Amizade e convivialidade, *In:* ARIÈS, Philippe; CHARTIER, Roger (org.). *História da vida privada: do Império Romano ao ano mil, vl. III.* São Paulo: Companhia das Letras 2009, p. 466.

[35] LE GOFF, Jacques. O cristianismo libertou as mulheres. *In: Uma longa Idade Média.* 3ª ed., Rio de Janeiro: Civilização Brasileira, p. 133.

[36] Uma expressão demasiadamente vaga, rasa e sem tanto desenvolvimento; normalmente usada como um termo pejorativo, mas que carece de alicerces analíticos. A ligação do que se chama de "moral burguesa" vai muito além de características econômicas que nos permitem definir o que é uma burguesia. Os pilares da moralidade puritana definidora da "moral burguesa" (característica do século XIX), por exemplo, podem ser encontrados, antes de qualquer coisa em questões teológicas dentro de movimentos presbiterianos, além de também existirem ligações com regras, modos e manuais de condutas escritos para a nobreza,

ESCRAVOS DO AMANHÃ

mulheres por Stuart Mill (1806-1873), em sua obra *A sujeição das mulheres*, escrita em 1869, que criou uma mentalidade liberal e democrática fundadora das bases do feminismo sufragista; contudo, Le Goff tem razão: a moral mais nova, que andava ao lado das monumentais descobertas científicas e das conquistas civis, era a *puritana*, uma moral que inibia bem mais as mulheres do que os costumes medievais, e uma moral muito mais *contemporânea*.

Mais uma vez, agora através de Le Goff, vemos que o progresso não é linear, constante e absoluto. Se admitirmos, como mostra a realidade, que o progresso não é tão claro, simples e certeiro na humanidade, *então o feminismo não fugirá a tal condição*. Não é incomum (de fato, é uma regra) encontrarmos feministas confundindo feminismo com qualquer ideia, evento ou movimento que eleve a condição da mulher. Muitos não põem o feminismo em seu devido tempo e espaço, como fruto de uma cultura específica. Faltam a alguns feministas considerarem que a História está para *além* do feminismo, de modo que movimentos e acontecimentos cruciais para uma justiça maior para as mulheres não necessariamente foram feministas.

Na História recente podemos ver um caso no século XX, nos Estados Unidos, em que uma lei, a *Equal Pay Act*, de 1963, não foi fruto de uma luta feminista, como um triunfo dos direitos civis americanos. A luta contra a disparidade salarial entre os sexos (embora a lei não sirva unicamente para esta questão) nos Estados Unidos não foi conseguida com uma gritaria feminista parecida com a do século XXI, ou mesmo um movimento justo como o das sufragistas: foi um ato alheio ao movimento em grande medida, com muitas forças políticas não-feministas necessárias para sua implementação.

---

o clero, ou mesmo cristãos em geral, produzidos desde o fim do Medievo e na Renascença, ou seja, séculos antes da burguesia ter seu poder, *status* e influência característicos do século XIX e do início do XX. A "moral burguesa" não é tão burguesa assim. Foi criada por moralistas religiosos ou pelo próprio clero, podendo ser facilmente encontrada entre o chamado proletariado, assim como no campesinato, dos dois últimos séculos. Adoto a expressão aqui apenas para dar continuidade ao pensamento de Le Goff.

4. O PROGRESSISMO CONTRA O PROGRESSO

O mesmo pode ser dito sobre eventos de épocas mais distantes. Quando Pedro Abelardo (1079-1142) e Santo Tomás de Aquino defendiam a igualdade da alma feminina para com a masculina, eles não estavam sendo feministas, *estavam sendo cristãos*, e cristãos buscando defender a ortodoxia da Igreja (nesta questão, Santo Tomás e Abelardo triunfaram, confirmando a fé apostólica, principalmente a mensagem paulina da Bíblia); podemos dizer o mesmo dos homens e mulheres durante a República Romana que lutavam contra a *Lex Oppia*[37]: eles não eram feministas, não estavam posicionados de modo a apontar para um progresso futuro mais de dois milênios à frente de seu tempo. Homens como o tribuno Lucius Valerius Laccus (261-86 a.C.) não eram feministas, mas *romanos*. Usavam de suas culturas, de suas crenças, de seus sensos de justiça e dever para arranjar justiça para as causas das mulheres, *antes* do feminismo existir.

O feminismo não pode se pôr em uma espécie de *topos* meta-histórico. Como um evento da História, o movimento não tem como traçar, dominar ou manter uma linha de progresso contínuo com o tempo, onde tudo que é "pró-mulher" é sinônimo de feminismo e não ser feminista significa destratar, não se importar, menosprezar e desvalorizar a mulher. De fato, como tudo na História, o feminismo também pode padecer de retrocessos em seus "progressos", *sendo um empecilho para as mulheres*.

Duas mulheres demonstraram tal fato: Suzanne Vanker (1968-) e Phyllis Schlafly (1924-2016), sendo a última um dos grandes nomes americanos contrários ao feminismo. Líder de uma gigantesca reação feminina antifeminista nos EUA, a história da vida política de Schlafly é a prova de que o feminismo não pode ser um critério decisivo de um *ethos* pró-mulher, podendo ser uma das maiores forças *contrárias* à mulher.

Schlafly comandou uma reação em massa do povo americano (mas principalmente uma reação feminina) contra a política feminista promovida pela proposta da *Equal Rights Amendment* (ERA), na década de 70.

---

[37] Uma lei suntuária utilizada para angariar fundos para a República, por causa da Segunda Guerra Púnica. A lei cobrava taxas de modo discriminativo de mulheres.

ESCRAVOS DO AMANHÃ

Tal proposta prometia rasgar séculos de uma tradição que colocava as mulheres como "cidadãs de segunda classe" nos Estados Unidos, com o clássico e típico discurso de direitos iguais e de um tratamento que alavancaria e asseguraria uma vida melhor para a mulher americana.

Mas por que um grande grupo de mulheres iria contra estas propostas "pró-mulher"? Por que alguém como Schlafly se lançaria contra esta maré de progressos?

Não podemos pensar que o feminismo da década de 70 carecia de influência: a ERA teve grandes caciques da política americana de sua época, como Nixon, Ted Kennedy, George Wallace, Gerald Ford e Jimmy Carter. No Senado, quase nenhum senador ousava falar contra a ERA, isso para não falar as associações feministas da época, que, em massa, apoiavam o projeto.

Com uma visão crítica afiada, foi denunciado que a ERA poderia trazer prejuízos às mulheres dos Estados Unidos. Schlafly criou relatórios que esclareceram os direitos jurídicos que as mulheres perderiam, caso a ERA fosse efetivada. Com essas denúncias, Schlafly pôde comunicar o que a mídia, a política e as associações feministas não noticiavam: as mulheres perderiam o direito de não se alistar no exército aos 18 anos, perderiam o direito de serem sustentadas pelos maridos[38]. Um grande movimento, realizado por donas de casa. Teve início o *Stop ERA*.

As mulheres da Stop Era argumentavam que a ERA daria carta branca à justiça federal para definir termos como *sexo* e *igualdade de direitos*. A seção 2 da ERA transferia poderes ao governo federal sobre as leis que tradicionalmente aceitavam diferenças de tratamento devido ao sexo: casamento, imóveis, pensão alimentícia, guarda dos filhos, adoções, aborto, leis homossexuais, crimes sexuais, escolas públicas e privadas, regulamentos prisionais e seguros. Para as feministas, 'igualdade de sexo' englobava casamento com parceiros do mesmo sexo e direito ao custeio

---

[38] Em que pese o absurdo dessa lei para nosso século XXI, temos que nos lembrar que essa obrigação por parte dos maridos fazia sentido dentro da sociedade americana dos anos 70.

214

4. O PROGRESSISMO CONTRA O PROGRESSO

de aborto. A ERA não mencionava as mulheres – pedia por 'igualdade (...) devido ao sexo'. Mas mesmo assim todos os repórteres chamavam a ERA constantemente de '*emenda dos direitos iguais para as mulheres*'[39].

O caso do *Stop Era* nos mostra que quando o feminismo se define como um movimento que luta pelos direitos e liberdades da mulher, ele se porta e se coloca como algo acima das culturas e da História. Com esse conceito de feminismo, seria *impossível* ser feminista e, ao mesmo tempo, agir contra a mulher em sua militância, porém, como já dito, a História nos mostra o contrário. Esse erro basilar alimenta a potencialidade do feminismo acabar sendo uma opressão para a mulher existe principalmente por um fator: ele é autointitulado como porta-voz das mulheres, mas, no fim, a "voz da mulher" *é uma voz que não pode ser portada.*

O que define uma mulher é algo genérico demais para ser a bandeira de um movimento inteiro. Há mulheres e mulheres, e um oceano de culturas necessita ser considerado, este que pode exercer diferenças colossais para as visões das mulheres a respeito de algum tema. O que ocorre se a cultura de certas mulheres for contra as principais pautas do feminismo? E se um grupo de mulheres, em peso, enxergarem algo de ruim, errado e pervertido no feminismo? Elas terão o direito, dentro do feminismo, de serem antifeministas? O movimento dará alguma força moral para essas mulheres, irá elogiar suas forças? Um grupo de mulheres conservadoras, antiaborto, por exemplo, terá voz dentro de um movimento feminista para estancar a militância pró-aborto no feminismo? Sabemos que não.

O próprio caso de Phyllis Schlafly pode ser um grande exemplo: achincalhada por ser antifeminista, teve que escutar de uma adversária, e líder do ERA, a vontade desta de "*queimá-la viva*"[40]. Mas Schlafly não está sozinha. A própria militância pró-aborto é um belo exemplo de como o feminismo é contraditório. Ao defender o "direito de escolha"

---

[39] SCHLAFLY, Phyllis; VENKER, Suzanne. *O outro lado do feminismo.* Santos: Editora Simonsen, 2015, p. 61.

[40] Ibid., p. 62.

ESCRAVOS DO AMANHÃ

de uma mãe matar o filho dentro do ventre, é fácil esquecer que não são apenas filhos abortados, mas também uma legião de *filhas* mortas – isso quando o direito de escolha para matar o filho no ventre não acaba criando uma discriminação sexual. Muitas mulheres, principalmente na Índia e na China, preferem ter filhos ao invés de filhas, abortando mais mulheres do que homens.

No feminismo, o "direito de escolha" prevalece sobre o direito da vida. Uma mulher pode decidir se a outra vive ou não, apenas por sua mera vontade como o fator crucial; porém, o problema com o aborto não fica apenas por aí: há síndrome pós-aborto é uma consequência para a mulher que mata o filho no ventre, mas isso é um tabu para o feminismo. O bem-estar da mulher é defendido só "até a página quatro".

Essa militância em prol de um tipo de mulher mais ativa, aguerrida e "heroica" não faz outra coisa do que negar outro tipo de mulher, um tipo que é deixado de lado e colocado como inferior. Em nossa cultura contemporânea, vemos com muita facilidade mulheres com mais ação em filmes, animações e séries. O feminino é colocado ao lado do masculino, quando o assunto é a ação, a ousadia e a força, mas ao mesmo tempo os antigos arquétipos heroicos das mulheres são excluídos, pois uma vez que, para se tornarem heroínas, mulheres precisaram ter a mesma atitude e papel de homens, não se consegue mais conceber personagens como Penélope, Antígona, Elizabeth Bennet ou mesmo Débora e Maria, uma vez que esse tipo de heroísmo foi apagado em prol de uma ideia mais próxima do herói masculino – no fim, o masculino serviu de *padrão* para compor as heroínas atuais.

Além da problemática que envolve personagens da ficção, também é notável o fato de o feminismo *escolher* que *tipo* de mulheres exaltará, e é possível citar bons exemplos de personagens femininas importantes do século XX que não são agraciadas pelo movimento feminista. Podemos ver que, em regra, grandes mulheres do liberalismo e do conservadorismo ficam de fora das "heroínas" feministas. A primeira mulher a ocupar o cargo de Primeira-Ministra no Reino Unido, Margaret Thatcher (1925-2013), não recebe uma salva de elogios e não é um norte para o movimento feminista, *mesmo sendo uma mulher que conquistou seu espaço em um meio tradicionalmente masculino.* Outras mulheres

4. O PROGRESSISMO CONTRA O PROGRESSO

podem ser postas no mesmo lugar de Thatcher. Com toda certeza, entre as mais corajosas, poderosas e fortes mulheres latino-americanas, Zoila Aguila (1938/9- 2021) *não* está em um lugar de destaque e entre as personagens simbólicas do feminismo, mas por quê?

Aguila, cubana, viveu no período em que Fidel Castro (1926-2016) tomou o controle da ilha, instaurando sua ditadura. A vida de Aguila foi por água abaixo, com a propriedade de sua família sendo roubada, além de vários de seus membros familiares terem sido assassinados; com isso, Aguila pegou sua *Thompson* e seguiu para as colinas, participando de uma guerrilha de resistência ao regime castrista. Por conta de sua luta, Aguila foi chamada de *La Niña de Escambray*, contudo, pergunto a você, leitor, se já ouviu falar desta mulher forte que lutou contra um regime tirânico, composto exclusivamente por homens violentos, armados e antidemocráticos? É muito provável que não.

A genealogia esquerdista[41] do feminismo não te permitiria tal coisa. Mulheres com grandes feitos e coragem não podem ser transformadas em ícones, ao menos caso combatam a esquerda; também não podem ser liberais, não podem ser conservadoras. Aposto que, quando falam das grandes mulheres na História da América Latina, o rosto peculiar de Frida Kahlo (1907-1954) lhe vem à mente. Aguila foi mantida nas prisões de Fidel, foi torturada, batalhou pelo que acreditava, foi uma mulher que deveria ser um orgulho para todos os defensores da Liberdade..., mas Kahlo, adúltera, amante de Leon Trótski (1879- -1940), comunista, deixou o bigode crescer para desafiar os padrões

---

[41] Embora este subcapítulo não tenha a pretensão de tratar da história do feminismo, com suas ondas e suas mudanças ocorridas desde o século XIX até o XXI, creio que seja necessária uma breve nota sobre os laços entre o feminismo, o progressismo e a esquerda na História. Como já dito por alto em outro capítulo, Marx e Engels tiveram uma influência considerável, no fim de suas vidas, pelo trabalho antropológico de Lewis H. Morgan, em *A sociedade antiga*. Os autores iniciaram as influências revolucionárias no feminismo, com suas noções de propriedade aplicadas nas relações entre homens e mulheres, em suas famílias, criando a teoria de que a primeira forma de propriedade privada teria sido criada com a família, onde a sujeição da mulher existiria em seu primeiro momento por conta da opressão masculina.

ESCRAVOS DO AMANHÃ

de comportamento e beleza e... bem... *é só isso*, além de ter produzido uma arte de qualidade altamente duvidosa. Muitas mulheres de fibra, mulheres que realmente fizeram algo impactante e mudaram (ou quiseram mudar) a História, como Aguila e Thatcher, são esquecidas, enquanto personagens como Kahlo são escolhidas para ornar o altar das heroínas do feminismo.

Mas, para além das mulheres notórias de nossa História, há algo que Suzanne Venker e Phyllis Schlafly notaram muito bem, sobre a interação geral do feminismo com a sociedade:

> Não importa quão rica ou importante ou inteligente ou privilegiada uma mulher possa ser, as feministas ensinam que o sucesso está além do alcance dela, pois o machismo institucional a oprime. E quando uma mulher *conquista* o sucesso tanto como mãe, quanto esposa e profissional, as feministas se sentem diretamente ameaçadas, pois isso prova que a maternidade não é opressiva[42].

O feminismo, dentro de um ambiente cultural onde as mulheres compreendem que seus caminhos devem ser o do casamento, o da maternidade, o de cuidar da casa etc., não seria uma infecção neste ambiente? Ele não lutaria, na realidade, *contra* os valores e as crenças que as mulheres dessa cultura possuem?

Assim como a secularização não foi um sinônimo necessário de progresso, o feminismo também não o é para as mulheres. Esse movimento não detém a primazia ou o absolutismo da causa para a melhoria dos direitos e um tratamento digno para as mulheres; o movimento feminista também está no turbilhão caótico que é a humanidade, em seu caminhar pela História. Reclamar para si algo que não pode ser sequestrado ou privatizado por nenhum movimento, como as crenças, as preferências e o bem-estar apenas com algo tão comum como o sexo de alguém[43] é o que o feminismo faz e é o que faz ir à contramão de si

---

[42] Ibid., p. 43.

[43] Como já cometei em uma nota acima, não creio no uso mandatório a palavra "gênero" para me referir às mulheres ou aos homens. Não acredito que a palavra

4. O PROGRESSISMO CONTRA O PROGRESSO

mesmo. O feminismo também pode prender as mulheres, aprisioná-las em sua luta cega, em suas ideias progressistas de pretensão absoluta.

4.3. A Torre de Babel

Livros inteiros poderiam ser escritos sobre este tema: o progressismo existente no nazismo, dentro do combate ao eurocentrismo, dentro dos Movimentos Negros, do movimento LGBT, entre outros. No entanto, terei que me conter e compilar, neste último subcapítulo, considerações e exemplos que mostram como o progressismo, utilizando os tipos citados acima, quebra suas próprias pernas, sendo uma verdadeira *Torre de Babel.*

O mito da Torre de Babel é extremamente conhecido. O Homem, querendo chegar ao Céu, constrói uma torre que, por fim, é derrubada por Deus. O Criador não permite que a humanidade chegue aos céus por conta da própria natureza humana. Ao querer se misturar aos seres do paraíso, a humanidade quebrou um limite. O texto bíblico tem sua ironia: os Homens querem adentrar no Céu usando tijolos, mas têm a incapacidade de se servir de pedra e argamassa, já que o tijolo serviu como pedra e o betume de argamassa – e sem a pedra e a argamassa, o Homem, mais uma vez, quis se fazer de Deus, sendo punido por isso.

O projeto de Babel já estava condenado desde seu início. Ele vai contra a realidade, contra a concretude das coisas. O peso de sua ambição inicial foi a chave que desencadeou sua ruína. Quando o pensamento progressista tem seu início, ele já parte do pressuposto de que os tempos passados não podem servir de espelhos, exemplos e bases para constituir o futuro. É na Modernidade, como bem mostrou Koselleck, que a fratura entre o *espaço de experiência* (justificado no

---

é inútil ou totalmente fictícia, porém não vejo sentido em usar o termo para falar de modo geral sobre um dos sexos. A consideração do termo "gênero", atualmente, geralmente remete à ideia de que homens ou mulheres são constructos socioculturais em absoluto, e isso não faz sentido. Quase todos os entendimentos do que seria um "homem" ou uma "mulher" na História são referentes ao *sexo*, e não ao que desde o século passado se cunhou como "gênero".

ESCRAVOS DO AMANHÃ

passado) e o *horizonte de expectativas* foi criada. A era Contemporânea, filha da Modernidade, segue sua progenitora nesse aspecto.

O querer "fazer história", isto é, criar algo sempre novo, desvinculado do passado e almejar um progresso por si, é o betume que toscamente substitui a argamassa. Dentro da História há um bom exemplo, dado por Koselleck, na comparação entre as figuras de Otto von Bismarck (1818-1898) e Adolf Hitler (1889-1945). As concepções desses personagens sobre a História, suas mentalidades sobre o "progresso" e o aprendizado do passado, mostram como o progressismo pode arruinar um país.

> Bismarck jamais pretendeu fazer a história. "Uma intervenção arbitrária no desenvolvimento da história, determinada apenas por razões subjetivas, sempre resulta na colheita de frutos imaturos" — assim escreveu em 1869 em comunicação ao embaixador prussiano von Werthern em Munique. "Podemos adiantar os relógios, mas nem por isso o tempo andará mais depressa." É verdade que Bismarck também usou sua frase, contrária à ideia de se fazer a história, para fazer política; ele desejava tranquilizar os bávaros sobre as aspirações expansionistas dos prussianos, para levar adiante com mais eficácia sua política de unificação. Por isso, pouco tempo depois, em um discurso perante o Reichstag da Alemanha do Norte, Bismarck repetiu a frase para frear uma mudança precipitada da constituição. "Minha influência sobre os acontecimentos que me sustentaram é vista com grande exagero, mas mesmo assim ninguém há de acreditar que eu seja capaz de fazer a história." Bismarck não disse isso apenas por uma questão de tática. Na velhice ele confirmou: "Não se pode em absoluto fazer a história, mas com ela se pode aprender como se deve dirigir a vida política de um grande povo rumo ao seu desenvolvimento e à sua destinação histórica."[44].

> Hitler e seus seguidores deliciavam-se no emprego da palavra "história", às vezes considerando-a como destino, outras manejando-a como

---

[44] KOSELLECK, Reinhart. *Futuro passado:* contribuição à semântica dos tempos históricos. Rio de Janeiro: Ed. PUC-Rio, 2006, p. 243.

4. O PROGRESSISMO CONTRA O PROGRESSO

algo a ser feito. Mas a inconsistência das expressões, quando examinadas, revela seu conteúdo ideológico. Assim escreveu Hitler em seu segundo livro, em 1928: "Os valores eternos de um povo só se transformam em aço e ferro, com os quais se faz história, sobre a bigorna da história universal." E uma expressão da campanha eleitoral em Lippe, antes do 30 de janeiro de 1933, mostra que mesmo suas obsessões futuristas conservam o sentido de prognósticos secretos: "Em última análise, é indiferente que percentagem do povo alemão faz história. O que importa é que sejamos nós os últimos a fazer história na Alemanha." Impossível formular com palavras mais claras um ultimato a si mesmo, parte da compulsão com que Hitler fazia política, acreditando com isso estar fazendo história. Efetivamente fez história — mas uma história diferente da que imaginava.

Não é necessário lembrar que Hitler, quanto mais se via forçado a fazer a história, tanto mais se equivocava ao avaliar seus adversários e o tempo que lhe restava. Os prazos durante os quais Hitler mantinha os acordos ou cumpria as promessas foram se tornando cada vez mais curtos, e os tempos fixados para alcançar os objetivos, cada vez mais longos. Fazia sua política sob a pressão de acelerações que estavam em proporção inversa aos largos períodos e à eternidade em cujo nome pretendia agir. Hitler dava mais valor à sua vontade do que às circunstâncias: tinha uma relação solipsista com o tempo histórico. Mas, a cada história, afinal de contas, correspondem pelo menos dois tempos, e é característico da qualidade do tempo histórico que ele produza fatores que não estão disponíveis em cada momento. Bismarck, que sabia disso, obteve êxito; Hitler, que não quis reconhecê-lo, fracassou[45].

O *horizonte de expectativa* inibiu o *espaço de experiência*. Malgrado Bismarck tenha seus pecados e a própria unificação da Alemanha não tenha sido algo pacífico, podemos afirmar, sem dúvidas, que Bismarck, respeitando o passado, ajudou a fundar um país, já Hitler *quase o destruiu* com seu progressismo. A torre que ruiu com os nazistas também irá ruir com qualquer tipo de progressismo. George Orwell (1903-1950), além de seu célebre, *1984*, também escrevia artigos para

---

[45] Ibid., p. 244.

ESCRAVOS DO AMANHÃ

alguns jornais ingleses. Entre esses artigos há uma observação extremamente interessante, sobre a importância da conservação das tradições em oposição ao ideologismo que intelectuais possuíam.

Vivemos uma época na qual a democracia está em retirada em quase todo o lugar, em que super-homens estão no controle de três quartos do mundo, em que a liberdade é descartada na explicação de insidiosos professores, em que o espancamento de judeus é defendido por pacifistas. E ainda assim, em toda parte, sob a superfície, o homem comum agarra-se obstinadamente às crenças que ele vai buscar na cultura cristã. O homem comum é mais sábio que os intelectuais, assim como os animais são mais sábios que os homens. Todo intelectual é capaz de lhe fazer uma esplêndida defesa do esmagamento dos sindicatos alemães e da tortura dos judeus. Mas o homem comum, desprovido de intelecto, que tem apenas instinto e tradição, sabe que 'isso não está certo'. Quem quer que não tenha perdido seu senso moral – e uma educação no marxismo e em credos similares consiste grandemente em destruir seu senso moral – sabe que 'não está certo' invadir as casas de pequenos e inofensivos lojistas judeus e atear fogo em sua mobília[46].

Orwell errou em uma questão: *o homem comum também pode ser pervertido pela ideologia*. Os alemães, em parte, foram corrompidos pelo nazismo. Os poloneses, durante a ocupação nazista, muitas vezes não se poupavam em denunciar e apontar onde os judeus estavam escondidos. Ideologia, ódio histórico, medo. Muitas coisas podem perverter o Homem comum, mas é preciso lembrar: ele é *pervertido*. Algo em sua mentalidade, em sua crença e em seus valores foi maculado, *mudado*. As bases tradicionais, totalmente inexistentes ou muito danificadas nos intelectuais, podem se desgastar em qualquer lugar. O desgaste dessas características basilares não resulta em outra coisa senão, como já enfatizado em outros subcapítulos[47], na destruição do próprio movimento que corrói a cultura tradicional ao extremo.

---

[46] ORWELL, George. O grande ditador. *In: O que é fascismo? E outros ensaios.* São Paulo: Companhia das Letras, 2017, p. 38-39.

[47] O feminismo avilta as mulheres, o secularismo coíbe a liberdade religiosa.

4. O PROGRESSISMO CONTRA O PROGRESSO

A ironia da Torre de Babel pode ser trans-histórica. O horizonte de expectativa do progresso, o querer *fazer história*, por parte dos nazistas, foi justamente o que esfacelou e quase destruiu um dos maiores bens considerados pelos mesmos: a *Alemanha*. A busca cega pelo progresso foi na contramão de si mesma. As causas para o sofrimento do povo alemão durante e depois da II Guerra Mundial estão encrustadas, antes de tudo, na ideologia, na vontade de progresso e no esvaziamento da verdadeira tradição alemã, e em nome de um futuro que sequer existia.

Mas, como já dito neste livro, há progressismos e progressismos. O progressismo nazista não é igual ao que existe dentro de certos movimentos mais recentes. Um dos exemplos desastrosos do progressismo atual pode ser dado pela caçada ao eurocentrismo, ou, em outras palavras, a descolonização do imaginário e da mentalidade que se tenta fazer dentro das ex-colônias dos grandes impérios europeus de outrora. Mas o que seria essa *"descolonização"*? É o afastamento de ideologias e mentalidades das metrópoles (Europa) que moldam e *dominam* o modo de pensar nas antigas colônias. Mas há um problema: *descolonizar o quê?*

Se a descolonização significa alterar como se vê o mundo, como nos são apresentadas certas noções e valores, veremos que nós, habitantes de ex-colônias, tatearemos no escuro. Ao tentar desconstruir o legado que o Ocidente trouxe para o resto do mundo, o que negaremos? Não pensemos que vamos estar apenas nos afastando do racismo, do elitismo, do patriarcado... *estaremos nos afastando de tudo*.

Tomemos o caso do continente americano como exemplo: o que tínhamos, aqui, antes da colonização europeia? Existiam civilizações (*no sentido estrito e etimológico do termo*), mas perante o vasto território do continente, eram poucas. Não cobriam consideravelmente a área continental, como ocorria na Europa ou na Ásia. Em sua densíssima maioria, os povos da América pré-colombiana se organizavam em sistemas tribais esfacelados e pequenos, com economias, cosmovisões e religiões características.

Um sistema tribal não carece de riqueza cultural, é preciso dizer. Como já dito no capítulo sobre a religião, mitos podem alcançar verdades profundas e descrever, de algum modo, a condição humana, podendo ser por vezes superiores à mais avançada ciência ocidental.

ESCRAVOS DO AMANHÃ

Adão e Eva, o mito fundador do ocidente cristão, tem sua origem no mundo *tribal* (ou quase tribal) de Canaã.

Em seus contextos, as mitologias indígenas presentes no continente americano não podem sustentar a sociedade que temos hoje, *o que inclui as críticas ao suposto "eurocentrismo" que necessita ser extirpado por uma descolonização do imaginário*. Se, para destituir a presença colossal de símbolos, valores, imagens e padrões ocidentais dentro de nossa sociedade precisarmos mudar ou abolir tudo o que "colonizou" nossas "ideologias", será necessário abnegar quase *todos* os componentes de nossa sociedade.

Se a dominação europeia foi um mal por si só, por ter avassalado ou destruído as culturas indígenas da América, então uma descolonização real acarretaria a *destruição* de quase todas as culturas atuais da América. Da feita que os países americanos contemporâneos foram *criações* da cultura ocidental, eles são herdeiros diretos da Europa. Como povos inicialmente colonizados, foram criados e moldados pelos reinos europeus. Não existia um "Brasil" antes da colonização portuguesa, assim como não existia um "Canadá" antes da inglesa e francesa, ou mesmo um Chile, um México, sem a Espanha. Todos são criações da Europa, e mesmo suas *independências* são frutos de mentalidades, ideologias e modos de pensar europeus.

Não se levantava uma "ideia indígena", quando as independências iniciaram. O iluminismo, o liberalismo, o nacionalismo, foram os ingredientes que compuseram as grandes alavancas da independência, mas são componentes vindos da Europa. As culturas e nações da América são filhas, representantes e *integrantes* do Ocidente.

Os países das Américas atualmente não são uma contravenção à cultura europeia, mas sim *resultados* das mesmas. Nosso ideário de república, nossos direitos civis, nossas instituições, idioma, arquitetura, nosso sistema bancário, jurídico, universitário, nossas religiões, ideologias e cosmovisões, todas em grande parte se confundem integralmente com a Europa, ou são tão similares que não é possível não estabelecer um parentesco próximo o suficiente para enquadrá-las no que seria em um mesmo gênero de ideias, instituições, práticas e normas ocidentais.

4. O PROGRESSISMO CONTRA O PROGRESSO

Um dos grandes, e já citado, historiadores do século XX (e um dos quais não se pode desconfiar de conservadorismo), Jacques Le Goff, em uma entrevista com Francesco Maiello, notou algo extremamente interessante para definir o que seria essa "colonização". O entrevistador perguntou ao historiador sobre os antigos métodos de comparação utilizados pelas ciências humanas (em particular, a História), e Le Goff deu a seguinte resposta:

> Num primeiro método comparativista que definiria um tipo positivista mecânico, e, todo considerado, bastante vulgar, através do qual se tentou atuar procurando fazer coincidir brutalmente, no calendário das sociedades, conjunto ou partes de uma sociedade diversa. Há depois um outro tipo de comparativismo que é próprio do marxismo...
> – ... ainda no ponto de mira...
> – ...talvez, mas aqui quero sublinhar de um *certo* marxismo, que, pensando num só modelo de evolução nas sociedades, procurou descobrir qual é numa sociedade o momento que historicamente correspondeu à fase de evolução de outra sociedade.
> – Apresentando assim, esse é um modo e um modelo que repropõe sob vestes enganosas as teses do evolucionismo clássico.
> – E não é um mero acaso que também aqui o marxismo sofra do mesmo mal que é o seu ocidentalismo. Dir-lhe-ei até que, tal como o evolucionismo a que se referia, pelo facto de ter ingenuamente proposto um único tipo de evolução das sociedades, este marxismo não resiste à análise e constitui-se como uma das formas da colonização ocidental"[48].

A reflexão de Le Goff é muito oportuna. Que esse *ocidentalismo* presente no marxismo (mais antigo, alinhado com a época e às próprias ideias de Karl Marx) e no positivismo acabou fraturando e dificultando o entendimento de outras culturas, é um fato inegável. Fazer comparações onde os parâmetros são apenas os ocidentais é, com certeza, algo negativo e desrespeitoso para com outros povos, porém a

---

[48] LE GOFF, Jacques. *Reflexões sobre a história*. Lisboa: Edições 70, 2009, p. 83.

ESCRAVOS DO AMANHÃ

questão não é tão simples assim – é necessário indagar, antes de tudo, sobre o que é um pensamento ocidental, mas também sobre o que está fora da estrutura ocidental, o que não compõe uma mentalidade de tipo ocidental. Se encararmos o Ocidente atual como uma complexa mistura com as origens na religião judaico-cristã, no legado romano e nas consequências intelectuais da filosofia grega, podemos dizer que em nosso século o mundo inteiro, em quase sua totalidade, se tornou o Ocidente ou é drasticamente influenciado pelo mesmo.

Como bem apontou Le Goff, o positivismo e o marxismo entram em um ocidentalismo violento para com as demais culturas, contudo, se pensarmos bem, ainda estamos sob um domínio ocidental mesmo se rejeitarmos o eurocentrismo dessas ideias. Este livro que tem em mãos é um legado do Ocidente, mas caso queira ler, por exemplo, a obra de Michel Foucault, você também estará dentro da tradição filosófica, historiográfica e de uma literatura sociológica ocidental. De fato, a própria problematização desse colonialismo grosseiro do positivismo é algo ocidental. A própria *New Left* e seus rebentos são um fenômeno ocidental, tão ocidental quanto o parlamentarismo britânico, a monarquia Absolutista, a Revolução Francesa, os direitos humanos e o fascismo.

Ao ler autores desconstrucionistas, por exemplo, você está imbuído de uma cultura filosófica e literária altamente ocidental, mas o mesmo vale para o feminismo, para o antiescravismo que era escrito ao fim da escravidão, para o atual discurso antirracista. Tudo é uma invenção do Ocidente. Movimentos pós-estruturalistas? Ocidentais. Já viu algum surgir de um amálgama mitológico africano, do pensamento de Confúcio, do budismo, das inúmeras formas do xamanismo, dos Vedas e Upanixades, ou da mentalidade indígena americana? Não, pois acreditar que o conteúdo ou o próprio movimento pós-estruturalista pode ser criado fora das causas e do meio que *ele mesmo* foi gerado é algo, em termos históricos, anacrônico e de qualquer modo um *absurdo*.

Há mais exemplos: um marxismo baseado em Antônio Gramsci (1891-1937) ou Herbert Marcuse (1898-1979)? Ou mesmo, quem sabe, em uma visão histórica de esquerda refeita, embora ainda busque bases em Marx, como a de E. P. Thompson (1924-1993)? Frutos genuinamente

4. O PROGRESSISMO CONTRA O PROGRESSO

ocidentais. Não é por acaso que esses nomes são citados: eles compõem o núcleo conceitual dos progressismos mais militantes da atualidade, sendo suas raízes e troncos intelectuais, e, para além destas, ciências inteiras estão encrustadas na tradição e na cultura ocidental, deixando de ter sentido quando os parâmetros conquistados e descobertos pelo Ocidente se distanciam. A antropologia e a sociologia, por exemplo, só puderam erguer-se em um cenário acadêmico do Ocidente, onde certas questões filosóficas já estavam colocadas.

O Brasil pode ser um grande caso a se ater. Durante o primeiro século de colonização portuguesa, podemos dizer que a História da filosofia e da teologia brasileira começa com o jesuíta Gonçalo Leite (1546-1603), já que este foi o primeiro professor de Filosofia da terra que hoje chamamos de Brasil. Leite trabalhou em uma contestação moral sobre a escravidão indígena e africana, demonstrando a injustiça e o mal que era privar qualquer Homem de sua liberdade. Foi o primeiro a trazer tal pensamento para terras brasileiras e apenas com a carga cultural que teve na Europa foi possível elaborar uma crítica deste nível. Leite era seguidor de Santo Tomás de Aquino, leitor de Aristóteles. Milênios de filosofia Antiga e Medieval ecoavam na tinta de sua pena, quando esta tentava demonstrar ao resto dos portugueses o crime da escravidão. Se os princípios dos direitos humanos chegaram ao mundo, chegaram pelas velas brancas das caravelas. Vieram pelo Ocidente.

Mas, claro, o Ocidente não é perfeito e nem absoluto. Apenas no Ocidente, também, existiu terreno para que ideologias como o nazismo surgissem. O próprio cristianismo, altamente necessário para a argumentação antiescravista, antirracista e para uma concepção universal de Homem, não é um elemento genuinamente ocidental, mas *oriental*.

O Ocidente, como toda civilização, é capaz de ser cruel, indigno e perverso; pode-se acrescentar: também não é um fim em si, nem mesmo é superior em tudo, se comparado com todas as outras culturas. Sociedades e tradições não-ocidentais podem ser incorporadas ao Ocidente acrescentando mais valor à nossa civilização, como o cristianismo fez e, claro, mesmo com elementos exteriores não estando incorporados, os mesmos podem ser superiores em vários pontos, se os

ESCRAVOS DO AMANHÃ

compararmos com a cultura ocidental. Esse fator, porém, está longe de justificar uma "descolonização" de tudo o que vem da Europa.

Ao negar o espaço de experiência histórica se traduz em *nossas* tradições ocidentais – e negar o fato de tal espaço ser majoritariamente ocidental –, cria-se um horizonte de expectativa onde uma "justiça" será feita onde os séculos de dominação europeia seriam reparados – mas como fazer tal coisa sem ser nos moldes ocidentais? *Como combater o legado europeu sem combater a si mesmo?* Como fazer isso sem a Filosofia, a sociologia, a antropologia, sem concepções econômicas nascidas nesse ocidente que tanto se critica? A descolonização não só vai contra o progresso factual conquistado pelo Ocidente – ela atinge as fontes que seus próprios teóricos beberam para tentar edificar o suposto progresso da descolonização.

Outros progressismos que devem, ainda que de modo breve, ser tratados também são aqueles que buscam uma "justiça social" para certos grupos. O Movimento Negro e o movimento LGBT podem ser os casos mais drásticos.

Dentro dos movimentos negros, os brados pela busca por uma igualdade social, pelo fim do preconceito e da discriminação pela cor de pele não morreram, mas se modificaram. Se, antes, clamavam por uma justa igualdade, por um tratamento sem diferenças entre as pessoas de cores diferentes, hoje lutam com todas as forças por *reparação*, por *espaços*. Ao entrarem nessas disputas, entram no progressismo.

Malgrado exista um verdadeiro progresso em várias conquistas dos movimentos negros espalhados pelo globo, caem no progressismo ao ter uma expectativa positiva total, no tocante às suas propostas. Assim como o feminismo, nenhum movimento pode ser posto como "meta-histórico", se colocando como palavra definitiva e última sobre o progresso e o bem-estar de um grupo tão grande e diverso, e ainda se baseando em algo que nada define em sua individualidade: a quantidade de melanina no corpo.

Os movimentos negros são mais filiados à esquerda. Essa própria característica situacional dentro desses movimentos já pode, por si só, abalar seus postos "intocáveis", como defensores perpétuos de causas justas e antirracistas, defendendo negros contra a opressão

4. O PROGRESSISMO CONTRA O PROGRESSO

de brancos e afins. O caso do republicano George Yancey, que é um cristão protestante, conservador e negro, pode ilustrar essa intolerância perfeitamente. Em artigo intitulado *A Confession of Liberal Intolerance*, de Nicholas Kristof[49], é relatado um pouco da intolerância dentro dos próprios grupos progressistas para com aqueles que deveriam defender. Yancey, um raro professor de sociologia na direita do espectro político, afirmou que já enfrentou vários problemas apenas por ser negro, fora da academia; contudo todo o preconceito e discriminação que passou no lado e fora da universidade foi pouco, em comparação ao que passou *dentro* do ambiente acadêmico por conta de suas ideias.

Um negro que foi agredido por conta do que crê, em termos de pensamento, dentro de um espaço majoritariamente progressista não é algo para se espantar, mas sim algo comum. Ao se colocarem como os máximos porta-vozes dos negros, os progressistas acabaram por se pôr em uma elite iluminada, incapaz de cometer erros e que, por si só, é sempre virtuosa e do bem. Dada essa característica, nada mais natural do que esmagarem seus adversários, não importando a contradição de inibir a opinião política de um negro, uma minoria no meio universitário. Não é, contudo, necessário estar no cenário estadunidense para perceber tal fator. Fernando Holiday, enquanto era vereador da cidade de São Paulo, foi chamado de *Capitão do Mato* várias vezes, uma ofensa que claramente buscava usar sua cor como razão para ofensa. Capitães do Mato muitas vezes eram escravos (ou libertos) que perseguiam cativos fugitivos. O fato de ser negro, mas não ser progressista, atrai ofensas raciais de progressistas que se dizem os maiores soldados na batalha contra a discriminação – e Holiday não foi ofendido por uma parte irrisória e pequena da esquerda, mas por pessoas notórias e portais importantes, no meio esquerdista: Marcos Sacramento, do Diário do Centro do mundo; Nêggo Tom, do Brasil 247; Ciro Gomes, o Diário Causa Operária, Tico Santa Cruz e o PCO,

---

[49] KRISTOF, Nicholas. A confession of liberal intolerance. *The New York Times*, 7 mai. 2016. Disponível em: <https://www.nytimes.com/2016/05/08/opinion/sunday/a-confession-of-liberal-intolerance.html>. Acesso em: 16 de Agosto de 2022.

em seu blog. Todos progressistas, todos lutando contra o racismo... mas usando a cor da pele de um negro como um motivo para atacá-lo. No caso dos movimentos LGBT[50], a coisa é similar. Ao colocar seu horizonte de expectativa acima de toda a tradição acumulada no espaço de experiência, a busca implacável e irracional por uma justiça social para todos os homossexuais e transexuais é um tiro que sai pela culatra.

Seguindo a triste experiência de homens como Yancey e Holiday, um homossexual direitista, católico e britânico, Milo Yiannopoulos, já foi impedido, por meio da força, de dar uma palestra na Universidade de Berkeley, na Califórnia. Por ter sido notoriamente um apoiador de Donald Trump, além de ter sido editor do site conservador Breitbart News, um gay direitista não é bem-visto pela esquerda americana. Ser conservador e ainda ser um homossexual que critica e rejeita uma considerável parte das agendas LGBT, foi o suficiente para progressistas o impedirem de ter liberdade de expressão.

A igualdade e a liberdade para homossexuais, para a qual tanto lutam e se esforçam, só foi até a página dois da agenda LGBT. Na universidade de Berkeley, Yiannopoulos foi impedido pela *força*. Ao sair pregando palestras antifeministas nos EUA, ele declarou uma guerra argumentativa ao progressismo, e os progressistas o responderam com força física. Pouco importa se Milo Yiannopoulos representa uma fração conservadora dentro dos que se identificam como homossexuais, não importa se, mesmo sendo gay, ele tem o direito de ter livre opinião sobre diversos assuntos. Os protestos que o impediram de entrar na universidade foram tão violentos, depredaram tanto o campus, que o prejuízo final se traduziu na soma de cem mil dólares(!). Como humano, mas também como homossexual (já que ele usava de sua sexualidade para mostrar que a esquerda não é dona de todas as pautas que possam interessar a um homossexual), ele foi calado por

---

[50] Os leitores já devem ter notado que não uso a sigla atual do movimento. Eu me recuso a colocar uma sigla que não possui sequer uma estabilidade básica em sua definição, uma vez que ela é pautada por critérios tão voláteis que, literalmente no próximo mês ou ano, podem mudar drasticamente por motivos subjetivos e, portanto, vagos.

4. O PROGRESSISMO CONTRA O PROGRESSO

quem luta pelos direitos humanos, por quem luta pela igualdade para minorias. As instituições pró-LGBT dos EUA, ou do Reino Unido, bradaram alguma coisa contra os agressores de Yiannopoulos? Alguma nota, algum ato de protesto, alguma greve, alguma gritaria na rua, cancelamento nas redes sociais? Não. Yiannopoulos é um conservador, logo, ele pode ir para o paredão das manifestações.

A mensagem de progresso, a ideia de que alguém pode fazer parte de um movimento trans-histórico, com um objetivo meta-histórico inibe qualquer crítica que se possa fazer ao mesmo, e acaba transformando qualquer crítico em vilão, não importando a qualidade da crítica, ou do crítico. Podem ser negros sofrendo de racismo, podem ser homossexuais calados... o progressismo necessita de uma defesa total. Quem ousar desafiá-lo irá para a "guilhotina".

Quanto aos transexuais e transgêneros, o problema ainda vai mais fundo, mas pode ser casado com toda a querela que a militância do arco-íris faz. Cada vez mais a associação de ideias com objetos concretos fica mais prejudicada, assim como a imposição de novas normas morais à revelia da sociedade, de sua cultura, crenças e moral. Há de se indagar, da mesma forma, se toda a sociedade, se toda a civilização, sempre considerou o "ser trans" normal e se em nosso contexto jamais pensou que seria uma afronta ter um "trans", com seu pênis à mostra, tomando banho no mesmo vestiário onde mulheres de todas as idades se banham. De acordo com a militância, quem é contra se torna um preconceituoso, um criminoso. Não importa se mulheres irão sentir-se agredidas vendo um homem tomar banho no mesmo local que estão; não interessam as tradições, o modo que essas pessoas veem o mundo. O progressista militante passará por cima de tudo como um trator, com toda a violência possível, posando de pacifista, amante da liberdade e da igualdade.

Os movimentos LGBT, ao negarem a razão, ao acusarem todos que vão contra a sua agenda de "*algumacoisafóbicos*", conservadores, tradicionalistas, reacionários, de incentivarem o ódio, não fazem nada além de tentar nivelar a sociedade à sua volta. Como bem mostrou Burke, a negação das origens não causa mais nada do que confusão. Crer que "hoje" é necessariamente melhor do que "ontem" não faz sentido, mas

ESCRAVOS DO AMANHÃ

enterrar os valores, os códigos de moral e conduta do dia de "ontem", o dia que ergueu o "hoje", continua a agredir as sociedades humanas. Negar as tradições é, enfim, negar a si mesmo. É como construir uma torre sem argamassa, frágil e incoerente com a própria estrutura, mas que tenta, a todo custo, chegar aos céus.

As consequências dessa caça à opressão de um mundo mais tradicional e antigo continua a nos trazer o caos. No Canadá, e mesmo no Brasil, já é possível ser punido pela lei se você identificar alguém pelo pronome errado, em relação ao seu gênero (*missgender*, como é conhecido), mas ao mesmo tempo *todo* o critério para se identificar um gênero foi jogado no limbo, já que admitir critérios que estão acima da subjetividade, isto é, como a pessoa se identifica, seria quebrar a moderna teoria de gênero e admitir padrões acima da mera escolha humana para seu próprio gênero; lésbicas e héteros relatam acusações de transfobia por parte de transsexuais que são rejeitados por eles, uma vez que nem todos consideram um transsexual ou um transgênero como uma mulher – casos no mínimo perigosos para o próprio feminismo e a definição do que seria uma mulher, ou até mesmo do que seria uma lésbica, pois também começam a admitir o conceito de um "homem lésbico" dentro da militância LGBT.

A busca pelo mundo melhor dos progressistas contemporâneos acaba se mostrando como uma das lutas mais coercitivas do nosso tempo presente. Por se colocarem em um topo moral, em um brilho insuperável perante o restante do mundo, acabam por legitimar *qualquer* força que irão exercer para moldar a realidade, não importando as consequências negativas ou efeitos colaterais desta força. Ao se considerarem como uma espécie de motor que impele a História para um estado sempre positivo, consideram o futuro como a única baliza para o presente.

Como a literatura nos acompanhou até aqui, não seria mais do que justo o uso de outro grande autor que notou a característica negativa da busca pelo "mundo melhor": *Ray Bradbury* (1920-2012), criador da célebre obra *Fahrenheit 451*. Em sua distopia, para ninguém ser "ferido", para que maus sentimentos não surgissem em nenhum grupo (principalmente entre as *minorias*), a cultura foi se moldando para lutar contra o conhecimento, já que a busca deste necessariamente gera atritos. Os

4. O PROGRESSISMO CONTRA O PROGRESSO

livros, enfim, foram abolidos. Como a reflexão e a busca pelo conhecimento não raramente geram o conflito de ideias e visões de mundo, o simples ato de estudar era considerado uma loucura e os donos de bibliotecas, mesmo os das particulares, foram detidos como loucos e tiveram seus livros queimados. A trama mostra como essa sanha em querer mudar o mundo para melhor acaba por transformá-lo em um inferno. Nada melhor do que recorrer a algumas passagens para nos ajudar a refletir como o mundo distópico de Bradbury se parece muito com o nosso, no que tange às demandas de grupos progressistas.

Agora tomemos as minorias de nossa civilização, certo? Quanto maior a população, mais minorias. Não pise no pé dos amigos dos cães, dos amigos dos gatos, dos médicos, advogados, comerciantes, patrões, mórmons, batistas, unitaristas, chineses de segunda geração, suecos, italianos, alemães, texanos, gente do Brooklyn, irlandeses, imigrantes do Oregon ou do México. Os personagens desse livro, dessa peça, desse seriado de tevê não pretendem representar pintores, cartógrafos, engenheiros reais. Lembre-se, Montang, quanto maior seu mercado, menos você controla a controvérsia! Todas as menores das menores minorias querem ver seus próprios umbigos, bem limpos[51].

Você precisa entender que nossa civilização é tão vasta e agitada que não podemos permitir que nossas minorias sejam transtornadas e agitadas. Pergunte a si mesmo: O que queremos neste país, acima de tudo? As pessoas querem ser felizes, não é certo? Não foi o que você ouviu durante toda a vida? Eu quero ser feliz, é o que diz todo mundo. Bem, elas não o são? Não cuidamos para que sempre estejam em movimento, sempre se divertindo? É para isso que vivemos, não acha? Para o prazer, a excitação? E você tem de admitir que nossa cultura fornece as duas coisas em profusão[52].

Os negros não gostam de Little Black Sambo. Queime-o. Os brancos não se sentem bem em relação à Cabana do pai Tomás. Queime-o. Alguém

---

[51] BRADBURY, Ray. *Fahrenheit 451*. 2ª ed., São Paulo: Globo, 2012, p. 80.
[52] Ibid., p. 82.

escreveu um livro sobre o fumo e o câncer de pulmão? As pessoas que fumam lamentam? Queimemos o livro. Serenidade, Montag. Paz, Montag. Leve sua briga lá para fora. Melhor ainda, para o incinerador. Os enterros são tristes e pagãos? Elimine-os também. Cinco minutos depois que uma pessoa morre, ela está a caminho do Grande Crematório, os incineradores atendidos por helicópteros em todo o país. Dez minutos depois da morte, um homem é um grão de poeira negra. Não vamos ficar arengando os *in memorian* para os indivíduos. Esqueça-os. Queime tudo, queime tudo. O fogo é luminoso e o fogo é limpo[53].

Mais do que Orwell ou Huxley, que Rand ou Zamiatin, Bradbury foi o homem que mais chegou perto da realidade em sua "previsão" de um futuro distópico. A "distopia" veio com os oprimidos, com os ofendidos. A necessidade de não se ofender, a vontade de dobrar tudo, mesmo se fosse verdadeiro ou real, fez com que certos movimentos dobrassem a sociedade. Vemos isso claramente hoje, quando é quase impossível dizer que o "homossexualismo é um pecado" sem ser acusado de homofobia, mesmo quando essa atitude claramente denota uma vontade censora para com as religiões que acreditam que o homossexualismo é um erro, já que homofobia é um crime.

Diferente do cenário distópico de Bradbury, não são bombeiros queimadores de livros que destroem o conhecimento e a liberdade em nome da igualdade[54], mas sim uma censura travestida de *cancelamento social* que cobra um pedágio ideológico, onde quem não concorda com a moral de certos grupos, ou uma nova ética, necessariamente é um tirano, já que se atreveu a não ter a mesma visão de mundo do outro e, com isso, o ofendeu – é como se católicos e protestantes tivessem alcançado mecanismos de jurisprudência para processarem uns aos outros, já que a discordância religiosa de ambos os ofendem.

---

[53] Ibid., p. 83.

[54] "Todos devemos ser iguais. Nem todos nasceram livres e iguais, como diz a Constituição, mas todos se *fizeram* iguais. Cada homem é a imagem de seu semelhante e, com isso, todos ficam contentes, pois não há nenhuma montanha que os diminua, contra a qual se avaliar. Isso mesmo!" – Ibid., p. 81.

4. O PROGRESSISMO CONTRA O PROGRESSO

O próprio Bradbury, no fim de sua vida, percebia essa censura progressista. No posfácio de *Fahrenheit 451*, ele escreveu sobre o verdadeiro assédio que recebeu de leitoras feministas, pois em alguns de seus livros mulheres não têm um papel protagonista na trama, mas não para por aí: reclamações sobre a falta de negros em suas obras, ou ainda um preconceito *a favor* dos negros, surgiram. Uma universidade, inclusive, chegou até a afirmar para Bradbury que uma de suas obras, *Leviathan 99*, seria difícil de ensaiar para uma adaptação no teatro da universidade. Motivo? *"Não havia nenhuma mulher nela! E as senhoras do ERA (Equal Rights Amendment) iriam atacar com tacos de beisebol se o departamento de teatro até mesmo tentasse fazê-lo!"*[55]. Bradbury, claro, afirmou que esse problema pode ocorrer em qualquer grupo, fossem católicos, batistas, mórmons, liberais, conservadores, professores de inglês, nadadores, lutadores de boxe, mas sabemos quais são os grupos que atualmente querem solapar a expressão dos outros, os que querem transformar em crime coisas como a expressão religiosa e até mesmo certas literaturas científicas (basta pesquisarem sobre as reações dos movimentos LGBT contra obras que ousam considerar biologia humana, no que tange a sexualidade e ao gênero).

A ênfase do protagonismo de minorias, essa ânsia de reescrever o mundo de acordo com os humores um tipo de minoria, ou um tipo de militância, de melhorar o mundo, de *fazer História*, requer a mais plena e clara *censura*. Se seu filme não tiver atores negros, ele será essencialmente racista; se não existirem mulheres fortes e independentes, será machista, e por aí vai. É uma luta pela diversidade, por um progresso, é uma luta pelo *controle*.

Ao promover esse controle, o progressismo se engole, desmoronando em suas próprias bases que pregavam por um mundo mais justo, pacífico e igual – afinal, Babel sempre ruirá, e seu erro não se encontra nas rachaduras dos andares superiores, nas alturas que busca alcançar, mas em suas bases, *assim que estas são construídas*.

— Hiago Rebello

---

[55] BRADBURY, Ray. *CODA*, IN: Ibid., p. 212.

5.

SOBRE O DESEJO DO MELHOR
E O "PROGRESSISMO" COMO ÉTICA

5.1. A ideia de "melhor" como base para a ideia de "progresso"

*P*rogresso, do latim *progredi/progredus*, de *pro* (à frente) e *gradus* (passo), significa, literalmente, ir para a frente, avançar, desenvolver. A ideia do termo sempre foi partir de um ponto menos qualificado ou vantajoso para outro que lhe seja inerentemente superior. Qualquer que seja a aplicação dessa ideia, ela deve, portanto, envolver, por pilar inegociável, um padrão de "melhor", de "bem" e de "certo" reconhecível e definitivamente sustentado. É a partir desse padrão, olhando para essa referência, que se julga o que é mais concorde à moral e o que é menos, o que é mais "bárbaro" ou "primitivo" e o que é mais "civilizado" e "desenvolvido", o que é mais banal e o que é mais complexo.

É o que resume Clives Staples Lewis (1898-1963), conhecido escritor inglês e também um apologista cristão, adepto da Igreja Anglicana, em seu *Cristianismo Puro e Simples*:

> Quando você considera as diferenças morais entre um povo e outro, não pensa que a moral de um dos dois é sempre melhor ou pior que a do outro? Será que as mudanças que se constatam entre elas não foram mudanças para melhor? Caso a resposta seja negativa, então está claro que nunca houve um progresso moral. O progresso não significa apenas uma mudança, mas uma mudança para melhor. Se um conjunto de ideias

ESCRAVOS DO AMANHÃ

morais não fosse melhor do que outro, não haveria sentido em preferir a moral civilizada à moral bárbara, ou a moral cristã à moral nazista. É ponto pacífico que a moralidade de alguns povos é melhor que a de outros. Acreditamos também que certas pessoas que tentaram mudar os conceitos morais de sua época foram o que chamaríamos de reformadores ou pioneiros – pessoas que entenderam melhor a moral do que seus contemporâneos. Pois muito bem. No momento em que você diz que um conjunto de ideias morais é superior a outro, está na verdade medindo-os ambos segundo um padrão e afirmando que um deles é mais conforme esse padrão que o outro.

O padrão que os mede, no entanto, difere de ambos. Você está, na realidade, comparando as duas coisas com uma Moral Verdadeira e admitindo que existe algo que se pode chamar de O Certo, independentemente do que as pessoas pensam, e está admitindo que as ideias de alguns povos se aproximaram mais desse Certo que as ideias de outros povos. Ou, em outras palavras: se as suas noções morais são mais verdadeiras que as dos nazistas, deve existir algo – uma Moral Verdadeira – que seja o objeto a que essa verdade se refere. A razão pela qual sua concepção de Nova York pode ser mais verdadeira ou mais falsa que a minha é que Nova York é um lugar real, cuja existência independe do que eu ou você pensamos a seu respeito. Se, quando mencionássemos Nova York, tudo o que pensássemos fosse "a cidade que existe na minha cabeça", como é que um de nós poderia estar mais próximo da verdade do que o outro? Não haveria medida de verdade ou de falsidade. Do mesmo modo, se a Regra da Boa Conduta significasse simplesmente "tudo que cada povo aprova", não haveria sentido em dizer que uma nação está mais correta do que a outra, nem que o mundo se torna moralmente melhor ou pior.[1]

Esse longo trecho, como vários outros da lavra de Lewis, tem basicamente nossa inteira concordância e admiração. Exceto pelo detalhe de que, ainda que concordemos com suas posições aí expressas, a sua premissa de que estamos todos de acordo quanto à existência de

---

[1] LEWIS, Clive Staples. *Cristianismo puro e simples*. Trad. Álvaro Opperman e Marcelo Brandão Cipolla. São Paulo: Martins Fontes, 2005, p. 12.

5. SOBRE O DESEJO DO MELHOR E O "PROGRESSISMO" COMO ÉTICA

moralidades superiores – portanto, de povos que, comparados a outros, as exerceram de maneira superior -, e de que teriam existido reformadores que entenderam essa "moral modelo", esse Bem e essa Verdade, tal como um Sócrates (469-399 a.C.) ou um Platão (427-347 a.C.) se poderiam exprimir, melhor que seus contemporâneos, instruindo-os nesse caminho, não é, nem de longe, um "ponto pacífico".

C.S. Lewis toma partido aí em um tema que vem, na realidade, dividindo profundamente as pessoas, em tempos de multiculturalismo e da acolhida de teorias relativistas ou afeitas a desconstruir as referências e estruturas do passado como se de nada valessem, e é esse o alicerce inaugural da discussão. Recapitulando e resumindo: a ideia de progresso não faz sentido e não pode ser discutida sem haver antes reflexão sobre a sua base, que é a ideia de um "modelo" em comparação com o qual se pode avaliar o que teve mais progresso e o que teve menos, isto é, o que está mais próximo desse modelo e o que está menos. O que está "melhor" e o que está "pior". A ideia do desejo do "melhor", de se querer o "melhor", é, portanto, de onde importa considerar tudo inicialmente.

O economista da Escola Austríaca, Ludwig Von Mises (1881-1973), já dizia, em sua obra magna *Ação Humana*, que a atividade humana se define pela "vontade posta em funcionamento, transformada em força motriz" para "procurar alcançar fins e objetivos"[2]. Mais do que isso, é também, invariavelmente, "uma tentativa para substituir uma situação menos satisfatória por uma mais satisfatória". É verdade que o utilitarista Mises não está trabalhando com noções como "melhor" e "pior", nem com a noção de que exista um "modelo moral", um "mínimo moral", pelo qual se possa julgar a moral particular de povos ou indivíduos; ao contrário, para ele, a régua moral em análise é aquilo que cada indivíduo preferir. Se o sujeito acreditar que o "melhor" para ele é matar outro ser humano, é roubar ou mesmo infligir sofrimento a si mesmo, se entender que algo assim é a "situação mais satisfatória", então ele irá em busca disso e Mises considerará que ele buscou sair

---

[2] MISES, Ludwig von. *Ação humana*. Trad. Donald Stewart Jr. São Paulo: Instituto Ludwig von Mises Brasil, 2010, p. 35.

ESCRAVOS DO AMANHÃ

de um contexto em que estava menos satisfeito para um em que ficou mais satisfeito.

Podemos perfeitamente adotar a definição misesiana sem por isso concluir que não exista esse modelo de moral que ela ignora; vamos diferenciar concepções morais de escolhas metodológicas. Assim, quer exista, quer não exista esse modelo, as pessoas só agem para se verem em uma situação melhor, mesmo que estejam iludidas sobre o que seria esse "melhor". O desejo do "melhor" é, portanto, algo que nos acompanha por natureza, desde que nos tornamos a espécie que somos.

As diversas religiões e concepções cosmológicas e filosóficas se compuseram no intuito de, em relação às questões "finais" e primárias da existência humana, procurar descortinar esse "melhor". Qual é nosso lugar no Universo? O que é o Universo? O que eu sou? Existe um projeto de origem divina, alguma autoridade sobrenatural que governe a origem e destinação da minha vida? O que devo fazer para me adequar "melhor" a essa autoridade? E, se não existe, o que é "melhor" e com base em que critério eu defino isso?

Em princípio, eis a *teleologia*, cujo conceito se elabora desde Aristóteles. Essa área do conhecimento se destinaria a perseguir a "causa final", como diria o gigante filósofo grego; é a tentativa de descortinar o propósito maior, o objetivo fundamental das nossas existências, deem-se elas aqui ou em outros mundos e dimensões. É metafísica e transcendente a discussão toda, em sua base; o propósito está acima das coisas em si, ele define os seus rumos e como elas devem ser encaradas. Ele define o "modelo", supondo-se que exista, e justifica as ações. Perguntando-se sobre esses temas, todas essas religiões e crenças, ao longo dos milênios, gestadas em diferentes povos e culturas, formularam suas respostas e, de maneiras distintas, apreciaram a aplicação dessas respostas sobre os indivíduos, sobre as coletividades e, por extensão, sobre a dinâmica e o valor da passagem do tempo.

Já na origem da humanidade, muitos dos mais diferentes povos acreditavam que esse grande propósito estava além da vida material, em algum mundo invisível; sintonizar-se com a vontade dos deuses, porém, tinha implicações muito diretas – por vezes até demasiadamente – neste próprio mundo. Era preciso endereçar oferendas aos espíritos e

5. SOBRE O DESEJO DO MELHOR E O "PROGRESSISMO" COMO ÉTICA

divindades, por exemplo, para obter o sucesso na colheita, ou mesmo a vitória em uma guerra. Os deuses se compraziam em receber homenagens violentas, na forma de sacrifícios animais ou humanos realizados ritualmente. Em concepções herdadas dessa religiosidade antiga, alguns de nossos indígenas, ainda hoje, creem que de algum modo se ajustam à vontade dos deuses ou do sobrenatural se enterrarem crianças vivas, quando elas nascem com esse ou aquele problema de saúde.

Em outras palavras, crenças que hoje, em nossa sociedade, nos chocariam e aturdiriam, que hoje nos deixariam apavorados e revoltados, eram práticas sagradas, ajustando os desejos dos deuses aos objetivos terrenos. Isso porque os deuses eram figurados portando características humanas, como se as maiores potências do Universo tivessem os mesmos critérios e os mesmos interesses, bem como as mesmas paixões vis, dos mortais que as reverenciavam. Agradar esses deuses era o "melhor", com prevalência sobre o ajuste a uma ética ou moral que hoje chamaríamos "cristã" – uma que ensinasse o valor do indivíduo, o amor ao próximo, entre outras bandeiras que, em nossa cultura, crescemos a ouvir. Abraçando concepções localizadas e restritas às suas próprias dimensões étnicas, esses povos não abrangiam uma proposta de universalidade; as trajetórias posteriores de tais ideias religiosas demonstraram que não poderiam estender ao mundo suas bases de fé e redefinir culturalmente a face da Terra, permanecendo em seus redutos ou fenecendo com a gente que lhes deu origem. De todo modo, à sua maneira, como acreditaram dever, procuraram viver o "melhor". Acreditavam que estavam "certos". Honravam os antepassados e levavam um legado adiante, sem a pretensão e possibilidade de abranger o "mundo" que conhecemos hoje, em suas pluralidades e multiplicidades, posto que sem a possibilidade de compartimentá-lo e apreendê-lo através dos conceitos que a ferramenta filosófica da era de Sócrates logrou êxito em fazer emergir.

Outras doutrinas do Oriente, tais como o Budismo, enxergam o "melhor" em anular o "apego" ao mundo e às coisas que aparentemente o constituem; denunciam os desejos e os objetos exteriores como as ilusões de Maya, aquilo que mantém o fluxo das nossas ações e interesses – não propriamente a nossa "individualidade", pois, nas escolas ortodoxas do Budismo, esse conceito é bastante contestado – preso ao ciclo de renascimentos do *Samsara*, e encorajam o "desapego", a abdicação da sintonia com o mundo em prol do atingimento da "iluminação", do Nirvana. Não sobra muito espaço, adiante-se, para observar criticamente o mundo, os povos, os fatos e as crenças, do modo que acabamos de expressar, isto é, compartimentalizados e separados em estruturas formadoras pela razão analítica - posto que tudo isso é transitório, vazio ou perigoso. Não é o "melhor". O "melhor" é abdicar da cegueira do "eu" e submergir no Todo.

Outras ainda, quer na Índia, quer na Mesoamérica, vindo posteriormente a influenciar filósofos modernos, até olharam para o mundo, mas sua visão do transcorrer dos fatos era inerentemente cíclica; *Satya Yuga*, *Treta Yuga*, *Dwapara Yuga* e *Kali Yuga* se sucedem pelos milênios, cada uma com características marcadas e repetitivas. Brahma cria, Shiva destrói, e um novo ciclo se inicia. Havia ainda aqueles, como os gregos, com suas Idades de Ouro, Prata, Bronze e Ferro, que olhavam para trás e enxergavam uma era primordial em que os deuses e os Titãs caminhavam pela Terra, raças valentes e prósperas vicejavam sobre o solo, mas uma grande guerra ou uma grande destruição condenou os povos e o mundo à perda do que seria o "paraíso", um reino agora imponderável de delícias. Era o reinado de Cronos, onde os homens não se tornavam jamais decrépitos e imperava a fartura. Por sua vez, o paganismo nórdico, supostamente, na contramão, enxergava o futuro como palco para uma batalha definitiva entre os deuses, o *Ragnarok*, mas os detalhes desse mito são polêmicos e há quem julgue encontrar nisso o que, como veremos a seguir, seria a influência de uma raiz de ideias "finalista", nesse sentido sumamente teleológica, oriunda dos cristãos.

Eis que vem Moisés, vem o Judaísmo. Surge aí um povo que estabelece com seu Deus uma relação algo diferente do que havia antes. Um Deus único, absoluto, soberano, merecedor do monopólio da adoração de seus seguidores e protegidos. O "melhor" que cabe a esse povo é seguir Sua vontade, é aplicar seus mandamentos.

Não terás outros deuses diante de mim. Não farás para ti ídolo de escultura, nem alguma semelhança, do que há em cima nos céus, nem

5. SOBRE O DESEJO DO MELHOR E O "PROGRESSISMO" COMO ÉTICA

embaixo na terra, nem nas águas debaixo da terra. Não te encurvarás a elas nem as servirás, porque eu, o Senhor teu Deus, sou Deus zeloso. (...) Não tocarás o nome do Senhor teu Deus em vão; porque o Senhor não terá por inocente o que tomar o Seu nome em vão.

Ele é único, e está acima de todas as divindades temporais, de todas as culturas, estabelecendo um pacto com Seu povo, pairando acima de todas as transitoriedades. Honrar o pai e a mãe, não matar, não adulterar, não furtar, não pronunciar falso testemunho, não cobiçar o que é do próximo – respeitar o limite das propriedades individuais e das relações estabelecidas entre marido e mulher. Mais do que em todas as mais de 600 regras a que se ligam os judeus em sua *Torá*, refulge o Decálogo como uma autêntica base de "modelo moral".

Aqui, porém, se dá outra singularidade: a religião se manifesta na História; a saga dos profetas, de Isaías a Jeremias, de Oséias a Malaquias, passando pelos reis Samuel e Davi, é uma história do relacionamento de Deus com Seu povo – história que "ressignifica", aos olhos desse povo, a grandeza e a Verdade desse Deus. Deus, que é o "melhor", que é quem dita o "melhor", faz com que, de alguma maneira, esse "melhor" se "imanentize", se manifeste no fluxo dos acontecimentos, mostrando o rumo a seguir e admoestando os desobedientes no seio de Sua nação escolhida.

Mais que isso: desponta a promessa do advento de um Messias, um *Maschiach*, que restaurará o reino de Israel. Desponta a promessa da libertação do cativeiro na Babilônia. Desponta, enfim, a ideia de que o amanhã pode trazer o "melhor", dentro da lógica de existência de um projeto de Deus para Seu povo. Essa ideia, em suma, que mescla a esperança pelo melhor no amanhã, está longe de ser, em sua essência e no que tem de mais basilar, uma absoluta novidade histórica. Isso tudo, vale destacar, não obstante filósofos judeus modernos advertirem que o Judaísmo "jamais poderia se reconciliar com a História, porque via as verdades que lhe eram conferidas pela revelação como trans--históricas"[3], cuja existência "será sempre um desafio à expectativa do

---

[3] LILLA, Mark. *A mente naufragada*: sobre o espírito reacionário (e-book). Rio de Janeiro: Record, 2018, p. 33.

Iluminismo de que a política"[4], por exemplo, "possa ser racionalizada e isolada das alegações a respeito do que está além da política"[5]. Isso significa que, para eles, o "melhor" está para além dos fatos, das concretudes e da concepção de um progresso secularizador; "onde quer que haja judeus, haverá Jerusalém" – isto é, em tudo que façam, ontem, hoje ou amanhã, estará o chamado da revelação, o elo do povo escolhido com Seu Deus.

Por fim, vem o Cristo, surge o Cristianismo. Do seio do povo judeu, em uma selva de fariseus, saduceus e essênios, surge a "seita dos nazarenos", com sua convicção inabalável em que o Messias esperado pelos judeus já teria vindo, mas seu "reino não é deste mundo". Para alguns dos que travaram contato com os séculos inaugurais dessa grande aventura espiritual e civilizacional, como os ebionitas, um mestre judeu que confirmava as profecias, mas que não abjurava as regras tradicionais do povo judeu, como o ritual da circuncisão; para outros, como os arianos, um ser extraordinário e ancestral, uma grandeza soberana na Criação, mas não uma Pessoa da Divindade. Para a ortodoxia religiosa que orbita em torno de Roma e que se encaminha para o que chamamos Catolicismo, responsável majoritária pela expansão planetária da fé e de um modo de ver que nasce com ela, era a Segunda Pessoa da Trindade, o momento em que Deus se fez presente na História e a marcou para sempre, ofertando a salvação à humanidade pecadora, portadora da herança do "pecado original" que a fez banida do Éden.

Para todos – ebionitas, católicos, arianos, protestantes, ateus, o que for –, o momento em que se encarna na História uma mensagem manifestamente universal, estendendo-se ao coletivo e convidando senhores e escravos, romanos e "bárbaros", judeus e gentios, a serem "irmãos". Também a expressão de um código de moral objeto das mais generalizadas admirações e com as mais fartas influências sobre o que se tornaria a sociedade ocidental – essa construção magnífica cujo edifício dourado observamos hoje com alguma preocupação pela sua integridade. Um código que muitos, ainda que não formalmente

---

[4] Idem, *ibidem*, p. 33.
[5] Idem, *ibidem*, p.33.

5. SOBRE O DESEJO DO MELHOR E O "PROGRESSISMO" COMO ÉTICA

cristãos, não receariam constatar, por intuição, por simpatia ou por afinidade filosófica, como sendo o "certo", o "melhor", do qual todos deveriam desejar se aproximar, mas em que quase ninguém, senão absolutamente ninguém, consegue espelhar plenamente suas ações e hábitos na vida cotidiana.

Sublimidades como a simplicidade de espírito, a pureza de coração, a mansuetude, a misericórdia e a indulgência, o amor ao próximo – o que nos ama e o que nos desafia, a prática do bem sem ostentação, o discernimento para enxergar a dimensão real de cada coisa, a convicção profunda que move as montanhas do mal (entendido aí como uma realidade objetiva, sem tergiversações ou disfarces), a sinceridade, a firmeza de princípios em se opor ao relativismo moral, o apreço pelo conhecimento e outros valores de excelência se encontram nos Evangelhos e poucos questionariam o fato de que são, há dois milênios, o que de mais reluzente se enraizou em nossa cultura e em nossa civilização.

A visão cristã, desde o início, dá também valor ao "amanhã", à "profecia", à noção de que existem fatos que podem ser antecipados; no Apocalipse e em diversas passagens de Jesus, os cristãos figuram imagens do futuro. Diante da convicção, quer em um julgamento final, quer em uma ressurreição material, os cristãos ouviram o "Ide e pregai" e a necessidade de espalhar a Boa Nova os acompanhou dos seus primórdios, passando pelo medievo, até as Grandes Navegações, quando, desbravando os continentes e encontrando povos e civilizações desconhecidos, procuraram – quer pela pregação pacífica, quer por imposições autoritárias – abrir-lhes os olhos para a Verdade, o "melhor".

A Igreja Católica, particularmente, se tem considerado, desde a sua aurora, a guardiã de valores e de princípios eternos, que a passagem do tempo, a arrogância do "novo", a autoridade do transitório, não poderiam jamais derrubar; se há dois milênios o Divino penetrou o histórico, a História por si mesma não será capaz de produzir, por milênios que se passem, algo que O suplante ou iguale:

No Escolasticismo, como descreve Jonathan Hill em seu *História do Cristianismo* "acreditava-se que todas as matérias, da Matemática ao

ESCRAVOS DO AMANHÃ

Direito, da Teologia à Lógica, estavam estudando a mesma coisa básica – Deus e Sua criação. Não poderia haver divergências no único corpo de verdade, seja entre a Igreja e a Bíblia ou entre a Igreja e a filosofia natural (isto é, Ciência). Todo o conhecimento e estudo eram dirigidos diretamente para Deus, e o próprio mundo, e tudo o que contém, existiam para dirigir as pessoas a Deus[6].

A Providência Divina, potência onipresente, governava e perfazia os rumos das coisas. Heresias, como o catarismo e outras formas de derivações gnósticas, crenças que mesclavam referenciais cristãos com elucubrações místicas figurando o mundo material como criação de um deus menor e maligno - toda e qualquer autoproclamada ruptura com a visão em vigência, enfim, era no mínimo vista como perigo à ordem social. Para sermos justos, em geral assim o era; as práticas de muitos desses grupos não eram exatamente o suprassumo do bom senso e do equilíbrio, por exemplo, no trato da própria saúde. Afinal de contas, se maligno era o corpo, ele seria pouco merecedor dos devidos cuidados; a generalização de um pensamento dessa natureza não seria realmente propícia às realizações mais dignificantes.

Apesar do enquadramento rigoroso nos ditames teológicos, a perquirição e o avanço do conhecimento científico e técnico também não eram, nem de longe, inexistentes; pintar a Idade Média como a Era das Trevas é maledicência, mais uma vez, dos fanáticos do "amanhã" e dos cultistas do Progresso como uma ética controlável e totalizante da existência – mas sobre estes, contenham a curiosidade, falaremos a seguir.

Com base em uma tradição estabelecida pelos Pais e pensadores da Igreja, desde, em destaque, Santo Agostinho (354-430) em *A cidade de Deus*, tem morada a ideia de que o mundo governado pela Providência, em conjunto com a liberdade de ação humana, percorre etapas sucessivas que se demarcam pelo antes e o depois de Cristo, e deste até o fim dos tempos, com os indivíduos se sucedendo em papéis históricos

---

[6] HILL, Jonathan. *História do Cristianismo*. Trad. Rachel Kopit Cunha, Juliana A. Saad, Marcos Capano. São Paulo: Edições Rosari, 2008, p.202.

5. SOBRE O DESEJO DO MELHOR E O "PROGRESSISMO" COMO ÉTICA

que se subordinam a essa Providência. Há, portanto, aí, ainda que sem equiparação com as concepções de progresso que surgiriam depois, a ideia nítida de um "melhor" do qual os homens deveriam se aproximar no mundo, e de que o que ocorre nesse mundo é movido em função do propósito de que alguns possam apresentar esse "melhor" a outros, de que esse "melhor" chegue ao alcance da maioria possível. Entretanto, resta claro que o homem não é positivamente capaz de, no transcurso de sua ação na História, dominar de forma plena o conhecimento da extensão do seu papel nessa determinação; seu controle cognitivo desse "fluxo" providencial não vai longe o suficiente para ser, sob qualquer ponto de vista pelo qual se encare essa palavra, "científico".

A Bíblia testemunha o encontro entre as liberdades divina e humana. Como pontua Mark Lilla (n. 1956), "Deus escolheu Abraão, mas será que Abraão teria escolhido Deus? No fim das contas, escolheu; mas depois Isaac teve de escolher se se manteria fiel ao pacto, tal como Esaú e Jacó, e assim sucessivamente pelas gerações. A história que vai surgindo não é significativa por expor o irresistível avanço da Providência, mas por não o expor"[7].

Mesmo assim, o Cristianismo está sempre conectado a uma dimensão de historicidade, fracionando o fluxo do tempo entre o que veio antes da Encarnação, o depois e a era que se seguiria ao retorno redentor de Cristo. No século IV, Eusébio de Cesareia (265-339) sustentava que a Providência guiou a história hebraica de Abraão até Jesus e ao mesmo tempo "transformou Roma, de uma pequena república, em um vasto e poderoso império. Com a conversão de Constantino ao Cristianismo, essas duas trajetórias convergiram, fundindo a verdade divina com o poder mundano e inaugurando uma nova época do Reino de Deus na Terra"[8]. Em outras palavras: o "melhor" estava no "amanhã", depois de Cristo, mas esse "amanhã" já tinha chegado.

Foi o que Agostinho contestou depois do saque de Roma em 410, que "reorientou o pensamento cristão do fluxo da história para seu fim

---

[7] LILLA, Mark. *A mente naufragada*: sobre o espírito reacionário (e-book). Rio de Janeiro: Record, 2018, p. 41.

[8] Idem, *ibidem*, p. 42.

ESCRAVOS DO AMANHÃ

escatológico"[9], relativizando as interpretações históricas pretensamente certeiras de Eusébio e pontuando que não é possível saber exatamente por que Deus permitiu o florescimento de Roma para depois uni-la à Igreja, e consentiu em que o resultado dessa união enfrentasse todas as intempéries que enfrentou. O cristão não deveria ter por meta a interpretação desses acontecimentos e, por consequência, o domínio do juízo de valor sobre o fluxo histórico; isso lhe seria inacessível.

Adiante, em uma das várias tentativas de construção narrativa e releitura do passado que surgem de tempos em tempos, entre os séculos XV e XVII assistimos à Renascença e à Reforma. Na primeira, lembra Hill, fica marcada a crença "de que o revigoramento da cultura europeia exigia uma volta à Antiguidade"[10], exigia um "renascimento" da Europa clássica. Acrescenta ele: "A Idade Média, sentia-se, tinha sido um período tedioso de estagnação, enquanto o momento inspirador da Antiguidade fora esquecido. Esse ponto de vista básico – de que a Grécia e Roma clássicas constituíam o padrão para a civilização (ignorando em grande medida a contribuição da cultura do norte europeu) e que a Idade Média fora ruim, e que as coisas daí para frente seriam muito diferentes – pode ser considerado um mito extremamente poderoso, que continuou a exercer muita influência até períodos muito mais recentes"[11].

Sente-se nessa leitura dos fatos que, do fim da Antiguidade até aquele momento, a humanidade se deixou conduzir por um vazio de erros e uma nulidade de avanços, representando uma autêntica ruptura, um vácuo a ser corrigido pela total quebra com a continuidade estabelecida ao longo desse período e a tentativa de recapturar o instante em que as gloriosas civilizações clássicas se despediram da existência. Aqui já começa a haver, para quem levava a tal ponto essa valorização do clássico – valorização que, em si mesma, nada tem de prejudicial -, uma presunção artificial de navegar acima da dinâmica histórica do conjunto e corrigir todo um caminho errado que a História teria

---

[9] Idem, *ibidem*, p. 42.

[10] HILL, Jonathan. *História do Cristianismo*. Trad. Rachel Kopit Cunha, Juliana A. Saad, Marcos Capano. São Paulo: Edições Rosari, 2008, p. 241.

[11] Idem. *Ibidem*, p. 241.

5. SOBRE O DESEJO DO MELHOR E O "PROGRESSISMO" COMO ÉTICA

percorrido por dez séculos. O "melhor" estava lá atrás, mais distante, e o "passado recente" de mil anos tinha sido um desvio total que importava rapidamente corrigir.

No pensar religioso, de certa forma – sem que aí venha qualquer ofensiva aos que professam tal gênero de fé, o Protestantismo também representa, em várias de suas diferentes denominações, depois das fracassadas tentativas reformistas sem ruptura de Martinho Lutero (1483-1546), uma grande corrente religiosa que revaloriza um "melhor" antigo distante e desprovê de crédito um antigo recente, neste caso, de quinze séculos. Os reformadores que surgem, em boa medida politicamente amparados por lideranças temporais receosas de uma possível concorrência com o poder da Igreja, estariam corrigindo as infiltrações pagãs e as deturpações institucionais do Catolicismo, revigorando a crença cristã como em seus tempos inaugurais.

Nesse passeio pela relação das coletividades históricas com a busca pelo "melhor" e as relações teóricas e práticas dessa busca com o fluxo do tempo e dos acontecimentos que se sucedem, já pudemos observar que houve criativas e diversificadas conformações. Dos que nos julgavam e julgam em um eterno ciclo de idas e vindas do qual jamais se escapa aos que nos julgam partícipes de uma História em construção conjuntamente com a Providência Divina, até os que se acreditaram submersos em um vácuo de nulidades a que se deveria trazer de volta um elemento muito anterior para fazer luz onde neste pedaço de tempo só haveria trevas, parece existir, porém, uma constante: nenhum deles, como diria o pensador britânico católico G. K. Chesterton (1874-1936), cria que a quinta-feira era totalmente melhor que a quarta-feira simplesmente porque veio depois. Todos, ainda que se investindo de autoridade para diminuir ou anular séculos inteiros em importância, mesmo que entendessem haver algum rumo de ascensão para frente, olhavam para trás com a humildade de quem precisa ser reverente a algo que já dura muito mais do que a curta vida de um indivíduo ou, quiçá, de um povo.

É aqui, com o alvorecer do Iluminismo, com Kant, Hegel e cia., e do Positivismo, com Comte, entre os séculos XVIII e XIX, que nossa conversa se aproxima mais do ponto definidor a que queremos chegar.

5.2. O progresso sob a égide dos oitocentos

Os séculos XVIII e XIX são palco de uma adição muito peculiar a esse universo de reflexões. Sua vocação significativamente racionalista, procurando solapar a autoridade do maravilhoso e do sobrenatural e submeter tudo ao escrutínio da lógica analítica e/ou da experiência sensível, em doses mais ou menos radicais, faz com que a lógica do "melhor" e de sua relação com o transcurso do tempo se veja regida por um critério pretensamente controlável – melhor dizendo, cientificamente controlável. Tal como conheciam a lei da gravidade ou a dinâmica de astros e átomos, os homens pretendiam conhecer o universo social e histórico com praticamente a mesma acurácia, com a mesma previsibilidade, com a mesma exatidão.

Dos agitadores em contestar, de Voltaire (1694-1778) e seu deísmo acidamente anticlerical, dos enciclopedistas e todos os demais autointitulados "Iluministas", convictos de estarem trazendo o império da razão à humanidade, herdamos uma petulância filosófica atroz. Ocorre-nos aqui, de olho para aquele momento da História, a analogia do adolescente oprimido pelos pais hipocritamente puritanos que, ao desfrutar de um mínimo de liberdades saudáveis, se lambuza e esbalda em orgias, excessos e desvarios, indisposto a se conter pelos limites imperativos. É como se, experimentando certas liberdades de ação que antes não experimentava ou julgava não experimentar, o pensamento se quisesse impor a todo o edifício da epopeia humana e redesenhá-la em direção à superação de todos os restos carcomidos do passado e ao alcance do "novo" superior. Ao alcance do Progresso. É aqui que, destacadamente, nosso maior problema se manifesta. Em alguns círculos, o "Progresso" já começava a ser alçado ao posto de norma ética e panaceia generalista.

Dizemos "alguns círculos" pois, para desgosto dos radicais de todos os lados, dos ditos "progressistas" – dos quais prioritariamente nos ocupamos aqui – aos "reacionários", variavam entre si os que hoje são chamados apenas de "iluministas", em uma simplificação de perigo potencial. Os chamados "escoceses", por exemplo, na linhagem de Hume (1711-1776) ou Adam Smith (1723-1790), punham os pés no chão. Céticos ou crentes no espiritual, se conjugavam no reconhecimento da

5. SOBRE O DESEJO DO MELHOR E O "PROGRESSISMO" COMO ÉTICA

importância do acúmulo da memória histórica, da experiência construída pelos que vieram antes, mas admirando a eficácia de alguns progressos moderados, conquistas que se avizinhavam da modernidade. A Revolução Industrial, a descentralização de poder do seu então muito admirado Reino Unido, o potencial de geração e disseminação de riquezas da economia de mercado; sem negar essas conquistas, tais pensadores identificavam ainda, em seu alicerce, a relevância da prudência e do bom hábito, do bom agregado de costumes, do bom agregado de referências e tradições. Muitos se lembram de que Smith redigiu *A Riqueza das Nações*; um número menor se recorda da *Teoria dos Sentimentos Morais* e de que a moral era sua principal ocupação acadêmica, não apenas uma perquirição frígida e calculista da Economia.

Outros, representados esquematicamente pela escola francesa, iam mais adiante. Essa definição geográfica não é uma regra absoluta, como sabem os que enxergam um Tocqueville (1805-1859) na França e um Paine (1737-1809) na Inglaterra, mas na terra da cidade-luz estiveram muitos dos filósofos que quiseram ir um tanto mais adiante. Aqui, figuras como Saint-Simon (1760-1825) e Fourier (1768-1830), os socialistas utópicos dos oitocentos, tiveram seu berço. Aqui teve morada a Revolução Francesa, quando, a partir de 1789, uma contestação aos abusos e excessos de uma monarquia ainda regida pelo sistema do Antigo Regime extravasou essa definição simplória e se tornou algo muito maior: a primeira grande materialização prática de uma política abstrata baseada nessa arrogância transformadora totalizante.

"Liberdade, igualdade e fraternidade" se tornaram, sobretudo com a gangue dos jacobinos, a senha para opressão tirânica, morticínio e dissolução da sociedade através do ódio e da centralização de poder. Os "justiceiros" levaram os "contrarrevolucionários" à guilhotina, sob a alegação de se sentirem autorizados a construir a verdadeira sociedade justa. Estava estabelecido o paradigma para as revoluções totais e sangrentas do século XX, para as quais era seu dever romper inteiramente a continuidade histórica e simbólica e fabricar um "novo homem", um "novo tempo", quem sabe uma "nova raça". As utopias se multiplicaram; com Immanuel Kant (1724-1804), o grande filósofo

ESCRAVOS DO AMANHÃ

alemão, surge um genuíno aturdimento pelo massacre sanguinário e autoritário construído em nome da "Razão", mas ao mesmo tempo uma reavaliação que não rejeita a existência de progressos reais na constituição das sociedades modernas, baseadas no liberalismo institucional e na autonomia de pensamento. De sua parte, porém, surge também a teoria da Paz Perpétua, projetando um mundo sem exércitos permanentes, em que a articulação entre Estados com governos representativos e republicanos garantiria a paz internacional, em um conceito similar ao da ONU. O mundo atual, ainda repleto de tiranias, com uma ONU submetida aos caprichos de agendas autoritárias e as Repúblicas deturpadas por artifícios internos que minam a presença vital da democracia – por exemplo, no caso dos bolivarianismos latino-americanos –, parece impor um mínimo de reservas à confiança kantiana e a uma fé absoluta nas instituições supranacionais.

É outro alemão, porém, Georg Whillelm Friedrich Hegel (1770-1831), que traz, em sua filosofia, o postulado historicista por excelência: a sua tese da Dialética. Aqui, assume-se por regra o que propomos como a grande questão: a humanidade caminha para frente. Isso porque a concepção hegeliana, expressa em sua *Fenomenologia*, procura dar conta da tarefa de "fazer um relato completo e filosoficamente convincente de como a mente humana (ou espírito, *Geist*) pode, por meio da reflexão sobre seu próprio funcionamento, evoluir de um simples estado de consciência das coisas no mundo para o que ele chamava de 'conhecimento absoluto', no qual a mente finalmente repousa"[12].

Tal progresso é real e irresistível; entretanto, dá-se através do choque de contradições em direção ao encontro com o Absoluto. Baseando-se em Hegel e em Fichte (1762-1814), seus adeptos trazem a ideia das três grandes etapas. A primeira, a tese, se propõe, a ela se contrapõe a antítese, e em uma terceira fase desponta a síntese, que será a tese de uma própria antítese, e assim, não em uma absoluta linearidade, mas através desses enfrentamentos, a História segue sempre adiante,

---

[12] LILLA, Mark. *A Mente imprudente:* os intelectuais na atividade política. São Paulo: Record, 2017, p. 106.

5. SOBRE O DESEJO DO MELHOR E O "PROGRESSISMO" COMO ÉTICA

rumo ao "melhor". Essa lógica de avanço incessante seria previsível e controlável pela observação do edifício histórico, dispensando um recurso à ideia da Providência; para os seus críticos, ela se divorcia dos fatos concretos e se casa com narrativas gerais abstratas, que não se podem atestar.

Tudo isso, diga-se de passagem, sem endossar o ponto de vista do Iluminismo francês de que a religião seria uma mera fantasia supersticiosa, destinada ao desaparecimento por ação da conquista moderna sobre a natureza. Ao contrário, julgava "que o Protestantismo e o Estado moderno viviam fundamentalmente em harmonia e que, mesmo com a culminância da História, a religião continuaria desempenhando uma função quase burocrática, contribuindo para reconciliar os indivíduos com o Estado por meio da moral e da educação cívica"[13].

O filósofo judeu Franz Rosenzweig (1886-1929), em uma leitura diferente da de Santo Agostinho e inspirado na filosofia hegeliana, diria que o acontecimento revelador da encarnação de Deus em Jesus Cristo, no Cristianismo, "teve como consequência dividir o tempo em três períodos: a era eterna antes da chegada de Cristo, a era eterna da redenção que haverá de se seguir à Sua volta e a era temporal em que os cristãos devem viver"[14]. Isso significaria que "o Cristianismo é e deve ser uma força na história"[15], com o cristão devendo preocupar-se em estar sempre a caminho, "evoluindo do nascimento pagão ao batismo, superando a tentação, disseminando o Evangelho"[16], bem como a Igreja. A tensão na alma cristã, jamais à vontade no mundo, "moveu as ondas da história para a frente, da Antiguidade para o mundo medieval, depois para os séculos do Protestantismo e afinal para a era moderna, quando, sendo secularizado, o Cristianismo triunfou", preparando "a redenção do mundo pela atividade no tempo"[17].

---

[13] LILLA, Mark. *A mente naufragada*: sobre o espírito reacionário (e-book). Rio de Janeiro: Record, 2008, p. 16.

[14] Idem, *ibidem,* p. 19.

[15] Idem, *ibidem*, p. 19.

[16] Idem, *ibidem*, p. 19.

[17] Idem, *ibidem*, p. 19.

ESCRAVOS DO AMANHÃ

Um terceiro alemão, Karl Marx (1818-1883), também inspirado em Hegel, mas em uma direção bastante diferente, subverteu a face do mundo e inaugurou aquela que provavelmente é a maior tragédia do século XX. Materialista e avesso a toda e qualquer ideia religiosa, cunhou uma ideologia que se transformou, no sentido político-prático e pejorativo, porém, em uma autêntica paródia da religião, com seus ícones e sacerdotes. Vale dizer: uma religião de sangue e morte, tal como a dos "abstratistas" franceses de Robespierre (1758-1794) e Marat (1743-1793), em que os sacerdotes são guerrilheiros e ditadores assassinos. A tese, a antítese e síntese se encarnam exclusivamente na matéria, regendo-se as transformações pelo conflito das "classes sociais", levando à superação de modos de produção. Todo o processo da História seria um processo de modificações econômicas e de sistemas de exploração de classes dominantes sobre dominadas; sobrepondo-se aos demais socialismos, estaria sendo então fundado o Socialismo Científico, que anteciparia o advento da sociedade igualitária a partir da observação, mais uma vez, de leis cientificamente controláveis que regem o transcorrer dos fatos. De um comunismo primitivo, onde não havia classes, passamos por sistemas como o modo de produção asiático, o feudalismo e o capitalismo e, após uma revolução e uma ditadura socialistas, chegaríamos ao comunismo final – o estado perfeito, avançado, desenvolvido, sem classes. Tal Paraíso é, para os marxistas e comunistas, o "melhor" sonhado – mas, curiosamente, guarda semelhança com o ponto de partida.

Ao lado de Marx, despontou um francês, cuja influência foi particularmente notória no Brasil e na América Latina como um todo, e que é, talvez, uma das representações mais didáticas e completas do tipo de concepção de progresso controlável e meticulosamente apreensível de que aqui pretendemos tratar: Augusto Comte (1798-1857). Lembrado pelo marco que estabelece na Sociologia (a que primeiro chamou Física Social), agraciado com a alcunha de fundador desta disciplina, Comte é uma figura, ao mesmo tempo em que profundamente desprestigiada nos dias que correm, notoriamente polêmica e envolta em burburinhos sobre suas alegadas crises conjugais e um colapso nervoso, além da concepção final estranha de uma Religião da Humanidade como

5. SOBRE O DESEJO DO MELHOR E O "PROGRESSISMO" COMO ÉTICA

conclusão histórica da elaboração de um sistema que parte do princípio de que a metafísica é um erro e que o material, o "não-especulativo", o "positivo" (palavra que não nasce com Comte sequer na França, mas passou a ficar muito associada a ele), é tudo o que é fundamental.

O que nos interessa aqui é apenas a concepção comteana de progresso e da marcha da História, isto é, na continuidade da narrativa que estamos construindo, a concepção positivista do "melhor" na epopeia do tempo. Não podemos fazê-lo, porém, sem em alguma dose recorrer a algo da sua trajetória e concepção filosófica geral. Temos em Comte um aluno da Escola Politécnica que cresceu sob a influência do utopista Saint Simon, com sua esquemática doutrina socialista de reorganização da sociedade, em meio às sucessivas crises da França pós-revolucionária. Ou melhor, ainda revolucionária, pois aquele era um país que não parecia conseguir sair dessa lamentável condição em momento algum. 1830, 1848, República, Segundo Império... A França do século XIX vivia em constante caos.

Bem ou mal, a verdade é que pensadores como Comte – e o grande lema do positivismo, "O amor por princípio e a ordem por base; o progresso por fim", na verdade expressa isso – evocavam um desejo muito compreensível de pacificação, de harmonia, em suma, de *ordem*. O grande problema, pensamos, é que nosso distinto senhor francês resolveu ir um pouco longe nessa tentativa de controle social e postulou um entendimento algo matemático da sociedade, não muito compatível com a humildade que se deveria esperar do homem em atuação no debate público. Diante de um mundo com diversas certezas absolutas dilaceradas, com os reis e Deus desprovidos dos tronos aos olhos de muitos, sacudido sob o impacto do Iluminismo e da Revolução Francesa, o que Comte queria, no fundo, era, no popular, "pôr ordem no galinheiro".

Ele escreveu em seu *Plano dos trabalhos científicos necessários para a reorganização de uma sociedade*:

> Um sistema social que se extingue, um novo sistema que atingiu a maturidade e que tende a se constituir, tal é o caráter fundamental assinalado à época atual pela marcha da civilização. Segundo este

ESCRAVOS DO AMANHÃ

estado de coisas, dois movimentos de natureza diferente agitam hoje a sociedade: um de desorganização e outro de organização. Pelo primeiro, considerado isoladamente, ela é impelida para uma profunda anarquia moral e política que parece ameaçá-la com uma próxima e inevitável dissolução. O segundo, mais conveniente à sua natureza, é aquele em que todos os meios de prosperidade devem receber o seu mais inteiro desenvolvimento e sua aplicação mais direta. É da coexistência entre essas duas tendências opostas que resulta a grande crise sentida pelas nações civilizadas.[18]

O que Comte buscava, portanto, era a ambiciosa descoberta de leis naturais pelas quais se poderia, cientificamente, compreender e modernizar a sociedade, em um esforço de articulação, em busca da unidade, que aliaria os filósofos – e por consequência, a cultura – aos políticos. E ele conclui:

> A única maneira de pôr termo a esta situação tempestuosa, de travar o progresso da anarquia que invade diariamente a sociedade, enfim, e numa só palavra, de reduzir a crise a um simples movimento moral, é de determinar às nações civilizadas a que deixem a direção crítica para que tomem a direção orgânica, a que conduzam seus esforços para a formação do novo sistema social, objeto definitivo da crise, e para o qual tudo quanto se fez até agora não passou de mera preparação.[19]

A ânsia de Comte era, então, por estabelecer uma apreciação das classes sociais, da sociedade e até das raças que posicionaria, nas minudências, de maneira cerrada a divergências subjetivas e demasiado "metafísicas", o lugar de cada um e de cada coisa, solucionando a crise dos oitocentos. Tudo isso deveria se reger por leis imutáveis, descobertas positivamente pela nova Ciência então fundada, caminhando para se tornar uma disciplina como a Física ou a Química; a Sociologia

---

[18] COMTE, Auguste. *Reorganizar a sociedade*. Lisboa: Guimarães Editores, 1993, p. 57.

[19] Idem. *Ibidem*, p. 57.

5. SOBRE O DESEJO DO MELHOR E O "PROGRESSISMO" COMO ÉTICA

positivista tinha, então, a ambição de substituir o livre pensamento e as diversas correntes de opinião em matéria de política, menosprezando a diversidade e a complexidade do humano, sustentando que tudo poderia ser compreendido e disciplinado com base em princípios rigorosos. Parece um bom começo, amigo leitor? Parece promissor no sentido do fomento a uma cultura democrática e de liberdades?

De igual maneira, qualquer esforço pela reflexão sobre o Absoluto, sobre o fim último, sobre os propósitos maiores, sobre uma Providência Divina, está interdito à humanidade, e pertence ao supersticioso e primitivo, que o Positivismo, como sistematização de um estágio superior de conhecimento, não pode abraçar. Para chegar a essa conclusão, e este é o ponto que nos importa aqui, Comte estabeleceu o que, à primeira vista, poderia parecer paradoxal com a lógica dessa premissa: um entendimento geral e progressivo sobre a marcha da História. É a famosa *Lei dos Três Estados*. Eles concretizam a pretensão de Comte de investir a Sociologia da tarefa nada simples de descortinar a maneira pela qual o homem, a partir de sociedades pouco mais desenvolvidas, nos seus termos, que as de macacos, conseguiu atingir o nível da Europa civilizada. É assim que, para ele, absolutamente todos os aspectos do espírito, isto é, dos conhecimentos e das ideias humanas, se desenvolvem em três grandes estágios, que se substituem uns aos outros e são sempre, na linha ascendente, melhores uns do que os outros. Propunha mesmo que, baseado nisso, se poderia fazer uma pormenorizada avaliação geral dos diferentes graus de evolução social da humanidade, sempre calcada na superação dos critérios que caracterizavam as fases anteriores, dignos de serem demolidos para que o novo e melhor homem pudesse nascer.

O primeiro desses estados seria o Estado Teológico, quando o fetichismo, o politeísmo e o monoteísmo se sucedem na explicação da realidade do mundo com base no controle e intervenção de seres divinos, espirituais ou sobrenaturais. Todas essas noções foram úteis e respeitáveis, respectivamente, ao ver de Comte, nas sociedades primitivas e na Idade Média, integradas às culturas em que tinham sua funcionalidade; então, já eram inúteis. São substituídas em seguida pelo Estado Metafísico, um intermediário no qual a observação direta

ESCRAVOS DO AMANHÃ

da realidade e dos fenômenos naturais passa a importar na sua apreciação, mas sustenta-se ainda a fé nos universais ou na busca deles, e o sobrenatural ainda mantém sua morada, entrelaçando-se com as crises que isso suscitaria.

O estado superior, o "melhor", o esplendor da História para o qual sua marcha deve levar, é o Estado Positivo, quando essa dimensão metafísica e "especulativa" seria superada como simples fantasia; tudo que passaria a ser relevante, com o avanço da Ciência como referência suprema de autoridade, seria a articulação entre as coisas e as leis dentro das quais se pode formular a descrição do seu funcionamento, em um império, em outras palavras, de imediatismos superficiais, em que os transcendentes e absolutos estarão banidos. Esse novo mundo racional e harmônico, regido pelo saber positivo em todas as esferas da vida, sediaria a extinção da "noção egoísta" (?) de direitos individuais em prol da dedicação altruísta ao coletivo de cada setor social, o fim próximo de todas as guerras (mais enganado, bem o sabemos agora, isso não poderia estar) e outras certezas "científicas" que Comte antecipava. O Positivismo foi, portanto, uma doutrina que representa como poucas a certeza de um indivíduo quanto à maneira por que a sociedade – a partir de um esquema muito mais abstrato do que Comte, em seus próprios termos, aceitaria admitir – pode e deve ser reorganizada de um centro, consciente dos seus rumos e das suas destinações. A certeza, por fim, de que esse era o "melhor", e de que, de forma quase matemática, a marcha da História confirmaria a sua visão.

À morte de Comte se seguiu o despertar de uma segunda doutrina de origem francesa, pouco conhecida mundialmente, mas que até hoje tem peso muito relevante na cultura e na espiritualidade brasileiras, influenciando inclusive algumas religiões nativas: o Espiritismo de Allan Kardec (1804-1869). Parece inevitável abordar brevemente também este sistema aqui, e rogamos que os leitores entendam isso como mais um fator probatório de que as bandeiras que sustentamos não estão submetidas a qualquer projeto social ou político que os afobados "progressistas" ora contestados poderiam taxar de "obscurantismo católico", "fanatismo protestante" ou tirania teocrática, com farta dose de injustiça para com os adeptos dessas religiões. Nossas reflexões se

5. SOBRE O DESEJO DO MELHOR E O "PROGRESSISMO" COMO ÉTICA

dirigem a todos que por elas se interessarem, dentro da predileção por uma sociedade aberta, no melhor dizer popperiano.

Formulado como uma filosofia popular, o Espiritismo se propõe uma revelação espiritual, transmitida através de um fenômeno concreto e experimental – a prática mediúnica – e coordenada pelo trabalho humano. No caso, o trabalho de um pedagogo francês do século XIX, discípulo de Pestalozzi (1746-1827), que naturalmente recebeu influências diretas da ortodoxia acadêmica de pensamento da França do seu tempo, o que necessariamente envolve, em alguma medida, Comte e Victor Cousin (1762-1867, ícone do ecletismo espiritualista). Foi, aliás, tal como esses dois outros sistemas, pela admiração inequívoca e pela ilustração francesa que as elites brasileiras nutriam, que o Espiritismo aportou por aqui inicialmente.

Contudo, estamos entre aqueles que reconhecem influências menores e sobretudo vocabulares – no caso do Positivismo, alinhadas principalmente às afirmações sobre o trato com o caráter experimental da mediunidade. Como pontuaria o Doutor em Ciências da Religião, formado em Filosofia pela Universidade Federal de Juiz de Fora, Humberto Schubert Coelho (n. 1982), "a filosofia pressuposta pelo Espiritismo jamais poderia ser a positivista. Em primeiro lugar porque o progresso no Positivismo é substitutivo: da mentira para a verdade, enquanto no Espiritismo é melhorista: verdades intuídas e expressas por alegorias se confirmam e aperfeiçoam com a chegada das ciências. Em segundo lugar porque o Espiritismo acolhe explicitamente a noção religiosa de revelação. Por fim, mas não por último, porque o Espiritismo depende inteiramente de certos 'pontos metafísicos', tidos como superados pelo Positivismo"[20].

O Espiritismo postula também o progresso – em geral, "regular e lento" – como uma lei natural de aplicações gerais, mas "lei natural", para o Espiritismo, significa "lei divina". Isso implica que, ao contrário do Positivismo, o Espiritismo sustenta que a Providência Divina está

---

[20] COELHO, Humberto Schubert. *Pontos metafísicos do Espiritismo*. Disponível em: <http://filosofiaespiritismo.blogspot.com.br/2011/11/pontos--metafisicos-do-espiritismo.html>. Acesso em 12 de março de 2018.

ESCRAVOS DO AMANHÃ

inserida a todo momento na História, conjugando-se às liberdades e decisões humanas e aproveitando-se delas. Em uma concepção que figura a existência como um grande esquema pedagógico de desenvolvimento para um estágio superior, admitindo, porém, intermitências e até a degeneração de povos e civilizações outrora em esplendor, o Espiritismo vê a epopeia da Terra como uma sucessão de experiências em que almas individuais (os Espíritos), em solidariedade com experiências em outros mundos, fazem uso da vida de relação para acumular saber e adquirir, pelo esforço do "hábito" e dos constantes exercícios (algo de sotaque aristotélico), a moralidade e a virtude.

Tem uma genética otimista e um eco dialético hegeliano do avanço geral, em escala de séculos e milênios, das condições sociais, de modo a adequá-las a esses desenvolvimentos que o Espírito visaria a atingir. Seria, porém, a nosso ver, demasiado simplista apontá-lo dizendo que a quinta-feira é minuciosa e absolutamente melhor que a quarta-feira, em todos os seus aspectos; afinal, por exemplo, o Espiritismo recomenda o estudo e a perquirição de todas as tradições antigas, portadoras de verdades relativas, e enxerga na moral judaico-cristã o suprassumo da moralidade que, em dois milênios, não se conseguiu viver plenamente. Também não se compatibiliza com o materialismo histórico, não preconiza soluções autoritárias e anuladoras dos direitos individuais, restringindo-se a ver verdadeiro progresso – o "melhor" – na vivência mais aperfeiçoada e dedicada de valores que já acompanham a nossa civilização há muitos séculos, e não na fabricação de novos valores e novas formas de ética por parte de pretensos iluminados dedicados a desconstruir o mundo e fabricar um novo homem.

Finalizando nosso passeio pelos oitocentos, que já se alonga, mencionamos há pouco o Ecletismo Espiritualista, que influenciou decisivamente a França e a sociedade brasileira da época. Trata-se daquilo que o professor Antônio Paim (1927-2021), em seu clássico *História do Liberalismo Brasileiro*, chama de "principal corrente de filosofia estruturada no país após a independência"[21]. Coube a essa

---

[21] PAIM, Antonio. *História do liberalismo brasileiro*. São Paulo: LVM Editora, 2018, p. 117.

5. SOBRE O DESEJO DO MELHOR E O "PROGRESSISMO" COMO ÉTICA

corrente filosófica familiarizar a elite imperial brasileira com teses que a estimularam à adaptação criativa de concepções institucionais europeias nos trópicos tupiniquins, tendo a preocupação com as circunstâncias peculiares ao Brasil.

Sintetiza Paim que, para a Escola Eclética, "o espírito humano é perfectível ao infinito, não havendo apenas erros, mas erros e acertos, nas teses que ganham a preferência em determinados ciclos históricos"[22]. A partir desse raciocínio, o ecletismo "pretendia-se herdeiro de toda a tradição humanista do Ocidente, que encarava como um processo histórico largo e contínuo, rigorosamente encadeado, em conformidade com os ensinamentos da filosofia hegeliana"[23]. Citando Cousin, Paim destaca que o ecletismo se via como "aliado natural de todas as boas causas. Ele mantém o sentimento religioso; apoia a verdadeira arte, a poesia digna deste nome, a grande literatura, é o suporte do direito; recusa igualmente a demagogia e a tirania; ensina a todos os homens a amarem-se e respeitarem-se, e conduz pouco a pouco as sociedades humanas à verdadeira república, este sonho de todas as almas generosas que em nossos dias na Europa"[24], isto é, no século XIX, "somente a monarquia constitucional pode realizar"[25].

Pois, depois das religiões antigas, do Hinduísmo, do Budismo, do Catolicismo, do Protestantismo, da Renascença, do Iluminismo, de Kant, Hegel, do Positivismo, do Espiritismo e do Ecletismo, através dos quais o "melhor" e o tempo namoraram de diversas formas, em um cardápio vasto e plural de possibilidades interpretativas, o século XX trouxe, após as críticas demolidoras de filósofos como Friedrich Nietzsche (1844-1900), o eclipse das certezas e o recrudescer do pessimismo. O "progresso" e o "melhor" encontraram pela frente um drama que provavelmente não sonhavam encarar. É com esse drama que findaremos o nosso percurso.

---

[22] Idem, *ibidem*.

[23] Idem, *ibidem*.

[24] Idem, *ibidem*.

[25] Idem, *ibidem*, p. 118.

5.3. A crise do "melhor" e o desastre do "progressismo contemporâneo"

O desastre adveio para colocar em xeque todas as certezas absolutas e todos os padrões. Em primeiro lugar, as ideologias que derivavam da consciência tipicamente oitocentista do progresso histórico linear e da capacidade de os homens, em uma posição estanque, assumirem para si as rédeas do processo do seu desenrolar, na medida em que julgavam compreender plenamente as leis que o comandam, se traduziram politicamente em resultados sangrentos.

Contrariando as previsões de Marx, a Rússia dos czares, "atrasada", absolutista e rural, onde o materialismo histórico não tinha conduzido linearmente o desenvolver dos modos de produção rumo ao avançado e desbravador capitalismo, foi o palco da primeira grande revolução socialista a obter, digamos, "sucesso". Em 1917, o Marxismo, lido e aplicado pelo gênio sinistro de Lênin (1870-1924), lograva êxito em estabelecer-se como a doutrina oficial do gigantesco país a meio caminho entre a Europa e o Oriente asiático. Os marxistas leninistas, radicais do Partido Bolchevique, seguiram a via da organização burocrática e partidária para implantar a ficção da "ditadura do proletariado".

Os defensores do filósofo alemão que falam em um Marx deturpado deveriam se perguntar o porquê de o poderoso e irresistível materialismo histórico não ter desencadeado a eclosão do socialismo nas nações capitalistas mais prósperas, mas seu Evangelho distorcido ter produzido efeitos tão objetivos em um país em que esse mesmo materialismo histórico não caminhou de acordo com as suas leis cristalinas e absolutas. A experiência marxista russa alastrou-se pelo mundo, ganhou transformações e adaptações sob as figuras de tiranos de diversos países como Mao (1893-1976) na China e Pol Pot (1925-1998) no Camboja. Espalhou sua sombra de medo e atraso para cada vez mais ao ocidente; isso porque, sobretudo sob Stalin (1878-1953), o sucessor de Lênin, o regime que produziria o Paraíso na Terra abrigou a fome, a desgraça, os campos de concentração gélidos da Sibéria, a paranoia e a morte de opositores. A liberdade, desprestigiada perante a igualdade

5. SOBRE O DESEJO DO MELHOR E O "PROGRESSISMO" COMO ÉTICA

abstrata, afogou-se na inexistência. A opressão mais absoluta e longeva se estabeleceu. As mortes provocadas por esse sonho maligno alcançam a casa dos milhões; comunistas e socialistas do mundo inteiro, quando intelectualmente honestos, ao menos reavaliaram suas posições e perderam a fé em seus ideais.

Da mesma forma, uma concepção racialista, isto é, de racismo científico, remontando ao *Ensaio sobre a desigualdade das raças humanas* de Gobineau (1816-1882), atrelando concepções biologicamente precárias à ideologia positivista linearmente bem definida de progresso, influenciou a difusão da eugenia. Tal racialismo materializou-se em um dos regimes mais diabolicamente marcantes do século: o nacional-socialismo alemão de Adolf Hitler (1889-1945). Internamente, o regime nazista assassinou milhões de pessoas por pertencerem supostamente a "raças inferiores", que marcavam com impureza sua utopia da superior e pura "Raça Ariana". Internacionalmente, ao lado da Itália fascista e do Japão, o Eixo de Hitler conduziu o mundo à guerra, a segunda conflagração de proporções planetárias apenas naquele século, em que o pensar comteano aguardava pela paz.

O planeta se mobilizou para lidar com o horror do morticínio; jovens vidas de todos os cantos do mundo se sacrificaram, em 1914, pelas ambições delirantes de inspiração neocolonial das nações europeias; em 1939, para defender o mundo livre – ou, em nome de seus nacionalismos obtusos, esmagá-lo. O fato de o século XX, depois do glorioso otimismo oitocentista, ter sido o cenário de tais dantescos massacres, desferiu golpe duríssimo na esperança positivista e materialista histórica. O "melhor", para muitos, não podia estar associado ao tempo em uma linha crescente; como aquilo poderia ser o "melhor"?

Como aquilo poderia ser o progresso – por mais que descobertas científicas e tecnológicas se tenham desenvolvido durante e para a guerra? O otimismo iluminista frustrou-se e revelou-se, aos olhos de muitos, na experiência íntima de suas vidas, uma fraude. Nesse sentido, por exemplo, manifestou-se o pessimismo do ensaísta judeu alemão Walter Benjamin (1892-1940), que diria que "a ideia de progresso histórico é uma ilusão, que a história não passa de uma série de catástrofes amontoando escombros sobre escombros até chegar ao céu"[26]. Benjamin acreditava que o Marxismo havia seduzido os operários para uma crença cega, via materialismo histórico, no "progresso", desmentido, em sua percepção, pela ascensão de forças como a do fascismo e do próprio nazismo.

Se, de um lado, o racismo foi abjurado e os dilemas relacionados a ele ensejaram, em acordo com o encaminhamento das ciências biológicas, uma reavaliação do próprio conceito de "raça" em referência a seres humanos (levando a UNESCO a recomendar, nos anos 50, que se falasse em "grupos étnicos" de preferência), essas noções hierárquicas de "melhor" calcadas em "modelos morais" de qualquer tipo para avaliar realidades sociais também receberam um ataque determinante da Antropologia Cultural, com nomes como Franz Boas (1858-1942) e Claude Lévi-Strauss (1908-2009). Selvagens e civilizados, povos superiores ou inferiores, para este último, em seu clássico *Raça e História*, eram noções inteiramente ilegítimas e impassíveis de consideração.

"Quando procuramos caracterizar as raças biológicas mediante propriedades psicológicas particulares", disse Strauss, "afastamo-nos da verdade científica, quer a definamos de uma maneira positiva, quer de uma maneira negativa. Não devemos esquecer que Gobineau, a quem a história fez o pai das teorias racistas, não concebia, no entanto a 'desigualdade das raças humanas' de uma maneira quantitativa, mas sim qualitativa. Para ele, as grandes raças primitivas que formavam a humanidade nos seus primórdios – branca, amarela, negra – não eram só desiguais em valor absoluto, mas também diversas nas suas aptidões particulares. A taxa de degenerescência estava, segundo ele, ligada mais ao fenômeno de mestiçagem do que à posição de cada uma das raças numa escala de valores comum a todas; destinava-se, pois, a atingir toda a humanidade, condenada sem distinção de raça a uma mestiçagem cada vez mais desenvolvida. Mas o pecado original da Antropologia consiste na confusão entre a noção puramente biológica da raça (supondo, por outro lado, que, mesmo neste campo limitado,

---

[26] LILLA, Mark. *A Mente Imprudente:* os intelectuais na atividade política. São Paulo: Record, 2017, p. 99.

5. SOBRE O DESEJO DO MELHOR E O "PROGRESSISMO" COMO ÉTICA

esta noção possa pretender atingir qualquer objetividade, o que a genética moderna contesta) e as produções sociológicas e psicológicas das culturas humanas. Bastou a Gobineau ter cometido este pecado para se ter encerrado no círculo infernal que conduz de um erro intelectual, não excluindo a boa-fé, à legitimação involuntária de todas as tentativas de discriminação e de exploração"[27].

De sua crítica ao racismo científico, porém, Strauss vai mais longe e, como antecipamos, desfere seus torpedos contra a ideia da hierarquização de culturas. O "pecado" dessa hierarquização, sobretudo representado pelo Positivismo, com "as espirais de Vico, as suas 'três idades' anunciando os 'três estados' de Comte, a 'escada de Condorcet'", chegando enfim aos "fundadores do evolucionismo social Spencer e Tylor", são, na verdade, criações anteriores a Charles Darwin (1809--1882) e a teoria do evolucionismo biológico. Se este último é uma teoria científica, para Strauss, aquele outro "não é, na maior parte das vezes, senão a maquilagem falsamente científica de um velho problema filosófico para o qual não existe qualquer certeza de que a observação e a indução possam um dia fornecer a chave"[28].

Ao contrário do que se poderia pensar, Strauss não nega a ideia da existência de um progresso. O que ele chama por esse nome, porém, certamente difere muito do que leremos em Comte ou Marx. Deixemo-lo falar:

> Os progressos realizados pela humanidade desde as suas origens são tão claros e tão gritantes que qualquer tentativa para os discutir se reduziria a um exercício de retórica. E, no entanto, não é tão fácil, como se pensa, ordená-los numa série regular e contínua. Há pouco mais ou menos cinquenta anos, os sábios utilizavam, para os representar, nove esquemas de uma simplicidade admirável: a Idade da Pedra Lascada, a Idade da Pedra Polida, as Idades do Cobre, do Bronze e do Ferro. Tudo

---

[27] LÉVI-STRAUSS, Claude. *Raça e história*. Disponível em < https://we.riseup.net/assets/231452/Raça-e-História-Lévi-Strauss.pdf>. Acesso em: 12 de março de 2017.

[28] Idem, *Ibidem*.

ESCRAVOS DO AMANHÃ

isto é muito cômodo. Hoje supomos que, por vezes, o polir e o lascar a pedra coexistiram, quando a segunda técnica eclipsa completamente a primeira, isto não acontece como o resultado de um progresso técnico espontâneo saído da etapa anterior, mas como uma tentativa para copiar em pedra as armas e os utensílios de metal que possuíam as civilizações mais "avançadas", mas, de fato, contemporâneas dos seus imitadores. (...) Mais uma vez, tudo isto não visa negar a realidade de um progresso da humanidade, mas convida-nos a concebê-lo com mais prudência.[29]

Isso porque, segundo Strauss:

O desenvolvimento dos conhecimentos pré-históricos e arqueológicos tende a espalhar no espaço as formas de civilização que éramos levados a imaginar como escalonadas no tempo. Isso significa duas coisas: em primeiro lugar, que o "progresso" (se este termo ainda é adequado para designar uma realidade muito diferente daquela a que se tinha primeira-mente aplicado) não é nem necessário nem contínuo; procede por saltos, ou, tal como diriam os biólogos, por mutações. Estes saltos não consis-tem em ir sempre mais longe na mesma direção; são acompanhados por mudanças de orientação, um pouco à maneira dos cavalos do xadrez que têm sempre à sua disposição várias progressões, mas nunca no mesmo sentido. A humanidade em progresso nunca se assemelha a uma pessoa que sobe uma escada, acrescentando para cada um dos seus movimentos um novo degrau a todos aqueles já anteriormente conquistados; evoca antes o jogador cuja sorte é repartida por vários dados e que, de cada vez que os lança, os vê espalharem-se no tabuleiro, formando outras tantas somas diferentes. O que ganhamos num, arriscamo-nos a perdê-lo noutro e é só de tempos a tempos que a história é cumulativa, isto é, que as somas se adicionam para formar uma combinação favorável.[30]

Tal dinâmica, concebida hipoteticamente, não poderia ser bem julgada de um certo ponto de vista específico e histórico, com a

---

[29] Idem, *Ibidem*.
[30] Idem, *Ibidem*.

5. SOBRE O DESEJO DO MELHOR E O "PROGRESSISMO" COMO ÉTICA

amplitude idealmente desejada, graças ao fenômeno do etnocentrismo. Assim, para Strauss, nós julgaríamos estacionárias ou atrasadas as culturas cujos sistemas não se desenvolvessem, na nossa percepção imediata, no mesmo sentido que o da nossa própria cultura e sociedade. "Todas as vezes que somos levados a qualificar uma cultura humana de inerte ou de estacionária, devemos, pois, perguntarmo-nos se este imobilismo aparente não resulta da nossa ignorância sobre os seus verdadeiros interesses, conscientes ou inconscientes, e se, tendo critérios diferentes dos nossos, esta cultura não é, em relação a nós, vítima da mesma ilusão"[31]. Reconhecendo, ainda assim, o caráter profundamente cumulativo da civilização ocidental, no que diz respeito às invenções técnicas e à reflexão científica que as viabilizou, e comparando o impacto da Revolução Industrial ao que se poderia chamar de Revolução Neolítica, Strauss, porém, nega que aqui haja uma excepcionalidade completa e isolada desta cultura, mas uma vantagem obtida pelo seu caráter cumulativo.

Estaríamos falando, frise-se bem, de uma cultura que conseguiu realizar uma das formas mais cumulativas da história.

Estas formas extremas nunca foram resultado de culturas isoladas, mas sim de culturas que combinam, voluntária ou involuntariamente, os seus jogos respectivos e realizam por meios variados (migrações, empréstimos, trocas comerciais, guerras) estas coligações cujo modelo acabamos de imaginar. E é aqui que atingimos o absurdo que é declarar uma cultura superior à outra. Porque, na medida em que se encontrasse isolada, uma cultura nunca poderia ser "superior"; como o jogador isolado, ela nunca conseguiria senão pequenas séries de alguns elementos, e a probabilidade de que uma série longa "saia" na sua história (sem ser teoricamente excluída) seria tão fraca que seria preciso dispor-se de um tempo infinitamente mais longo do que aquele em que se inscreve o desenvolvimento total da humanidade para ser possível vê-la realizar-se[32].

---

[31] Idem, *Ibidem*.
[32] Idem, *Ibidem*.

Qualquer cultura, porém, "aparece sempre coligada com outras culturas e é isso que lhe permite edificar séries cumulativas"[33].

A "civilização mundial", dentro do conceito com que trabalha Strauss, "suposta beneficiária de todos esses contributos" nessas séries cumulativas, é na realidade, em todas as teorias que construímos com essa visão total, uma abstração que parte de uma noção de juízo moral; seria, então, nada mais que um conceito, uma percepção abreviada designando um processo muito mais complexo. Ela só poderia se concretizar como uma "coligação, à escala mundial, de culturas que preservassem cada uma a sua originalidade" – nunca como uma resultante que, a partir de uma suposta dinâmica natural, em todos os seus aspectos e caracteres, as suplantasse e diluísse a ponto de se tornarem absolutamente uma coisa só, coisa esta que seria, novamente, "o melhor"[34].

De tal constatação, não se poderia de modo algum deduzir que Strauss se alinha àqueles que admitem a superioridade absoluta do momento atual e, por consequência, dessa civilização bem-sucedida a que ele rende tantas merecidas loas em todos os absolutos aspectos avaliados. Ao contrário, ele sustentava explicitamente que era preciso buscar "uma radical libertação do preconceito moderno", isto é, "o preconceito de que a época moderna progrediu sob todos os aspectos em relação ao mundo clássico e é superior a ele"[35]. Justamente porque isso não seria verdade, em sua percepção, Strauss entende que "a filosofia precisa estar sempre consciente dos perigos da tirania", diante do fato de que os grandes sistemas abstratos não devem ser mobilizados para "moldar o mundo político segundo seu próprio entendimento"[36] – visão, aliás, objetada pelo hegeliano francês Alexandre Kojève (1902--1968), que, em sua defesa da União Soviética, o regime socialista ditatorial, argumentou que o preconceituoso seria o próprio Strauss,

---

[33] Idem, *Ibidem.*

[34] Idem, *Ibidem.*

[35] LILLA, Mark. *A mente imprudente:* os intelectuais na atividade política. São Paulo: Record, 2017, p. 116.

[36] Idem, p. 117.

5. SOBRE O DESEJO DO MELHOR E O "PROGRESSISMO" COMO ÉTICA

incapaz de enxergar como a "tirania moderna", aquela que advém da revolução socialista, "pode fazer avançar o trabalho da História e preparar o caminho para um futuro melhor"[37].

Daqueles que admitiam um progresso cientificamente controlável e previsível, àqueles que admitiam um progresso plural e resultante de originalidades regionais e sociais respeitadas em sua integridade, despido do fatalismo materialista; daqueles que esperam o "melhor" apenas depois da morte, daqueles que acreditam que o relativismo não se pode tornar paradoxalmente absoluto a ponto de se negar a desigualdade moral dos povos, como Lewis; caímos agora no abismo dos niilismos. O "melhor" simplesmente inexiste; o "progresso", por consequência lógica, é uma balela. Para alguns, retorna-se até a uma visão cíclica do mundo, porém despida de qualquer transcendência e de qualquer finalidade espiritual; há apenas o Eterno Retorno, um despropositado ir-e-vir. Tudo que se conquistou, tudo que se obteve, nada tem um valor objetivo em si mesmo a ser reverenciado e reconhecido. Desfecha-se o golpe mortal sobre a pretensão totalizante do "progresso" materialista e absoluto, mas também, ao mesmo tempo, sobre a "Verdade" e sobre o "bem e o belo". Desgarrados dos fundamentos e dos princípios, somos e vivemos em um mar de nadas que simplesmente se sucedem. Nadas cujo sentido é tão nulo quanto eles próprios. Multiplicam-se os chamados pós-modernos acadêmicos, emergentes inicialmente nos Estados Unidos, que só podem ser definidos em conjunto como "uma constelação vagamente estruturada de disciplinas efêmeras como estudos culturais, estudos feministas, estudos gays e lésbicos, estudos científicos e teoria pós-colonial"[38], mesclando ideias de Jacques Derrida (1930-2004), Michel Foucault (1926-1984), Gilles Deleuze (1925-1995), Jean-François Lyotard (1924-1998), Jean Baudrillard (1929-2007), Walter Benjamin (1892-1940), Theodor Adorno (1903-1969) e outras figuras da famosa Escola de Frankfurt.

---

[37] Idem, p. 117.
[38] LILLA, Mark. *A mente imprudente:* os intelectuais na atividade política. São Paulo: Record, 2017, p. 142.

ESCRAVOS DO AMANHÃ

A seu modo, as ideias de Lévi-Strauss também foram adaptadas pela Nova Esquerda surgida nos anos 60, sob o influxo das ideias desses autores referenciais pós-modernos, porque, embora provavelmente não fosse a intenção dele, elas inspiraram a "desconfiança de que todas as ideias universais para as quais a Europa reivindicava lealdade – razão, ciência, progresso, democracia liberal – eram armas culturalmente específicas destinadas a privar o outro não europeu da sua diferença"[39]. Fizeram frente, por exemplo, às teses do humanismo marxista de Jean-Paul Sartre (1905-1980), que se baseava na certeza de que "os movimentos da História podem ser entendidos racionalmente"[40], sendo determinados pelas relações e conflitos de classe, enquanto para Strauss não havia padrão universal historicamente apreendido pela razão para explicar os rumos das sociedades. O movimento estruturalista, impulsionado pelas teses straussianas, "lançava dúvida sobre a universalidade de quaisquer direitos ou valores políticos", tais como os da Revolução Francesa, tendo por duvidoso se todos esses conceitos não poderiam ser meras imposições do "etnocentrismo, o colonialismo e o genocídio"[41] do Ocidente.

A tradição filosófica ocidental, agarrada a esses valores, às perquirições da metafísica, deveria ser abandonada. É o que sustenta, por exemplo, Derrida, ao afirmar que a própria "linguagem da filosofia" deveria ser "desconstruída". Para ele, "na raiz da tradição metafísica, estava um ingênuo conceito de língua como meio transparente, um "logocentrismo""[42], sendo necessário desmontar as hierarquias de que a linguagem se imiscuiu, permitindo que "aporias ou paradoxos embutidos em todo texto filosófico" despontem e pondo fim "a todos os outros perversos "centrismos": androcentrismo, falocentrismo, falologocentrismo, carnofalologocentrismo e assim por diante (todos esses termos aparecem nos livros de Derrida)"[43].

---

[39] Idem, p. 146.
[40] Idem, p. 144-145.
[41] Idem, p. 145.
[42] Idem, p. 149.
[43] Idem, *ibidem*.

5. SOBRE O DESEJO DO MELHOR E O "PROGRESSISMO" COMO ÉTICA

Finalmente, o último capítulo (por enquanto) desse suceder de ideias – vindo atestar inequivocamente que não se pode dizer que o "melhor" está simplesmente no que veio "depois" pela ordem cronológica – está em um improvável e inacreditável casamento entre o absoluto do "progresso" linear, materialmente imperativo e cronológico, e a atrevida negação de todo valor, sentido e "progresso". Essa corrente, que desafia o nosso tempo, é o principal alvo a ser combatido neste livro; articulando fragmentos e palavras de ordem de raiz marxista com as construções teóricas de intelectuais de esquerda de uma geração mais recente, o discurso que se articula contra o "sistema" e o "mundo antigo", contra o "atraso" e o "conservadorismo", tem sua explosão com os delírios estudantis de 1968.

Dos demolidores do sentido e do valor, eles herdam a recusa aos padrões, a escusa aos alicerces, o abandono do patrimônio da civilização; nada disso presta. A essa negação e recusa, porém, abre-se uma suposta concessão, ilógica, mas que se admite como quem leva às últimas consequências o desprezo pela necessidade de fazer sentido: uma concessão ao tempo. Embora nada faça sentido, embora não haja um patrimônio de experiência ou um modelo moral para discernir o certo e o melhor, ainda assim, de algum modo, "nós sabemos" que o novo é superior e devemos romper totalmente com a autoridade do antigo e do testado. Nossos clamores hedonistas, nossos prazeres e desregramentos sexuais, têm a autoridade de um mandamento divino; com nossa vontade e palavras de ordem, podemos nos impor aos imperativos da História e erigir a lei. A verdadeira pulsão que nos leva a acreditar que detemos a ciência plena do "melhor" através da observação da História, percebida por meio de lentes "mito-históricas", é o desejo de deduzir disso consequências práticas e concluir que, a partir desse supremo conhecimento que julgamos deter, podemos agir de modo a determinar com precisão esse desenvolvimento – e ai de quem acredite que estamos exagerando. A essa arrogância do esquerdismo moderno, como posição política, seus próprios defensores e, por adoção, alguns de seus críticos, passaram a chamar "progressismo". Nome usual; se justo, se o "progresso" digno do nome é o que eles defendem, cada

ESCRAVOS DO AMANHÃ

um que julgue, e pretendemos evidenciar nas páginas desta obra, em humilde amostra de suas peripécias intelectuais, que não é. Cada coisa, porém, a seu momento.

Ao fim desta jornada, naturalmente, o leitor deve reclamar uma conclusão. Do que foi lido, também naturalmente, já deve ter subentendido com que visão simpatizamos mais. Contra os relativistas, acreditamos em uma escala metafísica de valores, um "melhor" e um "pior", numa finalidade para esta existência e em um objetivo transcendental definido para a realidade humana. Porém, referendamos os imperativos de pluralidade apontados por Strauss e, do ponto de vista cultural, societário e material, não vislumbramos o "progresso" como uma força necessária e física, ao impulso de algum movimento molecular ou coisa que o valha. O passar dos relógios e dos segundos também não determina que cada canto do planeta estará "melhor" do que estava imediatamente antes; desmontada e facilmente falseável se revela semelhante doutrina se submetida a um escrutínio intelectualmente honesto. Essa é a nossa posição, conquanto admiremos as diversas belezas de toda a trajetória filosófica do "melhor" ao longo dos séculos.

O mais admirável de tudo é mesmo que se busquem, com cautela e reflexão, o "melhor", o "bem" e o "belo"; não poderia haver crime maior que negar ao homem o sentido dessa busca, sendo apenas comparável ao de querer impor as respostas pela autoridade cronológica e dos impulsos vis de quem as pretenda decretar, consagrando então como "melhor", "bem" e "belo", ao contrário, o "baixo", o "vil" e o "degradante". Serão intelectualmente respeitáveis todos aqueles que não partirem para o despenhadeiro que aqui queremos, acima de tudo, repudiar, e que é, finalmente, a razão de ser desta jornada: o progresso, ou o progressismo, como *ética*.

Recorreremos novamente ao nosso primeiro citado, o notável C. S. Lewis: "Todos nós queremos o progresso. Progredir, porém, é aproximarmo-nos do lugar aonde queremos chegar. Se você tomou o caminho errado, não vai chegar mais perto do objetivo se seguir em frente. Para quem está na estrada errada, progredir é dar meia-volta e retornar à direção correta; nesse caso, a pessoa que der

5. SOBRE O DESEJO DO MELHOR E O "PROGRESSISMO" COMO ÉTICA

meia-volta mais cedo será a mais avançada"[44]. Isso resume muito bem o nosso ponto.

Os "progressismos contemporâneos" da esquerda, atrelados às desconstruções pós-modernas, tanto quanto os "progressismos" lineares e dogmáticos de Comte e do materialismo histórico, compartilham o vício do progresso cronológico imanente como a única baliza ética de seus juízos. A única, por assim dizer, bandeira moral que sustentam é a da primazia absoluta do novo e do depois sobre o antigo e o antes. Justamente por fazerem disso uma agenda moral, nos próximos capítulos eles serão referenciados pela alcunha de "progressistas éticos", para quem a única régua moral é o suposto "avanço" que decretam representar. O que queremos demonstrar, e este sucinto passeio pela história do pensar humano é um passo nessa direção, é a dependência das coisas que vieram depois daquelas que vieram antes; é o quanto o "antes" tem a ensinar, e o quanto o "novo" se torna um passo para o penhasco se não se apoiar no seu alicerce. Uma atitude social e política que nos permite preservar essa consciência e lidar de maneira madura com essas questões, na prática é aquela para a qual esses ditos "progressistas" torcem o nariz, que julgam "aborrecida", "carrancuda", "estúpida", "obtusa", essencialmente "datada" e "antiquada". É o tão temido *conservadorismo*.

O que seria o conservadorismo? O que seria o conservador? Em que uma atitude conservadora ajudaria na relação equilibrada do ser humano com o "melhor" e com o transcorrer do tempo histórico? Eis o ponto donde partiremos a seguir. Também se fará necessária uma breve apreciação do problema daqueles que, na modernidade e na contemporaneidade, sustentaram a tese falsamente oposta à do "progressismo" que ora atacamos, os "reacionários", para quem o "melhor" estava absolutamente no ontem em vez de no "amanhã". Como pretendemos demonstrar, há nisso tão-somente uma inversão posicional de um problema que, em essência, permanece.

---

[44] LEWIS, Clive Staples. *Cristianismo puro e simples*. Trad. Álvaro Opperman e Marcelo Brandão Cipolla. São Paulo: Martins Fontes, 2005, p. 16.

6.

SOBRE O CONSERVADORISMO
E A BARBÁRIE DO PROGRESSISMO
RETRÓGRADO

6.1. O conservadorismo: adequando o conceito à discussão

É comum a expressão enfrentar certa resistência social mais ostensiva do que em outros países. Veremos isso mais detidamente no capítulo seguinte, mas nosso país, após o golpe de 1889, se acostumou a enobrecer rupturas amplas de sua própria narrativa nacional, de seu próprio ideário de unidade histórico--conceitual pátria (o "Estado Novo", a "Nova República") e preocupar--se com uma "conservação" bem fundamentada não costuma estar nos holofotes.

De par com a inexistência de um partido conservador programático bem estabelecido e inteiramente receptivo à nomenclatura e às mencionadas rupturas históricas que caracterizam nossa trajetória republicana, convivemos por boa parte das últimas décadas com um processo paulatino de ocupação dos espaços midiáticos, culturais e políticos por narrativas e grupos de interesse vinculados a distintas gradações de esquerda, que estereotiparam progressivamente a narrativa dominante e conseguiram fazer com que vários dos seus aspectos pautassem o debate público em tons distintos de uma mesma tendência geral. Ainda que eles se fizessem passar por completamente opostos, na prática eram variantes daquilo que convencionamos chamar "esquerda" – dos sociais-democratas mais refinados aos comunistas mais

ESCRAVOS DO AMANHÃ

trogloditas, todos contra os malvados "direitistas" e "conservadores" comedores de criancinhas e dispostos a tramar diuturnamente a fome do povo.

Por vezes, em razão de todos esses fatores, a expressão "conservadorismo" é vista como sinônimo de "xucrice", de arcaísmo nos modos, de suporte a todo tipo de bandeira ou atitude vil e rude. Opondo-se ao progresso, os conservadores seriam simpáticos à grosseria com as mulheres, à hostilidade racista ou até mesmo desejariam a volta da escravidão. Um sem-número de imoralidades explícitas estaria na essência do significado do rótulo.

A verdade é que, de fato, o termo tem um caráter elástico. Mesmo em uma abordagem positiva do conservadorismo, que é o que pretendemos e temos sempre adotado, é necessário reconhecer a sua pluralidade intrínseca. O conservadorismo quase sempre alia, em primeiro lugar, a adesão a certos valores e crenças que se julgam atemporais e acima da transitoriedade histórica – razão pela qual, evidentemente, devem ser "conservados", no sentido de valorizados e alimentados no imaginário popular, já que jamais qualquer gênero de "progresso" poderá torná-los obsoletos – a um esforço respeitoso, em nome da prudência, à realidade concreta de uma sociedade, em um amálgama que compreende as suas instituições e seus costumes e a maneira pela qual elas se relacionam com a cultura e a psicologia coletiva. Este segundo aspecto é necessariamente particular e circunscrito, não havendo condições de universalizá-lo; o que é universal no conservadorismo, no que diz respeito a ele, é o fato de que qualquer coisa que chamemos de conservador tem pelo menos declarada a intenção de observá-lo. A maneira pela qual se fará isso diferirá, na medida em que diferentes são os países, distintas suas instituições e tradições.

Natural, portanto, que, a despeito dessa preocupação declarada ser a mesma, nem sempre se julgue adequada ou moral, confrontada com a ideia de direitos naturais, a maneira pela qual ela se concretiza em determinado regime político. Isso não será motivo para abjurá-la. Como se tenta mostrar aqui, poucos princípios e regras de conduta, em matéria de política e sociedade, serão tão sábios e pedagógicos, preservando as diferentes culturas dos despenhadeiros potencialmente

6. SOBRE O CONSERVADORISMO E A BARBÁRIE DO PROGRESSISMO...

mortais das abstrações – embora igualmente, e talvez por isso mesmo, incapazes de oferecer a prescrição absoluta de caminhos a seguir e decisões a tomar diante de dilemas diversos, em qualquer tempo e lugar.

Encontraremos um atalho para o nosso raciocínio, a fim de conseguirmos maior coerência nesse mar de pluralidades, se recorrermos a uma elucidativa nota de Alex Catharino (n. 1974)[1] à mais recente edição brasileira da obra *A Política da prudência*, do pensador conservador americano Russell Kirk (1918-1994), em que ele pontua que a palavra "conservador", entendida como "rótulo político" e não em qualquer outra acepção usual e genérica com que ela pode ser empregada, "surgiu na França durante a Era Napoleônica, quando alguns escritores políticos franceses cunharam o termo *conservateur* na busca de uma palavra para descrever o posicionamento político moderado que pretendia conciliar o melhor da velha ordem do Antigo Regime, sem assumir uma postura reacionária, com as mudanças sociais posteriores à Revolução Francesa, sem manifestar atitudes progressistas"[2].

Ele prossegue dizendo que o conservador "é o guardião da herança da civilização ocidental e dos princípios da ordem, da liberdade e da justiça"[3] e que o termo "foi utilizado por diferentes estadistas e intelectuais franceses que, em maior ou menor grau, foram influenciados pelo pensamento de Edmund Burke (1729-1797), dentre os quais se destacam os nomes de François Guizot (1787-1874), Louis de Bonald (1754-1840), Joseph de Maistre (1753-1821), François-René de Chateaubriand (1768-1848) e Alexis de Tocqueville (1805-1859)"[4]. Catharino finaliza pontuando que o conceito surgido na França foi transportado para a Inglaterra em 1830 "quando os editores do *The Quarterly Review* adotaram a palavra 'conservador' em vez de *Tory* para

---

[1] KIRK, Russell. *A política da prudência*. Trad. Gustavo Santos e Márcia Xavier de Brito. São Paulo: É Realizações, 2013, p. 356.

[2] Idem, *Ibidem*.

[3] Idem, *Ibidem*.

[4] Idem, *Ibidem*.

ESCRAVOS DO AMANHÃ

descrever o partido britânico da ordem"[5]. Dez anos depois, em 1840, ganhou popularidade nos Estados Unidos.

O maior mérito dessa nota de Catharino, que pode passar despercebida para quem folhear as páginas do livro de Kirk, é colaborar conosco de forma ímpar no esforço de localizar historicamente a origem da ideia, o que, em se tratando de um conceito que, por natureza, ninguém consegue definir com uma exatidão universal, é imprescindível para a construção de um significado que faça sentido. Se estamos discutindo algo que tem inúmeras variações a depender de tempo e lugar e que é interpretado de maneiras profundamente diferentes a depender do autor, não parece haver caminho mais razoável para construir um entendimento do que observar o transcorrer dos usos do termo e da ideia ao longo da História. Tanto há o problema que a própria nota referencia um François Guizot, primeiro-ministro francês que integrava o grupo dos chamados "liberais doutrinários", a quem o escritor Victor Hugo chamou "liberais conservadores", e um De Maistre, que sustentava a autoridade do Antigo Regime, com a prevalência da Igreja também em questões políticas.

O que articularia os diferentes autores citados por Catharino é que o conceito de "conservadorismo" tomado emprestado por eles se originaria em um uso primordial comum que tem duas notórias características. A primeira delas é surgir das convulsões napoleônicas, isto é, ter uma origem na modernidade. Quando, hoje, portanto, herdando a sucessão de empregos desse conceito, falamos em conservadorismo no linguajar político usual, falamos de algo que só começa a fazer sentido, só começa a existir com essa conotação política, a partir do advento da modernidade, período que traz em seu bojo a emergência e fortalecimento institucional de ideias liberais como o constitucionalismo, a restrição de poderes do Estado, o mercado e a representação popular. O "conservador", como conceito político, não difere de todos os outros rótulos e conceitos políticos da modernidade, no sentido de que é uma maneira de lidar com essa modernidade. O "conservador" político de hoje e da Era Napoleônica não existiria e não faria sentido recuando

---

[5] Idem, *Ibidem*.

278

6. SOBRE O CONSERVADORISMO E A BARBÁRIE DO PROGRESSISMO...

ao medievo mais remoto, tampouco à Antiguidade – ainda que as bases que o justificam sejam acalentadas pelo menos desde Aristóteles (384 a.C-322 a.C.).

Os primeiros "conservadores" a quem o rótulo foi aplicado foram atores sociais e políticos dedicados a equacionar o conflito entre o antigo e o novo, entre o regime que desfalecia no período revolucionário e as insanidades radicais que se pretendiam impor para substituí-lo. Foram agentes e pensadores políticos que, portanto, empreenderam a negociação prudente dos processos do tempo histórico, esforçando-se por colocar freios à afobação revolucionária e acomodar desenvolvimentos comprovadamente positivos na dinâmica social ao gradualismo, à temperança e à coesão cultural e institucional dessa mesma sociedade.

Não poderia haver maior concordância na acepção com que pessoalmente costumamos empregar a palavra do que essa. O sentido original era basicamente o mesmo usado no termo hoje, ainda que não tenhamos por base nenhuma espécie de códice ou "cânone sagrado" que defina, sem qualquer contestação, o que é o conservadorismo. Isso implica, desde logo, que embora autores *posteriores* – partidos e políticos também – tenham empregado o termo para designar correntes que rejeitam até essa acomodação, acalentando ardorosamente a ideia do puro e simples "retorno" a uma situação idealizada no passado, a origem está mais próxima do nosso pensamento que do deles.

A segunda característica é a vinculação crucial a uma personalidade histórica: a do político irlandês Edmund Burke – eis por que se costuma falar em "conservadorismo burkeano". Isso também não quer dizer que devamos chamá-lo de "criador" do conservadorismo, tampouco que (com o perdão de insistir na ressalva, porque, por mais aborrecida que ela pareça, é fundamental para a quase totalidade dos autores conservadores) ele ofereceria, em sua apreciação especificamente voltada às sociedades britânica e francesa de sua época, uma fórmula ou receita global de aplicação.

O que quer dizer é que provavelmente não há exagero em afirmar que nenhuma obra considerada paradigmática para uma atitude conservadora ganhou tanta publicidade e exerceu tantas influências mundo afora e no momento definidor da mentalidade política moderna, o turbilhão revolucionário francês, do que a obra mais famosa de Burke, *Reflexões sobre a Revolução na França* (1790). É nesse sentido que ela pode ser vista, com todas as cautelas e ressalvas que essa sentença merece, como aquilo que existe de mais próximo a uma sistematização teórica da atitude conservadora.

Seu autor já era notório no Reino Unido por posições que poderíamos acertadamente ler como afeitas à liberdade e aos direitos constitucionais; Burke era avesso à pena de morte, defensor da liberdade de mercado – quando muitos dos futuros membros do Partido Conservador britânico décadas depois exibiriam desconfiança do capitalismo liberal –, simpático às reivindicações dos colonos norte-americanos que terminaram por obter a Independência em 1776 e também estava sempre sensivelmente atento à questão indiana. Todos que são afeitos a encarar o conservadorismo como algo intrinsecamente arcaico e obscurantista não conseguiriam, guiados pela justiça, identificar tais qualificativos em Burke, um *whig*, defensor das limitações constitucionais, opositor aos *tories*.

Os equivalentes em seu tempo aos dogmáticos do "progresso" como ética, esses que aqui queremos alvejar, poderiam acabar vendo em Burke um de seus pares. Não fosse o detalhe de que ele cometeu o pecado capital de se opor à "maravilhosa" Revolução Francesa. Por quê? Como? Foi o que ele tentou explicar na carta que se transformou nas *Reflexões*, escrita mais para servir de alerta aos seus compatriotas que para se direcionar aos franceses.

O exemplo é a sociedade francesa. A referência de Burke são os atos dos revolucionários, são seus pressentimentos das consequências autoritárias do jacobinismo vindouro; eventualmente, sua contraposição com o cenário histórico e político do Reino Unido. No entanto, e é por isso que a obra tem essa representatividade, Burke demarca as *linhas gerais* do que será um entendimento conceitual ao redor do qual faz sentido dizer que determinados partidos, movimentos ou personalidades são conservadores.

Essas linhas não perdem eficácia nem razão de ser, quaisquer que sejam a época ou lugar. Podemos encontrá-las esparsas na carta, pois,

6. SOBRE O CONSERVADORISMO E A BARBÁRIE DO PROGRESSISMO...

não tendo a pretensão de transparecer como um sistemático abstrato sequer nesse aspecto, Burke não as dispôs em uma organização didática. É nas *Reflexões* que lemos que o governo "não se faz em virtude de direitos naturais, que podem existir, e de fato existem, em total independência dele; e existem em muito maior clareza, e em muito maior grau de perfeição abstrata"[6], porém "sua perfeição abstrata é seu defeito prático"[7]. Burke não assentia em que todos os detalhes da vida em sociedade deveriam ser regidos por critérios estabelecidos em algum manual de conduta e organização obtido por filósofos em uma observação particular da natureza, mas que é importante para a sua concretização o processo histórico de desenvolvimento do Estado e das instituições. Como "as liberdades e as restrições variam com a época e as circunstâncias e admitem infinitas modificações, elas não podem ser estabelecidas sobre nenhuma regra abstrata"[8].

Os direitos naturais ou metafísicos ostentados pelos filósofos iluministas, "penetrando na vida comum, como raios de luz penetram por um meio denso, sofrem, pelas leis da natureza, uma refração de sua linha reta"[9]. Não se está discutindo se eles existem, mas sim que eles precisam se conformar ao mundo concreto e à forma como costumes, símbolos, tradições e fatos sociais moldaram a realidade de um povo, de uma comunidade política.

É claro que bandeiras como liberdade, autonomia, contenção do poder, têm valor. O *whiggismo* de Burke, que representava, na Inglaterra, o berço do liberalismo, não poderia julgar diferentemente. Contudo, elas devem estar ajustadas aos figurinos do concreto, sem desprezá-los e buscar sua realização através da completa subversão de sua lógica estabelecida. Em resumo: as mudanças e melhorias devem ser feitas, mesmo porque sem elas a comunidade política não se preserva, mas apenas dentro de uma perspectiva orgânica em que o todo não

---

[6] BURKE, Edmund. *Reflexões sobre a Revolução na França*. Trad. Eduardo Francisco Alves. Rio de Janeiro: Topbooks, 2012, p. 222.

[7] Idem, *Ibidem*.

[8] Idem, Ibidem, p. 223.

[9] Idem, Ibidem, p. 224.

ESCRAVOS DO AMANHÃ

se dilua, porque o que vem depois é imprevisível, mas geralmente é o caos, seguido do autoritarismo – e aí, ao fim das contas, o objetivo que se pretendia atingir continua não sendo atingido.

Burke julgava que "a ideia de História como uma força impessoal que nos conduz a destinos fixos era tanto falsa quanto perigosa, pois poderia ser usada para justificar crimes em nome do futuro"[10]. Para ele, "a História se desdobra lenta e inconscientemente ao longo do tempo, com resultados que ninguém pode prever. Se o tempo for um rio, será então como o delta do Nilo, com centenas de tributários se espraiando em todas as direções possíveis e imagináveis"[11]. Há, então, problema "quando governantes ou partidos no poder julgam-se capazes de prever em que direção a História já se encaminha. Isto foi demonstrado pela própria Revolução Francesa, que, em vez de acabar com o despotismo europeu"[12], acabou por "levar um general corso ao trono imperial"[13], contrariando as intenções e previsões de qualquer jacobino.

Essa prevenção nada tinha a ver com o "reacionarismo", presente em alguns dos primeiros pensadores contrarrevolucionários. Os reacionários propriamente ditos não são, levando às últimas consequências a acepção do termo com que estamos trabalhando, autênticos conservadores. "À sua maneira, são tão radicais quanto os revolucionários e não menos firmemente presos nas garras da imaginação histórica"[14]. Se os revolucionários, alvo mais constante dos conservadores, se permitem alimentar por "expectativas milenaristas de uma nova ordem social redentora e de seres humanos rejuvenescidos"[15], os reacionários, ao contrário, "são obcecados pelo medo apocalíptico de entrar numa nova era de escuridão"[16]. Para nomes como Joseph de Maistre, o emblemático

---

[10] LILLA, Mark. *A mente naufragada:* sobre o espírito reacionário (e-book). Rio de Janeiro: Record, 2018, p. 8.

[11] Idem, *ibidem*.

[12] Idem, *ibidem*, p. 8.

[13] Idem, *ibidem*.

[14] Idem, *ibidem*.

[15] Idem, *ibidem*.

[16] Idem, *ibidem*.

6. SOBRE O CONSERVADORISMO E A BARBÁRIE DO PROGRESSISMO...

ano de 1789 não era o início de uma aurora gloriosa, mas o fim. "Com espantosa velocidade, a sólida civilização constituída pela Europa católica foi reduzida a uma portentosa ruína"[17], eles sentenciavam. O "melhor" estava no ontem que rapidamente se dilacerava, fazendo culminarem "séculos de desdobramentos culturais e intelectuais"[18] no Iluminismo, "que corroía o Antigo Regime de dentro para fora, o que o fez desmoronar no momento em que veio a ser desafiado"[19]. Não há progresso absoluto; houve decadência absoluta, em todos os sentidos. Para o pensamento reacionário, não há nada a celebrar no presente e nada haverá a celebrar no futuro, se não for possível restaurar as condições ideais que já existiram e desapareceram.

"Sua história começa com um Estado feliz e ordenado no qual as pessoas que conhecem seu devido lugar vivem em harmonia, submissas à tradição e a seu Deus. Vêm então ideias alienígenas promovidas por intelectuais – escritores, jornalistas, professores – questionar essa harmonia, e a vontade de preservar a ordem é debilitada no topo da pirâmide"[20], explica Mark Lilla. "Uma falsa consciência logo se abate sobre a sociedade como um todo, à medida que ela caminha deliberada e mesmo alegremente para a destruição. Só aqueles que guardaram lembrança das velhas práticas são capazes de ver o que está acontecendo. Depende exclusivamente da sua resistência se a sociedade será capaz de inverter esse direcionamento ou se precipitará na própria ruína"[21].

Eis porque o reacionário e o revolucionário se assemelham. Ambos, mergulhados em ativismo apaixonado e deformada autopercepção missionária, creem compreender plenamente o fluxo da História – o mesmo erro que Eric Voegelin (1901-1985) ponderou estar cometendo em sua produção até 1974, confessando-se presa do mal que ele mesmo criticava, o "desejo monomaníaco de forçar as operações do espírito na História por uma linha que leve inequivocamente ao presente do

---

[17] Idem, *ibidem.*
[18] Idem, *ibidem.*
[19] Idem, *ibidem.*
[20] Idem, *ibidem.*
[21] Idem, *ibidem.*

observador"[22], integrando-se ao time dos pessimistas culturais, ao passo que principiou então a considerar a História como "um campo aberto onde se encontram o divino e o humano, e não uma estrada sem saídas"[23]. Julgam-se, justamente por possuírem esse pretenso conhecimento, incumbidos da tarefa de controlar esse fluxo, acelerá-lo ou consumá-lo em direção ao "melhor". Esse "melhor" pode estar adiante, mas também pode estar atrás; de qualquer maneira, a receita para atingi-lo será a subversão mais completa imaginável das condições presentemente existentes. O atual precisa morrer para que da destruição desponte o Paraíso – quer um novo, quer um que foi perdido.

O pensamento burkeano compreendia que "existe algo mais do que a mera alternativa de destruição absoluta, ou existência sem ser reformada"[24] e que não nos é lícito enxergar um país "como nada além de *carte blanche*"[25] onde pudéssemos escrever o que nos convém aos gostos pessoais. Advertia que "um homem cheio de calorosa benevolência especulativa pode querer sua sociedade constituída de forma diferente daquela em que ele a encontra; mas um bom patriota, um autêntico político sempre considera como aproveitará ao máximo os elementos existentes em seu país"[26].

Aqui pode valer ainda acrescentar a visão de um autor americano da virada do século XIX para o século XX, influenciado por Burke, Irving Babbitt (1865-1933), em sua obra *Democracia e Liderança*. O conservador, segundo Babbitt, não deve desejar o fim da liberdade e da representação, mas ao mesmo tempo se distingue por uma crença em que "líderes genuínos, bons ou maus, sempre existirão, e que a democracia se torna uma ameaça para a civilização quando busca livrar-se dessa verdade"[27].

---

[22] Idem, *ibidem*, p. 29.

[23] Idem, *ibidem*, p. 29.

[24] BURKE, Edmund. *Reflexões sobre a Revolução na França*. Trad. Eduardo Francisco Alves. Rio de Janeiro: Topbooks, 2012, p. 353.

[25] Idem, *Ibidem*, p. 353.

[26] Idem, *Ibidem*, p. 353.

[27] BABBITT, Irving. *Democracia e liderança*. Trad. Joubert de Oliveira Brízida. Rio de Janeiro: Topbooks, 2003, p. 38.

6. SOBRE O CONSERVADORISMO E A BARBÁRIE DO PROGRESSISMO...

Fortemente crítico ao pensador genebrino Jean Jacques Rousseau (1712-1778), tal como Burke, Babbitt ressalta o conservador como adepto da importância de referências, tanto humanas quanto simbólicas, que dão "liga" a uma comunidade política, a um país, a uma cultura, a uma civilização. Mais do que a razão ou a emoção rasteira, essas comunidades precisam de "imaginação" – mais particularmente do que ele chama de "imaginação moral". Essa imaginação se constitui de elementos os mais variados, como as histórias, os contos, as fábulas, os heróis, os mitos fundantes, tudo aquilo que consubstancia essa "liga", que embasa a compreensão dos valores, que também perfaz um sentimento pátrio e de pertença – tudo o que os "progressistas" éticos desejam ver destruído, porque todas essas coisas são para eles entraves ao voo ascendente rumo ao paraíso terreno que eles têm certeza de estar construindo.

Também Babbitt, igualmente desenvolvendo ideias burkeanas, sintetiza a moderação e a prudência conservadoras pela mediação "entre alguns princípios gerais sólidos e as infinitamente variadas e mutantes circunstâncias da vida real"[28]. As circunstâncias da vida real, o mundo concreto, as realidades construídas ao longo do tempo e sob o influxo da "imaginação moral", tudo isso se materializa na comunidade política sob a forma do que o conservadorismo chama de "tradição". Não é difícil partir desse termo e desse pressuposto, mais uma vez, para extrair a interpretação apressada de que essa tradição seria tudo que é antigo e, portanto, abominações como a escravidão deveriam ser mantidas.

De fato, justamente por seu reconhecimento de pluralidades e complexidades, o conservadorismo eventualmente pode fornecer argumentos em favor de injustiças e absurdos. Alguns notórios conservadores brasileiros da época monárquica, que articulavam argumentos similares aos que aqui estamos elencando, como o grande parlamentar mineiro Bernardo Pereira de Vasconcellos (1795-1850), aplicaram argumentos próprios do conservadorismo, tais como os receios pela quebra da organicidade social, o gradualismo, a concretude da comunidade

---

[28] Idem, *Ibidem*, p. 46.

política e o respeito ao arranjo geral da sociedade, para justificar a terrível mazela da escravidão.

Então disso deduzimos que os conservadores conservam tradições como a escravidão, e, portanto, são imbecis desumanos? Não, naturalmente. Primeiro porque houve outros que pensaram e agiram de modo distinto, como o nosso pai fundador, José Bonifácio (1763-1838), que manifestou certos aspectos conservadores em seu pensamento e fazia aberta pregação pelo fim da escravatura, e João Alfredo (1835-1919), cuja presidência no Conselho de Ministros assegurou a aprovação da célebre Lei Áurea. O conservadorismo não deu a ninguém procuração para representá-lo fielmente em suas atitudes e direcionamentos individuais e é humilde em reconhecer que aqueles que se guiam por sua prudência estão sujeitos ao engano moral e histórico, justamente porque não oferece o atalho perfeito, exatamente aquele que nega existir.

Para delimitar bem esse conceito de "tradição", um escritor português contemporâneo, João Pereira Coutinho (n. 1976), em sua pequena obra *As Ideias Conservadoras – Explicadas a revolucionários e reacionários* é, em nossa opinião, uma excelente fonte. Coutinho destaca que as tradições valorizadas pelo conservadorismo "não são apenas as que resultam ou resultaram de um ato consciente de criação humana"[29]. Para além disso, elas também e principalmente "foram emergindo naturalmente, o que significa que elas foram sobrevivendo naturalmente porque sucessivas gerações encontraram nelas vantagens que aconselharam a sua manutenção"[30].

Sendo assim, ao conservadorismo não caberia "conservar tudo", mas sim "os arranjos tradicionais conducentes a uma vida melhor", não devendo ser estranho "a situações de pobreza e exclusão que impedem muitos seres humanos de se beneficiar do patrimônio moral e institucional de uma sociedade"[31]. Ocorre que, se queremos estender, agora

---

[29] COUTINHO, João Pereira. *As ideias conservadoras explicadas a revolucionários e reacionários*. São Paulo: Três Estrelas, 2014, p. 59.

[30] Idem, *Ibidem*.

[31] Idem, *Ibidem*.

6. SOBRE O CONSERVADORISMO E A BARBÁRIE DO PROGRESSISMO...

ou futuramente, esse patrimônio aos menos favorecidos, logicamente o caminho para isso não será "destruí-lo". Coutinho lembra ao seu leitor que a maneira de integrar o maior número de pessoas nesse patrimônio é valorizando a "gramática" que ele representa.

Sim, gramática. Não aquela que se aprende no colégio, mas uma que se absorve pelo cotidiano: nos ditados populares, nos gestos habituais, nos exemplos da família. A maneira de apertar a mão, a maneira de se comportar em uma festa, o próprio calendário de celebrações e feriados, tudo compõe uma gramática, que se constrói com anos de elaborações culturais e se associa à dinâmica institucional erguida pela sociedade ao longo do tempo. É uma experiência histórica que conecta o passado ao presente, e este ao futuro. O conservadorismo rende loas a essa gramática; acredita que, por mais racionais que nos pareçam determinadas construções teóricas, ideológicas ou filosóficas, elas de nada valem se não se alfabetizarem nesse código, como toda a vontade da criança de expressar uma ideia não será bem-sucedida se ela não assimilar o bê-a-bá.

O revolucionário, o "progressista" ético anticonservador, se assemelha a quem pretendesse destruir o alfabeto e inventar o seu próprio, ou criar uma língua de sua cabeça para substituir, em nosso caso, o português, apenas por achar que isso seria melhor para vocalizar os seus sonhos e aspirações. A esse respeito, temos à disposição o exemplo do esperanto, idioma criado pelo oftalmologista judeu russo Ludwik Lejzer Zamenhof (1859-1917). Os esperantistas fizeram dele o idioma artificial mais falado do mundo, o que é, em seus círculos, um inegável sucesso; mas em momento algum ele chegou perto de se substituir aos diversos idiomas nacionais.

Nem poderia. O português, o francês, o italiano, o inglês, são belos exemplos de "tradições" na acepção politicamente conservadora do termo. Eles são construções do tempo, produto das espontâneas relações históricas construídas entre as pessoas de determinadas comunidades políticas e culturais, que de muitas maneiras expressam suas almas coletivas, suas essências. De muitas maneiras, também, esses idiomas se entrelaçam com diversos outros aspectos da vida cotidiana, da realidade do tecido social onde se desenvolveram; moldam sotaques,

ESCRAVOS DO AMANHÃ

expressões, termos, práticas, melodias. Nenhuma construção teórica terá mais poder do que isso; pretender que ela tenha à força levará ao desastre.

Desastre muito maior se, para além da língua, pretendermos abranger uma esfera mais ampla, em nome de um "progresso" cuja gramática nem sequer nós mesmos sabemos falar. Foi o que Burke acreditou estar nas intenções dos revolucionários franceses. Eliminar entulhos absolutistas não era o limite de suas aspirações. Os mais radicais entre eles queriam declarar uma emancipação absoluta de toda a "gramática" das tradições francesas. Em um ponto extremo, demonizaram a religião popular; inventaram um culto à Razão e nutriram anseios por igualar o que era diferente. Levaram a Família Real à execução. Politicamente, simbolicamente, institucionalmente, culturalmente, espiritualmente, em suma, em quase todas as esferas, não queriam deixar pedra sobre pedra. Queriam dissolver o seu país e desenhar algo inteiramente novo. Brincar de Deus.

O caos levou a uma sucessão de feitios e nomes: Convenção, República Jacobina, Terror, Diretório, Era Napoleônica, depois uma revolução liberal, uma revolução republicana, um golpe, uma monarquia autoritária... um país que se perdeu em rupturas e desconstruções. Tudo começou porque a gramática das tradições, o reformismo com prudência, o "contrato" natural entre os vivos e mortos, foram abandonados. É contra essa postura que o conservadorismo moderno se estrutura. Ele é uma atitude reativa, mais do que uma ideologia formulada com uma lista única de princípios básicos.

Portanto, quando dissemos que o conservadorismo é a alternativa mais consistente ao "progressismo" ético e que iríamos descortinar o significado dessa alternativa, era a essa lista de características que nos referíamos. Esperamos que elas deixem claro que o conservadorismo se esforça por demonstrar a tolice de meramente se curvar à precedência do novo. É o alerta da consciência ao destempero da arrogância. Destruir as coisas é muito mais fácil e simplista do que procurar entendê-las e melhorá-las, dentro da aceitação dos próprios limites; ao compreender esse fato, o conservadorismo não faz mais que estampar a sua humildade inerente.

6. SOBRE O CONSERVADORISMO E A BARBÁRIE DO PROGRESSISMO...

Ao se opor ao "progressismo" como ética, que advém da mentalidade revolucionária, o conservadorismo não necessariamente se oporá ao progresso como tal. Ao contrário, ele o favorece, pois não há como haver desenvolvimentos e melhorias em algo que, por atalho infantil, é simplesmente aniquilado. A postura conservadora é essencialmente uma postura reformista, por oposição ao imobilismo. Contudo, o progresso depende necessariamente de algum grau de composição e deferência ao que foi erguido até a sua realização; caso contrário, ele poderá ser qualquer coisa, menos algo que mereça esse nome.

6.2. A barbárie do progressismo retrógrado

Nossa tentativa aqui, porém, como espero que o leitor ainda se lembre, é de desafiar o pensamento daqueles que se opõem a toda essa ordem de ideias e disposições, aos "modernosos", aos "progressistas éticos". Retornemos a eles agora.

Quando se discute a questão da montagem convencional do espectro político, é de praxe citar o raciocínio de Hans Eysenck (1916-1997), com base em suas pesquisas sobre a política britânica registradas na obra *Sense and nonsense in Psicology*, de acordo com o qual os nazistas (considerados aí na "extrema direita") e os comunistas teriam opiniões bastante similares. A ideia seria de que posições favoráveis à hierarquia e à diferença, de um lado, e posições tendentes ao igualitarismo, de outro, acabariam por, radicalizadas, se equiparar, como em um cruzamento.

Sem entrar no mérito da eterna disputa sobre qual seria o melhor modelo de espectro político, que não importa aqui, a tese é que o movimento de radicalização e a ânsia totalitária acabam por se confundir ao final e fazer com que se admitam ideias que seriam teoricamente o contrário da proposta original. Muito embora o progressismo ético-político não seja declaradamente totalitário, queremos demonstrar que suas bizarrices desestabilizam as referências fundamentais que fornecem um norte a uma cultura e propiciam o caos afeito à instalação de autoritarismos – quer os da demagogia estúpida, quer os do politicamente correto censor em que ele próprio essencialmente se caracteriza, quer, digamos, os de uma teocracia islâmica que se poderia substituir ao vácuo de conteúdo espiritual da sociedade.

Ocorre com ele o fenômeno a que fazemos alusão. O caos é tamanho que, acentuando o seu desespero por desmontar o processo histórico e a base institucional, cultural e moral da civilização – particularmente a ocidental, cristã e capitalista –, esse mesmo progressismo acaba por negar-se a si próprio, abraçando o mais vetusto "regressismo".

A resposta para a salvação da humanidade, a superação da miséria e o atingimento da igualdade – em suma, para a destruição do "malvado capitalismo machista e opressor" e a instalação no mundo do Paraíso dos Ursinhos Carinhosos – não está em um miraculoso futuro tecnológico, uma grande utopia científica, um império de técnicos, como poderia querer o já destronado sotaque do progressismo positivista. Ao contrário, está em uma volta ao passado; em o homem se abraçar (às vezes bem literalmente, como veremos) com seu passado rigorosamente naturalista, em se enamorar de uma vida selvagem e inteiramente conectada com a natureza.

O progressismo, em casos mais extremos, redundou em uma estética retrógrada que bebe da fonte rousseauniana, atribuindo a responsabilidade por todos os problemas ao suposto primeiro indivíduo que decidiu delimitar os seus bens materiais. Condenam na raiz uma das bases de tudo aquilo que nos acostumamos a chamar de "civilização": a noção de propriedade. Ignoram o que o economista austríaco Ludwig Von Mises definiu sabiamente ao dizer que a propriedade privada possibilita que "a fatia do produto social de cada membro da sociedade seja dependente do produto economicamente imputado a ele, isto é, dependente de seu trabalho e de sua propriedade", o que, em consequência, leva ao cenário em que "a matança de seres humanos em decorrência da luta pela sobrevivência, como ocorre nos reinos animal e vegetal, é substituída por uma redução na taxa de natalidade em decorrência das forças sociais"[32].

---

[32] MISES, Ludwig von. *Socialism: an economic and sociological analysis*. Trad. J. Kahane. United States: New Haven Yale University Express, 1951, p. 317.

6. SOBRE O CONSERVADORISMO E A BARBÁRIE DO PROGRESSISMO...

Ou seja, caras pálidas, o edifício social cada vez mais complexo que se desenvolve a partir dessa base – a propriedade – é um ambiente de pacificação, permitindo que a convivência entre os seres humanos, sob diversos aspectos tão animais quanto os outros, não conserve, ao menos na integralidade, o caráter destrutivo e bruto que deveria apresentar. Há, é verdade, um componente que precisamos identificar, percebido pelo pensador católico G. K. Chesterton em seu ensaio sobre a obra literária de Robert Louis Stevenson (1850-1894), disponível no Brasil na coletânea *Contos de fadas e outros ensaios literários*:

> Não existe nada mais difícil de trazer a uma circunscrição pequena e clara do que generalizações sobre a história ou até mesmo sobre a humanidade. Mas existe uma generalização que é especialmente evidente e, ainda assim, esquiva quanto a essa questão da felicidade. Quando os homens descansam em sua busca pela felicidade para, seriamente, fazerem uma imagem da felicidade, sempre têm feito o que se pode chamar de uma imagem "primitiva". Os homens lançam-se em direção à complexidade, mas se sentem atraídos pela simplicidade. Eles tentam ser reis; mas sonham ser pastores. Isso é igualmente verdade tanto no caso de olharem para trás para uma Idade de Ouro como no caso de olharem para a frente para a mais moderna Utopia. A Idade de Ouro é sempre imaginada como uma era livre da maldição do ouro.
>
> A civilização perfeita do futuro é sempre algo que muitos podem chamar de a mais alta selvageria; e é concebida no espírito que falou de "Civilização, sua Causa e sua Cura". Seja a Arcádia do passado ou a Utopia do futuro, trata-se sempre de algo mais simples que o presente. Do poeta grego ou romano anelando a paz da vida pastoral ao último sociólogo explicando a vida social ideal, esse sentido de um retorno e uma resolução em coisas elementares é evidente. A flauta do pastor é sempre algo um tanto mais simples que a lira do poeta; e a vida social ideal é uma forma mais ou menos sutil de vida simples[33].

---

[33] CHESTERTON, G.K. *Contos de fadas e outros ensaios literários*. Trad. Ronald Robson. São Luís: Resistência Cultural, 2013, p. 238-239.

ESCRAVOS DO AMANHÃ

Por um lado, a curiosa observação de Chesterton comprova o ponto dos conservadores ao apelar para a realidade e o patrimônio daquilo que já nos acompanha há muito tempo, bem como identificar a presença de constantes em nossos anseios, desejos e natureza. Ele sustenta que mesmo o mais ardoroso dos revolucionários se volta em alguma medida para o simples, o rural e o velho, e para o natural, em sua construção imaginativa do futuro por atingir.

Porém, inclusive por ser católico e francamente avesso a arroubos rousseaunianos, Chesterton teria sido o primeiro a concordar em que o veneno da ideologia do "progressismo ético" se apropriou – em sua capacidade ímpar de desvirilizar a sociedade e o reconhecimento de uma cultura e seus valores por parte do próprio povo que neles se abrigou – desse sentimento pelo antigo e idílico e produziu uma adulteração que projeta para o futuro um passado deturpado e ressignificado como utopia. Fenômeno parecido acontece na obra do filósofo alemão Heidegger (1889-1976), um dos pensadores mais celebrados do século XX, mas que se encantou pelo nacional-socialismo. Ele nutria justamente uma "visão apocalíptica da modernidade"[34] e uma verdadeira "nostalgia de modos anteriores de vida mais em harmonia com a natureza"[35], nostalgia que o levou a acreditar que a tirania hitlerista – produto, aliás, ela própria, da modernidade – poderia promover esse reencontro da humanidade com uma experiência mais nobre que foi perdida, a da "relação da humanidade com o Ser"[36].

O conceito mais preciso para definir essa "imaginação" distorcida ligada ao pensamento rousseauniano, muito bem elaborado por Irving Babbitt, é o de "imaginação idílica". Babbitt descreve em sua obra *Democracia e Liderança* como certas virtudes foram paulatinamente associadas à "natureza", virtudes "que o passado considerara como frutos duramente ganhos não apenas pela disciplina humanista como

---

[34] LILLA, Mark. *A mente naufragada*: sobre o espírito reacionário (e-book). Rio de Janeiro: Record, 2018, p. 32.

[35] Idem, *ibidem*.

[36] Idem, *ibidem*.

6. SOBRE O CONSERVADORISMO E A BARBÁRIE DO PROGRESSISMO...

também pela religiosa"[37]. Babbitt enxergou, no início do século XVIII, o começo de um movimento de "glorificação do instinto" com uma feição "distintamente emocional"[38], e Rousseau seria um personagem central nesse encaminhamento.

A "virtude" para Rousseau não era mais obtida pelo refinamento, no resgate "de um Fabricius, de um Licurgo ou de um Calvino", como exemplifica Babbitt. Estaria, isto sim, em um "retorno à natureza e à vida simples" – consequentemente, na referida "glorificação do instintivo e do sub-racional"[39]. Seu passo radical foi parodiar a crença cristã tradicional do "pecado original" como um pecado cometido pelo homem contra a Divindade, passando a colocar no centro de todo o jogo o "pecado desse homem perante a natureza". Em seu então novo paradigma, a fonte desse pecado e das maldades sociais, explica Babbitt, estava na "invenção da propriedade privada na forma de propriedade de terras"[40].

"O princípio guia de sua obra escrita, diz ele, é mostrar que o vício e o erro, estranhos à constituição do homem, são trazidos de fora, que eles se devem, em síntese, às instituições", resume o autor americano mais uma vez. "Ora, na prática, por instituições entendam-se os homens que as administram. Um pequeno grupo no topo da hierarquia artificial – reis, padres e capitalistas – senta-se sobre a tampa, tenha ela a forma que tiver, e impede que a bondade nativa do homem jorre torrencialmente"[41]. Em uma divisão essencial entre o homem e a natureza, puros e nobres, e a sociedade com suas instituições, perversoras de tudo o mais, a leitura de Babbit deixa claro como, nesta enfermidade interpretativa "pós-moderna", nossos "progressistas éticos" beberam mais de Rousseau que propriamente de Marx.

---

[37] BABBITT, Irving. *Democracia e liderança*. Rio de Janeiro: Topboos, 2003, p. 91.

[38] Idem, p. 93.

[39] Idem, p. 95.

[40] Idem, p. 96.

[41] Idem, p. 97.

ESCRAVOS DO AMANHÃ

"O que é chave para a natureza de Rousseau e também para o que passou como ideal para os incontáveis rousseaunianos é encontrado na sua declaração de que, incapaz de descobrir um homem a seu gosto no mundo real, ele construiu para si mesmo uma 'era dourada de fantasia'"[42], e é a isso que Babbitt chama de "imaginação idílica". Nosso autor não enxerga nessa imagem da "era dourada" nenhum absurdo ou invencionice absoluta em si mesma, entrando, nesse ponto, em sintonia com as observações de Chesterton, que vão em direção notavelmente similar. Babbitt recorda, por exemplo, o Jardim do Éden e o tom pastoral da Canção de Salomão, tal como o poeta John Milton (1608-1674) a descreve.

Contudo, é agindo sobre o idealismo político moderno que ela gera seus efeitos nocivos. "O agitador apela principalmente a ela quando instiga a multidão com suas imagens da felicidade que deverá sobrevir depois da destruição da ordem social vigente"[43], resume Babbitt. Aquele, portanto, que recorre à "revolução" no sentido francês – ao arquétipo da França que se quis o Cristo das nações – pode perfeitamente apelar a essa imagem do "paraíso terreno", com todo seu quê idílico, como substância espiritual de sua retórica. Contudo, nossos "progressistas éticos" têm sido bem concretos nesse ponto, transformando-se em paradoxos ambulantes de si mesmos.

Nesse sentido, os "progressistas éticos", em consequência de uma árvore degenerescente de desenvolvimentos filosóficos – ou "antifilosóficos" – que capturam os anseios de futuro do Positivismo e do Marxismo, passando pelas teses relativistas e pós-modernas, até decair nas caricaturas deprimentes de que ora tratamos, deram uma volta de 180 graus e se confundiram com aquilo que o português João Pereira Coutinho judiciosamente chamou de "reacionarismo". Os reacionários, como vimos, acreditam que um passado histórico, quer a monarquia absoluta, quer o feudalismo, quer o regime militar, era uma Idade de Ouro, um paraíso concretizado, que na realidade jamais existiu. Em sua imaginação, diluem as contradições e imperfeições que aqueles

---

[42] Idem, p. 100.
[43] Idem, p. 101.

6. SOBRE O CONSERVADORISMO E A BARBÁRIE DO PROGRESSISMO...

regimes e realidades concretamente tiveram para fazer parecer que eram essencialmente superiores à atualidade, o que não é, de forma alguma, necessário, sequer recomendável, em um pensar conservador autêntico.

O cientista político Mark Lilla, em sua obra *A Mente Imprudente*, diagnostica esse tipo de confusão entre fórmulas "místicas e reacionárias" e anseios "progressistas", na identificação que autores ditos de esquerda começaram a sentir por correntes normalmente enquadradas naquelas categorias. Walter Benjamin, por exemplo, aproximou-se com grande desenvoltura de autores que alvejavam sem piedade a tradição racionalista da filosofia ocidental. Sentiu-se atraído, como muitos outros de sua época, pela obra do pensador político alemão (e depois funcionário nazista) Carl Schmitt (1888-1985), bem como de outros autores que valorizavam a dimensão teológica; de Schmitt, Benjamin bebeu a ideia de que "todos os conceitos importantes da teoria moderna do Estado são conceitos teológicos secularizados"[44]. Schmitt conquistou muitos admiradores de esquerda, não devido aos aspectos potencialmente mais interessantes de sua obra, mas precisamente devido à sua aversão ao liberalismo, uma posição que os unia, tal como as semelhanças aproximariam fascistas e stalinistas. "Os autores de esquerda igualmente partem do seu pressuposto de que as ideias liberais são ficções; então dão o passo seguinte, que consiste em argumentar que essas ideias também são armas ideológicas de uma classe dominante, que se estabeleceram no imaginário público por decisão arbitrária"[45] e Schmitt "era um democrata radical" que podia ajudar a "restabelecer um senso de legitimidade através da vontade popular"[46], desde que associado pitorescamente ao colorido tresloucado de um Herbert Marcuse (1898--1979), com sua mistura de esquerdismo e Freud (1856-1939) ao clamar pela satisfação dos desejos tolhidos pela sociedade repressora, e de um Foucault, com suas teorias sobre o poder em toda parte. Não é outro

---

[44] LILLA, Mark. *A mente imprudente:* os intelectuais na atividade política. Rio de Janeiro: Record, 2017, p. 86.

[45] Idem, *ibidem*, p. 62.

[46] Idem, *ibidem*.

o recado de Theodor Adorno quando prega explicitamente: "Não é a menor dentre as tarefas com que hoje se defronta o pensamento pôr todos os argumentos reacionários contra a cultura ocidental a serviço do esclarecimento progressista"[47].

O progressista ético que retrograda para o pensamento bitolado "natureba", conscientemente ou não, associando o futuro sonhado e "avançado" a um reencontro paradoxal com o "passado mágico", remonta a um tempo inexistente, imaginário, que contradiz todas as evidências científicas. Em um ponto extremo, cantando *"Imagine there's no countries"*, *"and no religions too"*, *"Imagine no possessions"*, fumando a maconha diária e pregando o "amor livre", essa horda de descerebrados cuja existência só é possível graças às maravilhas do mundo civilizado, produto de séculos de experiência ocidental na qual anseiam por cuspir, deseja simplesmente acionar o "dane-se" para suas famílias, casas e cidades e se libertar no bosque para construir seu paraíso.

"Dispam-se de todas as armas, de todos os revólveres, todas as espingardas", eles nos dirão. "Dispam-se das amarras assassinas do capitalismo; dispam-se da exploração. Vão à natureza, conquistar a subsistência com o suor do trabalho. Abandonem casas e prédios; abandonem a frieza do mundo de concreto. Abandonem os veículos que singram os ares, percorrem as ruas e poluem a natureza. Abandonem a comida geneticamente manipulada, abandonem os alimentos que passam pelas vergonhas do mundo industrial. Abandonem também as medicações geradas pela indústria farmacêutica, abandonem a falsa proteção das vacinas, abandonem a proteção policial. Abandonem a lei, a consagração de direitos, a Justiça".

Abandonem tudo. E, é claro, vivam a crueza da realidade selvagem, sobrevivendo a animais ferozes – que não são e nunca foram as criaturas fofinhas e harmoniosas concebidas em desenhos animados ou livros infantis – e se sujeitando a uma expectativa de vida tão pequena que aos trinta anos qualquer um já será um ancião. Vá explicar isso para quem

---

[47] LILLA, Mark. *A mente naufragada*: sobre o espírito reacionário (e-book). Rio de Janeiro: Record, 2018, p. 49.

6. SOBRE O CONSERVADORISMO E A BARBÁRIE DO PROGRESSISMO...

julga lindo voltarmos todos a viver nus nas florestas e na realidade, que não lidaria por um só instante com as dificuldades da vida de nossos antepassados neolíticos...

Pior do que isso: para quem acha que esse retorno ao que o próprio Marx chamava de "comunismo primitivo" e essa ode à vida em conexão com a natureza são o ideal supremo de vida, já se chega ao extremo de sustentar uma estrovenga chamada "ecossexualidade". Provável que você tenha entendido corretamente; se há quem deseje manter relações sexuais com animais e até com cadáveres, fatos que identificamos usualmente como anormalidades mentais, pessoas fanatizadas com disposição para transar com "a natureza" já são consideradas "ativistas" sociais. Foi o que atestamos em algumas matérias jornalísticas por aí, replicando conteúdos de páginas estrangeiras, empregando inclusive essa expressão pseudocientífica.

Aparentemente, a origem desse rótulo esquisito estava no que foi concebido para ser uma mistura de "arte", "teoria", "prática" e "ativismo" proposta pela artista performática Elizabeth Stephens (n. 1960) e a educadora sexual e ex-prostituta Annie Sprinkle (n. 1954). "Fazemos amor com a terra através dos nossos sentidos", Sprinkle explica no documentário (??) *Goodbye Gauley Mountain: An Ecosexual Love Story*. É esse tipo de bizarrice que estamos levando a sério hoje em dia. Não sei quanto aos leitores, mas a ideia de uma "educação sexual" faz algum sentido se estivermos sendo educados sobre transar, pelo menos, com outras pessoas, não com árvores...

O progressismo ético "natureba" degenerado em primitivismo bárbaro atinge o suprassumo da loucura ao pretender que a evolução da razão e a libertação das castrações empreendidas pela "tradição, a moral e os bons costumes" nos levariam a, paradoxalmente, rejeitar a vida civilizada e santificar os nossos prazeres sensoriais em um contato infantil com a natureza. Chesterton, de novo ele, já havia dito que os "racionalistas e realistas que estavam louvando a busca adulta da felicidade, ou que deveriam estar louvando tal busca da felicidade, estavam (e ainda estão) ocupados principalmente com descrever a infelicidade". Era evidente para o notável pensador católico que "o exercício deles próprios do seu direito de livre expressão bastava para mostrar que a

ESCRAVOS DO AMANHÃ

mera combinação da maturidade da razão com os prazeres da paixão não produz, em verdade, uma Utopia"[48].

A natureza que terminam por endeusar não é a natureza real, com "ene" maiúsculo; é uma que acreditam poder controlar, que têm convicção de poderem determinar apenas mediante o emprego arbitrário da linguagem. "Se digo que sou, sou. Se digo que é, é". Nada é por si mesmo; tudo é porque queremos que seja. É assim que, se, em nossa opinião, a vida moderna possibilitou a ampliação de liberdades e autonomia em esferas diferentes, em que outrora escasseava, por outro lado, o desprezo estouvado por qualquer parâmetro norteador que não os apelos dos próprios desejos mundanos elevados a grandes reguladores morais, está levando a que as pessoas não saibam bem o que fazer com essas liberdades – por outra, com que percam o senso de ridículo.

Conceitos como "casamento", que passam a servir para relacionamentos com desenhos animados ou bonecas infláveis; seres humanos que se julgam cães ou gatos e começam a questionar o preconceito contra o "transespecismo"; pessoas que se creem sereias, mulheres que se acham tigresas, homens que se acham monstros ou alienígenas... Esses casos têm ganhado as manchetes, com a presunção de que são apenas "construções identitárias" que precisam ser "respeitadas". Pessoas adultas têm sido vistas se pondo a engatinhar e miar como felinos, verdadeiras mutilações têm sido auto infligidas por malucos que desejam se transformar na autoimagem animal que suas insanidades conceberam.

As grandes tragédias começam com pequenas concessões. A partir do momento em que um homem se considerar uma mulher, contrariando todo o fato biológico, passa a ser consagrado como algo absolutamente normal, o alcance do impacto cultural desse poderio da linguagem sobre a natureza irá até onde permitirmos. A palavra final passa a ser nossa, ou, por outra, de nossas patologias mentais; passa a ser do modo como facultamos a essas patologias se fundamentarem em

---

[48] CHESTERTON, G.K. *Contos de fadas e outros ensaios literários*. Trad. Ronald Robson. São Luís: Resistência Cultural, 2013, p. 248.

6. SOBRE O CONSERVADORISMO E A BARBÁRIE DO PROGRESSISMO...

nossos desejos para emitir decretos a serem obedecidos pela realidade. Tamanha tirania do subjetivo é produto do exagero do pêndulo nestes tempos de ode à ideia de "pós-modernidade" e as consequências beiram à distopia se vozes como as nossas não começarem a se insurgir - não para impor à força o silêncio aos que desejam que todos acreditem em suas fantasias, mas para garantir, em regime de liberdade, que a deformação grotesca do mundo real não estenderá seu império sem resistência.

7.

O CASO BRASILEIRO: O "MELHOR" E O "PIOR" EM NOSSA HISTÓRIA

7.1. O "melhor" na pátria: do simbolismo do "Fico" às profundezas do orifício anal

Em alguma medida, qualquer que ela seja, algo da grandeza de uma nação é avaliado pelos seus líderes e pelas ideias que põem em circulação. Um líder é resultado das estruturas que o conduziram ao poder e essas estruturas refletem a realidade do processo histórico e político que viabiliza tal condução, o que, em última instância, está ligado aos pendores do povo que lhes serve de palco.

Sob esse aspecto, seríamos os últimos a considerar que o estilo deve ser mais privilegiado que o conteúdo e que as verdades mais bem fundamentadas não podem ser ditas em vernáculo limitado, em prosa pouco criativa ou mesmo em ortografia equivocada. Contudo, certo refinamento de alma, mesmo em termos de nobreza moral e alvura de preocupações, se denuncia pelo calão dos termos empregados.

Por que, principiamos assim, esta parte da reflexão? Circulou pelas redes, nesse mundo hoje tão presente em nossas vidas que é o da Internet, um *meme* – uma daquelas imagens ou vídeos bem-humorados que se disseminam rapidamente, em geral sem possibilidade de rastrear seu autor. Que, aliás, um *meme* encabece este capítulo de nosso livro é, sem prejuízo da abordagem aqui sustentada, um verdadeiro sinal dos tempos; prova, no mínimo, de que não estamos advogando por nenhum utópico retorno a tempos recuados e acolhemos algo das delícias e diversões do contemporâneo.

O *meme* procurava satirizar a marcha histórica brasileira através de citações notáveis de alguns dos líderes que marcaram a nossa trajetória. Variavam as frases e os líderes elencados, como só acontece com os *memes*. Alguns modelos iniciavam com a famosa declaração de D. Pedro I (1798-1834), nosso imperador inaugural, que simbolicamente e politicamente efetiva os marcos fundantes do Brasil como Estado-nação, em um dos episódios que constroem esse processo: o famoso "Dia do Fico". Incomodamente situado entre os que, no então reino do Brasil, clamavam pela sua permanência e pela integridade do território, e os clamores das Cortes portuguesas, em suas terras lusas de origem, o príncipe regente, também uma alma constantemente dividida entre seus pendores voluntariosos e algo autoritários e as então chamadas "ideias novas" do liberalismo e do constitucionalismo, tem atribuídas a si as definitivas palavras: "Se é para o bem de todos e felicidade geral da nação, estou pronto! Diga ao povo que fico!".

Avançando ao Segundo Império, os memes geralmente traziam as figuras do imperador D. Pedro II (1825-1891) e sua filha, Isabel (1846- -1921), a princesa Redentora, símbolo do ocaso da terrível mancha da escravidão negreira. O monarca, de grande veia intelectual, extrema-mente erudito e entusiasmado pelas inovações tecnológicas e científicas a que seu século assistia, era lembrado com alguma de suas memoráveis citações, geralmente esta: "Se não fosse imperador, desejaria ser professor. Não conheço missão maior e mais nobre".

Sua filha, à testa da pátria quando de suas viagens, imortalizada pelo momento solene e celebrado da sanção à Lei Áurea, era recordada pela posição firme que, conta-se, assumiu, confrontada pelo impertinente Cotegipe: "Mil tronos eu tivesse, mil tronos eu daria para libertar os escravos do Brasil!". Sobre sua brava atitude, estampada na frase, comentou Joaquim Nabuco: "No dia em que a Princesa Imperial se decidiu ao seu grande golpe de humanidade, sabia tudo o que arriscava. A raça que ia libertar não tinha para lhe dar senão o seu sangue, e ela não o queria nunca para cimentar o trono de seu filho. A classe proprietária ameaçava passar-se toda para a República, seu pai parecia

7. O CASO BRASILEIRO: O "MELHOR" E O "PIOR" EM NOSSA HISTÓRIA

estar moribundo em Milão, era provável a mudança de reino durante a crise, e ela não hesitou: uma voz interior disse-lhe que um grande dever tem que ser cumprido, ou um grande sacrifício que ser aceito. Se a Monarquia pudesse sobreviver à abolição, esta seria o apanágio. Se sucumbisse, seria o seu testamento"[1].

Outras vezes ainda o *meme* trazia a famosa citação de Getúlio Vargas (1882-1954), na Carta-Testamento: "Serenamente dou o primeiro passo no caminho da eternidade e saio da vida para entrar na história". Sobre esse personagem, nossas sensibilidades assumidamente lacerdistas e nosso espírito afeito à estrutura liberal não podem formular muitos elogios. Ditador mais completo que o Brasil já teve, não vemos no repressor caudilho de São Borja uma insígnia de virtudes em que os rumos pátrios se poderiam mirar; contudo, apesar de suas baixezas, a frase é poderosa e expressa com justeza, em seu poder, o magnetismo pessoal do líder que simboliza – líder que, por todos os seus tenebrosos malfeitos, não poderia deixar tão longeva impressão e tão alastrado culto, não fosse habilidoso para tal. Diz-se não ter sido ele mesmo o autor da Carta; para nosso propósito aqui, porém, isso não importa. O símbolo prevalece.

Enfim, chegava-se ao fim da lista. Qual a grande frase para representar o Brasil de hoje? A grande citação que teriam a oferecer à lista os mais icônicos "estadistas" dos nossos dias? Não poderia ser diferente: culminamos com o último líder representativo em nossa história, figura maior de um ciclo de pouco mais de um decênio. O ex-líder sindicalista que congregou as esperanças brasileiras, simbolizando a efetiva conquista do poder pelo "povo" oprimido – uma entidade abstrata e difusa que, aparentemente, para os seus próceres, permaneceu a incluir aquele mandatário, mesmo depois de ele engordar substancialmente sua conta bancária.

---

[1] NABUCO, Joaquim. *Por que continuo a ser um monarchista* (1890). Disponível em: < https://bibliomais.webnode.com/_files/200000108-d41a0d5143/Porque%20Continuo%20a%20ser%20Monarchista%20(Mornarquista)..pdf>. Acesso em 13 de março de 2018.

ESCRAVOS DO AMANHÃ

Falamos, naturalmente, de Luiz Inácio Lula da Silva (1945). Na época da citação escolhida, ele estava já envolvido com os processos judiciais da Operação Lava Jato, que expunha as conformações degradantes da nossa cultura política contemporânea e os nossos fracassos retumbantes. Não era uma declaração pública; isso, aliás, poderia ser uma objeção dos seus persistentes defensores. Não que as falas conscientemente públicas do petista fossem, em qualquer ocasião, algo primoroso; à revelia disso, porém, elas espelham a penumbra do momento de maneira inequívoca. Em vídeo gravado pela parlamentar do PCdoB, Jandira Feghalli (1957), para defender o ex-presidente, ao fundo, ouve-se Lula externar a pérola, em comentário elegante e elevado acerca do processo que contra ele moviam os ousados procuradores de Curitiba: "Enfiem o processo no c...".

Enquanto o monarca da Independência adotava postura firme no desafio aos seus compatriotas originais, abrindo caminho à adoção de sua nova pátria, que então ele próprio fundava; enquanto seu filho, nosso mais celebrado monarca, externava toda a sua sensibilidade pela causa da educação; enquanto sua filha princesa extravasava toda a sua grandeza de alma no momento de maior sacrifício; enquanto o ditador caudilho gaúcho se associou a mensagem penetrante e que ecoou fundo em seus opositores; o que exala a sentença escolhida por esses perspicazes intérpretes cibernéticos para representar Lula, aliado e financiador do populismo latino-americano com os recursos brasileiros?

Das alvuras dos mais sublimes propósitos e da atração das mais poderosas declarações, descemos às profundidades do orifício anal. Muito triste, sem dúvida; mas que conexão isso terá com a reflexão que estamos desenvolvendo neste livro? A seguinte: se nos ocupamos de avaliar uma questão tão ampla e de implicações tão universais, parece-nos profundamente ilustrativo, e sensatamente conservador, que atraiamos o foco para algo mais localizado – mais especificamente, a dimensão nacional.

Temos refletido acerca da prevalência do "hoje" e do "amanhã", sob todos os aspectos, sobre o "ontem", como definidora do "bom" e do "melhor". Como já dissemos e não parece exagerado frisar, pessoalmente não temos a pretensão de definir aqui as regras em torno da

7. O CASO BRASILEIRO: O "MELHOR" E O "PIOR" EM NOSSA HISTÓRIA

marcha da História, se elas existem. O que nos importa, e é o que queremos deixar claro, é que a afobação social e política não costuma ser a melhor resposta para as inquietações que nos assaltam, e que aquilo que, no tempo cronológico, aparece "depois", não é por isso, e apenas por isso, "melhor" ou "superior" ao que veio antes, como se um mau trabalho não pudesse ser feito cronologicamente depois de um bom.

Se temos sustentado, bem como, anteriormente, com muito mais atenção particular a este ponto, nosso companheiro na escrita deste livro, a improcedência desse princípio na esfera da História mundial, ou em uma vasta quantidade de debates e temas específicos, é útil, tanto quanto interessante, investigar a falsidade desse princípio na História brasileira. Os exemplos que nos são mais próximos também tendem a nos tocar mais fundo e mais objetivamente.

O *meme* está aqui por isso. Ladeando Lula de Pedro II e Isabel, por exemplo, é possível julgá-los da mesma estatura? Sem que nos arvoremos em soberanos juízes da História, é possível à mais primordial sensibilidade enxergar em um mesmo patamar essas figuras? Entre os que se ocupam da educação e da liberdade e os que se ocupam de acuar representantes de poderes e intentam forçá-los a depositar o resultado legítimo de seu trabalho em seus respectivos orifícios anais, quais deveriam ser colocados acima na consideração dos nossos cidadãos e compatriotas? Veio Lula antes ou depois de Pedro e Isabel?

Só esse exemplo já expressaria o que queremos dizer, mas, no interesse de provocar a reflexão sobre o papel que temos no "hoje" para que efetivamente o "amanhã", particularmente o "amanhã" mais próximo, seja melhor, em vez da mera confiança passiva no arrastamento dos tempos, nos alongaremos um tanto mais nesse campo temático. Não queremos com isso induzir a ideias erradas. Se pretendemos negar as atrações do "progressismo ético-político" de esquerda em suas aplicações a uma interpretação equivocada da história brasileira – aquela que orna a Constituição de 1988 e a Nova República pós-regime militar com o *status* de suprema realização da civilização pátria –, não pretendemos com isso, da mesma forma, insuflar saudosismos indesejáveis.

ESCRAVOS DO AMANHÃ

Por mais grandes feitos, grandes mentes e grandes méritos que vejamos na saga portuguesa no Brasil colonial e nas aventuras da monarquia representativa quando de nossa emancipação à pátria independente, por exemplo, de maneira alguma poderíamos desconhecer a presença, entre nós, da mancha da escravidão, da qual nos despedimos apenas em 1888; de uma ameaça real de dissolução da integridade do território; de convulsões como as do Período Regencial e de arbítrios como a investida de D. Pedro contra a Constituinte de 1823, contribuindo para as convulsões de 1824 e a repressão violenta que a elas se seguiu. De maneira alguma poderíamos desconhecer o fato de que houve transformações positivas de corte institucional e legal.

O mesmo poderíamos dizer dos diferentes ciclos da trajetória republicana em fins do século XIX e ao longo de todo o século XX, em que podemos encontrar elementos e características do modo de vida, bem como qualidade em lideranças e estadistas, dos quais será natural termos saudades, mas ao mesmo tempo é forçoso reconhecer que, até por conta do impulso dos avanços globais, temos hoje comodidades e possibilidades que superam todos os limites das experiências do passado.

Dizer isso tudo seria repisar o óbvio. Não é, ressalvamos, que o "ontem" seja a morada do Paraíso; é que o "ontem" não reside no despenhadeiro do Inferno e que o "hoje" não deveria olhar para ele como um desalmado presunçoso, mais perdido do que supõe em sua arrogância. Passamos então, com este fim, a oferecer uma amostra das aventuras e desventuras tupiniquins.

7.2. Brasil Colônia, Império, República: o "melhor" no tempo da pátria

O primeiro raciocínio que se impõe é o de que o estado em que se encontrava o Brasil antes de surgir como um conceito formal – isto é, quando, em vez de uma realidade política, o território nacional era uma vasta porção de terra habitada por indígenas – era singularmente distinto, por exemplo, do que se encontrava Portugal, o país que viria

7. O CASO BRASILEIRO: O "MELHOR" E O "PIOR" EM NOSSA HISTÓRIA

a ser pioneiro na constituição do Estado moderno e, atravessando os mares, assimilaria o Brasil sob sua autoridade.

A diferença robusta entre as sociedades indígenas do Brasil pré-português e a própria sociedade portuguesa espelha as singulares diferenças entre as diversas sociedades então existentes sob a face da Terra ao mesmo tempo, o que já eliminaria todo o crédito de qualquer concepção reducionista da ditadura do tempo cronológico sobre o minucioso estado global simultâneo.

Contudo, considerando a história brasileira como uma unidade separada da história mundial, é outro o vício interpretativo que precisa ser derrubado e que importa considerar aqui: o de que os diferentes períodos em que os historiadores dividem a nossa História representariam, em si mesmos, uma escala ascensional e evolutiva, sob todos os aspectos, sem que o passado ofereça qualquer lição a ser aprendida. Embora nossa pretensão seja concentrar as atenções na história do Brasil como pátria independente, ou seja, nos eventos que se dão a partir de 1822, os três séculos de América Portuguesa, apesar da escravidão, apesar das limitações impostas pela metrópole, foram séculos em que o Brasil, participando da mesma comunidade política que a metrópole Portugal, construiu uma trajetória de riquezas e expressão.

Quando estamos às portas do brado do Ipiranga, quando D. João eleva o Brasil ao *status* de Reino Unido, quando deixamos de ser o filho tutelado dos portugueses para nos tornarmos politicamente seus irmãos, a insatisfação lusitana, sob os ventos da Revolução de 1820, não é por acaso. O Brasil está melhor que Portugal! Mais rico, mais próspero, alheio às convulsões napoleônicas. A capital de todo o Reino Unido era, na prática, o Rio de Janeiro e instituições mais sofisticadas foram instaladas por aqui para enriquecer a experiência da estadia da Corte. Os portos foram abertos às nações amigas.

Evidentemente que é vazia uma das primeiras narrativas perniciosas que os iconoclastas ressentidos, os adeptos do "submarxismo" tacanho ou do "progressismo retrógrado" de que falávamos no capítulo anterior, levantam-se de imediato sobre nosso passado histórico: a de que os portugueses são vilões diabólicos que nos sequestraram as riquezas, como se tal fosse a origem do nosso assim chamado subdesenvolvimento. Em primeiro lugar, essa tese evoca mais uma vez a imaginação rousseauniana ao render loas de eco indianista aos povos nativos que aqui viviam, postos como as puras e imaculadas vítimas de uma dominação estrangeira.

Uma tal simplificação reduz, de um lado, as complexidades no relacionamento entre os povos, que não se limitou a uma dominação opressora, mas envolveu trocas, acordos e até mesmo alianças para conflitos com povos inimigos. Este último fator ilustra, de outro lado, o quanto essa ingênua imagem da santidade nativa não passa de fraude. Os indígenas nunca deixaram de estar em guerra uns contra os outros. A rivalidade mortal entre os temininós e os tupinambás, por exemplo, é emblemática. Os primeiros, aliados dos portugueses, enfrentaram seus inimigos tupinambás, aliados dos franceses – uma evidência a mais de quão estreita é a visão típica de que tínhamos europeus malvados de um lado e os pobres índios do outro.

Ainda mais, torna-se complicado aventar para esse contexto a ideia de uma invasão propriamente dita quando as tribos indígenas não apresentavam as mesmas concepções de propriedade privada e sobe-rania territorial que os europeus. É claro que, nessa relação, existia, da parte dos europeus católicos, a ideia do "melhor" como sendo a transposição de sua fé e sua cultura, a fim de que fossem assimiladas pelos nativos, ofertando-lhes, desse modo, a "salvação". Isso pode ser visto, para usar mais um dos problemáticos jargões em moda, como "imperialismo cultural" – curiosamente, a pilhagem e dominação de outros povos era, para Marx e Engels (1820-1895), ídolos de parte dessa "trupe" de intérpretes críticos, irrelevante, se ajudasse a promover o desenvolvimento rumo ao capitalismo fatal, etapa necessária antes do advento do socialismo.

Pode-se dizer, porém, que acreditar ser o "melhor" para o Brasil o desenvolvimento de todo um corpo institucional e cultural que sedimente direitos individuais, regras e uma plataforma social para o desenvolvimento técnico-científico e a inserção no concerto mundial, se comparado à manutenção de uma cultura nômade centrada em caça e coleta, e marcada por belicismos internos, é um equívoco moral? Semelhante maneira de pensar implicaria a derrubada do raciocínio de

7. O CASO BRASILEIRO: O "MELHOR" E O "PIOR" EM NOSSA HISTÓRIA

C.S. Lewis que elaboramos em nosso primeiro capítulo; até, ademais, para julgar que isso seria um "equívoco moral", teria sido necessária uma referência de moralidade.

De todo modo, o "melhor" para os portugueses paulatinamente foi deixando de ser o "melhor" para os portugueses nativos, isto é, os protótipos da nacionalidade brasileira. As diversas revoltas nativistas comprovam isso; algumas vezes sob o influxo de doutrinas de matriz iluminista, eventualmente com intenções republicanas e fragmentadoras do território colonial, diferentes setores da população começaram a se rebelar contra a metrópole.

A Independência se deu porque a maioria dos "brasileiros" – ou, novamente para ser mais exato, os portugueses nativos do Reino do Brasil – não tolerava a ideia de se subordinar aos mesmos ditames anteriores à elevação ao status conferido por D. João a esta terra, perdendo a autonomia conjunta como uma união de províncias em torno do Príncipe Regente. Esse Príncipe Regente, D. Pedro, convertido em imperador, foi uma personalidade guerreira, vindo a, mais tarde, batalhar em Portugal pelo trono de sua filha D. Maria da Glória (1819-1853) contra seu irmão usurpador, D. Miguel (1802-1866), tornando-se herói de duas pátrias – a que criou e a em que nasceu. Um príncipe cujo herdeiro, o imperador D. Pedro II, não tinha pudores em, como recorda a chamada Questão Christie, desafiar os britânicos.

Em todos esses momentos históricos, é notório que não tínhamos muita semelhança com o "anão diplomático" que um premiê de Israel, bem mais recentemente, nos acusou de ser, quando alguns de nossos últimos governos se portaram como solidários ao terrorismo palestino. Éramos mais respeitados do que meramente "um país do futuro", como disse Stefan Zweig (1881-1942); porém, como entenderam muitos que o sucederam em sua apreciação otimista dos anos 40, aparentemente fadado a sê-lo para sempre. Que evolução isso representou?

Dirão alguns: D. Pedro I era um príncipe autoritário e irresponsável, que investiu contra a Constituinte de 1823, reprimiu a Confederação do Equador em 1824 e governou sob o tacanho Poder Moderador. D. Pedro representa apenas o "atraso" e tudo que diz respeito ao seu reinado deve ser relegado ao abismo da História. Será? Como quase

ESCRAVOS DO AMANHÃ

sempre, não é tão simples assim. Não se pode espezinhar tanto um líder que **chegou a ser convidado a imperar sobre a Grécia e a Espanha** – a primeira, ao surgir como Estado independente em 1822, a segunda quando os liberais espanhóis o quiseram por imperador em 1826.

Também não se trata de um imperador que fosse exatamente amado pelos absolutistas. D. Pedro, a despeito de sua personalidade voluntariosa e pouco afeita à dinâmica parlamentar e democrática, foi, guardadas as proporções de sua época, uma das figuras mais antenadas com as chamadas "ideias novas", de figurino liberal-constitucionalista. O Poder Moderador, por sinal, objeto de profundo debate ao longo da história da monarquia brasileira, introduzido na Constituição de 1824, extraía sua inspiração não de algum tipo de "direito divino dos reis" ou teorização absolutista, mas de um pensador liberal, o francês Benjamin Constant (1767-1830, não confundir com o republicano positivista brasileiro), um contemporâneo da Independência.

Recorda Antonio Paim, em seu clássico *História do Liberalismo Brasileiro*, que Constant teve no Brasil o primeiro e basicamente único país "que adotou a sua proposta de constituir o Poder Moderador, proposta essa que tanto impressionaria a D. Pedro I. A esse propósito, Ubiratan Macedo lembra que Benjamin Constant era conhecido na época como o *Chef de la Gauche*, parecendo-lhe plausível admitir que D. Pedro dele 'se aproximou justamente por sua condição subversiva"[2].

Diria ainda Macedo: "o nosso primeiro imperador lutou denodadamente contra o absolutismo monárquico e na formação desse seu espírito liberal o conhecimento da obra de Benjamin Constant há de ter desempenhado um papel decisivo, fato atestado pelo seu biógrafo Otávio Tarquínio de Souza (1889-1959). Não seria estranha à predileção do nosso primeiro imperante a tumultuada vida pessoal de Benjamin: paixões e casamentos sucessivos, duelos, a postura boêmia".

Ao contrário do que diriam os detratores dos fundadores do Império brasileiro e os repetidores da cantilena do "atraso obscurantista" daquele tempo, Paim ressalta que Benjamin Constant "considerava

---

[2] PAIM, Antonio. *História do liberalismo brasileiro*. São Paulo: LVM Editora, 2018, p. 78.

7. O CASO BRASILEIRO: O "MELHOR" E O "PIOR" EM NOSSA HISTÓRIA

a liberdade como o núcleo do seu sistema. A partir de tal princípio, concebeu a monarquia constitucional, de governo representativo, embrionariamente parlamentarista e bicameral"[3]. Naquela altura, vale dizer que apenas na Inglaterra a figura do Primeiro Ministro se tinha consolidado. O regime brasileiro, após a abdicação de D. Pedro I e a superação das convulsões da Regência, se estabilizou, sem sombra de dúvida, como um dos regimes de maior sintonia com as pretensões institucionais de liberdade para os cidadãos – conquanto, infelizmente, uma grande parte dos habitantes do país, os escravos, não fosse considerada cidadã, o que persistia contra a vontade da Família Imperial, diga-se de passagem.

A monarquia é, ela própria, uma questão fundamental quando se fala de "atraso" ou "avanço" no Brasil. Seus opositores ao final do século XIX entenderam que o "melhor" para o Brasil era abraçar o aventuroso "futuro" com a estranha República, que se não conhecia, nem se tinha absorvido ou experimentado – exceto, talvez, no ensaio regencial, que não pode ser exatamente considerado um sucesso. Prontos a espezinhar o atraso da Corte europeísta reinante sobre fazendas de escravos, incorrendo nos pecados do anacronismo, seus herdeiros intelectuais de hoje acreditam que demos o passo definitivo rumo à madureza (?) quando olhamos, anestesiados, ao desfile militar de Deodoro da Fonseca (1827-1892) e companhia, que culminou no exílio indigno de um dos amantes mais sinceros deste país, D. Pedro II, juntamente com sua família.

Embora seja um tema brasileiro, essa associação de "monarquia" com "atraso de quem quer viver na Idade Média" é também um tema internacional e não poderia ser um debate mais oportuno para o propósito deste livro. Independentemente de acreditarmos ou não na viabilidade ou na correção de uma restauração monárquica no Brasil – que certamente não se poderia dar nas exatas condições em que o regime vigia no século XIX, de vez que o tecido social e as circunstâncias do país já estão irremediavelmente transformados, fato é que essa associação determinista e inescapável da monarquia com o "mal

---

[3] Idem, *ibidem*, p. 79.

do passado" e a República com o "bem do futuro" é uma deformação grotesca de certo "progressismo" ético.

Antes de mais nada, porque é produto de um conhecimento deficiente da linearidade temporal; a "democracia", a "República", a "monarquia" são conceitos que foram propostos e discutidos no seio da própria Grécia antiga, em Atenas, por Platão e Aristóteles e, por fim, até pelos romanos. Roma foi, por cinco séculos, uma República, antes de se tornar um Império. Aquilo em que se vê um progresso inerente e inescapável pelo selo sagrado da "novidade" é, na verdade, mais antigo do que se supõe.

Alegariam ainda os adeptos de associações reducionistas e taxativas que a República Romana não era exatamente igual às Repúblicas modernas; devolveríamos a contestação: e são iguais as Repúblicas modernas? Que equivalência existe entre a República americana, engenhosa construção dos pais fundadores e seus continuadores, com seus estados federados e representação do eleitor pelos delegados, e as Repúblicas latino-americanas subjugadas por caudilhos e subversões de toda espécie, amontoando Constituições atrás de Constituições?

Japão, Mônaco, Suécia, Reino Unido, Noruega, Espanha e Dinamarca são exemplos de monarquias contemporâneas, o que atesta que não se trata de um assunto "do passado" e que é perfeitamente razoável confabular sobre o mérito de diferentes regimes e formas de governo e a maneira pela qual dialogam com a cultura política e simbólica das sociedades onde vigem. Também são monarquias, é claro, a Jamaica e o Kwait, o que prova que a monarquia não é, por si só, também, a chancela garantidora do desenvolvimento e da prosperidade. Uma interpretação positivamente mais burkeana veria na forma de governo uma adaptação estrutural e cultural aos reclames de um povo, não tendo a monarquia ou a República um mandato divino de superioridade universal.

João Camilo de Oliveira Torres (1915-1973), historiador da monarquia brasileira, desafia os intérpretes do período a percebê-lo como algo mais que uma construção fluida e vazia de pedantes reacionários, sonhando com o passado dos absolutismos europeus, e entendê-lo, ao contrário, como uma das experiências políticas mais fascinantes do mundo, em que, inspirados nas bibliografias filosóficas europeias,

7. O CASO BRASILEIRO: O "MELHOR" E O "PIOR" EM NOSSA HISTÓRIA

estadistas procuraram edificar um projeto de país sobre um tecido social escravagista. O Império é descrito, com efeito, como uma sociedade com ampla liberdade de imprensa, um monarca ilustrado e oposições virulentas – ainda que houvesse certa fluidez nas estruturas programáticas dos principais partidos, os saquaremas (conservadores) e os luzias (liberais), e muitas vezes os saquaremas no poder tenham aplicado programas tipicamente considerados de origem luzia.

Nas páginas da história imperial, figuram estadistas de escola. É do período monárquico que podemos recolher nosso pai fundador, José Bonifácio de Andrada e Silva, um brilhante mineralogista que já antevia e sustentava um amplo projeto social de nação, alicerçado em uma civilização miscigenada, com a abolição da escravatura e a valorização do saber, transformando a América Portuguesa em uma "Atenas dos trópicos". Antes mesmo, portanto, dos republicanos e de Gilberto Freyre (1900-1987), já era exaltada, no começo do século XIX, a virtude da mistura. Daí recolhemos Evaristo Ferreira da Veiga (1799-1837), ícone da geração dos "liberais moderados", célebre pela sua temperança e capacidade de reconhecer o valor dos desafetos, como ao elogiar D. Pedro I por ocasião de sua morte. Também Bernardo Pereira de Vasconcellos, lamentavelmente favorável à escravidão, mas o campeão do regime da força da opinião no Brasil, abrindo caminho para o fortalecimento do Legislativo e das oposições, mesmo que estivesse sempre afetado pela enfermidade. Das páginas monárquicas é que ressaltam, também, o Marquês do Paraná (1801-1856), o Visconde do Uruguai (1807-1866), o Visconde do Rio Branco (1819-1880); de seu seio formaram-se lideranças republicanas, como Rui Barbosa (1849-1923) e Rodrigues Alves (1848-1919). Também foi do ventre da monarquia que saíram – e, de coração, nele ficaram – Joaquim Nabuco (1849-1910) e o Barão do Rio Branco (1845-1912). Quanto atraso! Infeliz o Parlamento monárquico, que não abrigava nossos parlamentares atuais, deputadas que dançam no Congresso ou deputados que carregam dólares nas cuecas!

Antônio Paim ressaltaria ainda a superioridade da monarquia sobre a República no Brasil em alguns aspectos relevantes. Particularmente o Segundo Reinado, a seu ver:

ESCRAVOS DO AMANHÃ

permanece em nossa história como um momento singular, insuficientemente admirado em decorrência da feição autoritária e antiliberal assumida pela República. Foi, entretanto, exaltado por observadores independentes e descompromissados. Assim, escrevendo na década de cinquenta, o republicano francês Charles Ribeyrolles registra que no país "há anos não há mais nem processos políticos, nem prisioneiros de Estado, nem processos de imprensa, nem conspiração, nem banimento" (Le Brésil Pittoresque, Rio de Janeiro, 1859). E assim vivemos por quase meio século, situação que contrasta de modo flagrante com a República[4].

Antônio Paim cita ainda Boanerges Ribeiro (1918-2003), para quem, no livro *Protestantismo e cultura brasileira* (1981), havia "exemplar tolerância religiosa garantida por autoridades policiais e judiciárias, no Império, apesar de haver uma religião oficial", ao contrário do que, segundo o mesmo autor, ocorria em Portugal. "Em que pese a tradição patrimonialista e a maioria católica", prosseguiu Paim, "o regime conseguiu afeiçoar-se aos países protestantes, como Inglaterra e Estados Unidos. Trata-se de um feito que nunca é demais exaltar, cumprindo enterrar de vez o longo menosprezo que lhe tem devotado a estéril e infecunda historiografia positivista-marxista"[5].

Não se trata aqui de defender as imbricações mais profundas entre o Estado e instituições religiosas, cujas implicações podem ser, como as consequências do sistema do Padroado e da Questão Religiosa durante o Segundo Reinado atestam, difíceis e prejudiciais para a própria Igreja. Contudo, os méritos apontados se tornam inegáveis, em especial, pelo contraste. Embora a primeira constituição republicana, a de 1891, sustente as maravilhas do "Estado laico" e da separação entre Igreja e poder temporal, o que pode ser enxergado até certo ponto de forma correta, no melhor sentido do termo, efetivamente como um progresso, o imperador D. Pedro II garantiu a proteção, por exemplo, ao direito de livre associação e expressão dos primeiros

---

[4] PAIM, Antonio. *História do liberalismo brasileiro*. São Paulo: LVM Editora, 2018, p. 149.

[5] Idem, *ibidem*, p. 149-150.

7. O CASO BRASILEIRO: O "MELHOR" E O "PIOR" EM NOSSA HISTÓRIA

espíritas brasileiros, enquanto o Código Penal de 1890 estabeleceu as práticas espíritas como criminosas, demandando notável esforço para reversão do quadro.

Já a ditadura do Estado Novo, estabelecida por Getúlio Vargas mediante o golpe de 1937, perseguiu minorias religiosas, como as Testemunhas de Jeová que, até mais adiante, já no governo de Eurico Gaspar Dutra (1883-1974), tiveram publicações confiscadas, membros presos e registro de atividades de Associação Jurídica proscrito no país, sob alegações diversas e paradoxais, como a propagação do nazismo, do fascismo, do anarquismo ou do comunismo. A atividade religiosa em geral estava sob forte vigilância e tutela do poder autoritário, o mais completo que o país já viu. Durante a Segunda Guerra Mundial, as igrejas luteranas foram perseguidas duramente no Rio Grande do Sul, em uma pitoresca associação com o nazismo por conta de sua origem germânica.

"O Segundo Reinado", com efeito, "mantém-se como fato isolado em nossa história, quando por cerca de cinquenta anos vivemos sem golpes de Estado, estados de sítio, presos políticos, insurreições armadas, tudo isto com absoluta liberdade de imprensa, mantidas as garantias constitucionais dos cidadãos"[6]. Uma espiadinha básica demonstra que o "arcaico e absolutista Império selvagem" foi regido, de ponta a ponta, pela mesma carta magna, a Constituição de 1824, ainda que a estrutura legal e política tenha sofrido evoluções ao longo do tempo – como a consagração da figura do Presidente do Conselho de Ministros, um avanço em uma direção mais assemelhada ao parlamentarismo tradicional. Já os longos anos de República presenciaram as Constituições de 1891, 1934, 1937, 1946, 1967 e 1988, sem mencionar, é claro, as atitudes do poder temporal que desconsideravam completamente os seus ditames.

Muito disso, para Paim, se deveria ao abandono retórico e prático, na República, de um pensamento notoriamente avançado que a elite imperial acalentava: a teoria, baseada no teórico português Silvestre Pinheiro Ferreira (1769-1846), de que a representação no sistema

---

[6] Idem, *ibidem*, p. 150.

ESCRAVOS DO AMANHÃ

representativo deve atentar para os "interesses" como sua base de justificativa. Isso conduziria, por exemplo, a entender que os partidos políticos e as frentes parlamentares devem representar organizações de camadas da sociedade e do eleitorado em torno de "interesses" específicos, e não do "povo" como uma entidade coletiva, difusa e abstrata.

Esse último raciocínio, afinal, abre portas a todo tipo de anomia e demagogia, que vieram a caracterizar o período republicano. Mesmo nas doutrinas liberais republicanas de Rui Barbosa e Assis Brasil (1857-1938), algo do que de melhor se sobressaiu da chamada República Velha, ressalta Paim, há o "abandono do entendimento firmado no Império de que a representação era de interesses". Com isso, "os males com que se defrontava o Brasil provinham da circunstância de se ter formado uma nova oligarquia que governava ao arrepio da Constituição. Deste modo, a necessidade do partido político circunscrevia-se ao período eleitoral, como instrumento para retirar do poder os oligarcas e restaurar o governo constitucional de toda a Nação"[7].

Paim acredita que a República já nasceu marcada pela ideia de que o governo era uma questão de competência, a ser entregue nas mãos dos "valorosos e meritórios técnicos", um eco da visão estatizante e de autoritarismo cientificista inspirada no pensamento positivista do velho Comte. "Faltou ao liberalismo de Rui Barbosa", diz ele, "o embasamento dos partidos políticos como resultantes da diversidade de interesses vigentes na sociedade, cuja legitimidade a doutrina liberal reconhece plenamente. E como as correntes autoritárias em ascensão não tinham o menor interesse na organização política da sociedade, a República teve que completar mais de meio século de existência para assistir a uma autêntica diversificação partidária, ainda assim insuficientemente forte para sobreviver durante largo período"[8].

Uma das maiores desgraças da República brasileira, a maior das correntes autoritárias de que fala Paim, atestando enfaticamente a estupidez de execrar o passado monárquico como a marca da tirania nas terras tupiniquins, reside no Castilhismo. Depois que, na Proclamação

---

[7] Idem, ibidem, p. 186.

[8] Idem, *ibidem*.

7. O CASO BRASILEIRO: O "MELHOR" E O "PIOR" EM NOSSA HISTÓRIA

da República, os republicanos constitucionalistas tiveram que enfrentar grandes intempéries para prevalecer sobre os militaristas nacionalistas "jacobinos" e os puramente positivistas, Júlio de Castilhos (1860-1903) estabeleceu no Rio Grande do Sul a base doutrinária que teria, com adaptações, abrangência de inspiração nacional com a chegada de Getúlio ao Palácio do Catete, então residência do Presidente.

Assumiu-se por crença que o interesse de um eleitorado, a deliberação dos indivíduos, pouco ou nenhum peso devem ter na missão de lideranças centrais, eivadas de virtudes públicas que atribuíram a si mesmas, de regenerar a sociedade e modernizar a economia através de uma industrialização forçada e uma intervenção artificial na cultura, desagregadora das referências regionais – vide a queima das bandeiras estaduais promovida pelo ditador de São Borja, como se só pudesse haver Brasil com a aniquilação de São Paulo, Pernambuco, Mato Grosso e quejandos.

É esse o "melhor"? Estavam certos os positivistas e os golpistas? Não se pode incorrer, nunca é demais frisar, no equívoco contrário; a República trouxe progressos. Por exemplo, as reformas liberalizantes de Rui Barbosa aboliram a necessidade de sanção central – isto é, do monarca – para a abertura de sociedades anônimas, medida sem dúvida muito importante para a diversificação da atividade econômica do país. No entanto, de uma forma geral, a grande conclusão que se extrairia desse passeio, se a jornada for atravessada de boa-fé, é que, desde o golpe de 1889, os brasileiros se acostumaram a enobrecer rupturas amplas de sua própria narrativa pátria, de seu próprio ideário de unidade histórico-conceitual de nação. A milagrosa e redentora República, trazendo a superação dos arcaísmos e a contemplação das aspirações elevadas do "povo", foi o começo; não deu certo? Que venha o Estado Novo, com o poder completo nas mãos de um governante amado e idolatrado pelos brasileiros, pronto a "purgar" todos os desmandos e elitismos da estrutura política nacional – ao custo, é claro, de não deixar que ninguém diga um "ai" contra ele.

Novo fracasso, vem a República de 46, capitaneada pela mesma elite da ditadura varguista, com seu voto proporcional e suas difusas coligações, bem como presidentes que se elegem em paralelo a

ESCRAVOS DO AMANHÃ

vice-presidentes representando correntes e partidos eminentemente opostos. Também, por óbvio, não ultrapassa os vinte anos. Vem o regime militar, a "Revolução Redentora" de 64; para entregar o país, ao final de duas décadas, com inflação e problemas crônicos na economia, a fim de serem solucionados pela magnífica "Nova" República e sua Constituição de 1988 – mas sobre esta falaremos ao final deste capítulo.

Tudo tem de ser sempre "novo", tudo se deve fazer com base em rupturas profundas, geralmente colocando elevadas parcelas de poder nas mãos de alguma liderança ou de uma "nova" casta burocrática, sem trabalhar, jamais, com prudência pela mudança efetiva das "regras do jogo", com a conservação bem fundamentada das balizas de um senso de continuidade histórica.

7.3. A "primeira mulher" e José Sarney como criador da cultura brasileira

Os "progressistas" éticos estão sempre à caça de pioneirismos sedutores, ainda que esvaziados de qualquer mérito genuíno. O conservador britânico Roger Scruton (1944-2020) e o mordaz liberal francês Frédéric Bastiat (1801-1850) se uniriam para proclamar que vivemos dias em que os "direitos" estão inflados e o pêndulo das demandas exagerou para o lado das assim chamadas "minorias barulhentas". Qualquer movimento supostamente realizado no sentido de aquinhoar esses grupos, considerados "desprestigiados", "desprivilegiados", "historicamente oprimidos", é considerado um "sinal dos tempos", uma demonstração do inefável progresso social.

O que importa, de acordo com esse critério, é entregar o galardão ao grupo, à causa – seja à cor de pele, à etnia, à orientação sexual ou ao gênero. O indivíduo real, de carne e osso, é um detalhe de pouco significado, bem como sua adequação à função que se pretende que ele exerça ou o que fez para lá estar.

Não se está discutindo efetivamente se tais grupos sofreram ou não em circunstâncias de opressão e discriminação no passado; é indiscutível, no caso brasileiro, a realidade da escravidão, por exemplo. Ainda

318

7. O CASO BRASILEIRO: O "MELHOR" E O "PIOR" EM NOSSA HISTÓRIA

que a historiografia revele que os próprios africanos escravizavam uns aos outros e que a questão da "raça" tinha pouca ligação direta com o costume social e sua consagração durante o predomínio português, bem como que havia escravos emancipados que adquiriam seus próprios escravos ou mesmo escravos dentro do cativeiro que faziam uso, por sua vez, de seus próprios subordinados, não há argumento ou ressalva que possa tornar a escravidão digna de aplausos. É incontestável que os negros no Brasil figuraram, por séculos, aviltados em sua dignidade humana, convertidos em propriedades, "coisificados" para esse fim.

Contudo, o raciocínio coletivista prefere atrelar as individualidades a um ente coletivo que não existe na realidade atual – o dos "negros" – como que a castrar o potencial e os méritos daqueles que, não obstante a obviedade de serem negros, perseguiram seus melhores propósitos na vida à revelia disso. A batalha do indivíduo pelo sucesso, a sua falta de consideração por um nefando pertencimento grupal, sua consciência de cidadão brasileiro em vez de "cidadão" da "República dos Negros Oprimidos", é um pecado para os "progressistas éticos". É uma demonstração cabal de seu apego ao atraso.

O sujeito estará fazendo concessões aos "reacionários" quando não se empolga, como se estivesse diante de um milagre divino, sempre que o "primeiro negro", o "primeiro transexual", o "primeiro Pokémon albino" ocupa algum cargo. Em nosso caso, particularmente, destaca-se a empolgação quando "o primeiro nordestino" e "homem do povo" e "a primeira mulher" chegaram à presidência da República.

Para quem se orgulha de que o ex-presidente Lula nasceu em Pernambuco e por isso representa a ascensão da "região desprestigiada" ao Planalto, mal podemos imaginar a decepção ao constatar que o paraibano Epitácio Pessoa (1865-1942) chegou ao poder em plena República do Café-com-Leite e o cearense Castelo Branco (1897-1967) presidiu o país depois do movimento civil-militar de 1964. Quanto ao "homem do povo", qualificativo empregado por se tratar de um líder sindicalista, deixamos aos fatos recentes a responsabilidade de municiar o juízo alheio. Porém, quanto à "primeira mulher", impõe-se a necessidade de alguns comentários. Sim, Dilma Vana Rousseff (1947) foi a primeira mulher eleita diretamente para administrar o Brasil.

ESCRAVOS DO AMANHÃ

É um tanto dispensável o esforço por demonstrar o quanto isso deu errado – e isso estava errado desde o começo.

Deu errado não por se tratar de uma mulher. Certamente, alguma feminista mais histriônica quererá isolar a sentença acima do contexto para exibir, com a atrevida certeza dos imbecis, nosso machismo cruel e insensível. Fazemos questão de facultar a essa feminista anônima a oportunidade para tanto, por isso deixamos a frase como está. Contudo, segue o esclarecimento: deu errado porque Dilma tem pouco ou nenhum predicado para apresentar além desse insofismável detalhe de ser uma mulher. A gloriosa epopeia feminina ao Planalto não se deveu, sob qualquer aspecto, aos méritos pessoais ou ao carisma de sua protagonista. Dilma se elegeu sob o influxo de um projeto, capitaneado por seu antecessor, no qual ela foi apenas a materialização do apêndice, do capítulo que continuaria a então sedutora receita populista do lulismo.

Dois elementos estabelecem a "mística" de Dilma – se é que há uma. Um deles é ter sido guerrilheira no regime militar, nas fileiras assassinas e totalitárias da Vanguarda Armada Revolucionária Palmares. É que, tendo batalhado contra os "obtusos e arcaicos tiranos militares", Dilma e seus "companheiros" tramavam a implantação da "justiça social" – sempre ela, a senha exigida para permitir as maiores canalhices – e da "democracia". "Democracia", aliás, que, juntamente com "República Popular", é uma das expressões mais esvaziadas de sentido dos últimos séculos, aplicando-se aos totalitarismos mais sanguinários de que se tem notícia. O livro de Flávio Gordon (1979), *A Corrupção da inteligência: intelectuais e poder no Brasil*, ilustra com brilhantismo o processo de degenerescência que os padrões e referências culturais e cognitivos tiveram que experimentar no Brasil para que alguém como Dilma se alçasse ao posto de mandatária maior da nação.

Penetramos, com efeito, na chamada Nova República, em cenário de profunda hegemonia ideológica, em que, sob a perspectiva do imaginário, elaborou-se toda uma nova autoridade intelectual e cultural brasileira alicerçada na oposição, como define Gordon, "ao período anterior, o regime militar, este sombrio 'Antigo Regime' identificado como grande obstáculo aos novos tempos que, enfim, chegavam com

7. O CASO BRASILEIRO: O "MELHOR" E O "PIOR" EM NOSSA HISTÓRIA

sua esplendorosa luminosidade"[9]. A ascensão da mulher, em 2010, era uma nova pérola de vitória a acrescentar a esse inédito e laureado edifício.

Só que não é bem assim. Embora não eleitas diretamente, não é como se esta fosse a primeiríssima vez em que uma mulher tem peso na trajetória brasileira. Há pelo menos duas mulheres, para começo de conversa, que podem ser consideradas autênticas heroínas nacionais, cuja presença foi significativa e memorável no processo mesmo de emancipação da pátria.

A primeira delas é a princesa Maria Leopoldina de Áustria (1797- -1826), convertida em imperatriz quando da fundação do Império do Brasil. Mais do que uma mulher, naturalmente, uma estrangeira. Leopoldina era uma amante das ciências, tendo estimulado as primeiras perquirições botânicas e zoológicas no território do que viria a se tornar nosso império tropical. Trouxe consigo uma comitiva de pesquisadores famosos das ciências naturais no século XIX, tais como Karl Friedrich Philipp von Martius (1794-1868) e Johann Baptist von Spix (1781-1826).

Ela também era apaixonada por Geologia, o que só deve ter facilitado a amizade que construiu com o grande José Bonifácio que, conforme exposto anteriormente, era erudito mineralogista. Mais uma contradição para os cientificistas do Positivismo que vociferaram pela República contra as arcaicas instituições monárquicas: nossas realezas e estadistas, D. Pedro II incluído, não poderiam ter inclinação maior para as grandes investigações do mundo natural. Talvez não tenha equiparação essa sequência de autoridades tão pessoalmente interessadas nas invenções e descobertas dos mistérios científicos.

Leopoldina fez mais, porém, que se casar com D. Pedro I, trazer cientistas e confabular com Bonifácio sobre quartzo ou lítio – este último, vale ressaltar, descoberto pelo notável santista. No calor da convulsão, quando as cortes portuguesas demandavam a volta de D. Pedro à Portugal e a submissão das províncias do Reino do Brasil à Lisboa, era ela – princesa e mulher – que estava no comando. Leopoldina

---

[9] GORDON, Flávio. *A corrupção da inteligência:* intelectuais e poder no Brasil. Rio de Janeiro: Record, 2017, p. 21.

ESCRAVOS DO AMANHÃ

estava na regência do Brasil. Isso porque seu marido estava em viagem para São Paulo, justamente para consolidar o apoio necessário diante da tensão estabelecida.

A princesa teve a certeza do que as Cortes pretendiam, sob aconselhamento de Bonifácio. Reunida com o Conselho de Estado do Reino, ela fez nada menos que recomendar a Independência. Só então enviou uma correspondência para o marido, orientando-o a ratificar sua própria decisão: "O pomo está maduro. Colhe-o já, senão apodrece". O célebre brado do Ipiranga veio em consequência. Repetindo: uma mulher – e uma princesa, da linhagem absolutista dos Habsburgo – foi protagonista na independência do Brasil, em 1822.

A segunda mulher importante da época da Independência que vale mencionar, deve ser mais bem conhecida pelos baianos. Trata-se de Maria Quitéria de Jesus Medeiros (1792-1853). No auge das suas três décadas de vida, esta filha de Feira de Santana solicitou ao pai que a permitisse alistar-se nas tropas que batalhariam contra os portugueses na Bahia pela independência. Ele não permitiu; que fez ela? Como uma autêntica "Mulan" brasileira – personagem de um poema chinês do século VII que inspirou o filme de animação da Disney – Maria Quitéria cortou os cabelos e, trajando vestes masculinas, assumiu a alcunha de Soldado Medeiros, lutando em um Regimento de Artilharia e, posteriormente, no Batalhão de Caçadores Voluntários do Príncipe D. Pedro I.

Primeira mulher a se alistar numa unidade militar no Brasil e a primeira a batalhar pelo país, já em 1823, Maria Quitéria recebeu do imperador em pessoa a Imperial Ordem do Cruzeiro, no grau de Cavaleiro. Não foi, aliás, a única mulher a confrontar os lusos. Registra-se ainda que Maria Filipa de Oliveira (data incerta – 1873), uma marisqueira negra, pescadora, liderou um grupo de duzentas pessoas, incluindo indígenas, em batalha contra os portugueses na ilha de Itaparica.

Por que não existe qualquer produção cinematográfica, feriado, farta literatura e tudo o mais a que se tiver direito em homenagem a essas mulheres do alvorecer da monarquia brasileira? Por que as feministas e os "progressistas éticos" preferem enaltecer Dilmas Rousseffes?

322

7. O CASO BRASILEIRO: O "MELHOR" E O "PIOR" EM NOSSA HISTÓRIA

Mais conhecida, nem por isso menos digna de constar dessa relação, é, de novo, a nossa princesa Isabel, a Redentora. A Princesa Imperial foi, tal como Leopoldina, por três vezes regente do país, durante as viagens do pai. Não se contesta que enfrentava a desconfiança das elites brasileiras; era, para desagrado das feministas, católica e afeita a um modo de vida bastante tradicional. Não se aproximou muito do universo cotidiano da política, não construindo um movimento sólido de lideranças que pudessem servir de sustentáculo para um Terceiro Reinado sob sua autoridade, o que tende a ter contribuído para que a monarquia soçobrasse. Contudo, é lembrada, com ampla justiça, pela sua luta em prol da emancipação dos escravos e pela sanção conferida à Lei Áurea – aquela que, em 13 de maio de 1888, acabou com essa mácula que atravancava o desenvolvimento e a dignidade do Brasil.

E voltamos à Dilma Rousseff. É de se perguntar quem, de posse da própria sobriedade mental, seria capaz de situá-la no patamar das demais. Que comparação é possível entre o verdadeiro panteão formado pela princesa que foi protagonista da independência, outra nobre que chancelou a libertação dos escravos e a mulher guerreira que arriscou a vida pela separação de Portugal, e a "primeira mulher eleita" cujo feito mais magistral foi afundar o país em uma das piores recessões de sua História e receber das ruas o clamor de milhares pelo seu *impeachment*, enfim consumado? Ter sido "mulher" seria algum título capaz de permitir à Dilma orgulho pelo que não fez? Não há como negar as dificuldades de prestígio social, mas desde 1822 as mulheres brilham como poucos na trajetória brasileira, sem que precisemos de fracassos retumbantes para completar a lista.

Nas turbulências políticas brasileiras, outro fetiche, não pouco reverenciado pelos "progressistas" éticos, é a "cultura". Não que a cultura não mereça reverência e cultivo; é o cerne de uma sociedade, seu elemento aglutinador e de construção de imaginário, quaisquer que sejam os diversos meios pelos quais expresse suas características essen-ciais: os hábitos do povo, a linguagem, e, finalmente, as artes. Pela sua essência mesma, a cultura é algo tão fundamental e crucial que disso se deduz a naturalidade da sua presença. Se é tão fundamental e crucial,

ESCRAVOS DO AMANHÃ

entende-se que dispensa formalismos institucionais ou persistentes súplicas por subsídios para sustentá-la e socorrê-la do desinteresse popular.

Não é o que parecem pensar os nossos "progressistas"; para eles, propostas de contenção de gastos, como a eliminação do Ministério da Cultura, justificam mobilizações virulentas e imprecações de baixíssimo calão contra a mãe do presidente da República, como se viu durante o governo de Michel Temer (n. 1940). Não conservar um departamento na máquina burocrática exclusivamente voltado para financiar a "cultura" – o que, na profunda restrição de significado da palavra que se impõe nesse caso concreto, se resumiria a algumas centenas de peças de teatro ou apresentações musicais, eventualmente de gosto bastante duvidoso e perfeitamente capazes de se sustentar sem amparo governamental – seria apertar o botão que conduz ao movimento de "marcha ré" na História. É um atraso! É uma involução! É voltar ao passado!

Perguntamos: que significaria exatamente "voltar ao passado"? Voltar ao passado seria voltar aos espetáculos do grande compositor Carlos Gomes (1836-1896)? Significaria ressuscitar o talento de Villa Lobos (1887-1959)? Representaria trazer de volta as permanentes referências literárias de Machado de Assis (1839-1908), Carlos Drummond de Andrade (1902-1987), Guimarães Rosa (1908-1967), José de Alencar (1829-1877), Nelson Rodrigues (1912-1980), Cecília Meirelles (1901-1964), Castro Alves (1847-1871) ou Clarice Lispector (1920-1977)? Ou quem sabe trazer de volta a música popular de Chiquinha Gonzaga (1847-1935), a histórica "bossa nova" de um Tom Jobim (1927-1994) ou a sensibilidade tocante de um Cartola (1908-1980) e de um Adoniran Barbosa (1910-1982)? A voz estonteante de um Francisco Alves (1898-1952) ou de uma Dalva de Oliveira (1917-1972)?

Eis que todos esses nomes não viram, não conheceram ou não despontaram sob a égide dessa misteriosa mágica chamada Ministério da Cultura que, a julgar pelo destempero de nossos "progressistas" éticos, inventou a cultura brasileira. Tal maravilhoso parto se deu não sob a égide de algum socialista ou populista demagogo daqueles que fazem mais o gosto dos "progressistas", mas de uma figura que eles se

7. O CASO BRASILEIRO: O "MELHOR" E O "PIOR" EM NOSSA HISTÓRIA

comprazem em achincalhar: ninguém menos que o ex-presidente José Sarney (1930), que decretou sua fundação em 1985.

As realizações das mulheres só têm substância se for uma mulher da "turma" deles. A cultura só existe e tem futuro garantido se for artificialmente protegida por uma repartição pública. Assim raciocinam convenientemente esses falsos amantes do progresso – em verdade, amantes do atraso, que escravizam o sucesso de alguém a uma vazia rotulação grupal por seu senso reducionista de "manada" e escravizam o patrimônio mais expressivo de um povo à dependência de um estamento burocrático.

7.4. A "Nova" República: o Brasil não começou em 1988

O ápice da esquizofrenia advém quando damos início ao período conhecido como "Nova República". Em seus devaneios, afobações, disfunções estruturais e escândalos de corrupção sistêmica, a fase de nossa história que ora vivemos e sucede o regime militar tem de efetivamente "novo" apenas o amontoado de absurdos teóricos e vocabulares que penetraram no imaginário brasileiro durante sua vigência.

Tudo isso começou quando, por mais uma vez, apostando em atalhos e recursos fáceis como panaceias para aniquilar todas as mazelas nacionais, abraçamos, com fé, a Constituição de 1988 – o documento da "justiça social", a magna carta "Cidadã", a "melhor de todas". Aquela que, conforme bradou Ulysses Guimarães (1916-1992), "mudou restaurando a Federação, mudou quando quer mudar o homem cidadão, e é só cidadão quando ganha justo e suficiente salário, lê e escreve, mora, tem hospital e remédio, lazer quando descansa"[10].

---

[10] RÁDIO CÂMARA. Íntegra do discurso presidente da Assembleia Nacional Constituinte, Dr. Ulysses Guimarães. *Câmara dos Deputados.* Brasília. Disponível em: <https://www.camara.leg.br/radio/programas/277285-integra-do-discurso--presidente-da-assembleia-nacional-constituinte-dr-ulysses-guimaraes-10-23/>. Acesso em: 06 de fevereiro de 2022.

Em um discurso de cerca de dez minutos, Guimarães, quando da promulgação da Constituição, versou sobre maravilhosas realizações como o fim do analfabetismo; a integração dos trabalhadores, cozinheiras, índios, estudantes, servidores civis e militares; o povo tendo o poder supremo de legislador; a vida pública brasileira fiscalizada pelo cidadão; a moral como "cerne da Pátria"; a corrupção combatida como "cupim da República"... Belíssima peça de oratória, diga-se de passagem, eivada de uma qualidade retórica e de um revestimento patriótico que fazem falta aos discursos dos nossos digníssimos parlamentares contemporâneos. Contudo, talvez mais até do que as deles, são palavras que soam hoje como ginásticas mentais em um espetáculo do humor diante dos constantes atropelos econômicos, recessões, inflação crônica e destrambelhos fiscais, bem como, por último, mas até mais importante, dos milhares de compatriotas que perecem a cada ano vítimas da violência assassina.

Em nosso arremate neste capítulo, vamos seguir os passos daquele que foi provavelmente, em seu nascedouro, o maior crítico desse projeto utopista que enxergava nas linhas do documento então oficializado o alvorecer luminoso de uma nova era. O personagem em questão, o crítico mais lúcido do rumo geral da Constituinte, é ninguém menos que o liberal Roberto Campos (1917-2001), de quem recolhemos a análise direta daquela "peça sagrada" a partir das páginas de sua obra clássica *A Lanterna na Popa*.

Campos reconheceu na Constituição um autêntico "anacronismo moderno", atribuindo justeza às palavras do próprio Guimarães sobre ser uma "Constituição dos miseráveis"[11] – não, certamente, pelas razões que lhe seriam aprazíveis. Ela consagrava a grande falha da Nova República, desde sua concepção, para o espirituoso mato-grossense: ter feito "apenas a abertura política, e não a abertura econômica".

Lembrou-se Campos do conselho que lhe havia sido dado na embaixada em Londres pelo primeiro-ministro James Callaghan (1912-2005),

---

[11] CAMPOS, Roberto. *A lanterna na popa*. Rio de Janeiro: Topbooks, 1994, p. 1222.

7. O CASO BRASILEIRO: O "MELHOR" E O "PIOR" EM NOSSA HISTÓRIA

dando conta de que "fazer constituições é um esporte perigoso"[12]. Elaborar uma Constituição, afinal, é ter plenos poderes para determinar qual será o documento central e fundante de uma comunidade política. Nisso reside a estupefação diante de tantas Constituições na história de um só país; elas respondem à imperiosa sensação social de que uma nação inédita, sob novas bases, deve estar constantemente nascendo. É o tipo de experiência criativa que, conduzida, como quase sempre, por mãos erradas e destreinadas, terá por menor dos efeitos colaterais a alienação essencial entre o resultado e o mundo real – e, por maior, a abertura de brechas para maiores e novos problemas, antes imprevistos.

Campos tem lastro para fazer esse apontamento. Ele tem a oferecer os exemplos de países que pouco ou em nada modificaram suas Constituições desde seu início[13]. O caso inglês, cuja Magna Carta de 1215, acrescida de documentos como o *Bill of Rights* de 1689, segue adiante, atravessando momentos distintos da epopeia do Império britânico, "flexibilizada e enriquecida em leis do Parlamento e por jurisprudência, adaptando-se as leis à evolução dos costumes"; o caso americano, com uma Constituição de dois séculos; até mesmo o Japão, que mantém uma Constituição escrita pelo inimigo, "quando o país, derrotado na Segunda Guerra Mundial, estava sob ocupação americana"[14].

Na América Latina, lamentavelmente, por oposição, estaríamos sempre infectados pela "constitucionalite", uma espécie de, no dizer sempre bem-humorado de Roberto Campos, "diarreia constitucional"[15]. No caso específico brasileiro, como já vimos, sete Constituições resultaram dessa enfermidade. A última delas, a atual, passou a prever uma revisão em cinco anos, o que indicava, a seu ver, "que os constituintes tinham uma vaga ideia de que estavam fazendo uma porcaria". Uma

---

[12] CAMPOS, Roberto. *A lanterna na popa*. Rio de Janeiro: Topbooks, 1994, p. 1183.

[13] Idem, *Ibidem*.

[14] Idem, *ibidem*.

[15] Idem, *Ibidem*, p. 1184.

ESCRAVOS DO AMANHÃ

porcaria porque, indo muito além da receita tradicional, invariavelmente querendo inventar a roda, não se limitava a enunciar princípios gerais atinentes à estrutura fundamental do Estado. Era uma prescrição generosíssima e sonhadora de objetivos que "seguiu o desastrado modelo português de Constituição dirigente"[16], na tradição de dirigismo que está viva desde pelo menos a República alemã de Weimar[17]. É, portanto, uma Constituição que reverberou "uma plataforma nacional-populista, que se tornou obsoleta com a internacionalização da economia e o colapso do socialismo"[18].

Roberto Campos aponta ainda que a Constituição monárquica de 1824 – embora ele próprio não fosse um monarquista – apresentava um meritório endosso das Constituições ditas "clássicas", isto é, aquelas cujos autores compreendem, de maneira realista, que não estão encarregados de positivar todos os aspectos de uma sociedade. Em seu artigo 178, ela menciona laconicamente: "É só constitucional o que diz respeito aos limites e atribuições respectivas dos poderes políticos e aos direitos políticos e individuais do cidadão. Tudo que não é constitucional pode ser alterado, sem as formalidades referidas pelas legislaturas ordinárias"[19].

Diriam certamente os entusiastas da obesidade textual de 1988 que isso é um espelho do elitismo insensível e que os maravilhosos "direitos sociais" devem ser contemplados na Constituição. É um raciocínio exótico de acordo com o qual as realizações materiais de uma sociedade, à revelia dos fatores práticos e econômicos que as determinam, devem estar antecipadas e se concretizam virtualmente através de um texto.

Essas realizações materiais perfazem precisamente aquilo que Roberto Campos chamou de "garantias onerosas"[20]. De acordo com oportuníssima distinção feita por ele, Constituições dirigistas como a

---

[16] Idem, *Ibidem*, p. 1186.
[17] Idem, *Ibidem*, p. 1184.
[18] Idem, *ibidem*.
[19] Idem, *Ibidem*, p. 1185.
[20] Idem, *Ibidem*, p. 1186.

7. O CASO BRASILEIRO: O "MELHOR" E O "PIOR" EM NOSSA HISTÓRIA

brasileira pretendem oferecer ao mesmo tempo dois tipos de garantias, sem diferenciar claramente um do outro: as onerosas e as não-onerosas. Entre as últimas, ele compreende as liberdades de voto, de opinião, de associação e de locomoção, bem como o direito à vida e ao processo judicial, isto é, autênticas proteções das liberdades humanas. O que essas garantias estabelecem é, antes que um avanço do Estado, demandando gastos excessivos dos impostos e a criação de mais e mais estruturas burocráticas e repartições públicas, uma retração desse mesmo Estado quanto aos limites de seu poder sobre os cidadãos, sem isso presumivelmente arbitrários e discricionários.

Já quando se trata de garantias onerosas, dá-se o oposto. "Essas garantias devem ser objeto de regulação infraconstitucional, porque é necessário medir os custos e especificar quem vai pagar a conta"[21], resume Campos. Compare-se essa orientação geral com uma Constituição que originalmente estabelece, em seu próprio corpo, o fundo de garantia do tempo de serviço e a remuneração do trabalho noturno superior à do diurno; uma Constituição que fala em organizar e manter os serviços oficiais de estatística, geografia, geologia e cartografia no âmbito nacional; na classificação indicativa de diversões públicas e programas de rádio e televisão; serviço postal; na defesa do meio ambiente; no monopólio do refinamento do petróleo; na política urbana; na política agrícola e fundiária e na reforma agrária (?); da Previdência Social; do Desporto; da Cultura; da Ciência e Tecnologia; da Comunicação Social e até, nas disposições transitórias (?), da criação do estado do Tocantins? Alguém, em sã consciência, consegue imaginar a Constituição dos Estados Unidos ou a Magna Carta inglesa querendo brincar de onipresença e perfeição divina, abrangendo um escopo tão imenso de esferas que poderiam perfeitamente ser apenas objeto da ocupação de legislações infraconstitucionais?

As consequências de toda essa loucura seguramente dispensam maiores elaborações de nossa parte. É o momento da História em que estamos vivendo, enquanto escrevemos estas linhas. O leitor não carecerá de que recordemos as peripécias que compreendem dois

---

[21] Idem, *ibidem.*

ESCRAVOS DO AMANHÃ

impeachments, uma sucessão de delações premiadas, badernas destrutivas de "movimentos sociais" nas ruas e propriedades rurais e figuras pitorescas chefiando comissões em parlamentos, bem como os conflitos perturbadores entre diferentes poderes republicanos. Tudo isso indiscutivelmente deriva da convicção aprimorada e alimentada, como se alimentam as feras, no Estado-leviatã. Tudo viabilizado, em tintas de virtude monopolizada e solidariedade fingida, através da manutenção de uma máquina grande e dispendiosa, sustentada na constante drenagem de energia e produção daqueles que verdadeiramente mantém o colosso de pé.

Uma vez mais conforme Bastiat e Scruton, grupelhos de todos os tipos, ansiosos por "reparar" o que consideram ser uma "dívida histórica", apenas se aproveitam dessa cultura estabelecida, uma decorrência sofisticada e erigida na síntese mais profunda já feita de todos os vícios da nossa cultura, para demandar sob a pecha de "direitos" os seus privilégios. Declaram-se vítimas do mundo e da vida e se voltam contra a desejada harmonia do meio social, evocam a conflagração e desenvolvem as mais estúpidas construções discursivas e invectivas irracionais para demolir o mínimo senso dos valores e até dos vocábulos estabelecidos, pela concretização do que consideram o "progresso", atrelado à "justiça social".

Para citar o primeiro dos dois pensadores, o grande liberal francês: "Enquanto se admitiu que a lei possa ser desviada de seu propósito, que ela pode violar os direitos de propriedade em vez de garanti-los, então qualquer pessoa quererá participar fazendo leis, seja para proteger-se a si próprio contra a espoliação, seja para espoliar os outros."[22] Encoraja-se assim que as hordas de supostos representantes das mulheres, gays, negros, artistas e terroristas rurais promovam a confusão e a manipulação espúria para acumular privilégios e, mais do que perseguir "boquinhas no Estado", mais até que agredir a civilização ocidental, façam degringolar o próprio horizonte cognitivo das pessoas, sobretudo das juventudes, prontas a alastrar, por exemplo, pelas redes

---

[22] BASTIAT, Frédéric. *A lei*. São Paulo: Instituto Ludwig von Mises Brasil, 2010, p. 19.

7. O CASO BRASILEIRO: O "MELHOR" E O "PIOR" EM NOSSA HISTÓRIA

sociais, as mais inacreditáveis estultices. Veremos algumas delas no próximo e último capítulo.

Neste aqui, fiquemos com os fatos que se impõem: o Brasil não começou em 1988. A preocupação com a justiça e a civilidade no convívio social não nasceu com Ulysses Guimarães ou com as "Diretas Já!". Muito menos com Lula e seus aliados, na eleição de 2002. Tampouco nasceu com Jair Bolsonaro (1955) em 2018; porém, nosso ponto aqui é que não vivemos o paraíso iluminista e socialdemocrata depois da Idade das Trevas de quinhentos anos nessas décadas que sucederam o regime militar – segundo alguns, durando até 2016 ou 2018, quando teriam sido interrompidas pelo mergulho em um "medievo golpista-militarista sombrio". O "melhor", certamente, não há de ser nada disso. Em um momento em que escasseiam as grandes lideranças e as referências dignas de admiração, é sumamente no "ontem" que vamos encontrá--los, a viabilizar um norte de inspiração para atravessar o presente tempestuoso. Estamos na quinta-feira chestertoniana, extremamente necessitados de resgatar algo da quarta-feira para que a sexta possa renovar nossas mais saudáveis esperanças – pelo menos, de recobrar o juízo.

8.

DISSECANDO A DOENÇA

Em nosso percurso, vasculhamos o desabrochar das diferentes concepções da relação entre a ideia de "melhor" e o tempo na trajetória humana, com o objetivo primordial de apresentar as diferentes alternativas à concepção que hoje, com tirania poucas vezes verificada, já que bastante disfarçada sob a capa da "naturalização" social, se procura impor às nossas consciências. Observamos a emergência daquilo que alcunhamos "progressismo ético": um conceito amplo que abarca uma sistemática aversão ao patrimônio ocidental, disposta a rechaçar todas as virtudes do edifício cultural e histórico construído pelos antepassados para substitui-lo por invencionices cujas únicas diretrizes são aquelas que ocorrem às mentes de seus idealizadores delirantes. Essa insanidade tem em seus autores autênticos embusteiros, erigindo-se ao posto de borrachas soberanas a apagar os rastros dos que vieram antes – vale dizer: embusteiros perigosos, que colocam em risco não apenas a sanidade da nossa civilização, mas também, em consequência de suas ideias degradantes, a nossa própria sobrevivência individual.

O "progressismo ético" já existiu sob a articulação de revolucionários violentos, como os jacobinos franceses de 1793, dispostos ao uso do arbítrio estatal e da força física para suprimir, com a única legitimidade da própria arrogância, todos os vestígios de um agregado de costumes, símbolos, referências e conceitos enraizados na sociedade e que despertam a mais irascível repulsa em seu racionalismo dogmático e sem alma.

ESCRAVOS DO AMANHÃ

Como pontuou o padre Jean Meslier (1664-1729), só estariam satisfeitos ao estrangular o último rei com as tripas do último padre.

Hoje, porém, o recurso à revolta armada já não se revela suficiente. A tirania demanda muito mais poder – um poder menos sanguinolento, em seu exercício mais explícito, mas por isso mesmo ainda mais difícil de combater. O "progressismo ético" não emprega mais a guilhotina; ele se insinua, destilado através da elite cultural, das bibliografias didáticas, das arengas melífluas da imprensa. Ele acusa as mais mínimas manifestações de bom senso de "medievalismo tacanho"; aponta o dedo a quem pleiteia o direito à legítima defesa e o endurecimento de penas contra criminosos como o faria perante uma reencarnação de Átila, o huno (406-453); provoca um escândalo inominável quando alguém enxerga um absurdo em uma criança ser exposta a um homem nu em uma exposição artística e constrangida a apalpá-lo perante o público; execra quem não acredita que uma cirurgia qualquer possa transformar um homem em uma mulher ou vice-versa. O "progressismo ético" se insurge contra o óbvio, declara guerra à natureza e demoniza toda a religião – ao menos a mais tradicional – e toda a linguagem estabelecida como marcas de um atraso que demanda imediata suplantação, sem qualquer cautela e com nenhum espírito de ponderação.

Ai de quem se atrever a desafiá-lo; estará fundamental e objetivamente errado, merecendo o opróbrio de todas as classes pensantes e o repúdio das pessoas de bem (somente as que estiverem plenamente sintonizadas com o "progressismo ético", é evidente). Não há mais necessidade de mobilizar um segmento social para dominar as forças armadas de repressão e destruir o Estado estabelecido para criar um "mundo novo". Pode-se manter, ao menos na superfície e na aparência, o ritual da democracia representativa e, no entanto, ao mesmo tempo, introduzir, por todos os núcleos de expressão da alma do povo que em torno dela se organiza, toda a devastação do imaginário, perverter o significado das palavras, assassinar os heróis e aniquilar qualquer aspiração elevada. Faz-se com que o cidadão odeie seu país; o religioso se envergonhe de sua crença; o homem repudie o próprio sexo.

Sequer o idioma escapa desse domínio voraz. Muito menos, aliás; é o primeiro alvo, convulsionado até que cada sílaba expresse o oposto

8. DISSECANDO A DOENÇA

do que originalmente queria significar, a fim de purgá-lo do que se considere "machista" ou "arcaico". Esse detalhe fundamental nos permite observar as consequências mais hipócritas desse gênero de pensamento a partir das análises de um autor fulcral em suas elaborações. Jacques Derrida dizia precisamente que a "tirania" – para essas pessoas, tudo pode ser enquadrado nessa categoria, sobretudo chamar as coisas pelos nomes que têm – principia na linguagem. "Se ela fosse transformada", interpreta Mark Lilla analisando a obra do pensador francês, "ou 'neutralizada', como diz ele em *Políticas da amizade*, nossa política também acabaria sendo. Ele se revela extremamente aberto quanto ao que isso poderia acarretar. Pergunta retoricamente se 'ainda faria sentido falar de democracia quando se não falasse mais de país, nação, nem mesmo Estado ou cidadão'. E se pergunta se o abandono do humanismo ocidental significaria que os conceitos de direitos humanos, humanitarismo e até crimes contra a humanidade teriam de ser renegados"[1]. Por outra: pensar em bem e mal, julgar que algo está certo ou errado, não passaria a ser "logocentrismo", para usar a expressão dele mesmo?

Colocou-se então o problema da maneira pela qual sua tese da desconstrução afetaria a possibilidade de haver justiça, de haver o "melhor" na esfera do Direito; a saída de Derrida foi concluir que existiria um abstrato conceito de justiça que estaria além da linguagem, em uma dimensão de viés messiânico acessada além de toda a experiência. Ele queria que sua filosofia servisse "a algum programa político, dando esperança à desalentada esquerda"[2], sem ter a menor condição de estabelecer as bases racionais pelas quais distinguiria o que pertenceria a essa justiça em prol da qual se deveria lutar e o que não pertenceria. "Segundo a argumentação de Derrida, só o que resta para nos orientar é a decisão, pura e simples: uma decisão por justiça ou democracia, e por um entendimento específico de ambas", e esta decisão Derrida tomou, "embargado de emoção quando ouve a *Internacional*",

---

[1] LILLA, Mark. *A mente imprudente:* os intelectuais na atividade política. São Paulo: Record, 2017, p. 154.

[2] Idem, p. 157.

ESCRAVOS DO AMANHÃ

em favor do "espírito do Marxismo", que deu lugar "a um grande legado de anseio messiânico e por este motivo merece respeito"[3]. Ou seja, embora Derrida não fosse ele próprio um marxista, sua atitude bizarra de dizer que nada tem sentido universal, mas o "sentimento" da justiça pode ser buscado pelo apelo estético do precioso projeto messiânico marxista, é exemplo notório de que tais amantes da "desconstrução", do aniquilamento dos sentidos e valores de tudo e de todos, sempre encontram uma forma de se "emocionar" e abrir concessões mal explicadas quando se trata dos projetos utópicos e "progressistas" da esquerda – geralmente propícios a culminar em sangue.

Esse mesmo miasma pestilento, ressoando as insanidades da geração de maio de 1968, escolhe seus *sans-culottes*, seus atores sociais da "revolução progressista", libertadora dos preconceitos e dos alicerces, não no proletariado propriamente dito, mas nas "minorias oprimidas". É como na conclusão de Foucault, para quem as manifestações estudantis daquele ano que nunca acabou "tinham convencido a muitos de que a linha divisória entre a normalidade burguesa e as experiências extremas fora coletivamente apagada por toda uma geração e de que estava surgindo um novo tipo de sociedade na qual a classe trabalhadora obteria a adesão das "massas não proletárias" – mulheres, prisioneiros, homossexuais, pacientes psiquiátricos – para criar uma nova sociedade descentrada"[4]. Isso fascinou Foucault a tal ponto que para ele as drogas, a vida comunitária e as experiências sexuais eram dignas de celebração como "exercícios de dominação do eu e dos outros, voltados contra 'tudo que na civilização ocidental restringe o desejo de poder'"[5].

Essa enfermidade ideológica – pois é assim que merece ser tratada – é o mal mais profundo de nosso tempo, porque, se nossas sociedades, alicerçadas sobre a mais nobre herança do Ocidente, se encontram acuadas por inimigos externos, é em grande medida porque não estimam nem respeitam a si mesmas, enfraquecidas internamente por tamanha praga. Debruçando-nos sobre ela, apresentamos o seu oposto,

---

[3] Idem, *ibidem*.
[4] Idem, p. 130.
[5] Idem, p. 131.

8. DISSECANDO A DOENÇA

na tradição equilibrada do pensamento conservador, e avaliamos a aplicação de sua absurda aceitação acrítica do "novo" na história brasileira. Reservamos para o final uma dissecação da sua própria natureza, em si mesma. A regra aqui é simples: através de uma série de exemplos colhidos da Internet, das redes sociais – de páginas populares da esquerda contemporânea, em parte internacionais, em maioria nacionais – e de veículos de comunicação, vamos mostrar em que pé estão as consequências práticas da matriz ideológica que aqui estamos denunciando e combatendo. De que ousadias escalafobéticas tais loucos são hoje capazes? Como estão avançando suas agendas? A que nível de besteiras chegaram a ponto de subverterem a lógica mais elementar de tudo que conhecemos?

Prepare-se, leitor, para penetrar o reino do absurdo, o paraíso da bestialidade, o celeiro da asneira, o horizonte estreito das idiotices mais asquerosas que a humanidade já foi capaz de criar. "Em pleno século XXI", eles nos dizem em tom de censura, quando defendemos a deferência pela obra dos séculos; pois é "em pleno século XXI" que se debatem e agitam as criaturas humanas (ou pós-humanas) que aqui listaremos, capazes de escrever ou propagandear as estultices transcritas a seguir. E todos eles, tenha o leitor percebido ou não, estão por aí, bem perto.

Estamos falando de um universo de pessoas que consomem seus conteúdos, movimentos e coletivos em universidades, professores e livros, intelectuais convidados de outros países para palestras e especialistas levados para programas de televisão exibidos às massas. O que exporemos são opiniões, comentários e apreciações da nata do "progresso", dos "novos tempos", da "modernidade", do "vai ter luta contra os reacionários malignos que querem revogar a Lei Áurea" (!). É um modesto retrato do inimigo quase onipresente que torna possibilidades palpáveis aqueles que poderiam ser vistos como os maiores desvarios das distopias, mas um inimigo contra quem, felizmente, levanta-se a tardia reação. Antes de listá-los, já deixamos a pergunta ao leitor: como pudemos permitir que as coisas chegassem a este ponto? Como nos permitimos intimidar por esses arautos da virtude que mal são capazes de "juntar lé com cré"? Cada um que responda como lhe aprouver.

ESCRAVOS DO AMANHÃ

8.1. O coitadismo na ficção: heroína machista e desenhos animados fascistas?

Uma das janelas da alma social é a ficção, que se assume como uma das principais formas de entretenimento contemporâneas. Heróis de quadrinhos, personagens de desenho animado e grandes franquias cinematográficas de Hollywood se tornaram os nossos maiores símbolos populares. É um deleite para quase todo mundo assistir às aventuras nos novos "universos compartilhados" cinematográficos e toda criança (e até adultos) acompanha seus guerreiros alienígenas ou lutadores geneticamente modificados favoritos.

Seria apenas isso, não fosse a abrangência totalitária do "politicamente correto", cuja pretensão é estabelecer sempre uma pauta ideológica torta em qualquer história ou episódio. Os personagens infantis e do reino da fantasia não têm mais apenas a função de divertir ou servir como fábulas ao estilo dos antigos contos de fada, perenes pela simplicidade e sublimidade de muitas de suas mensagens, alheias aos modismos fanáticos atuais. Não, agora eles são instrumentos pedagógicos da retificação do mundo. É preciso que repercutam sempre alguma das bandeiras esclerosadas da patrulha – não importa a que custo, mesmo que este seja a completa descaracterização de um universo ficcional com milhares de fãs fiéis.

Não se quer dizer com isso que histórias em quadrinhos e filmes existiam décadas atrás sem qualquer influência das ideias políticas e sociais de seu tempo, o que seria um completo absurdo. Basta recordar as constantes representações dos soviéticos como inimigos em filmes clássicos de espionagem e agentes secretos ou toda a ambientação histórica do personagem da editora Marvel, o Capitão América, como um símbolo da resistência contra os nazistas.

O Capitão América, porém, pode ser, ele mesmo, um bom início de ilustração do motivo por que dizemos que as coisas estão fora do controle agora. Desde os tempos da antiga *Timely Comics*, antecessora da Marvel, o personagem representou o orgulho patriótico americano, sendo inesquecível a icônica capa em que desfere um baita soco no rosto de ninguém mais que Adolf Hitler. Por isso mesmo, o antiamericanismo

8. DISSECANDO A DOENÇA

imbecil da esquerda latino-americana – e que conquistou cada vez mais presença entre os próprios americanos, a ponto de um notório "progressista ético" como o ex-presidente Barack Obama (1961) anunciar que a América precisava ser "fundamentalmente transformada"[6] – não nutre grandes simpatias pelo herói. Mais recentemente, com o único interesse de chamar a atenção, uma história apresentou uma terrível "revelação": o Capitão América, vejam só, teria sido sempre um maligno nazista infiltrado!

Não demorou nem um mês para usarem o tradicional recurso dos quadrinhos e demonstrarem que tudo não passou de uma artimanha mental tramada por um supervilão. Contudo, ficou na lembrança a intenção de "brincar" com um símbolo tão marcante do imaginário popular. Tornou-se um passatempo dos roteiristas "bagunçar" as características essenciais de personagens consagrados para fazer com que, esvaziados de seus fundamentos, eles se tornem apenas panfletos ambulantes. Não admira que isso esteja afastando os leitores, como comprovam algumas pesquisas de mercado.

A outra icônica "desconstrução quadrinística", esta não desfeita, foi a homossexualidade do Wolverine. Calma, leitor, era uma versão paralela do Wolverine em outro universo, em uma saga fechada em si mesma. O bom e velho Logan, o mutante violento e "lobo solitário" que teve envolvimentos voluptuosos com um monte de personagens femininas nas HQs e se tornou o mais famoso dos mutantes das revistas, animações e filmes de *X-Men* continua "hetero da silva". Isso não torna menos patética a tentativa vazia de provocar barulho por um aviltamento das características mais tradicionais de dois personagens célebres. Digo dois, porque, em uma revista de 2013[7], acontece o tão esperado (até

---

[6] RYAN, Tim. In context: what Obama said about "fundamentally transforming" the nation. *Politifact*. Washington, DC, 6 fev. 2014. Disponível em: <https://www.politifact.com/article/2014/feb/06/what-barack-obama-has-said-about--fundamentally-tra/>. Acesso em: 30 de abril de 2022. Conferir o final do texto.

[7] ASSIS, Érico. Beijo entre Wolverine e Hércules alternativos é notícia gay da semana. *Omelete*. São Paulo, 28 fev. 2013. Disponível em: <https://omelete.com.br/quadrinhos/noticia/beijo-entre-wolverine-e-hercules-alternativos-e-noticia-gay-da-semana/>. Acesso em: 13 de março de 2018.

ESCRAVOS DO AMANHÃ

parece!) beijo gay entre o Wolverine paralelo e ninguém menos que Hércules – aquele mesmo, o herói da mitologia greco-romana.

O site de cinema e entretenimento *Omelete* comentou, em meio ao compreensível burburinho pela tentativa de "lacração" da Marvel – para usar o palavreado que os "progressistas éticos" têm usado – que isso faria parte de um "oba-oba" provocado pelo "descobrimento pelos quadrinhos de que os gays existem – e que se casam, mas, se são personagens com algum renome, só podem ser homossexuais em uma realidade alternativa, como é o caso aqui". Ora, que queria o distinto redator do *Omelete*? Queria que o Logan velho de guerra, aquele que "agarrou" Jean Grey e Mariko Yashida, de repente dissesse, depois de décadas de histórias em que seu perfil foi consolidado, que seu sonho verdadeiro sempre foi se casar, digamos, com o professor Charles Xavier? Não vai longe o dia em que vão querer que o colecionador de pares românticos James Bond seja gay e vão querer fazer um Thor mulher. Ops... Já aconteceu. O Thor mulher[8]. O James Bond gay ainda não, mas a ideia não faltou: o ator Pierce Brosnan (1953) disse que "seria interessante ver"[9] (!).

A causa "progressista ética", "politicamente correta" e *whatever* não perdoa ninguém e sobrou até para a Mulher Maravilha. Calma, ela não virou um homem ou uma *drag queen*. Talvez justamente por não ter sido alvo claro de qualquer deturpação bizarra, a super-heroína que se tornou símbolo de sensualidade, de beleza e de força feminina desde os anos 40 parece longe do suficiente para os índices de "lacração" exigidos hoje em dia. Em outubro de 2016, a ONU sugeriu que a personagem deveria ser Embaixadora do Empoderamento Feminino[10], dentro de

---

[8] HARADA, Eduardo. Universo Marvel: 'novo Thor' é uma mulher, tem câncer e está careca?. *Tecmundo*. São Paulo, 9 jul. 2015. Disponível em: <https://www.tecmundo.com.br/marvel/82963-universo-marvel-novo-thor-mulher-tem-cancer-careca.htm>. Acesso em: 13 de março de 2018.

[9] REDAÇÃO. Ex-007 Pierce Brosnan defende um James Bond gay. *Veja*. São Paulo, 23 mai. 2017. Disponível em: <https://veja.abril.com.br/entretenimento/ex-007-pierce-brosnan-defende-um-james-bond-gay/>. Acesso em: 13 de março de 2018.

[10] ABIRAFEH, Lina. Mulher Maravilha: ícone feminista ou símbolo de opressão?. *Revista Galileu*. São Paulo, 3 ago. 2017. Disponível em: <https://

8. DISSECANDO A DOENÇA

uma campanha que luta para conquistar a igualdade de gênero e o "empoderamento das meninas" até 2030. Só que as feministas não gostaram: a valente Diana teria "imagem sexualizada", "beleza fora do comum" e "aparência ocidental", o que não ressoa nas milhões de jovens do planeta, apenas as "aliena". Mais de 44 mil pessoas assinaram uma petição feminista para impedir que a personagem fosse escolhida para o posto – e conseguiram.

A necessidade da politização de tudo chegou até o primeiro filme da Liga da Justiça, lançado em 2017, em que a Mulher Maravilha aparece ao começo enfrentando um grupo terrorista de "reacionários que querem a volta da Idade Média". Os personagens saíram perfeitos da imagem teórica do espantalho que os "progressistas éticos" se acostumaram a fazer de seus oponentes. Quem se recusa a admitir as suas insanidades só pode ser um psicopata e um assassino terrorista em potencial!

A "choradeira" da "representatividade" não poderia deixar de incluir ainda a ideia de que faltam muitos personagens negros nos quadrinhos, como se houvesse alguma perseguição sistemática a eles. Tempestade, Super Choque, Luke Cage, Blade (que protagonizou uma franquia nos cinemas desde 1998, antes mesmo dos *X-Men*), John Stewart (Lanterna Verde negro criado em 1971!), Falcão, Raio Negro (o da DC Comics), Cyborg e – tcharan! – Pantera Negra, entre outros, devem ser apenas miragens.

Saindo do universo dos quadrinhos, as adaptações cinematográficas de contos de fadas não ficaram de fora. A tentativa de imiscuir os filmes da Disney, versões com atores de carne e osso de suas animações clássicas, com agendas dessa natureza, também alcançou contornos inquietantes. O ator anão Peter Dinklage, mais imbecilizado do que nunca, se irritou com a manutenção dos Sete Anões na adaptação cinematográfica de "Branca de Neve e... os Sete Anões (?)". O lançamento do filme está previsto para 2023. Segundo Dinklage, "você é progressista para uma coisa, mas ainda insiste naquela velha história sobre sete anões vivendo juntos em uma caverna? Cara, o que diabos

---

revistagalileu.globo.com/Cultura/noticia/2017/08/mulher-maravilha-icone--feminista-ou-simbolo-de-opressao.html>. Acesso em: 13 de março de 2018.

você está fazendo? Será que eu não fiz nada para ajudar minha causa? Acho que não estou gritando o suficiente"[11].

Isso fez com que a Disney anunciasse que iria "alterar" sua abordagem dos personagens, deixando no ar que eles poderiam não ser mais anões. Resultado prático da palhaçada: outros atores anões, como Dylan Postl, se revoltaram, alegando que podem ter perdido uma grande oportunidade de emprego. Com toda a razão! Em diferentes mitologias europeias, existem lendas sobre anões como entidades místicas ligadas à terra, à mineração e à sabedoria. Histórias como "Branca de Neve" e "O Senhor dos Anéis" adaptam essas entidades folclóricas com notória dignidade. É um profundo despeito querer adulterar isso. Como se não fosse suficiente, anunciou-se que a própria Branca de Neve, retratada desde as histórias como uma princesa germânica, e que, como diz o próprio nome, é branca como a neve, seria interpretada pela atriz Rachel Zegler, uma americana de origem colombiana, claramente em nome da "inclusão dos latinos". A própria Zegler alegou que "Você normalmente não vê Brancas de Neve que são descendentes de latinos. Mesmo a princesa fazendo um grande sucesso nos países de língua espanhola"[12]. Com todo o respeito à atriz, cuja carreira nada tem com isso, não, realmente você não vê Brancas de Neve latinas, e não vê porque a Branca de Neve não era latina, assim como o Pantera Negra não é branco ou a Mulan não é ocidental. Que tal uma Mulan negra? Melhor não dar ideia...

O maior problema de se rechaçar o incômodo com essas adulterações da ficção é que a mesma lógica de adulteração afeta também

---

[11] OLIVEIRA, Giovanni. Live-action da Branca de Neve não terá os Sete Anões, informa a Disney. *Portal Popline*. 25 jan. 2022. Disponíve em: <https://portalpopline.com.br/live-action-da-branca-de-neve-nao-tera-os-sete-anoes-informa-a-disney/>. Acesso em: 29 de abril de 2022.

[12] REDAÇÃO. Branca de Neve: Rachel Zegler rebate críticas por viver 'princesa latina' no live-action; entenda. *Rolling Stone*. São Paulo, 31 jan. 2022. Disponível em: <https://rollingstone.uol.com.br/cinema/branca-de-neve-rachel-zegler-rebate-criticas-por-viver-princesa-latina-no-live-action-entenda/>. Acesso em: 29 de abril de 2022.

8. DISSECANDO A DOENÇA

personagens históricos, e aí a "licença poética" da ficção se transforma em propaganda de quinta categoria. É o caso do filme Marighella, lançado em 2019 por Wagner Moura, em que o ator e diretor pretendeu retratar o guerrilheiro comunista brasileiro como se houvesse sido um grande herói da democracia. Moura decidiu, apenas porque sim, porque seria preciso transmitir uma mensagem, alterar a cor de pele de Marighella. Em qualquer foto, o guerrilheiro transparece nitidamente mulato, filho que era de um italiano com uma negra, com um tom muito, muitíssimo mais claro do que o da pele de Seu Jorge, conhecido cantor e compositor que foi escolhido para interpretá-lo. Wagner Moura não estava nem aí. Ele disse claramente que o personagem ser "mais negro" que sua inspiração histórica não era problema nenhum. Problema seria, vejam só, apenas se o ator fosse "mais branco" (!!). "Seu Jorge ser mais escuro do que Marighella não é uma questão. Ele não poderia era ser mais claro"[13], ele declarou com todas as letras. Era só o que faltava...

Adulterar o sexo e a cor de pele de personagens de desenhos animados e quadrinhos para cumprir "cotas ideológicas" não é mais suficiente para a sanha da turma fanática do "prafrentismo" brega. A insanidade desses ativistas travestidos de artistas não encontra mais limites. Será que estamos a um passo de ter, digamos, um Mike Tyson interpretando Winston Churchill no cinema(!)? Pode ser uma boa ideia, quem sabe, Morgan Freeman fazer o papel de Ronald Reagan. Denzel Washington poderia ser, sei lá, Charles de Gaulle. E que tal Whoopi Goldberg interpretando Margaret Thatcher? Ficaria perfeito, não é mesmo? Será que achariam lindo Naomi Watts fazer o papel de Rosa Parks? Bruce Willis interpretar Malcolm X? Tom Cruise ser Martin Luther King?

Porém, leitor, acomode-se antes de continuar. Wolverine e 007 gays, Mulher Maravilha machista, Thor mulher, Branca de Neve latina e sem

---

[13] BERNARDES, José Eduardo; PITASSE, Mariana. Wagner Moura sobre o filme Marighella: "Estou preparado para a porrada". *Brasil de Fato*. Rio de Janeiro, 5 out. 2021. Disponível em: <https://www.brasildefato.com.br/2021/10/05/wagner-moura-sobre-o-filme-marighella-estou-preparado-para-a-porrada>. Acesso em: 29 de abril de 2022.

anões e demandas exageradas por uma "representatividade" já concedida não são nada perto do que vem a seguir. O capítulo dourado dessa história está em uma matéria de Elissa Strauss para a CNN. O título é *"Why kids love 'fascist' cartoons like 'Paw Patrols' and 'Thomas'"*[14] – em tradução livre, "Por que crianças amam desenhos animados 'fascistas' como 'Patrulha Canina' e 'Thomas e Seus Amigos'?" Sim, é isso que você leu; nossos "progressistas éticos" acreditam que não há problema algum em deixar as crianças verem uma *drag queen* fazendo uma dança sensual em sala de aula – ou em a própria criança ser o travesti![15] – mas "Patrulha Canina" e "Thomas e Seus Amigos" são más influências!

Para quem não conhece – provavelmente porque não tem um filho, primo pequeno ou coisa parecida, "Patrulha Canina" é uma série de animação canadense em que um menino de dez anos chamado Ryder lidera seis filhotes de cães em missões para resolver problemas da comunidade. "Thomas e Seus Amigos", mais antigo, é sobre trens que falam. Sério: trens!

Em histórias tão simples e infantis quanto essas, a matéria da CNN enxerga sexismo, autoritarismo e distopia. Um dos elementos que parecem incomodar é o fato de quase todos os cachorrinhos serem machos. Reclamaríamos dessa frescurite aguda, não houvesse coisa pior: o texto está muito preocupado porque o tal menino de dez anos é branco! É como se ele fosse, sei lá, um líder supremacista branco comandando seres inferiores(!), o que seria, naturalmente, uma lição horrorosa para as crianças.

---

[14] STARAUSS, Elissa. Why kids love 'fascist' cartoons like 'Paw Patrols' and 'Thomas?. *CNN*. New York, 22 dez. 2017. Disponível em: <https://archive.is/DmbTP>. Acesso em: 13 de março de 2018.

[15] CONSTANTINO, Rodrigo. Por que essa travesti de 8 (sim, oito) anos de idade encanta os "progressistas"?. *Gazeta do Povo*. 16 jun. 2017. Disponível em: <http://www.gazetadopovo.com.br/rodrigo-constantino/artigos/por-que-esta-travesti-de-8-sim-oito-anos-de-idade-encanta-os-progressistas/>. Acesso em 13 de março de 2018.

8. DISSECANDO A DOENÇA

O último parágrafo do texto dá uma ideia do nível:

> Aqui vai uma ideia, grátis, para as equipes criativas por trás de *Patrulha Canina* e *Thomas*, se eles quiserem ampliar seu apelo aos pais sem alienar sua base de fãs: Ryder e Sir Topham Hatt se aposentam e são substituídos pelas suas irmãs igualmente dominadoras. Isso, por sua vez, eleva o status social de todos os personagens não-masculinos. Crianças ainda teriam a satisfação de submergir em um universo ordenado onde regras são regras e todo mundo está em seu lugar. Só que sem o cara branco no topo.

Pois é... Próximo tópico.

8.2. O amor à humanidade – mas nem tanto às pessoas

Quando Edmund Burke ironizou Rousseau, ao dizer que ele era um perfeito amante da humanidade, mas incapaz de amar seu semelhante – isto é, insensível à demanda do indivíduo, das pessoas efetivamente ao seu lado, dos rostos próximos e conhecidos com necessidades concretas – talvez não previsse a abrangência que tal afirmação teria no futuro. Rousseau serviu de paradigma para uma atitude que grassa entre os "progressistas éticos". Por definição, sua ética é a do inexpugnável "progresso", e "progresso" aí equivale, como também já vimos, à consumação de suas causas e à inserção onipresente de suas agendas, doa a quem doer.

As pessoas em si passam longe de ser as protagonistas dessa metodologia moral. Os "progressistas éticos" não se importam efetivamente com você, sua vizinha ou seu cachorro. Qualquer indivíduo só assume significado quando se torna engrenagem para o avanço de alguma bandeira social doentia, sem o que se torna imediatamente dispensável – e até sacrificável. Se, ao contrário, desde o começo, esse indivíduo representar uma hipotética ameaça ou um alvo conveniente da retórica destrutiva desses grupos, passa a carecer de qualquer respeitabilidade ou dignidade pessoal. Seus sentimentos e sua humanidade podem

ESCRAVOS DO AMANHÃ

perfeitamente ser relativizados – no melhor estilo "a moral é o que ajuda a revolução" trotskysta.

Um fato que ilustrou bem isso refere-se à trágica morte do presidenciável de 2014, o pernambucano Eduardo Campos (1965-2014), do Partido Socialista Brasileiro. O detalhe interessante a notar, desde o início, é que Campos estava em um partido de esquerda e tinha uma visão política também à esquerda. Evocava a figura de seu avô, o também líder socialista Miguel Arraes (1916-2005). Não se tratava de nenhuma figura acostumada, por razões distintas ou similares, a ser escoiceada pelas esquerdas, como Carlos Lacerda (1914-1977), Paulo Maluf (n. 1931) ou Jair Bolsonaro (n. 1955).

Nada disso evitou que o coletivo "Das Lutas" se manifestasse da maneira mais repugnante a respeito. Em seu *blog*, celebraram o desaparecimento de Campos, a quem reputavam como inimigo de suas principais bandeiras – não sendo, naturalmente, ao ver deles, "progressista" o suficiente. O artigo, assinado por Ana Paula Martins, começa com título muito gentil: "Já vai tarde". Comovente a sensibilidade, não? É com esse tipo de discurso que essas pessoas pretendem promover a integração social do povo brasileiro e apaziguar conflitos e dissensões: desejando ver mortos todos aqueles que discordam e querem fazer valer sua individualidade. Afinal, como diria o historiador marxista Eric Hobsbawn (1917-2012), que importa se morrerem milhões, caso, ao final, o comunismo se instaure? Que importa que sucumbam milhões se o "progresso" acontecer? Variam os termos, a monstruosidade permanece – e não se envergonha do que é.

Em nota, o coletivo afirmou que repudiava "principiologicamente a pena de morte ou qualquer atentado à dignidade da pessoa humana", mas seria justamente por isso que lhes felicitaria a morte do "inimigo Eduardo Campos"(!). Segundo o texto, o político "roubou milhões dos cofres públicos, defendeu estupradores publicamente e defendeu a PM que extermina pobre e negro todos os dias nas favelas e periferias".

Não se poderia esperar nada muito diferente; estamos diante de um dos vários coletivos que apreciavam a estratégia dos chamados *black blocks*, grupos mascarados que promoveram cenas degradantes nas manifestações de rua de 2013. Mais que isso, continuaram a pretender

8. DISSECANDO A DOENÇA

o combate à segregação enxergando indivíduos apenas "em bloco", pelo critério da cor da pele.

Disseram ainda que a morte:

> deve ser politizada. E se a morte dos negros e das negras é uma constante afirmação da falência de nossa sociedade brasileira como narrativa democrática de nação, também essa morte é a afirmação de um projeto de Justiça Social que ainda quer o seu lugar, que exige a nossa atenção e a nossa luta pela sua existência, até então não realizada. A morte de inimigos também deve ser politizada. E com certeza esse é o local de onde fala o falecido Eduardo Campos: lugar de INIMIGO, vivo ou morto.

Ao contrário de muitos liberais e conservadores, da direita "assassina, capitalista, autoritária, fascista, antifeminista", em resumo, dos "inimigos", os "progressistas éticos" acabam por ser, em ponto extremo, avessos ao caráter inegociável da vida. Aparentemente um dos valores ultrapassados pelo pensamento contemporâneo, ela pode ser subordinada livremente a processos mesquinhos de politização por grupos que se pretendem a resposta pronta aos anseios do povo, mas não parecem conceder a seu direito mais fundamental a mesma sacralidade. A esposa e os cinco filhos de Eduardo Campos, qualquer que fosse o caráter dele, passam a ser, por essa lógica, inimigos, cuja dor também não importa. Por pior que fosse, Campos não parece ter sido um celerado homicida ou um ditador genocida; não é possível que alguém razoável não enxergue a ferocidade por trás desse raciocínio.

Vergonha similar ocorreu em abril de 2015. No dia 2 daquele mês, a vítima não foi sequer uma liderança política, o que tornaria natural a sua presença nos holofotes dos adversários sedentos por desgraça. O governador de São Paulo, Geraldo Alckmin (1952), viveu a morte de seu filho caçula, de 31 anos, que estava casado desde 2011 e – detalhe importante – sequer estava sozinho; outras quatro vítimas, um piloto e três mecânicos, portanto sem qualquer cargo eletivo ou vida pública, pereceram em um acidente de helicóptero.

Compreendemos bem, e o leitor certamente também, a repulsa que boa parte dos brasileiros sente pela classe política. Contudo, isso não deveria servir de justificativa para a comemoração efusiva da morte de um parlamentar, um governador de estado ou um prefeito. Na verdade, sequer cabem adjetivos ou quaisquer complementações; não deveríamos celebrar, ponto. Mas sequer havia, naquele helicóptero, uma figura que se enquadrasse nessas categorias. Nenhuma das cinco vítimas era um político, fossem quais fossem as suas preferências eleitorais.

Não interessa para os "progressistas éticos". Não demorou para que, incapazes de enxergar naquelas vítimas a sacralidade e dignidade das vidas que partiram, vislumbrassem na tragédia apenas uma oportunidade perfeita para destilar seu ódio inerente. Nem sempre de maneira extravagante, mas menosprezaram a importância do respeito por uma vida através de uma nada surpreendente investida de "politização" e "problematização".

Luciana Genro (1971), do Partido Socialismo e Liberdade gaúcho, por exemplo, disse em seu *Twitter* que "Tudo bem lamentar a morte do filho do Alckmin. Lamento também. Mas por que não lamentam também a morte do menino de dez anos vítima de bala perdida?". Mas? Nenhum "mas" deveria ser admitido. "Solidarizo-me com a morte de sua mãe, mas por que você não chora a morte do irmão da amiga do seu amigo que morreu a dois quarteirões daqui?". Esse tipo de pergunta é uma afronta ao bom senso, é uma completa abominação. Faz pensar que Luciana Genro deveria ter vergonha de ter nascido.

Por que lamentar "tanto" a morte do filho de Alckmin, e não "tanto" a do menino de dez anos, ela se perguntou. Outros se perguntaram: por que lamentar "tanto" a morte do filho de Alckmin e não "tanto" as centenas de milhares que acontecem todos os dias – segundo alguns na época, por culpa do governo dele? Por trás disso está a ideia de se comprazer em enxergar a tragédia como um "castigo" ao governador pelas suas responsabilidades na área da segurança pública – um prazer vingativo. Por responsáveis que sejam os políticos, será que a coisa mais linda a se fazer é, em nome do bem-estar social, em nome do "progresso" ou em nome da simples punição, desejar que qualquer parente deles ou até funcionários sem qualquer laço de sangue pereçam para que esses políticos sofram na pele? A dignidade das famílias vale tão pouco assim?

Essa politização da tragédia não mascara o óbvio: os "progressistas éticos" é que privilegiam algumas vidas em detrimentos de outras. Se essas vidas forem de negros, homossexuais, travestis ou mulheres, elas devem ser objeto de maior preocupação. Pais de família não são tão relevantes porque você não pode fazer *posts* "lacradores" sobre eles. A vida em si não importa, repetimos; o mantra é: vale tudo pela "causa".

8.3. "Arte" e arte: o "melhor" jogado no lixo

Sustentamos essa convivência hodierna entre ideias que se ufanam do próprio suposto "progressismo" e o mais desbragado relativismo. Se têm certeza de seu papel como soldados do luminoso amanhã, por outro lado, sem a menor cerimônia, garantem que o "melhor" é uma dessas ideias ultrapassadas a serem soterradas e tudo pode ter o mesmo valor, ser englobado em um mesmo pacote.

Em poucas trincheiras isso se faz mais presente que na da "arte". Disse Roger Scruton:

> Em qualquer época entre 1750 e 1930, se você pedisse às pessoas cultas para descrever o objetivo da poesia, da arte ou da música, eles teriam respondido: a Beleza. E se você perguntasse pela razão disso, você aprenderia que a Beleza é um valor, tão importante quanto a Verdade e o Bem. Depois, no século XX, a beleza deixou de ser importante. A arte, cada vez mais, concentrou-se em perturbar e em quebrar tabus morais. Não era a beleza, mas a originalidade, conseguida por qualquer meio e a qualquer custo moral, que ganhava os prêmios[16].

Como consequência dessa lógica degradada, pontuar comparações guiadas pelo mínimo bom senso tornou-se, em nossos dias, um crime. Em uma extrapolação da tese de que todas as culturas têm igual valor e não nos cabe avaliar criticamente suas manifestações, ganhou crescente

---

[16] Documentário "Por que a Beleza importa?". Disponível em https://vimeo.com/512027224. Acesso em 16 de agosto de 2022.

número de porta-vozes a bandeira da equiparação de todas as criações artísticas. Afirmar que há uma diferença fundamental entre Beethoven e Valesca Popozuda se tornou um pecado imperdoável.

Dissemos acima que a arte é uma "trincheira". O uso do termo de teor bélico não é acidente. Como Roger Scruton asseverou, a meta é perturbar. A arte foi esvaziada de sua substância e transformada em um instrumento para promover contestações sociais – contestações essas, como o leitor a essa altura já sabe, que se voltam contra tudo que é bom e belo em nome do horroroso e do vil. No sentido metafórico, deixamos de produzir arte de qualidade para apenas "fazer arte".

Como a ideia aqui é mais exemplificar que teorizar, vamos trazer alguns modelos extremos que, sem falsa modéstia, parecem esgotar o assunto. O primeiro é o caso do jovem britânico Clayton Pettet[17]. Pettet era estudante da Escola de Arte Central Saint Martins de Londres e realizou uma performance "artística" em 2014 com o título *Art School Took My Virginity* (A Escola de Artes Roubou Minha Virgindade). O título não é um engodo. Como apurou o repórter Dan Wilkinson, a "instalação" – palavra que, diante dos "padrões" da arte contemporânea, já nos deixa de cabelos em pé – consistia na perda da "virgindade anal" do estudante. Isso mesmo. Uma exibição de sexo anal como trabalho de um estudante de artes! Pettet ainda explica: "Seja lá o que está deixando as pessoas tão putas, excitadas ou confusas, isso está trazendo emoção para a arte. Que é algo que perdemos". Entendeu? Duvido.

Em outras performances geniais[18], em 25 de março de 2015, os atores Thiago Camacho e Matheus Fernando Felix apresentaram para artistas e convidados em São Paulo, as incríveis obras *Frieza* e – tchan, tchan,

---

[17] WILKINSON, Dan. Rapaz decidiu perder a virgindade anal em público. *Catraca Livre*. São Paulo, 06 nov. 2022. Disponível em: <https://catracalivre.com.br/geral/arte-e-design/indicacao/conheca-a-historia-do-rapaz-que-em-nome--da-arte-decidiu-perder-a-virgindade-anal-em-publico/>. Acesso em: 13 de março de 2018.

[18] REDAÇÃO. Com jatos de vinho lançados pelo ânus, performance artística discute relações sociais. *Revista Lado A*. 30 mar. 2015. Disponível em: <http://revistaladoa.com.br/2015/03/noticias/com-jatos-vinho-lancados-pelo-anus-performance-artistica-discute-relacoes-sociais/>. Acesso em: 13 de março de 2018.

8. DISSECANDO A DOENÇA

tchan, tchan – *Tomar no cu*. Tudo, claro, como uma maneira de discutir as questões morais na sociedade. O problema é que uma discussão, até onde se tem notícia, se faz de argumentos, e os argumentos aí é que são bastante difíceis de identificar...

Em *Frieza*, os artistas inserem cubos de gelo no ânus. A encenação visava a questionar as relações interpessoais. "O quanto você é frio com as questões alheias?", estaria a performance questionando, enquanto os dois "conversam" através dos cubos. A única questão filosófica profunda que daí parece derivar é a dúvida: irá o cubo derreter ou o ânus congelar?

Quanto a *Tomar no cu*, desta vez era uma garrafa de vinho que era introduzida no ânus. Eles definem novamente: "Tomar no Cu é uma performance de confronto moral, resistência e discussão sobre o ânus como órgão disposto aos poderes públicos, que decidem socialmente e culturalmente como ser utilizado: orifício de expulsão de excrementos". Isso porque eles ficam lançando jatos do vinho um no outro. Diante do natural estranhamento que essa performance oferece ao público em geral, os atores definem: se o público faz um julgamento moral, as exibições cumprem seu papel. Não lhes passa pela cabeça que são simplesmente patéticas e degradantes.

Em Higienópolis, Minas Gerais, houve ainda a exibição pitoresca da "performance" *Transbordação*, de autoria de Dora Smek, conforme informou à época a economista Renata Barreto em suas redes sociais[19]. A encenação consistia simplesmente em mulheres perfiladas urinando nas calças. Mal sabem as crianças que fazem xixi na cama que estão seguindo os passos de um Debret ou um Picasso... Ocorreria ainda naquela semana um festival chamado *Verbo*, assim sintetizado pela direção artística: "Artistas atados a paredes, cortando seus corpos ou cuspindo sobre imagens de políticos, questionam problemas como a redução de direitos e a violência contra a mulher e as minorias". Tudo isso, diga-se de passagem, com dinheiro público.

---

[19] BARRETO, Renata. *Facebook*. 13 jul. 2017. Disponível em: <https://www.facebook.com/renata.barreto2/posts/10156575760809062>. Acesso em: 13 de março de 2018.

ESCRAVOS DO AMANHÃ

Já na Rússia, em outubro de 2017, em performance que depois veio ao Brasil[20], o russo Fyodor Pavlov-Andreevich permanecia deitado nu por horas, simulando o corpo do líder bolchevique Lênin (1870-1924, pior personagem para homenagear, difícil) e convidando o público a interagir com o seu corpo e tocá-lo. Quanto mais intenso o toque, mais alta a música. Ficamos com curiosidade por saber que associação imediata haveria entre um homem nu sendo remexido e tocando musiquinha e o líder comunista soviético, mas não o suficiente para querer assistir ao *show*.

Os exemplos poderiam se multiplicar. Para não deixar o leitor com náuseas além da conta, é preferível encerrar com dois casos que causaram grande furor no Brasil em 2017. São casos que também ilustram em que medida a disputa no campo das mostras artísticas foi extremamente anexada aos enfrentamentos políticos, denunciando que cultura e identidade são os campos mais expressivos dos atuais embates ideológicos.

Um deles foi o da famigerada exposição exibida pelo banco Santander, *Queermuseu: Cartografias da diferença na Arte brasileira*. Bancada pela Lei Rouanet – portanto, pelo Estado, através de renúncia fiscal, a tal exposição se propunha a estimular a "reflexão" acerca dos "desafios que devemos enfrentar em relação a questões de gênero, diversidade, violência, entre outros". O projeto ainda forneceria material impresso para alunos e professores da rede pública ou privada. As pinturas e gravuras tinham representações explícitas e gratuitas de zoofilia, "desconstruções" de símbolos religiosos – cristãos, naturalmente, porque aí não se tem tanto medo de receber uma bomba nas fuças – e desenhos medonhos induzindo a uma percepção sexual das crianças e, por consequência, à pedofilia.

---

[20] GOBBI, Nelson. Artista russo fará performance como Lênin nu em São Paulo. *O Globo*. Rio de Janeiro, 25 out. 2017. Disponível em: <https://oglobo. globo.com/cultura/artes-visuais/artista-russo-fara-performance-como-lenin-nu-em-sao-paulo-21991395?utm_source=Facebook&utm_medium=Social&utm_ campaign=O%20Globo>. Acesso em: 13 de março 2018.

8. DISSECANDO A DOENÇA

Os protestos organizados contra essa mostra levaram o Santander a encerrá-la, o que gerou extrema histeria. "Censura! Fascismo! Amantes da ditadura militar avançando contra as conquistas de gênero, dos LGBTYZX cis-trans-binários! Um absurdo!". Da mesma forma que na Parada Gay de 2015, em que um transexual representou Jesus Cristo crucificado pelos cristãos, um evento realizado com apoio do Estado – portanto, surrupiando dos pagadores de impostos – usou os recursos do cidadão para achincalhá-lo, escarnecer de suas crenças e valores. Porém, para os "progressistas éticos", o absurdo está em esses cidadãos se organizarem por deliberação inteiramente privada para manifestarem sua indignação com o conteúdo na galeria.

O segundo caso, por fim, é o da aviltante exposição de um homem nu no Museu de Arte Moderna de São Paulo sendo tocado por uma criança visivelmente incomodada, sob o estímulo de uma mãe desnaturada. O caso provocou uma demonstração do imenso desprezo votado por uma arrogante "elite" intelectual à sensibilidade popular, sob o influxo do "progressismo" fanatizado e o elogio da própria suposta "neutralidade" frígida de disfarce erudito. Alegar que "a nudez é natural" e "a maldade está nas pessoas" é um recurso vazio de quem ignora de propósito a trajetória e as características da civilização em que está inserido, como se fôssemos indígenas ou aborígenes, ou de quem menospreza as dificuldades posteriores de explicar a uma criança o que exatamente ela não deveria fazer com um adulto.

Afogada na politização exacerbada e no culto da feiura, a arte, como expressão da estética, traduz com clareza, em imagem e som, àqueles que têm olhos de ver e/ou ouvir, o que aqui estamos tentando sustentar com palavras. Vivemos o momento em que *Tomar no cu*, o Lênin nu e a amostra do *Queermuseu* se tornam a tendência louvada dos novos tempos, deixando para trás os Da Vincis e Michelangelos. É isso.

8.4. As capas imorais do jornal *Extra*

Além das artes, a grande imprensa é também uma das "janelas da alma" popular exploradas pelos "progressistas éticos" para instigar

ESCRAVOS DO AMANHÃ

seus modismos e suas doutrinas perniciosas, adulterando os vocábulos e se permitindo subjugar pelo politicamente correto. Reservamos aqui um espaço para ilustrar isso com duas capas do jornal *Extra* que foram consideradas por boa parcela do público modelos de "lacração" e guardam muitas semelhanças com o tópico anterior.

A primeira, de 21 de maio de 2015, mencionava a morte do médico ciclista Jaime Gold na Lagoa, no Rio de Janeiro, esfaqueado por assaltantes, um acontecimento que causou sensação na imprensa à época. Nela se lia: "Só não se esqueçam de Gilson e Wanderson". O acréscimo era sobre dois jovens mortos no Morro do Dendê durante uma operação policial, ecoando a velha tese de que "crimes em pontos turísticos têm maior repercussão". A segunda, de 22 de maio, falava nas "duas tragédias antes da tragédia", detalhando aspectos da história de vida dos assaltantes – e assassinos do médico, como se, é claro, a trajetória de pobreza e sofrimento fosse responsável pelo fato de eles o terem aniquilado sem misericórdia. Duvida? Dizia ainda a capa: "um inocente pagou com a vida pela sucessão de tragédias". Ou seja: foram as terríveis tristezas e sofrimentos dos criminosos que fizeram com que eles metessem as facadas a sangue frio na vítima. Foi a pobreza. O pobre é um esfaqueador em potencial.

Os que se enxergam como representantes do "progressismo" e, por isso mesmo, os supremos "críticos sociais", pairando sobre os "radicais brutamontes defensores da redução da maioridade penal" – porque, é claro, eles acham que sabem o que é melhor para os pobres que convivem diretamente com as consequências da impunidade e da violência, eles que inundam as redes sociais com fotos de seus passeios luxuosos pela Europa -, adoraram essas capas.

Não deveriam. As duas decorrem da "imaginação idílica" de que falava Babbitt, uma derivação da maior insanidade rousseauniana: o culto ao ser humano em seu hipotético "estado natural" como bom e puro, conduzido a um caminho degradante pelas instituições e condicionantes socioeconômicos. São eles que fabricam "pobres coitados" como os assassinos de Jaime Gold.

Ainda pontuam tudo, na comparação com as vítimas no Dendê, como se Gold fosse "o rico", a "elite neoliberal", quando, como médico,

8. DISSECANDO A DOENÇA

era obviamente um trabalhador, cujo trabalho é tão ou mais digno que os demais – certamente mais digno que as atividades hediondas dos malfeitores que o massacraram covardemente. O determinismo escancarado nesse tipo de raciocínio dos "progressistas éticos", reverberando a bizarria de que são as tenebrosas limitações do estado social que fabricam os assassinos e não a sua própria autonomia de decisão sobre seus atos, como se fossem marionetes de forças superiores, é um desserviço aos próprios pobres.

Se um pobre – e certamente a maioria é assim – opta por uma vida de esforço digno, ele não é um indivíduo que tomou uma decisão baseada em princípios nobres e elevados, mas um fenômeno extraordinário. Claro, porque seu destino "natural" seria se transformar em um sádico que destruiria vidas de transeuntes a facadas! E ele não fez isso. Como pode? Por mais que se afastem das teorias do Marxismo ortodoxo e não percam mais tanto tempo bradando pela ascensão imediata do proletariado para instalar a ditadura socialista, essas modalidades de esquerda permanecem presas à lógica polilogista de Marx da "classe" ou da "origem" como fatores que estabelecem nossas estruturas mentais e, em última instância, forçosamente consolidam nossa identidade, sem espaço à pluralidade humana.

A culpa pela morte de Gold não é dos assassinos. A culpa é sua, leitor. Ao trabalhar e viver sua vida com a dignidade que lhe é possível, você patrocina o terrível regime social que fabrica assassinos em série como eles. É isso que o jornal *Extra* quis que você entendesse. É o que os "progressistas éticos" querem que você pense.

Tudo na cabeça deles é avaliado a partir de dicotomias belicistas, em que as chamadas "classes" estariam sempre à espreita para destruir e esmagar umas às outras. Sua razão de existir é a relação de domínio que estabelecem. O sofrimento "da classe média fascista" não tem valor, porque supostamente representa o poder dominante; daí a necessidade recorrente de comparar mortes umas com as outras para exaltar as da "classe pobre". É como se pessoas de bem estivessem sempre raciocinando sobre a "classe social" a que pertencem as pessoas que morrem. Não, caras pálidas; são eles que vivem a calcular a utilidade política das tragédias! Não nos culpem por não levar muito em consideração a sua suposta revolta contra a suposta insensibilidade alheia. É tudo uma grande farsa – uma encenação de chilique para ganhar curtidas na publicação do *Facebook*. Ou, é claro, para ganhar votos.

8.5. A onda de fascistas e os virtuosos "antifas"

Não há palavrinha mais abusada em seu emprego pelos "progressistas éticos" que o danado do "fascismo". O termo, associado originalmente à doutrina política italiana de Benito Mussolini (1883-1945) que endeusava o totalitarismo como ideal de espiritualização da sociedade – "Tudo pelo Estado, nada contra o Estado e nada fora do Estado" – passou a ser atribuído a qualquer força que desafie a implantação triunfal da agenda deles, paradoxalmente, ela sim, aspirante ao totalitarismo. Qualquer elemento da cultura e da vida cotidiana que incomode o inefável "progresso" rumo à "justiça social", inclusive as senhorinhas católicas que rezam o terço e vão à missa no domingo, é "fascismo".

As esquerdas são especialistas em recorrer à criação de inimigos imaginários, supremos vilões de uma hipotética "direita fascista que come criancinhas e mata os pobres de fome", como instrumento de suporte às suas teorias insanas e psicopatológicas. Qualquer possibilidade que se abra é explorada para fabricar a imagem do poder supostamente enorme dessas forças tirânicas do atraso que execram a pluralidade e as liberdades democráticas, enquanto eles são as encarnações da santidade. A imagem de um panfleto de uma suposta organização racista brasileira inspirada na Ku Klux Klan colada no centro de Niterói foi exemplo disso. A imagem repercutiu em setembro de 2015 em diversos veículos jornalísticos e em páginas de esquerda com dizeres ridículos.

"Comunista, gay, judeu, muçulmano, negro, antifa, traficante, pedófilo, anarquista, estamos de olho em você", dizia. Não há como negar a existência de extremistas xenófobos no mundo, tampouco que alguns exemplares deste retardo mental se verifiquem nas plagas tupiniquins. Já houve casos de malucos presos no Brasil portando suásticas e até

8. DISSECANDO A DOENÇA

o icônico episódio televisivo dos anos 80 em que um negro nazista disse que Hitler era boa gente e seus críticos eram mal-informados. Claramente, porém, eles não formam qualquer horda que se possa considerar significativa em nosso tecido social. Perto do que a realidade atesta, aliás, esses panfletos eram evidências frágeis da existência real do grupo maníaco que os teria escrito. Não preciso lembrar que é relativamente fácil fabricar filhotes de Hitler para desviar as atenções quando as ilusões de um governo de esquerda começam a desmontar...

Para alimentar ainda mais o ar de trapalhada, o Instituto Liberal de São Paulo destacou em suas redes sociais que era visível um grande filete de cola fresca escorrendo por baixo do panfleto na imagem divulgada originalmente por Rodrigo Mondego, da comissão de Direitos Humanos da OAB, seguida de comentário dando conta de que "a ultradireita, o nazismo e o fascismo estão crescendo de maneira vertiginosa no Brasil" graças ao "discurso de ódio" da então oposição social-democrata do PSDB(?). Concluiu-se que era bem provável que a mesma pessoa tivesse feito a colagem e tirado a foto. Ainda assim, a culpa seria do presidente Bolsonaro, do pastor Silas Malafaia (1958) ou do jornalista e filósofo Olavo de Carvalho (1947-2022).

O leitor deve ter reparado ainda na expressão "antifa" usada no suposto texto do neonazista brasileiro. A expressão é usada como jargão identitário por grupos que se põem às ruas em protesto por agendas "progressistas éticas" contra o "poderoso inimigo neoliberal-fascista" há bastante tempo. Em coluna no *Washington Post*[21], Marc Thiessen (1967) escreveu a mais explícita das verdades: que o totalitarismo está mais do que presente nas agendas e métodos dos "antifas".

Ele ilustrou a afirmação com um fato no mínimo sugestivo. Os "antifas" foram hostilizar uma manifestação pacífica que dizia "Não ao Marxismo na América". Agressões físicas patéticas depois, bradaram:

---

[21] THIESSEN, Marc A. Yes, antifa is the moral equivalent of neo-Nazis. *The Washington Post*. Whasington, DC, 30 ago. 2017. Disponível em: <https://www.washingtonpost.com/opinions/yes-antifa-is-the-moral-equivalent-of-neo-nazi s/2017/08/30/9a13b2f6-8d00-11e7-91d5-ab4e4bb76a3a_story.html?utm_ term=.89e6348e0f13>. Acesso em: 13 de março de 2018.

ESCRAVOS DO AMANHÃ

"Nós estamos realmente famintos por supremacistas e há mais de nós". "Supremacistas", outro jargão que se tornou comum nos Estados Unidos, seriam grupos de terríveis "racistas conservadores" capitaneados por homens brancos. Porém, vejam que coisa engraçada: o líder da tal manifestação antimarxista não tinha nada de "supremacista branco". Amber Cummings se autodescreveu como "transgênero feminino que abraça a diversidade" e anunciou nas redes sociais que nenhum grupo racista seria bem-vindo.

Thiessen destacou ainda o comentário de um defensor dos "antifas": "Seus adeptos são predominantemente comunistas, socialistas e anarquistas" que veem a violência física como "ao mesmo tempo eticamente justificável e estrategicamente efetiva". Essa condescendência com práticas violentas não é inédita nem estranha nas esquerdas "progressistas". Nota-se o oposto pela abordagem que fazem do problema da violência no Brasil, mais uma vez, se considerarmos o perigo dos "arrastões" no Rio de Janeiro. Contida por ordens superiores, a polícia se deteve e houve reação de "justiceiros" – reação essa que não podemos sancionar e congratular, é claro, mas se dá em um contexto de tensão constante em que os cidadãos se veem todos os dias. Muitas manifestações imbecis responsabilizando a "sociedade opressora" e os "neoliberais conservadores e racistas da Zona Sul" proliferaram nas redes sociais.

Em artigo no *Portal Fórum*, a então secretária de Cidadania e Diversidade Cultural do Ministério da Cultura, Ivana Bentes (1964), fez, como de praxe em seus textos, uma ode ao banditismo como mecanismo de ação revolucionária. Sua descrição da criminalidade nas praias e ruas procura ser comovente e poética, mas não vai além de ser um espetáculo de ridículo: "os meninos reagem, são pura potência e energia, não aceitam mais o racismo da polícia e de alguns moradores e comerciantes da Zona Sul". Para variar, o vilão da história não é o criminoso, é a vítima. "Se tem roubos pontuais, a maior parte das olas juvenis são um fenômeno coletivo das galeras que se juntam, se autoprotegem e 'tocam o terror' com uma violência simbólica que responde a uma violência real". Um arrastão é apenas uma "violência simbólica"; os cidadãos que tiveram suas carteiras roubadas certamente não acreditam que elas eram apenas símbolos.

8. DISSECANDO A DOENÇA

Ivana Bentes é só mais um dos "intelectuais" e "intérpretes superiores" da realidade que se esforçam diuturnamente por limpar a "sujeira moral" dos "infames reacionários" – estes últimos, nada além das pessoas comuns que não preenchem seu tempo em maquinações diabólicas e sim no esforço de ganhar o pão de cada dia.

Esse flerte do "progressismo" com a relativização do crime como produto do "coitadismo" é outro exemplo de contexto em que a esclerose desses ideólogos rasteiros atinge consequências dolorosamente concretas. Na Califórnia, foi aprovada em 2021 uma lei para rebaixar o chamado *shoplifting* (furto de mercadorias em lojas) da classificação de "crime" para a de "contravenção penal"[22]. O delito passou a ter seu peso reduzido perante o sistema legal. O problema é que o limite máximo é o de US$950 – equivalente, em dezembro daquele ano, a R$ 5.327. Imagine o que seria de nossos comerciantes se o roubo de até R$ 5.237 conquistasse certa tolerância social... O efeito foi inevitável: saques de lojas por gangues que aterrorizaram a região, cientes de que, na pior das hipóteses, sofreriam apenas uma brandíssima punição. A realidade inconveniente sempre bate à porta.

8.6. "Estado laico": falar em Deus é crime?

Uma das ideias mais importantes da história é o conceito de divindade. Ninguém contesta a relevância assumida pelas religiões na definição dos alicerces culturais da civilização, ainda que alguns a deplorem. Para valorizar o legado do Cristianismo para a cultura ocidental, por exemplo, não é forçoso ser-se um católico ou um protestante; para reconhecer a qualidade dos ensinos de Confúcio (551-479 a. C.) e seus intérpretes, não seria preciso ser um confucionista.

---

[22] MELO, João Ozorio de. Lei californiana cria polêmica nos EUA. *Consultório Jurídico.* 29 dez. 2021. Disponível em: <https://www.conjur.com.br/2021-dez-29/lei-california-shoplifting-cria-polemica-eua>. Acesso em: 29 de abril de 2022.

ESCRAVOS DO AMANHÃ

De todo modo, se algo é tão importante na formação das culturas e na trajetória das civilizações, não poderia escapar da fúria destrutiva dos "progressistas éticos". Eles insistentemente confundem o estabelecimento saudável e liberal de limites à proeminência da religião no encaminhamento dos assuntos públicos, resguardando o direito de expressão e divulgação das minorias religiosas, com a perseguição implacável à manifestação de embasamento religioso em todas as esferas possíveis.

"Em pleno século 21", para ironicamente parafraseá-los, como podem não entender a diferença entre um Estado laico, na acepção respeitável do termo, higienizada dos vícios autoritários do laicismo obcecado, e um Estado ateu? É claro, frisamos, que o ideal para garantir as nossas liberdades é que nenhuma religião disponha de proteção especial ou privilégios em relação às outras e que todas gozem da mesma liberdade de associação e até de crítica recíproca – porque o respeito não implica concordância nem silêncio acerca de oposições inevitáveis de princípios, ao contrário do que acreditam os utopistas do mundo cor-de-rosa.

Contudo, se os cargos públicos são ocupados por representantes da sociedade, que se confundem com ela e a integram, estes também terão suas crenças, suas opiniões, suas adesões religiosas, seus times de futebol. Expressar o que pensam, "revestir" esteticamente suas declarações públicas com parte do repertório simbólico que faz deles o que são, é algo natural que só ultrapassará os limites da civilidade caso se converta em ativismo censor – que não costuma vir exatamente dos religiosos... Os verdadeiros defensores da liberdade e da ordem não se escandalizarão, por ateus que sejam, com a menção ao nome de Deus.

Nas eleições municipais de 2016, por exemplo, Marcelo Crivella (1957), então bispo licenciado da Igreja Universal do Reino de Deus, foi eleito prefeito do Rio de Janeiro e foi alvejado por parte da imprensa, não tanto por conta das medidas que anunciou, mas porque falou em Deus. Atenção para isso: Crivella agradeceu a Deus. Não houve qualquer incitação ao ódio, não houve o anúncio de qualquer medida de censura ou perseguição. Um evangélico simplesmente assumiu um cargo para o qual foi eleito e agradeceu à divindade em que acredita.

8. DISSECANDO A DOENÇA

Foi suficiente para aqueles que enxergam extremismo em cada manifestação cristã alardearem o quanto tinham razão em temer o que seria o arauto da teocracia no Brasil – e não faremos aqui, diga-se de passagem, qualquer juízo do mandato de Crivella, o quanto espíritas e afro-cultistas seriam perseguidos... Em nome da paz e da tolerância religiosa, esbravejaram a mais explícita das intolerâncias.

Afinal, o evangélico ou o católico, adeptos das religiões mais tradicionais dos países majoritariamente cristãos, são os únicos que não têm o direito de expressar suas fés no espaço público sem a ânsia da censura. O terror do fundamentalismo islâmico não atrai tanta indignação. A Câmara dos Deputados já realizou sessão solene em homenagem ao dia da Umbanda; também a horda do "prafrentismo" nada vociferou sobre obscurantismo religioso.

Exaltar na tribuna Alá, Oxalá ou até Karl Marx e Satanás é "moderninho" ou "representa minorias" e, portanto, é *cool*; falar em Deus é inaceitável. Pergunta: haverá amor à liberdade da parte de quem quer calar? O autoritarismo nessa matéria é tão grande que já há quem diga, vejam só, que desejar "feliz Natal" é "fascismo" porque discrimina os adeptos de todas as religiões não-cristãs (!!). O "progressismo ético" é tão invasivo que as mais simples gentilezas precisam ser politizadas para que atinja seu objetivo.

É claro que isso não significa que não existam excessos da "outra parte". O deputado pastor Sargento Isidório, do partido Avante na Bahia, propôs em 2022 um projeto de lei para simplesmente proibir o uso da palavra "Bíblia" em qualquer contexto que não o que se refere ao texto religioso. Expressões como "a Bíblia do futebol", "a Bíblia da música" ou "a Bíblia de qualquer coisa" seriam consideradas criminosas[23]. Um dos objetivos do parlamentar com esse projeto ridículo de instalar uma censura e um monopólio sobre o uso de uma palavra foi

---

[23] VILLAR, Marcela. Projeto de Pastor Isidório que restringe uso da palavra bíblia não chega à votação. *Correio 24 Horas*. Salvador, 14 mar. 2022. Disponível em: <https://www.correio24horas.com.br/noticia/nid/projeto-de-pastor-isidorio--que-restringe-uso-da-palavra-biblia-nao-chega-a-votacao/>. Acesso em: 29 de abril de 2022.

ESCRAVOS DO AMANHÃ

barrar uma autodeclarada "Bíblia gay". O mais triste é ver que líderes de diversos partidos apoiaram um requerimento de urgência para esse projeto. O identitarismo "progressista" definitivamente não é o único a flertar com a censura por meio da "lacração". Esse tipo de loucura, porém, é muito mais estimulado pelo uso desbragado de tal recurso deletério por esse mesmo identitarismo. Não se pode usar uma arma espúria e condenar o seu alvo por também empregá-la. Desarmemo-nos todos do ímpeto autoritário, eis o objetivo verdadeiramente nobre para podermos conviver.

8.7. Uma selva de falsa moderação

Na política partidária e no debate público, o "progressismo ético" assume outras facetas de hipocrisia. O "progressista ético" normalmente acredita representar a plataforma do bem, do amor e da justiça sobre a Terra, a agenda de reformas que vão trazer a sensatez, aplacar a selvageria dos contrários e promover o império da concórdia. Quase sempre, é claro, as agendas consideradas de "esquerda" – falsamente adocicadas para transparecerem uma insossa e impraticável neutralidade.

A manifestação mais concreta disso se dá nos esforços que vêm ocorrendo para suplantar a crise de representação nas democracias ocidentais com movimentos considerados "de centro", "moderados", "renovadores", conectados às redes para construir a "nova política" do século XXI. Esse tipo de discurso elegeu Emmanuel Macron (1977) presidente da França em 2017. Também conseguiu, no mesmo ano, se corporificar em movimentos organizados e instituições que pretendiam nocautear a temerária "polarização política" brasileira.

Conquanto qualquer iniciativa da sociedade civil para melhorar o nível do processo político e mobilizar pautas melhores seja respeitável, é preciso às vezes reverberar os "puxões de orelha" de Nelson Rodrigues e lembrar que a "juventude" ou mesmo a "novidade" não possuem, pelo fato mesmo de serem o que são, preponderância moral ou de efetividade sobre o velho e o antigo.

8. DISSECANDO A DOENÇA

Muitos desses movimentos que se apresentaram como a "renovação" e a "oposição ao caciquismo oligárquico" falavam em formar "redes" de "novas cabeças" para pensar os problemas do país e influenciar a dinâmica partidária – uma preocupação que, a princípio, nada tem de ruim e pode mesmo render bons frutos. Entretanto, é vaga; em um regime representativo, acaba sendo preciso que partidos políticos, dentro da luta política, encampem as bandeiras e as levem adiante.

Um desses movimentos foi o famigerado "Acredito!", formado por jovens, muitos deles egressos de especializações no exterior, apoiado pelo bilionário Jorge Paulo Lemann (1939). Supostamente a "renovação" da política, o "Acredito!" acredita, de acordo com seu próprio site oficial no momento em que escrevemos, em "ações afirmativas, no papel ativo do Estado e da sociedade no combate ao racismo, LGBTfobia, xenofobia, preconceitos regionais, intolerância religiosa e outras formas de discriminação e opressão"[24].

Não para por aí, como se este já não fosse um filme a que estamos cansados de assistir. O "Acredito!" existe, é claro, para substituir "a disputa simplista entre Estado grande e mínimo", pois este deve "garantir o acesso adequado a bens e serviços públicos de qualidade", sendo necessária "uma gestão voltada a resultados". Tudo muito bonitinho, tudo muito perfumadinho, mas também pouco além de um velho pacote requentado de velhas promessas ocas. Basta uma olhada mais prolongada no conteúdo da página oficial do movimento, em que ele expõe sua missão e valores, para identificar a influência da ideologia de gênero (sobre ela falaremos mais a seguir) quando aparecem palavras modificadas apenas para não denunciarem seu gênero masculino estabelecido pela regra gramatical ("brasileiros" e "todos" estão grafados como "brasileirxs" e "todxs", como se isso fosse um ato revolucionário maravilhoso contra o machismo). Por aí se estabelece que, nos grandes embates políticos e culturais da contemporaneidade, o "progressismo ético" – nesse caso, autodeclarando-se a "renovação" – nada tem de

---

[24] MOVIMENTO ACREDITO. Nossos Valores. *Movimento Acredito*. São Paulo. Disponível em: <https://movimentoacredito.org/nossos-valores/>. Acesso em: 29 de abril de 2022.

ESCRAVOS DO AMANHÃ

realmente neutro e já assumiu todos os seus lados, para quem tiver olhos de ver.

No campo da política, eles ainda acrescentam – apenas no discurso, é claro – o velho sotaque positivista e tecnocrata que consiste na ilusória crença em que é possível simplesmente ignorar a fissura considerável entre universos de valores e convicções nessa seara para reduzir todas as decisões a critérios objetivos e supostamente científicos. "Não deve haver discussão. É certo porque todos sabem que é", sendo esses "todos" absolutamente certos da indiscutível verdade apenas o enunciador da máxima e seu séquito de papagaios.

Para que tal devaneio tivesse algum respaldo na realidade, teria sido necessário primeiro oferecer alguma garantia de que os "especialistas" e burocratas que estabeleceram tal "verdade inquestionável" não se permitiram contaminar por sua proveniência ideológica, sabendo-se que sequer um jornalista consegue ser absolutamente "neutro" na redação de uma notícia – uma das poucas verdades que ainda se dizem em uma faculdade de Jornalismo. Em segundo lugar, seria preciso que todas as questões a serem decididas por uma sociedade fossem independentes de grandes matrizes e pressupostos de pensamento.

Ao banir as cisões, as divergências, as discussões acaloradas, os sistemas e até as paixões, os "progressistas" não dão nenhum passo além do velho Augusto Comte, em sua descrença nos parlamentos e nas dissensões e em seu desprezo à "especulação", à Metafísica, à pluralidade, em prol do uniforme saber positivo. Os "progressistas éticos" pouco fazem aí mais que reciclar as antiguidades de sua própria história.

Seria possível a uma força política qualquer construir todo um programa ou diretriz de governo, com pauta única, abrangendo todos os grandes problemas da sociedade sobre a qual se debruce, congregando liberais, conservadores, socialistas ou tantas quantas forem as correntes políticas de tal modo que elas se anulem e percam a razão de ser? Já foi encontrado tal virtuoso ser iluminado que teria essa ideia para deixar os enfrentamentos completamente no passado? Se o leitor o conhece, deve nos apresentar, porque os "progressistas éticos" ainda não foram capazes.

8. DISSECANDO A DOENÇA

Quando a teoria política tradicional fala no regime democrático-representativo como um sistema em que os contrários debatem e negociam em busca de acomodações, a experiência histórica materializou essa conceituação sob a forma dos partidos políticos, que corporificam as tendências e interesses, como vimos defender Antonio Paim em suas citações que fizemos no capítulo anterior. Todo partido deve defender um paradigma e um posicionamento específico, enfrentando os demais no ambiente controlado da disputa política; desse enfrentamento, deve partir como resultado o triunfo das maiorias e dos consensos, resguardando-se os direitos das minorias e sua prerrogativa de discordar e expressar seu ponto de vista. Foi o melhor que conseguimos até hoje. Embora a democracia tenha críticos interessantes, como Herman Hoppe (1949) em seu *Democracia: o Deus que falhou*, ainda ficamos com Winston Churchill (1874-1965), para quem a democracia não poderia ter o sucesso de um deus, porque imperfeita, mas é o pior de todos os sistemas que inventamos e construímos, salvo todos os demais já experimentados.

Uma hipocrisia similar, embora mais explícita e com menos vergonha de se assumir, é aquela dos socialistas que abraçaram tendências de combate cultural mais do que o econômico puro e simples, no bojo do gramscismo e da *New Left*, do foucaultianismo e do frankfurtianismo. É o caso de parlamentares e ativistas do Partido Socialismo e Liberdade, como Jean Wyllys (1974). Já em 2014, este senhor dos "tempos modernos", da tolerância, do "amor sempre vale a pena" e tudo o mais, homossexual assumido, escreveu procurando explicar uma controversa foto na capa da revista *Rolling Stones* em que aparecia fantasiado de Ernesto Che Guevara (1928-1967), um revolucionário socialista da América Latina que, ao que nos conste, não tinha lá tanto amor assim pela causa LGBT.

Wyllys explicou atacando. Para ele, as pessoas estão "perdendo a capacidade de interpretar imagens" e "caindo fácil em infra-interpretações paranoicas de imbecis de ultradireita com colunas em revistas semanais". Deixado de lado o fato óbvio de que os primitivos e toscos são sempre os defensores da "direita" – ainda aguardamos aparecer um exemplar de "ultraesquerdista" no mundo – Wyllys quis convencer de que é preciso "interpretar" um fato tão objetivo. Concederia o mesmo benefício interpretativo a alguém que saísse fantasiado de Hitler ou Mussolini? De Pinochet (1915-2006), o ditador militar anticomunista chileno?

A foto, na verdade, era um manifesto filosófico, evocando o mandato "revolucionário" do deputado que "subverteria as formas tradicionais de fazer política e as representações habituais da homossexualidade" e, por isso, a imagem de um radical de esquerda seria de "fácil identificação", expressando simbolicamente a mensagem.

Wyllys também julga o "argumento" de que Guevara era "homofóbico" algo que empobrece "uma rica biografia" e simplifica "uma personalidade complexa – e só ignorantes são capazes desse reducionismo constrangedor", bem como não leva em conta que "em sociedades capitalistas como a nossa e dos EUA os homossexuais são vítimas não só de discursos de ódio, mas de homicídios numa proporção assustadora". Age tal como "progressistas éticos" da estirpe do historiador marxista Eric Hobsbawn, para quem os milhões de mortos pela tirania stalinista teriam sido justificados se o progresso do comunismo se instalasse. Da mesma forma as execuções sumárias, discriminações repugnantes e beligerâncias de Guevara estão minimizadas e desculpadas em razão da ideia maravilhosa que ele representa.

Wyllys e Hobsbawn diriam, diante da ascensão nacional-socialista que prometia a "justiça social" para a Alemanha, que apontar o antissemitismo, o genocídio e o caráter ditatorial do regime de Hitler seria um "reducionismo" ignorante de uma "biografia rica"? Certamente que não.

Pululam no Brasil relativistas morais como eles. Os mesmos que celebraram em 2013, em um vídeo viral[25], cantando uma música em homenagem a Nicolás Maduro (1962), ditador assassino da Venezuela. "Sou do levante, tô com Maduro", cantarolaram sorrindo. "As mãos pra cima, cintura solta, sou do levante, tô com Maduro... Não vamos dar sossego... Respiramos luta..." Qualquer porcaria como essa. Seria muito

---

[25] Disponível em https://www.youtube.com/watch?v=FYN31BTNjLU. Acesso em 16 de agosto de 2022.

emocionante sonhar com um mundo melhor na Venezuela nas mãos desse presidente Papai Noel chamado Nicolás Maduro, não fosse uma ditadura a manter estudantes e dissidentes presos cinco andares debaixo da terra, muitas vezes sem poder dormir, com 200 casos de tortura documentados apenas após 2014, segundo a ONG *Criminal Forum*.

É muito amor. O mesmo amor que leva os "progressistas" a rejeitar Hitler, Pinochet e até Reagan (1911-2004) ou Thatcher (1925-2013) em um mesmo pacote ridículo, mas reverenciar Che Guevara, Hugo Chávez (1954-2013) e Maduro. O mesmo que os leva a homenagear o centenário da Revolução Russa, como ressaltou a página Brasil de Fato no *Facebook*[26], como "a primeira experiência bem-sucedida de tomada do poder pela classe trabalhadora" – aquela mesma revolução que deu tão certo que Lênin teve que retomar conceitos mais pragmáticos na Nova Política Econômica e a estrutura burocrática do bolchevismo adquiriu tanto poder que redundou no totalitarismo assassino de Stalin e seus *gulags*. Ou seja: amor nenhum. Apenas a escória dos sentimentos e objetivos travestida com um colorido açucarado e mofado que, a um olhar atento, enoja ainda mais. Tão "progressistas" que se voltam apaixonadamente para assassinos cujos corpos já retornaram ao pó como quem se volta a deuses da liberdade. Divertidamente patético, não fosse sanguinolentamente trágico.

8.8. Pombinhas brancas da paz e o desprezo ao mundo real

Outra notória consequência corriqueira do "progressismo ético" é o seu enorme potencial "desvirilizador". Uma vez acometidos pelo seu vírus, seus próceres passam a proclamar, ou que bem e mal são relativos, ou – mais uma vez da maneira mais inconsistente possível, eventualmente ao mesmo tempo – que o mal concreto e objetivo precisa ser enfrentado pela "força do amor", da "conscientização" ou outra

---

[26] BRASIL DE FATO. *Facebook*. 25 out. 2017. Disponível em: <https://www.facebook.com/brasildefato/photos/a.185632014818104.42156.185129231535049/1585472998167325/?type=3&theater>. Acesso em: 13 de março de 2018.

ESCRAVOS DO AMANHÃ

abstração ingênua. Pombinhas brancas e passeatas em grandes cidades passam a ser o suficiente para que a criminalidade galopante ou o terrorismo anticivilização sejam combatidos.

Se o ex-presidente dos Estados Unidos, Donald Trump (1946), eleito em 2016, já se tornou motivo de escândalos e histerias de toda sorte por chamar o mal pelo nome – "terrorismo radical islâmico" – e por reconhecer Jerusalém como capital de Israel deslocando a embaixada dos EUA para lá após décadas em que os governos americanos adiaram essa atitude, este último gesto valendo uma ampla condenação da ONU mesmo sendo a maior obviedade do mundo que cabe a um Estado determinar sua própria capital – que dizer de grandes líderes do século passado? Winston Churchill, simplesmente reconhecido pela revista *Spectator* como aquele graças a quem andamos e caminhamos como homens livres, seria considerado a encarnação do maniqueísmo mais abjeto e arcaico nos dias de hoje, ao declarar sem rodeios que o nazismo era uma força maligna e totalitária que colocava em perigo todo o legado da civilização cristã livre.

Churchill seria o "atraso". Ele deveria aprender uma lição sobre o que realmente significa "progresso" com os estudantes dos nossos diretórios acadêmicos que tiram a roupa para protestar contra a opressão ou com os militantes de ONGs delirantes que soltam pombinhas brancas em Copacabana, depositam réplicas de caixões em papelão na areia e cantam *Imagine* de John Lennon (1940-1980) ou *We are the world* pedindo a paz. Afinal, Churchill só inspirou uma geração na luta para salvar a humanidade. Pouca coisa. Nossos militantes do "progresso", da "justiça social" e da "paz e amor" todos os dias multiplicam fantásticas realizações na redução da violência, com tal competência que parece mágica – só que não.

Esse é um tópico de extrema relevância porque, ao nos impedir de enxergar o mal e os meios corretos de enfrentá-lo como merece, é provavelmente o mais terrível dos prejuízos provocados pelo fenômeno que chamamos de "progressismo ético" e politicamente correto na esquerda contemporânea.

Diante de abominações como o atentado à redação da revista satírica francesa *Charlie Hebdo*, em 2015, matando doze cartunistas

8. DISSECANDO A DOENÇA

devido à troça que fizeram em uma edição com o profeta Maomé (571-632), foram feitas as argumentações mais inacreditavelmente bizarras para justificar a atitude dos assassinos. Como demonstrou o jornalista Leandro Narloch (1978) em sua coluna na *Veja*[27], professores de universidades brasileiras foram vistos nas emissoras de televisão nacionais alegando que as charges foram "atos de irresponsabilidade" e que "não tem nenhuma graça fazer piada com Maomé". Provavelmente, são os mesmos que consideram absolutamente aceitável escarnecer de símbolos ou dogmas cristãos, como fazem diversos humoristas, inclusive no Brasil, sem que se tenha notícia de qualquer católico ou evangélico que os tenha, literalmente, bombardeado.

A própria *Charlie Hebdo* sabidamente ironizava também as crenças cristãs. Nunca essas vozes se levantaram para relativizar a liberdade de expressão nessas ocasiões. Coube uma série de contemporizações imorais com assassinatos porque os causadores eram extremistas islâmicos. "Podemos entender que tenham desejado sair matando pessoas, afinal é da cultura deles, coitados. Eles foram ofendidos! A culpa é dos cartunistas, que não deveriam tê-los cutucado!".

O alvorecer do século XXI assistiu ao ápice da emergência de um exército de frágeis gazelas do esquerdismo multiculturalista, pós-moderno, "paz e amor" e "mãozinhas dadas na praça de Paris pela paz na Terra" apostando em bagatelas retóricas diáfanas e na vitimização dos culpados. Para esses infelizes, quando o ódio islâmico extremista se materializa em uma rede de organizações terroristas e fundações hipócritas que estendem teias assassinas com um rastro de sangue pelo mundo com o único propósito de alastrar seu califado obscurantista, a grande causa do mal está na "extrema direita" do Ocidente! Dispensamos a ação do inimigo – nós mesmos o ajudamos a nos destruir.

---

[27] NARLOCH, Leandro. Ataques em Paris: já estão culpando a vítima. *Veja*. São Paulo, 31 jul. 2020. Disponível em: <https://veja.abril.com.br/blog/cacador-de-mitos/ataques-em-paris-ja-estao-culpando-a-vitima/>. Acesso em: 13 de março de 2018.

No caso dos atentados na França, que se repetiram em novembro daquele mesmo ano em clima de absoluto horror, literalmente, o governo socialista de François Hollande (1954) apostou em receitas vazias como o desarmamento civil e, como diria o jornalista Mario Sabino (1962), no portal *O Antagonista*, "deixou de policiar a cidade como deveria e não reforçou suficientemente os serviços de inteligência depois dos atentados de janeiro, para não ferir suscetibilidades do eleitorado muçulmano e dos esquerdistas empedernidos". Em outras palavras: abriu as portas para o inimigo. Em nome de quê? Do politicamente correto. Por aí se vê que, se não se assumem explicitamente como stalinistas ou mesmo bolivarianos, os atores sociais dessa variante contemporânea de esquerda sujam suas mãos de sangue de outras formas. Se você nos tira nossa única chance de defesa, inclusive a nossa disposição por nos defender, você também é responsável por todas as mortes que daí decorrem.

Nossas autoridades e lideranças se resumem, em maioria, a responder a isso tudo com marchas de mãos dadas em público ou até campanhas para mudar imagens de perfil de *Facebook*. Essas pessoas podem até ter lido muito Bauman (1925-2017), absorvido conceitos como "modernidade líquida", se embebido da ideia de "virtual" e coisa e tal, mas, caro leitor, nós ainda temos corpos que andam e vivem no mundo real – e podem ser baleados ou explodidos a qualquer momento. Colocar um filtro rosa na sua imagem de exibição não vai mudar isso.

O extremismo islâmico é uma força radical geopoliticamente visível e concreta, carregada de ódio pelas democracias liberais, o Direito Romano, a fé cristã, o mundo globalizado capitalista e tudo o mais que nossa civilização representa. Acreditam, em nome de seu deus, que devem matar e morrer. Não se importam em entregar suas vidas pela sua bandeira. E o que tanta cegueira vigorosa e apaixonada encontra do outro lado, quando intenta demolir nossos alicerces?

Encontra arremedos humanos que se envergonham de todas as maravilhosas instituições e bandeiras que eles querem destruir, todas elas "coisa do passado". O Ocidente, para eles, deve respeitar todas as culturas e todas as civilizações, exceto a si mesmo. Cambaleando

8. DISSECANDO A DOENÇA

e anestesiados por pacifistas insossos e herdeiros de pseudofilosofias *hippies*, os últimos filhos de Cíceros e Platãos querem enfrentar o monstro pronto a devorá-los cantando musiquinhas e dando as mãos numa ciranda suicida. Seria isto o "progresso"? Certamente que não aceitamos.

Antes, porém, a história terminasse aí. Nossos progressistas foram muito mais longe. Atrocidades como o estupro, golpes políticos, homicídios podem ser enfrentadas, hoje em dia, por "apitaços", "beijaços", "toplessaços" e outros protestos ridículos que mal conseguimos reproduzir aqui por decoro, afinal, por algum motivo esdrúxulo, eles julgam perturbar políticos e criminosos com tais sandices. São manadas de idiotas que acreditam promover a evolução da humanidade se masturbando com crucifixos em frente a igrejas católicas ou colocando os seios de fora nas calçadas em público. Se tais bizarrices têm qualquer poder para transformar o mundo, a julgar pela proporção com que se vêm espalhando, já vivemos no Jardim do Éden e sequer percebemos... Em uma sociedade marcada pelo espetáculo, essas pessoas doentes até conseguem seus minutos de fama, mas o presidente da República ou o bandido da "boca de fumo", se toma conhecimento delas, reage com o mais justificado desprezo – e que se deem por satisfeitas.

Um acontecimento de vasta repercussão geopolítica impactou violentamente o lugar cômodo em que essas vozes insanas se alojavam: a invasão da Rússia de Vladimir Putin (1952) à vizinha Ucrânia em 2022. Uma guerra no seio da Europa rapidamente anulou as falsas "questões sociais prioritárias", os desesperados pela transformação étnica de personagens de filmes ou pelo combate aos pastores na política, trazendo de volta ao domínio nos noticiários o problema dos territórios e o patriotismo dos ucranianos em luta por sua terra e sua gente. Os "progressistas" foram lembrados pelo tirano russo, do modo mais triste possível, de que existe um mundo real à sua volta, com questões verdadeiras a serem enfrentadas, "poluídas" e obscurecidas no debate público por suas invencionices.

8.9. A "comunidade preta" e o verdadeiro racismo

O problema do racismo, sem sombra de dúvidas, merece toda a ojeriza das pessoas de caráter. Está vastamente demonstrado que as características fenotípicas nada dizem do caráter moral e das capacidades das pessoas. Não compete às esquerdas a exclusividade do combate a essa chaga social.

Para atingir os efeitos de cizânia úteis à sua dinâmica revolucionária, entretanto, essas mesmas esquerdas se apresentam como as adversárias intransigentes da segregação racial, levada adiante pela direita "supremacista branca". Como de praxe, em seu esforço por construir espantalhos diabólicos para posarem de arautos do bem e do amor, os "progressistas éticos", instrumentalizando o chamado "movimento negro" e imiscuindo-se nele, fazem parecer que o racismo é um elemento essencial e enraizado na sociedade brasileira, sustentando que Gilberto Freyre não passava de um tolo cego.

Conquanto admitamos, como Joaquim Nabuco, o peso da escravidão em nossa formação nacional, não estamos absolutamente de acordo com essa percepção; qualquer pessoa que de fato viva em uma sociedade fracionada por ódios étnicos renderia graças aos céus por viver no Brasil, sob esse aspecto. Seria oportuno, ainda assim, chamar atenção para outro ponto: o quanto esses mesmos "progressistas" e militantes do movimento negro não fazem jus à impostura que fabricam sobre si mesmos.

Um jornalista capixaba, Marcos Sacramento[28], redigiu em novembro de 2015 para o portal *Diário do Centro do Mundo* um artigo sobre o então ativista do Movimento Brasil Livre (organização de tendências liberais) Fernando Holiday (1996), atualmente afastado do movimento

---

[28] SACRAMENTO, Marcos. O que Holiday, o negro do MBL, pode aprender com a surra que levou da polícia. *Diário do Centro do Mundo*. São Paulo, 23 nov. 2015. Disponível em: https://web.archive.org/web/20180221/https://www.diariodocentrodomundo.com.br/o-que-holiday-o-negro-do-mbl-pode-aprender-com-a-surra-que-levou-da-policia-por-marcos-sacramento. Acesso em: 16 de agosto de 2022.

8. DISSECANDO A DOENÇA

e vereador por São Paulo. O título dizia praticamente tudo: *O que Holiday, o negro do MBL, pode aprender com a surra que levou da polícia.* O tal "negro do MBL" era uma jovem liderança política que falava contra as cotas raciais, a vitimização dos negros, o socialismo e o populismo. Além de tudo, então ele se identificava como homossexual – isto é, seu perfil de pertença a minorias seria o alvo perfeito para as maquinações desses falsos heróis, não tivesse ele independência para afirmar que não precisa de sua proteção.

O glorioso adversário da opressão e da exclusão já começa por apresentá-lo como "o negro" do MBL. Pouco importam seus talentos e características individuais, ele é "o negro". Só que efetivamente não é um negro qualquer, mas um "negro que odeia negros" – provas, nenhuma – sendo uma das lideranças do "golpista MBL" – golpista porque defendeu a aplicação de uma medida contemplada pela Constituição brasileira, o *impeachment*, contra a presidente petista Dilma Rousseff. A tal "surra" que teria dado "uma lição" foi a remoção do acampamento em defesa do *impeachment* organizado pelo MBL em frente ao Congresso, por decisão do então presidente da Câmara Eduardo Cunha (1958) e do então presidente do Senado, Renan Calheiros (1955).

Holiday mereceu porque foi capaz de "trair" a sua "raça"(!). Essa "raça" estaria sempre sendo vítima predileta da polícia no Brasil, assassinada pelo simples fato de ser uma "raça" diferente, certeza que, para o senhor Sacramento, era absoluta; já o próprio Holiday, este foi agredido sem "motivação racista". No caso dele, que é um "capitão do mato", um "traidor da raça", então não há racismo. Conveniente, não é mesmo?

Também em setembro de 2015 horrorizou-nos um texto publicado na *Revista Fórum*[29], que chegou a alcançar grande sucesso nas redes sociais, intitulado *Carta aberta aos brancos pró-movimento negro*. Era um dos textos mais repulsivos que já tivemos o desprazer de ler.

---

[29] HILAIR, Gabriel. *Carta aberta aos brancos pró-movimento negro*. Disponível em: https://www.revistaforum.com.br/osentendidos/2015/08/30/carta-aberta--aos-brancos-pro-movimento-negro/. Acesso em 13 de março de 2018..

O destinatário era "você, pessoa branca". Difusamente, a carta era endereçada às "pessoas brancas". Não ao Mateus, ao Lucas, ao Júlio – à "pessoa branca". Desnecessário frisar que não existe no Brasil nenhuma Ku Klux Klan, mas a retórica do "movimento negro" e dos "progressistas" que o amparam parece não deixar nada a dever.

A "pessoa branca, constantemente", segundo a tal carta, "apresenta a tendência de querer tomar para si o protagonismo de todas as lutas. Acha que pode escrever e falar sobre racismo". Acha. Na verdade, o "branco" não deveria poder escrever sobre qualquer assunto. Há, para o distinto autor da carta, assuntos de "brancos" e assuntos de "negros".

"Acha que pode lutar lado a lado comigo contra o racismo", continuou. "Como branco, não tem a menor ideia sobre o que é racismo e, por consequência, não sabe nada sobre a opressão que eu sofro". Nada diferente do raciocínio marxista, que o economista Ludwig von Mises ressalta como sendo "polilogista", segundo o qual existem categorias humanas que apresentam lógicas particulares, não sendo possível que dialoguem racionalmente com as demais. Só não são mais as "classes dominantes" e as "dominadas"; em vez disso, são os "brancos" e "negros".

Finaliza: "enquanto branco, embora em potencial, você permanece sendo meu opressor". Mesmo que não tenhamos discriminado ninguém a vida inteira por ser negro ou amarelo, mesmo que tenhamos cônjuges com tais cores de pele, mesmo que tenhamos nojo de racismo, seremos uma "força opressora" para esse racista abjeto. O "branco" não teve seu psicológico "destruído pelas práticas racistas desde os navios negreiros e a baixa autoestima não é inerente ao seu povo" – disse o Matusalém que estava vivo no século XIX. Não para por aí; ele, finalmente, sentencia: "apesar de você achar que cor de pele não faz diferença, saiba que ela faz toda a diferença sim". Pois é. Não achamos mesmo. Por isso, os racistas não somos nós...

Não fosse mais do que suficiente, uma pesquisa realizada na cidade de São Paulo e divulgada no insuspeitíssimo (até parece) site do Partido Socialismo e Liberdade[30] revelou uma suposta identificação do "povo

---

[30] Jean Wyllys é o deputado federal mais representativo para negros de esquerda. Disponível em: https://web.archive.org/web/20190207101733/

8. DISSECANDO A DOENÇA

negro" com a legenda "progressista". O texto de dezembro de 2017 diz ainda que o objetivo do estudo é "criar dados sobre a relação da comunidade preta e o sistema político", sendo o deputado Jean Wyllys considerado o "principal representante da negritude de esquerda no parlamento brasileiro". Essa obsessão da "comunidade preta" por "representatividade" também aparece, por exemplo, em todo seu espetáculo grotesco, em julho de 2016[31], no evento de palestras TED em São Paulo restrito a "mulheres negras", e até no esdrúxulo e inacreditável caso de uma livraria apenas para negros. Sim, é isso mesmo.

A jornalista Etiene Martins, de acordo com matéria do site G1 em maio de 2017[32], fundou uma livraria chamada espaço Bantu, porque, a seu ver, "a maior parte da população é negra e, mesmo assim, a maior parte das livrarias não tem livros que nos representam. Daí a importância dessa iniciativa". Os "negros", mais uma vez uma suposta manada amalgamando as mesmas opiniões e visões de mundo, precisam ser "representados" nos livros.

Uma livraria com obras de Sócrates, Platão, Descartes (1596-1650), Kant ou com romances de Victor Hugo (1802-1885) ou Alexandre Dumas (1802-1870) não "representa" os negros! Será preciso instituir "cotas" para autores da África ou livros escritos por negros em quantidades proporcionais nas livrarias? Um José do Patrocínio (1853-1905) ou um mulato como Machado de Assis não seriam "representantes" suficientes? Será que precisamos ter cotas de livros escritos por gays,

---

https://psolcarioca.com.br/2017/12/21/jean-wyllys-e-o-deputado-federal-mais-representativo-para-negros-de-esquerda/. Acesso em 16 de agosto de 2022.

[31] *TEDX São Paulo terá apenas mulheres negras como palestrantes.* Disponível em: https://web.archive.org/web/20160730165334/http://www.freetheessence. com.br/unplug/inspire-se/tedxsaopaulo-mulheres-negras/ Acesso em 16 de agosto de 2022.

[32] PIMENTEL, Thais. 'A maior parte das livrarias não tem livros que nos representam', diz criadora de espaço dedicado a autores negros em BH. *G1.* Belho Horizonte, 13 mai. 2017. Disponível em: <https://g1.globo.com/minas-gerais/ noticia/a-maior-parte-das-livrarias-nao-tem-livros-que-nos-representam-diz-criadora-de-espaco-dedicado-a-autores-negros-em-bh.ghtml>. Acesso em: 13 de março de 2018.

alemães, fãs de desenhos japoneses, extraterrestres ou qualquer outra categoria social para que todos se sintam "representados"? Mais que isso: não pode haver "negros" existencialistas, iluministas, deístas ou *tutti quanti*? Não há literatura nas nossas livrarias sobre qualquer assunto a respeito do qual se queira ler? Devemos inaugurar agora o *apartheid* literário, por haver, segundo tal brilhante teoria, uma literatura específica para "negros" e uma específica para "brancos"?

O reflexo dessa visão coletivista se expressa também em certas declarações generalistas, ainda que essencialmente inocentes. A atriz Cris Vianna[33] (n1977), por exemplo, em 2011, disse que sua "maior virtude" é "ser negra". Não teve a intenção, é evidente, de ofender ninguém, mas, ainda que sem perceber, foi extremamente infeliz; se ser negro é uma "virtude", seria uma perversão moral ser "branco"?

Tal coletivismo racialista também levou a gafes monumentais no exterior. A consagrada atriz Whoopi Goldberg (1955) disparou em um *talk show* que o Holocausto "não foi sobre raça"[34]. O movimento negro sempre repete que o racismo é um problema exclusivamente aplicável aos negros. O modelo mental de Goldberg foi intoxicado por essa distorção léxica e ela acabou dizendo o indizível. Para ela, tanto nazistas quanto judeus eram "dois grupos de pessoas brancas" e, portanto, não houve racismo no extermínio sistemático dos segundos pelos primeiros, embora seja fato fartamente documentado que os nazistas se consideravam membros da raça ariana e julgavam os judeus uma raça inferior que precisava ser expurgada de seu "espaço vital".

Para terminarmos aqui de expor a degradante exploração que se faz da temática racista, foi lançado um filme distópico no Brasil chamado *Medida provisória*", com a atriz Taís Araújo no papel principal e direção

---

[33] REDAÇÃO. 'Minha maior virtude é ser negra', diz Cris Viana, rainha de bateria da Grande Rio. *Extra*. Rio de Janeiro, 12 jan. 2011. Disponível em: <https://extra.globo.com/famosos/minha-maior-virtude-ser-negra-diz-cris-vianna-rainha--de-bateria-da-grande-rio-843057.html>. Acesso em: 13 de março de 2018.

[34] REDAÇÃO. As críticas à atriz Whoopi Goldberg por declarar que Holocausto não foi 'sobre raça'. *BBC News Brasil*. 1 fev. 2022. Disponível em: <https://www.bbc.com/portuguese/geral-60213411>. Acesso em: 29 de abril de 2022.

de seu marido Lázaro Ramos. Conforme a sinopse (já que não teremos a coragem de assistir), a trama retrata um futuro completamente absurdo em que o governo brasileiro decretou uma medida provisória para obrigar os cidadãos negros a "voltarem" à África como forma de "reparar os tempos de escravidão"(?). Organiza-se então o movimento *"Afrobunker"*, em que os negros resistem à deportação. Apesar de ser uma ficção, resta claro que o filme tenta insinuar que existe alguma provocação real na sociedade brasileira que justifique a sua abordagem. Acreditar que exista algum ressentimento sério dos brasileiros de 2022 com o fim da escravidão deveria ser passaporte suficiente para o hospício.

A luta contra o racismo deve ser, desde que exista, uma luta contra a identificação entre a aparência ou a etnia dos indivíduos e o seu valor moral. O enaltecimento obsessivo de uma identidade social e cultural atrelada à cor de pele, aliado a uma concepção de "vítimas históricas" e "oprimidos naturais", faz com que, definitivamente, não haja racista que demonstre mais ódio, ressentimento, hostilidade e espírito de divisão que os militantes do assim chamado "movimento negro", suposto combatente do racismo.

Cumpre apenas acrescentar, em conclusão a este tópico, que outras questões, para além da "raça", são também contaminadas por esse polilogismo estupidificante. O sexo é um exemplo notório, embora temas como feminismo e gênero estejam reservados para ser aventados logo adiante. Tomemos por exemplo o aborto, visto como uma causa humanitária por quase todos os "progressistas" éticos de plantão. O assunto, de que preferimos não nos ocupar demoradamente aqui, reservando-o a espaços em que seja possível tratá-lo de forma mais adequada e aprofundada, versa a respeito do princípio da vida humana, do *status* de pessoa com direitos fundamentais. Não é, ou ao menos não deveria ser, uma discussão sobre sexo ou gênero. No entanto, os militantes "progressistas", com dedos em riste, acusam os homens que se dispõem a discuti-lo de intrometidos opressores em um terreno de que apenas as mulheres se deveriam ocupar. A lógica é que só as mulheres podem saber o que é engravidar; portanto, somente elas poderiam refletir e tomar posições sobre o tema do aborto. Que nos

ESCRAVOS DO AMANHÃ

perdoem as suscetibilidades infantis de nossos tempos, mas quem assim pensa não difere dos radicais do movimento negro acima mencionados. Para começo de conversa, não existe geração da vida sem o elemento masculino e o elemento feminino. A mulher não engravida sozinha; ela, no mínimo, deve ser inseminada. A reprodução de nossa espécie é sexuada, assim o ditou a natureza. O problema central, entretanto, independentemente disso, é o de que todos podemos dialogar e tomar posições nos temas que quisermos. Somos seres humanos e, consequentemente, criaturas dotadas de razão – por mais que tantos nos forneçam incontáveis motivos para duvidar disso. Não existem temas de que só as mulheres ou só os homens possam falar, sobre os quais só as mulheres ou só os homens possam refletir. Tal autoritarismo discursivo, por mais vozes que o reverberem e por mais melodramaticamente que o façam, deve ser veementemente repudiado, doa a quem doer.

8.10. Intelectuais: o caso de Leandro Karnal

Entre os principais agentes da degeneração reinante, estão seguramente os intelectuais, a depender, é claro, do que quisermos dizer por essa palavra. O termo se vulgarizou bastante e passou a alcunhar uma elite subserviente a projetos ideológicos, ainda que recorrendo aos mais espúrios sofismas e não indo além de externar as mais notórias obviedades.

Não pretendendo nos alongar muito nessa seara, usaremos o caso do professor Leandro Karnal (1963), uma das "celebridades intelectuais" do "progressismo ético" brasileiro, como exemplo. Conhecido por suas observações supostamente geniais, Karnal ilustra a sanha desse exército de agentes do espalhafato e da desordem por desqualificar os melhores padrões e demolir a dignidade, o heroísmo e a virtude, em comentário que fez durante palestra disponível em vídeo na Internet[35] sobre confrontos religiosos e fundamentalismos, que fazemos questão de reproduzir aqui na íntegra:

---

[35] https://www.youtube.com/watch?v=BzxosXALjWE. Acesso 16 de agosto de 2022.

378

Tem um filme em cartaz pavoroso que mostra o heroísmo de trezentos espartanos. Eles foram lutar com um exército de um milhão, sem nenhuma chance de vitória, são brucutus anabolizados que vão enfrentar um exército superior, morrem todos e são heróis. Eles são kamikazes heróis. Quando um islâmico se mata pelo que acredita, ele é um fanático, um fundamentalista. Por que o rei Leônidas de Esparta e seus trezentos fanáticos são heróis, tem estátua, filme e história em quadrinhos? Por que um islâmico, ao se lançar contra as torres, é um fanático? Porque nós somos ocidentais e toda bobagem nossa é heroica, épica, maravilhosa e a do outro é pavorosa.

O desfecho é injusto, como já demonstramos, partindo do princípio de que aponta o Ocidente contemporâneo fazendo exatamente o contrário do que tem rotineiramente feito, que é espezinhar a si mesmo. Tudo nessa pitoresca elaboração filosófica, entretanto, é abominável. Uma das maiores inteligências do Brasil – ao menos assim considerada pela claque dos "progressistas inteligentinhos" – considera que um diminuto exército de valentes que, na Batalha das Termópilas, arriscaram e sacrificaram suas vidas para deter o avanço das tropas persas de Xerxes (519-466 a. C.), equivale moralmente a terroristas assassinos que sequestram aviões e se jogam contra torres para assassinar centenas de civis inocentes. Seria preciso dizer mais alguma coisa?

8.11. O avanço da República feminista

Estamos de acordo com aqueles que respeitam a democracia representativa e acreditam que a índole da ordem liberal não combina com a imposição de uma única visão de mundo, ideologia ou partido. Sendo assim, resignamo-nos perante o fato de que sempre existirá alguma forma de esquerda, ao menos alguma força política que esteja à esquerda das nossas preferências – e melhor, que ela seja a mais ponderada possível.

Tal constatação não pode, entretanto, ser confundida com a falsa e até contraditória consequência de que nos deveríamos calar ou domesticar diante de absurdos ditos por aqueles que comumente são enxergados como os setores mais moderados e equilibrados do debate público. O discurso pretensamente centrista, "antipolarização", não raro oculta as proposições mais autoritárias e perigosas, sob o disfarce da temperança e da superioridade, porque seduzem mais facilmente.

A deputada Tabata Amaral (1993), do PDT de São Paulo, pode ser considerada por muitos no Brasil uma voz da esquerda capaz do diálogo e de oferecer algumas contribuições positivas ao país. Sem pretender pontificar a respeito, precisamos atestar que uma de suas publicações no *Twitter* em outubro de 2019 foi, por pruridos que haja em confessá-lo, um atentado à democracia como a estimamos.

Exagero? Vejamos: "Não há outro caminho para garantirmos a representatividade de mulheres senão pela reserva de cadeiras no parlamento. Apresentamos um projeto de lei para assegurar a paridade de gênero nas eleições do Senado em anos em que duas vagas estiverem em disputa"[36], afirmou Tabata.

A ideia era que, quando houver eleições para definir dois terços das cadeiras da casa, metade fosse obrigatoriamente feminina. Essa "brilhante" ideia não era apenas da deputada Tabata. Ela tinha simpaticíssimas e moderadíssimas companhias, a exemplo de Perpétua Almeida (1964), do PCdoB do Acre, e Maria do Rosário (1966), do PT gaúcho. Pois é...

Segundo elas, apenas 14,9% dos lugares do Senado se viam ocupados por mulheres, deixando o Brasil atrás de Iraque, Emirados Árabes e Arábia Saudita no quesito "igualdade de representatividade no Legislativo". Vejam só, um novo quesito foi inventado para avaliar a qualidade de um sistema democrático-representativo: a "igualdade de representatividade" – no caso, de gênero.

Na verdade, Tabata e suas colegas deveriam saber que não há como garantir, isso sim, a representatividade do cidadão, homem ou mulher,

---

[36] AMARAL, Tabata. *Twitter.* São Paulo, 3 out. 2019. Disponível em: <https://twitter.com/tabataamaralsp/status/1179830199963279361>. Acesso em: 29 de abril de 2022.

8. DISSECANDO A DOENÇA

sem permitir que ele eleja quem quiser, à revelia de características como sexo, cor de pele ou time de futebol. A História do século XX está repleta de tentativas de "normatizar" as escolhas populares, restringindo as composições parlamentares a determinados contornos, em que categorias específicas precisam estar representadas, todas elas nitidamente autoritárias, feitas por quem se considera ungido da missão de tutelar o voto alheio.

O partido de Tabata na época, o PDT, aliás, gestado no brizolismo, nunca lhe foi tão adequado quanto ao fazer essa proposta. A "República sindicalista" surgia nas pregações de Leonel Brizola (1922-2004) na década de 60 justamente sob a forma de seu brado para que houvesse uma Constituinte popular, em que não estariam representados os parlamentares eleitos livremente pela sociedade, esses "burgueses" malditos, mas grupos profissionais, operários, lideranças sindicais e militares nacionalistas que haviam se amotinado e rompido com a hierarquia das Forças Armadas. Haveria de estar tudo preestabelecido, afinal só assim seria possível a "justiça social". As pessoas não podem insistir em votar em reacionários elitistas, caso contrário temos que nos meter em suas escolhas, não é mesmo?

Trocam-se agora as categorias profissionais pelo sexo. Sob os ditames de uma "República feminista", agora temos que garantir que determinada quantidade de mulheres esteja lá, mesmo que nem homens nem mulheres livremente desejem elegê-las – afinal, existe o voto feminino no Brasil há bastante tempo. É um precedente naturalmente aberto para que o mesmo suposto problema seja aplicado a qualquer outra categoria imaginável. Precisaremos ter em quantidades pré-definidas parlamentares negros, de ascendência asiática, fãs de quadrinhos, funkeiros e punks? Ou ainda, é claro, cotas para deputados LGBTQi? Pessoas como Jean Wyllys enfim poderiam comemorar suas reeleições garantidas, mesmo que seus votos decaiam a cada pleito.

A proposta de Tabata Amaral e suas companheiras, repete-se, é um atentado contra a democracia. É assim que, sem exageros, deve ser considerada. Já existe toda sorte de barreiras criadas para a participação na vida pública, a exemplo da vedação a candidaturas independentes de partidos. Não podemos aceitar que se criem mais.

Uma inclusão indigesta na proposta de emenda constitucional sobre reforma eleitoral para 2022 que, de resto, incluía vários outros tópicos discutíveis, agregava outro capítulo ao avanço inabalável da "República feminista" no Brasil. Conforme a CNN, tinha-se o seguinte:

> Outra mudança, com o objetivo de incentivar a participação de mulheres na política, é fazer com que os votos dados a candidatas à Câmara dos Deputados contem em dobro nos critérios de distribuição de recursos públicos pelo Fundo Partidário. O texto propõe ainda um aumento do percentual mínimo reservado às mulheres nos Legislativos dos três níveis de governo: 15% em 2022 (Câmara dos Deputados e Assembleias Legislativas) e 2024 (Câmaras Municipais); 18% em 2026 e 2028; e 22% em 2030 e 2032, respectivamente[37].

Deixando claro não haver qualquer problema com a presença de mulheres na política, ressaltando-se lideranças como a premiê britânica Margaret Thatcher e a caríssima professora Sandra Cavalcanti (1925--2022) no Brasil, é triste constatar que tantos políticos, em matérias que dizem respeito diretamente à soberania da escolha direta do povo regrada pelos parâmetros institucionais e constitucionais, agem em concordância para relativizar de maneira abjeta esse imperativo da democracia representativa.

Essas propostas na verdade são machistas, porque, se pretendem tutelar o voto de todos, determinando que certo percentual de determinada faixa da sociedade – as mulheres – forçosamente têm que ocupar determinadas posições no Parlamento, à revelia da questão quanto a se os cidadãos assim decidiram, ela, por óbvio, também pretende tutelar as mulheres. Se as mulheres não querem se candidatar, ou se as mulheres não querem votar em mulheres, surge o legislador iluminado e progressista para obrigá-las a se curvarem a esse propósito. Tudo, naturalmente, dizendo-se o mais apaixonado apóstolo da democracia!

---

[37] PITTA, Iuri. Relatora propõe distritão com desempenho mínimo de partidos em 2022. *CNN Brasil*. São Paulo, 13 jul. 2022. Disponível em: <https://www.cnnbrasil.com.br/politica/proposta-de-distritao-muda-e-regra-pode-valer-so-para-metade-de-vagas-de-estados/>. Acesso em: 29 de abril de 2022.

8. DISSECANDO A DOENÇA

Em 2020, o Tribunal Superior Eleitoral, sob orgulhosos aplausos do ministro Luís Roberto Barroso (1958), aprovou a necessidade de uma divisão proporcional dos fundos de campanha e do tempo de propaganda eleitoral entre candidatos negros e brancos. Depois de terem garantido o estabelecimento de percentuais mínimos de candidaturas de mulheres nos partidos a cada eleição, já pretenderam exigir, vejam só, que as mulheres sejam fator de vantagens na distribuição do já suficientemente escandaloso fundo partidário, bem como o aumento gradativo dos privilégios na sua distribuição nas cadeiras legislativas. Essa loucura já é uma realidade.

Fiquem à vontade para nos acusar de misoginia ou qualquer outra asneira similar por insistir tanto nessa discussão, mas não se trata de um detalhe secundário, é uma verdadeira perversão do sistema representativo para direcionar o resultado da preferência espontânea da sociedade e de seus atores – e, eis o pior de tudo, já está normalizado. Simplesmente quase não se contesta: essa atrocidade já é recepcionada com constrangedora quietude.

O caminho para garantir "representatividade" de negros, brancos, mulheres, asiáticos e *tutti quanti* é que eles: 1) queiram ser candidatos; 2) as pessoas queiram votar neles. Entretanto, não queiram ser candidatos nem as pessoas queiram votar neles porque são negros, brancos, mulheres ou asiáticos, e sim pelo valor de suas personalidades e de suas propostas. Os nossos "progressistas" contemporâneos, aplicando estratificações sociais em tudo, mais parecem estar restaurando os estamentos do Antigo Regime.

O verdadeiro progresso não está na República sindicalista, na República corporativista, na República feminista ou na República racista, instaladas sob o pretexto de fazer justiça às minorias. A esquerda é um edifício de atraso e não parece capaz de abandonar essa nefasta vocação. Em verdade, os autênticos progressistas, no melhor sentido da palavra, somos nós. O progresso na civilização ocidental, no melhor sentido da palavra, rima com o liberalismo. Não podemos abdicar dele, muito menos sob a sedução de *slogans* falsos e hipócritas de pretensos detentores do monopólio da virtude.

ESCRAVOS DO AMANHÃ

8.12. A censura e o progressismo

Apesar da natureza social-democrata da Constituição de 1988 e da atmosfera que lhe deu origem, a Nova República que ela formalizou no Brasil vinha sendo um período em que algumas liberdades fundamentais, não propriamente econômicas, mas pertinentes às dimensões política e civil, desfrutavam (e, até certo ponto, ainda desfrutam) de algumas vantagens em relação aos períodos anteriores. Quase não havia razões para temer, a sério, a efetivação de golpes militares, prisões políticas ou censura. Lamentavelmente, o cenário parece estar mudando para pior – e por causas e agentes distintos, de todos os lados, mas o "progressismo" claramente é, ainda que de forma mais ou menos difusa, um dos protagonistas nesse drama.

O Supremo Tribunal Federal, responsável pelo controle de constitucionalidade no Brasil, se tornou perigosamente ativista. Enxergado por alguns como uma espécie de versão contemporânea do Poder Moderador do Império, ele tem parecido estar mais para um poder subversor. Intrometendo-se em tudo e interpretando a nossa lei central como lhe convém, o Supremo, por exemplo, mutilou algo tão sério quanto o processo de *impeachment* da ex-presidente Dilma Rousseff, preservando-lhe direitos que, conforme a Constituição, deveria ter perdido, uma vez condenada. Cumpre ressaltar que o verdadeiro golpe aplicado em 2016 foi essa preservação.

O mesmo Supremo, precisamente pelo poder que concentra, voltou a ser ameaça para a ordem jurídica pela qual deveria zelar e para a ordem na pátria diversas outras vezes. Os ministros Dias Toffoli (1967) e Alexandre de Moraes (1968) levaram adiante um nefasto inquérito que determinou a pressão sobre pessoas que haviam feito comentários de contestação ao órgão, alegando a existência de ameaças à instituição, com todos os papéis do processo de investigação, apuração e julgamento sendo implementados pela própria pretensa vítima. Houve espaço até para invasões de domicílio pelo terrível crime de escrever comentários em redes sociais com incríveis quatro "*likes*" criticando a nossa egrégia Suprema Corte – algo que mais da metade da população conectada à Internet deve ter feito nos últimos tempos.

8. DISSECANDO A DOENÇA

O caldo entornou ainda mais quando o site *O Antagonista*, em sua revista virtual *Crusoé*, publicou uma reportagem que dava conta, com base documental, de denúncia da Odebrecht contra o próprio Dias Toffoli, que fora advogado do PT, figurando com a alcunha "amigo do amigo do meu pai". Era uma reportagem entre tantas que já foram publicadas com diferentes alvos entre os poderosos da República; aparentemente, porém, tocar nos togados era ir longe demais. Alexandre de Moraes censurou – este é o termo exato e sem qualquer exagero – a reportagem, exigindo sua retirada do ar e impondo multa de R$ 100 mil por dia em que a decisão não fosse cumprida e intimação para que os jornalistas depusessem.

O inquérito dos ministros investiu também contra "comunicadores" governistas, depois da eleição de Jair Bolsonaro, o que contou com aplausos de pessoas pretensamente sensatas. É um perigo, "discurso de ódio" e pregação de subversão são acusações genéricas – e não dá para aplaudir quando são expostas isoladamente, em um país em que já se pregou revolução dos trabalhadores em horário eleitoral, como justificativa para censura prévia. Na lista dos alvos, abundavam pessoas sem nenhum amor a princípios; porém, ao contrário delas, há que não aprovar, sem acesso às acusações individuais, que o senhor Alexandre de Moraes bloqueie alguém das redes apenas por tecer críticas ao Supremo.

Essas atitudes denunciam a autocompreensão de muitos de nossos ministros do STF nesta geração, a maioria deles moldada em uma mentalidade também autodeclarada "progressista", de que são vanguardistas iluministas destinados a orientar a sociedade para os rumos corretos, facilitando a aprovação de reformas legais que a maioria "atrasada" do povo nunca subscreveu, como a liberação do aborto. Em evento em Harvard, a *Brazil Conference*, em 10 de abril de 2022, outro ministro, o já referido Barroso, disse objetivamente:

> Não gostaria de ter uma narrativa de que está tudo desmoronando. É preciso ter uma compreensão crítica de que há coisas ruins acontecendo, mas é preciso não supervalorizar o inimigo. Nós somos muito poderosos, nós somos a democracia. Nós é que somos os poderes do bem e ajudamos

a empurrar a história na direção certa. O mal existe, é preciso enfrentá-lo, mas o mal não pode mais do que o bem. Porque, se pudesse, nada valeria a pena. Eu acredito nos valores que nos unem e que eles vão prevalecer[38].

Da sobriedade que deveria caracterizar os "guardiões da Constituição" não se viu nem sombra. No mesmo discurso em que condenou o populismo autoritário que promove a "divisão entre nós e eles", Barroso proclamou altissonante: "nós SOMOS a democracia". Que ele não perceba a contradição nisso é uma triste nota de nossos tempos.

Em paralelo, proliferaram-se os "cancelamentos". Infelizmente, como acabamos de apontar, as gritarias identitárias e "progressistas" já afetam as próprias instituições, por exemplo, através do estabelecimento de cotas femininas em parlamentos, tutelando o voto alheio. Conquanto isso não possa ser generalizado, o ambiente nas universidades é maciçamente cerceador da livre expressão. O desamor das esquerdas pela liberdade dos "reacionários burgueses que devem ser executados no altar da revolução", seja a revolução do proletariado ou a dos "cis-trans-não binários", já é mais do que notório.

A partir da péssima escolha de palavras do apresentador de um *podcast*, quis-se cassar um deputado federal por ele ter, na mesma ocasião, defendido a lei de liberdade de expressão dos Estados Unidos, que permite a existência de um partido nazista. Referimo-nos ao caso Monark-Kim Kataguiri. Monark (1990), de forma infeliz e desajeitada, defendeu a possibilidade de um partido nazista existir. O deputado Kim Kataguiri (1996), também presente, aventou que a lei americana a favor da liberdade de expressão concede essa permissão e que ele concorda com essa abordagem.

Pronto: transformou-se, através de um "efeito manada" que nada teve de ingênuo ou espontâneo, um entusiasta da Constituição de uma das maiores democracias do mundo em apologista do nazismo;

---

[38] BARROSO, Luiz Roberto. Apresentação do ministro Luís Roberto Barroso na Brazil Conference

Boston (EUA). 14 abr. 2022. Disponível em: <https://www.stf.jus.br/arquivo/cms/noticiaNoticiaStf/anexo/ministroBarrosonaBrazilConference.pdf>. Acesso em: 30 de abril de 2022.

8. DISSECANDO A DOENÇA

um defensor da liberdade em aspirante a ditador. Condenar a simples discussão sobre a melhor maneira de lidar com o assunto, como se a questão fosse extremamente fácil e fechada, e querer até colocar na cadeia um influenciador por sugerir que a proibição talvez, quem sabe, não seja o melhor caminho ou a abordagem ideal, foi um exagero pernicioso de muitos confrades no seio do próprio movimento liberal de que Kataguiri faz parte. O deputado Kim chegou a ser alvo de uma tentativa de cassação de seu mandato no Conselho de Ética, sendo perseguido tanto por "progressistas" quanto por militantes do presidente Bolsonaro por suas declarações – uma amostra de que os radicais de lados opostos se conjugam facilmente em momentos em que menos se imagina.

Curiosamente, parte do movimento negro, cujos membros costumam fazer coro com o "progressismo" descerebrado, como já tivemos ocasião de apontar, tem um passado verdadeiramente sombrio de relações próximas com o autêntico partido nazista norte-americano. George Lincoln Rockwell (1918-1967), o fundador da sigla em 1959, foi militar removido das Forças Armadas por suas ideias bizarras e negador do Holocausto, e via o pastor negro Martin Luther King Jr. (1929-1968), um dos mais icônicos militantes pelos direitos civis nos EUA, como um instrumento dos judeus comunistas para dominar a comunidade branca. O detalhe curioso sobre esse lunático, que pode dar nós em algumas mentes contemporâneas, é que, se enfrentava King, Rockwell chegou a elogiar e citar diversas vezes líderes do movimento negro da época, como Elijah Muhammad (1897-1975) e Malcolm X (1925-1965). Dentro da organização conhecida como Nação do Islã, essas lideranças sustentaram naquele período uma emancipação dos negros, mas efetivada através da segregação, antagonizando movimentos como o do próprio King, que queria a integração étnica do povo norte-americano. Misturando o Islamismo com um tipo de "nacionalismo negro", eles queriam organizar uma sociedade livre da presença dos brancos. Esse posicionamento soava como música aos ouvidos de Rockwell – afinal, segregar era o que ele mais queria. Elogiou Muhammad por entender que a miscigenação era uma "fraude judaica" (??), proclamou que sentia profundo respeito por ele, chegou a fazer uma doação à Nação do Islã

ESCRAVOS DO AMANHÃ

e discursar em um evento em Chicago com o próprio Muhammad e Malcolm X. Que coisa, não? O monstro nazista, porém, é Kim Kataguiri. Até parece.

De volta ao contexto de avanço censor no Brasil, o articulista Joel Pinheiro da Fonseca (1985) publicou um texto propondo uma comissão de notáveis e especialistas em diversas áreas para controlar tudo o que pode ser dito ou não nas redes sociais; o texto foi feito para ser uma ironia. Como a Internet não perdoa ninguém e sempre se afoba, muitos o enxovalharam pela "opinião" professada; a forma como o artigo foi construído dava margem à confusão, mas sabemos que uma abordagem como essa não combinaria com o autor. O que é realmente grave é que houve também quem aplaudisse a "proposta" e a enaltecesse. À revelia de ter sido feliz ou não em seu sarcasmo, o texto conseguiu evidenciar como poucos o autoritarismo despudorado de gente que está por aí, ao nosso lado, pregando a "tolerância", o "progresso" e a "justiça social".

O mesmo Joel, diante de uma distópica discussão sobre a pertinência de censurar a produtora de documentários Brasil Paralelo, que costuma entrevistar opositores da esquerda, publicou uma enquete no *Twitter* questionando se o internauta seria a favor da proibição legal dos filmes da empresa. Fique registrado que o próprio Joel não defendeu a "medida" (leia-se violência), mas, a nosso ver, faria mais sentido perguntar logo "você é um tirano que quer calar a boca de todos de quem não gosta ou não?". É essa a pergunta que devemos fazer a cada um que propõe a "higienização" forçada das opiniões que circulam na sociedade.

Por falar na rede social *Twitter*, o bilionário Elon Musk (1971), ao adquiri-la por US$ 44 bilhões e sugerir que sua gestão respeitaria a mais absoluta liberdade de expressão dos usuários, despertou reações dos "especialistas", conforme publicaram veículos de imprensa. O jornal *Metrópoles*, por exemplo, estampou a impensável manchete *Elon Musk e Twitter: liberdade de expressão preocupa especialistas*[39]. A liberdade de

---

[39] SANDES, Eline. Elon Musk e Twitter: liberdade de expressão preocupa especialistas. *Metrópoles*. Brasília, 25 abr. 2022. Disponível em: <https://www.metropoles.com/mundo/elon-musk-e-twitter-liberdade-de-expressao-preocupa--especialistas>. Acesso em: 30 de abril de 2022.

8. DISSECANDO A DOENÇA

expressão preocupa os especialistas – é exatamente isso. Resta saber em que eles são especialistas; na implantação de ditaduras? O mais realista seria substituir "especialistas" por "progressistas" e teríamos o diagnóstico adequado da questão.

8.13. Gênero e família: o teatro do absurdo

Deixamos o mais espantoso para o final. Os quadros deletérios mais absurdos no universo do "progressismo ético" se verificam quando vemos seus próceres declamarem suas angústias particulares acerca do sexo e das construções familiares.

Desde Karl Marx e Friedrich Engels, a família tradicional é considerada um elemento central da sociedade estabelecida a ser derrubado. É um alicerce da sociedade burguesa-ocidental-cristã que esquematiza o atraso contrarrevolucionário, enquanto todas as variedades que se pretendem apresentar como igualmente respeitáveis e valorosas apresentam a virtude da contestação. Na verdade, desde a Antiguidade, há teóricos e sociedades que consagram a relativização do valor do núcleo familiar e a subordinação ampla das crianças ao Estado, como acontecia em Esparta, quando os infantes eram subtraídos dos pais e submetidos a rigoroso treinamento militar. Na modernidade, já o socialista utópico Charles Fourier acreditava que a monogamia era algo a ser ultrapassado.

Ninguém, entretanto, teve a imaginação que ocorreria a ativistas teóricos como Judith Butler (1956) e outros proponentes das teses de gênero. A ânsia pela ruptura com conceitos fundamentais e balizas culturais e o desespero hedonista pela santificação de todas as loucuras sexuais cogitáveis pela humanidade levaram à conclusão de que conceitos tão estabelecidos quanto "homem" e "mulher" seriam meras construções sociais, sem amparo necessário na realidade biológica. Trata-se, como vimos anteriormente, desse incremento profundo do subjetivismo no "progressismo ético" contemporâneo, permitindo que o sujeito se possa dizer o que quiser, a depender única e exclusivamente de sua "vontade", e quem sequer cogite não ser bem assim seja considerado um fascista. O movimento feminista, a militância gay e a ideologia de gênero, impregnados da finalidade instrumental em nome da politização da cultura e do imaginário em direção ao que desejam os fanáticos do "progresso", passaram a pretender definir como normalidade e certeza científica todo tipo de bizarrice patológica.

Essa praga se manifesta seja nos textos redigidos por militâncias estudantis neutralizando o gênero das palavras, substituindo as flexões de gênero por "x", seja por fatos ainda mais gritantemente degenerados. A quantidade de gêneros e "identidades sexuais" baseadas na autoridade da autoidentificação se proliferou de tal forma nos últimos tempos que já escasseiam siglas para alcunhá-los. Essas identificações estão sendo impostas de tal forma, com base no que já apontamos acerca da ditadura do subjetivo, que os próprios "progressistas" identitaristas já se entredevoram por não conseguirem acompanhar uns o nível de identitarismo dos outros. Vejamos o caso da escritora J. K. Rowling (1965), autora da série de romances de sucesso *Harry Potter*. Rowling sempre teve todas as credenciais de uma pessoa de visão política de esquerda. Doadora do Partido Trabalhista britânico, admiradora dos políticos do Partido Democrata Barack Obama e Hillary Clinton (1947) nos EUA, crítica do nacionalismo escocês e dos conservadores de Israel, promotora de um amplo cosmopolitismo – tudo isso descreve o que se sabe acerca da visão política de Rowling. No entanto, ela cometeu o pecado, a heresia mortal, de criticar a ditadura vocabular imposta pelos identitários de gênero.

Por exemplo, J. K. Rowling, em dezembro de 2019, apoiou Maya Forstater, uma mulher britânica que perdeu um processo contra seu ex-empregador por não ter o contrato renovado devido a comentários sobre pessoas transgênero. O tribunal considerou as palavras de Maya ofensivas e hostis. Na mesma linha, Rowling causou um grande furdunço ao contestar o uso, por parte da imprensa, da expressão "pessoas que menstruam"[40] para se referir ao que, segundo ela, sempre teve um nome muito claro: "mulheres". Isso porque, também conforme

---

[40] ROWLING, J. K. *Twitter*. 6 jun. 2020. Disponível em: <https://twitter.com/jk_rowling/status/1269382518362509313>. Acesso em: 30 de abril de 2022.

8. DISSECANDO A DOENÇA

já referenciamos, sustenta-se hoje que todos devem considerar forçosamente que pessoas com pênis são mulheres pelo fato de que elas
assim se consideram. A explicação de Rowling, aliás, é que dizer que
transexuais são mulheres apaga a luta das próprias mulheres, as mulheres *de verdade*, pelas suas causas globais. No fim das contas, a escritora
desafiou uma das facetas do movimento identitarista de gênero em
prol do feminismo, o que pode ser visto, de muitas maneiras, como
colocar um "progressismo" contra o outro, cada um acusando o outro
de representar o "reacionarismo" e o atraso. Essa é a lógica para a qual
toda essa narrativa sombria que produzimos fatalmente irá caminhar.

A pauta transexual e identitarista de gênero alcança consequências
muito concretas no esporte, por exemplo, em que tem sido imposta
a participação de atletas transexuais em modalidades femininas de
esporte coletivo, ainda que muitas atletas questionem, com toda a
razão, a desproporção física. Nada, porém, se compara às políticas do
primeiro-ministro Justin Trudeau (1971), líder do que deveria ser o
Partido Liberal no Canadá. É o caso da lei C-16, de 2016, criada para
criminalizar a discriminação contra transexuais, travestis e "pessoas
não binárias" – o que seria uma forma de se referir a pessoas que não se
identificam nem como homem nem como mulher (a que ponto chega-
mos, como poderemos ver logo a seguir, já há quem não se identifique
sequer como membro da espécie humana). Essa legislação despertou a
indignação do professor de psicologia clínica Jordan Peterson (1962),
que justamente se revoltou com a perspectiva de ser obrigado a utilizar
os pronomes bizarros da linguagem neutra.

Conforme Peterson em 2019, a maioria dos apoiadores da lei "afirmam que, na construção da identidade humana, o sexo biológico, a
expressão do gênero e as preferências sexuais de uma pessoa podem
variar de modo completamente independente, pois são meras construções sociais. Isso não é verdade. Esses fatores não apenas não variam
de forma independente como estão intimamente relacionados. É claro
que, em algum grau, são construções sociais, mas menos do que os
ativistas alardeiam. Não gostei de ver aprovada uma lei baseada em uma
premissa tecnicamente falsa só para cumprir uma agenda ideológica,
sem reflexão a respeito e sem consideração pelas consequências – a

ESCRAVOS DO AMANHÃ

começar pela restrição da liberdade de expressão". Pontuou ainda que nada tem contra usar com seus alunos os pronomes que eles preferirem, mas "o governo decidir como a pessoa vai se expressar só para agradar uma parcela da sociedade é errado. Não se pode colocar limites na forma de expressão. Recebo muitas cartas de pessoas transexuais que apoiam meu trabalho, se incomodam com o papel de símbolo de uma campanha da esquerda ultrarradical pela dissolução das identidades clássicas e querem mesmo é tocar sua vida privada da melhor forma possível". Arrematou: "A ideia de que proteger as pessoas é agasalhá-las em seus microespaços, para que nunca ouçam uma opinião que as ofenda ou contradiga, só faz com que elas se tornem mais fracas e amargas"[41].

Nada poderíamos acrescentar de mais significativo do que as palavras sintéticas de Peterson. Não deve estar longe o tempo em que o Estado "progressista" nos solicitará passaportes que indiquem os gêneros que desejamos adotar, mandando para a prisão aqueles que julgarem que homens são homens e mulheres são mulheres – ou, como diria Chesterton, que a grama é verde. Sem mais delongas, como dissemos ao abordar as artes, para ilustrar com maior nitidez os potenciais perigos dessa escalada distópica, deixaremos que alguns exemplos pavorosos falem por si mesmos.

Em matéria publicada em dezembro de 2017[42], tomamos conhecimento de que os membros de uma família inteira, formada por quatro pessoas, se transformaram em transgêneros: o pai, a mãe e um casal de filhos. Diz o texto da reportagem que Daniel Harrott, de 41 anos, o pai biológico(?) de "duas crianças trans", foi registrado como do

---

[41] VIEIRA, Maria Clara. Jordan Peterson: a liberdade de expressão é perigosa; a alternativa é pior. *Veja*. 3 jan. 2019. Disponível em:
<https://veja.abril.com.br/cultura/jordan-peterson-a-liberdade-de-expressao-e-perigosa-a-alternativa-e-pior/>. Acesso em: 30 de abril de 2022.

[42] HANEY, Stephanie. Modern family: mom, dad, 11-year-old son and daughter, 13, ALL identify as transgender. *Daily Mail Online*. Londres, 16 dez. 2017. Disponível em: <https://archive.is/IefsD>. Acesso em: 13 de março de 2018.

8. DISSECANDO A DOENÇA

sexo feminino ao nascer e é hoje um transgênero masculino. Tal ser pretensamente indefinido disse que sente como se estivesse começando a viver pela primeira vez e seus filhos "estão sendo quem eles sempre quiseram ser". Já Chaz Bono, a mulher que "virou" homem, explicou que ter nascido com órgãos reprodutores femininos foi um "defeito de nascença". Pois é.

Outro personagem exótico é o(a) pequeno(a) Desmond Napoles[43], de dez anos, que se apresenta em programas de televisão como "*drag kid*", declarando-se gay. Isso mesmo: é uma *drag queen* de dez anos! Exibe-se com todo o espalhafato para o grande público, não tendo criado sequer buço. Se, porém, já é estranho ver uma criança fazendo isso, que dizer de um adulto que se transforma, não em uma mulher, mas em uma... Menina? Esse é o caso de Stefonkee Wolschtt[44], um homem canadense de 46 anos casado há 23 quando descobriu que se sentia, na verdade, uma mulher. Mais do que isso: uma garota de seis anos. "Não posso negar que me casei, não posso negar que tive filhos. Mas eu segui em frente e agora voltei a ser criança". Stefonkee encontrou pais adotivos e passou a viver brincando de colorir com a irmãzinha.

Entretanto, para além de romper a barreira do gênero e a barreira da idade, podemos até já romper a barreira da espécie. Ao menos é o que comenta um tal de Leandro Dário, identificado como um artista, em vídeo divulgado pelo site *Uol*[45]. Transcrevo o discurso integral do sujeito:

---

[43] GUNZ, Rafaella. Meet Desmond Napoles, 10-year-old drag icon. *Gay Star News*. 17 dez. 2017. Disponível em: <https://www.gaystarnews.com/article/watch-meet-desmond-napoles-10-year-old-drag-icon/>. Acesso em: 13 de março de 2018.

[44] REDAÇÃO. Homem de 46 anos se descobre transgênero e vive como uma garotinha de seis. *Yahoo! Notícias*. 12 dez. 2015. Disponível em: <https://br.noticias.yahoo.com/blogs/eita/homem-de-46-anos-se-descobre-transgênero--e-vive-como-uma-garotinha-de-6-170611554.html>. Acesso em: 13 de março de 2018.

[45] EIRAS, Natalia. Pós-beleza. Disponível em: https://web.archive.org/web/20200720185226/https://tab.uol.com.br/beleza/. Acessso em 16 de agosto de 2022.

Porque eu sempre fui assim, unicórnio! Eu não preciso ser reconhecido como menino, não preciso ser reconhecido como uma menina, eu posso ser reconhecido como um unicórnio, posso ser reconhecido como o que eu quiser. Eu gosto da liberdade, eu gosto de não estar dentro de nenhum rótulo. Então até me coloco como uma pessoa sem gênero. Assumi isso. É uma coisa muito autêntica que algumas pessoas não conseguem entender. Para eu assumir o Leandro do jeito que eu sou, eu preciso me isolar do mundo. Não posso ficar prestando atenção no que as pessoas ficam falando na rua. Foram alguns mecanismos de segurança que eu desenvolvi, de proteção. Eu acho que a beleza não é perfeita, porque quando ela é perfeita, ela fica caricata.

Leandro Dário não está sozinho. Ou sozinha. Ou sozinhx. O prêmio de "fenômeno" de esquisitice certamente irá para o último exemplo que selecionamos para esta lista, felizmente reduzida, para o bem do leitor. Trata-se do francês (ou da francesa) Karen[46]. Karen, aos cinquenta anos de idade, costumava ser um professor do sexo masculino. Porém, "virou mulher" e, por fim, um cavalo. É isso mesmo. Um cavalo. "Quando eu era jovem, houve uma festa de final de ano na escola. Eu tinha cerca de sete anos de idade e o professor me disse para brincar de cavalinho. Éramos cerca de dez jovens rapazes fingindo ser cavalos, e isso ficou na minha cabeça durante muito tempo", disse Karen. A partir daí, ele ou ela começou a tentar participar de campeonatos de "*pony-play*", um tipo de disputa onde pessoas se fingem de cavalos.

Essas historietas espantosas, que são apenas algumas das várias similares que poderiam ser coletadas por aí, demonstram até que ponto já se conseguiu levar a insanidade vigente, a fina flor da esquizofrenia "progressista ética", encaminhando-se para entender a plena satisfação das loucuras e a séria consideração de todos os "sentimentos" e patologias mentais dos seres humanos como sinônimos de evolução da sociedade. São os exemplos mais extremos de que o problema que

---

[46] H4CKO. Nasceu homem, virou mulher, agora quer ser um cavalo. *YouTube*. 2 dez. 2015. Disponível em: <https://www.youtube.com/watch?v=cwHP4CnSTf w&app=desktop>. Acesso em: 12 de março de 2018.

8. DISSECANDO A DOENÇA

levantamos neste livro é grave, patrocina a consagração do desequilíbrio e fragiliza os anticorpos de nossa civilização. Eis porque precisa ser diagnosticado, compreendido historicamente, dissecado e combatido.

8.14. Portanto...

Nem tudo que existiu antes é inferior ao que surge para a existência em um momento posterior. Os pressupostos do progresso materialmente irresistível e totalizante como uma consequência mágica do avançar do relógio são equivocados. Avaliando a história da humanidade e a história brasileira, podemos extrair essas conclusões.

A seita dos apologistas do "em pleno século XXI", daqueles que chamamos "progressistas éticos", outros chamam simplesmente "esquerda cultural" ou "pós-moderna" é, porém, uma realidade social e política que conseguiu produzir, até os dias que correm, efeitos como os que enumeramos neste capítulo. A obsessão por não ferir suscetibilidades, por impedir as ofensas, por censurar a expressão de pensamentos conservadores, produziu um ambiente irritante em que piruetas de militantes por demandas identitárias garantem privilégios e determinações autoritárias, bem como expõem a sociedade ao perigo quando verdades duras passam a não poder mais ser ditas. Policiar até mesmo a livre expressão, com o emprego sistemático e mal-intencionado da agenda da contenção das chamadas "*fake news*" – literalmente, "notícias falsas", muitas vezes apenas um apelido para qualquer comentário jornalístico ou artigo que destoe da opinião reinante na classe ilustrada de esquerda – passou a colocar grandes veículos de imprensa radicalmente contra a maneira de ser e viver do povo em geral. Essa agenda se transformou em uma política multinacional, com impactos objetivos na legislação e na vida em sociedade. Para seu próprio infortúnio, é uma agenda marcada por contradições internas, e a ênfase que promove no cultivo das identidades grupais sob o pretexto da proteção absoluta, mesmo contra o discurso, de supostas minorias dantescamente oprimidas, conduz a um cenário que em todas as partes já se verifica: o entrechoque dessas mesmas "identidades". Como os pais e filhos de uma revolução são quase sempre devorados por ela, os "progressistas" devoram uns aos outros enquanto submergem o todo social no caos.

O fato peculiar dos novos tempos é que esse quadro, experimentado por muitos que nem conseguem identificar com precisão o que está acontecendo e qual a raiz filosófica do problema, mas sentem suas consequências, estimulou uma reação. Fatos políticos como a eleição dita improvável de Donald Trump para a presidência dos Estados Unidos em 2016, a decisão britânica de romper com a União Europeia diante de toda a gritaria dos "sábios" em contrário e a ascensão de uma mentalidade liberal clássica e conservadora no Brasil, da qual os autores deste livro são filhotes, são evidências disso.

O "progressismo ético" é uma doença. Em toda parte, por isso mesmo, deve haver antígenos – e o serão todos aqueles que se recusarem ao arrastamento dos modismos, cientes de que há algo de permanente a proteger. Os enfermos os acusarão, como já acusam, de agitadores da divisão, segregacionistas. Há, é verdade, que se tomar cuidado, como também oportunamente apontamos, com as reações que "emulam" o problema – isto é, com certa espécie de "identitarismo" reacionário, que igualmente ganha corpo e contornos populistas mesmo no mundo desenvolvido, explorando a denúncia do mal "progressista" para impor suas próprias sandices obscurantistas. Cumpre, no entanto, corrigir o maior erro de avaliação que cometem os pretensos pensantes contemporâneos, que é o de confundir o efeito com a causa. A resposta doentia só existe porque foi provocada. Urge que confrontemos ambas, demarcando o lugar que efetivamente ocupam, e o do "progressismo ético" é o do protagonismo na vilania a ser enfrentada com firmeza pelos indivíduos conscientes.

Que venham os "reacionários", mas apenas na acepção de Nelson Rodrigues: os que reagem contra tudo que não presta. Afinal, como o leitor pôde ver neste último capítulo, não poderia haver mais trabalho para eles.

— Lucas Berlanza

REFERÊNCIAS

ABIRAFEH, Lina. Mulher Maravilha: ícone feminista ou símbolo de opressão?. *Revista Galileu*. São Paulo, 3 ago. 2017. Disponível em: <https://revistagalileu.globo.com/Cultura/noticia/2017/08/mulher--maravilha-icone-feminista-ou-simbolo-de-opressao.html>. Acesso em: 13 de março de 2018.

ADAMS, John. *From John Adams to Massachusetts Militia*, 11 out. 1798. Disponível em: <https://founders.archives.gov/documents/Adams/99-02-02-3102>. Acesso em: 16 de agosto de 2022.

AMARAL, Tabata. *Twitter.* São Paulo, 3 out. 2019. Disponível em: <https://twitter.com/tabataamaralsp/status/1179830199963279361>. Acesso em: 29 de abril de 2022.

ALCUÍNO. Diálogo entre Pepino e Alcuíno. Tradução de Jean Lauand. *Ricardo Costa.* Disponível em: <http://www.ricardocosta.com/traducoes/textos/dialogo-entre-pepino-e-alcuino-c-781-790#footnote1_bo1qoh3>. Acesso em: 16 de agosto de 2022.

ARIÈS, Philippe; DUBY, Georges (org.). *História da vida privada:* do Império Romano ao ano mil, vl. I. São Paulo: Companhia das Letras, 2009.

ARIÈS, Philippe; CHARTIER, Roger (org). *História da Vida Privada, III: da renascença ao século das luzes.* São Paulo: Companhia das Letras, 2009.

ARISTÓTELES. *Metafísica.* 2ª ed., São Paulo: Edipro, 2012.

ASSIS, Érico. Beijo entre Wolverine e Hércules alternativos é notícia gay da semana. *Omelete.* São Paulo, 28 fev. 2013. Disponível em: <https://omelete.com.br/quadrinhos/noticia/beijo-entre-wolverine-e-hercules--alternativos-e-noticia-gay-da-semana/>. Acesso em: 13 de março de 2018.

BABBITT, Irving. *Democracia e liderança.* Trad. Joubert de Oliveira Brízida. Rio de Janeiro: Topbooks, 2003, p. 38.

BARKER, Juliet. *Agincourt.* Rio de Janeiro: Record, 2009.

BARRETO, Renata. *Facebook.* 13 jul. 2017. Disponível em: <https://www. facebook.com/renata.barreto2/posts/10156575760809062>. Acesso em: 13 de março de 2018.

BARROS, José D'Assunção. *Os Conceitos: seus usos nas ciências humanas.* Petrópolis: Vozes, 2016, p. 146.

BASÍLIO MAGNO. *Carta aos jovens sobre a utilidade da literatura pagã.* Campinas: Ecclesiae, 2012.

BASTIAT, Fréderic. *A Lei.* 3ª ed., São Paulo: Instituto Ludwig von Mises Brasil, 2010, p. 29.

BBC Brasil. Natal sem Jesus provoca polêmica na Grã-Bretanha. *BBC Brasil.* Londres, 21 dez. 2006. Disponível em: <http://www.bbc.com/portu-guese/reporterbbc/story/2006/12/061221_natalsemjesusebc_ac.shtml>. Acesso em: 16 de agosto de 2022.

BENMAKHLOUF, Ali. *Alberto, o Grande. In:* LE GOFF, Jacques (org). *Homens e mulheres da Idade Média.* São Paulo: Estação Liberdade, 2013, p. 225-228.

BERNARDES, José Eduardo; PITASSE, Mariana. Wagner Moura sobre o filme Marighella: "Estou preparado para a porrada". *Brasil de Fato.* Rio de Janeiro, 5 out. 2021. Disponível em: <https://www.brasildefato.com. br/2021/10/05/wagner-moura-sobre-o-filme-marighella-estou-preparado-para-a-porrada>. Acesso em: 29 de abril de 2022.

BÍBLIA DE JERUSALÉM. São Paulo: PAULUS, 2002.

BLOCH, Marc. *Apologia da História ou o ofício do historiador.* Rio de Janeiro: Zahar, 2001, p. 135-153.

BOAS, Franz; CASTRO, Celso (org). *Antropologia cultural.* Rio de Janeiro: Zahar, 2004.

BOEHNER, Philotheus; GILSON, Etienne. *História da filosofia Cristã.* 13ª ed., Petrópolis: Editora Vozes, 2012.

BOHANNAN, Laura. Shakespeare in the bush. *Natural History Magazine.* North Carolina, 1966. Disponível em: <http://www.naturalhistorymag. com/picks-from-the-past/12476/shakespeare-in-the-bush>. Acesso em: 16 de Agosto de 2022.

BRADBURY, Ray. *Fahrenheit 451.* 2ª ed., São Paulo: Globo, 2012.

REFERÊNCIAS

BRANCO, Sofia. França adopta lei que proíbe "símbolos religiosos ostensivos" nas escolas públicas. *Público.* Porto, 10 fev. 2004. Disponível em: <https://www.publico.pt/2004/02/10/sociedade/noticia/franca-adopta-lei-que--proibe-simbolos-religiosos-ostensivos-nas-escolas-publicas-1185764>. Acesso em: 16 de agosto de 2022.

BRASIL DE FATO. *Facebook.* 25 out. 2017. Disponível em: <https://www.facebook.com/brasildefato/photos/a.185632014818104.42156.185129231535049/1585472998167325/?type=3&theater>. Acesso em: 13 de março de 2018.

BRYANT, Miranda. 'We got skin, you got skin, love your body, ain't no sin': Meet the NUDE activist who regularly gets naked in public and marches against anti-nudity laws to 'free' others. *Daily Mail.* Londres, 21 jul. 2016. Disponível em: <http://www.dailymail.co.uk/femail/article-3690935/We-got-skin-got-skin-love-body-ain-t-no-sin-Meet-NUDE-activist-regularly-gets-naked-public-marches-against-anti-nudity-laws-free-others.html>. Acesso em: 16 de agosto de 2022.

BURKE, Edmund. An Essay Towards an Abridgement of the English History. *In: The works of the right honourable Edmund Burke*, Vol. VII. 15ª ed., Boston: Little, Brown and Company, 1877.

BURKE, Edmund. *Reflexões sobre a Revolução na França.* Rio de Janeiro: TOPBOOKS, 2012.

BURKE, Edmund. Speech on American Taxation. *In: The works of right honorable Edmund Burke*, vol. II, 3ª ed., Boston: Little, Brown, and Company, 1869.

BURKE, Edmund. Speech on conciliation with the colonies. *In: The works of the right honourable Edmund Burke.* Londres: Henry G. Bohn. Disponível em: <http://press-pubs.uchicago.edu/founders/documents/v1ch1s2.html>. Acesso em: 16 de agosto de 2022.

BURKE, Edmund. Speeches in the impeachment of Warren Hastings, esquire late governor-general of Bengal. *In: Works of the right honorable Edmund Burke*, vol. X. 7ª ed., Little, Brown, and Company: Boston, 1881.

BURKE, Edmund; BURKE, William. *An account of the European settlements in America, vol. I.* 5ª ed., Londres: J. Dodsley, 1770, p. 129-142.

CAMPOS, Roberto. *A Lanterna na popa.* Rio de Janeiro: Topbooks, 1994.

CAMUS, Albert. *A peste.* 13ª ed., Rio de Janeiro: Record, 2002.

CARVALHO, Olavo de. *A filosofia e seu inverso: e outros estudos*. Campinas: Vide Editorial, 2012.

CHAMY, Constanza Hola. Suécia aposta em política externa feminista por 'mundo melhor'. *BBC News Brasil*. Londres, 25 jun. 2015. Disponível em: <https://www.bbc.com/portuguese/noticias/2015/06/150624_politica_exterior_feminista_suecia_rm>. Acesso em: 16 de agosto de 2022.

CHESTERTON, G.K. *Contos de fadas e outros ensaios literários*. Trad. Ronald Robson. São Luís: Resistência Cultural, 2013.

CÍCERO, Marco Túlio. *A velhice saudável: o sonho de Cipião*. São Paulo: Escala, 2006.

COELHO, Humberto Schubert. *Pontos metafísicos do Espiritismo*. Disponível em: <http://filosofiaespiritismo.blogspot.com.br/2011/11/pontos-metafisicos-do-espiritismo.html>. Acesso em 12 de março de 2018.

COMTE, Auguste. *Reorganizar a sociedade*. Lisboa: Guimarães Editores, 1993.

CONSTANTINO, Rodrigo. Por que essa travesti de 8 (sim, oito) anos de idade encanta os "progressistas"?. *Gazeta do Povo*. 16 jun. 2017. Disponível em: <http://www.gazetadopovo.com.br/rodrigo-constantino/artigos/porque-esta-travesti-de-8-sim-oito-anos-de-idade-encanta-os-progressistas/>. Acesso em 13 de março de 2018.

CORNFORD, Francis Macdonald. *Antes e depois de Sócrates*. São Paulo: Martins Fontes, 2001.

COSTA, Ricardo da. *O conhecimento histórico e a compreensão do passado: o historiador e a arqueologia das palavras*. Disponível em: <http://www.ricardocosta.com/artigo/o-conhecimento-historico-e-compreensao-do--passado-o-historiador-e-arqueologia-das-palavras>. Acesso em: 16 de agosto de 2022.

COSTA, Ricardo da. *Visões da Idade Média*. 2ª ed., Santo André: Armada, 2020, p. 95-124.

COUTINHO, João Pereira. *As ideias conservadoras explicadas a revolucionários e extremistas*. São Paulo: Três Estrelas, 2014, p. 59.

COUTINHO, João Pereira; PONDÉ, Luiz Felipe; ROSENFIELD, Denis. *Por que virei à direita. Três intelectuais explicam sua opção pelo conservadorismo*. São Paulo: Três Estrelas, 2012.

DAWSON, Christopher. *Progresso e Religião: uma investigação histórica*. São Paulo: É Realizações, 2012.

REFERÊNCIAS

DUBY, Georges (org). *História da vida privada, II:* da Europa Feudal à Renascença. São Paulo: Companhia das Letras, 2009.

DURKHEIM, Émile. *As formas elementares da vida religiosa:* o sistema totêmico da Austrália. São Paulo: Martins Fontes, 1996.

ELIADE, Mircea. *História das crenças e das ideias religiosas, volume II: de Gautama Buda ao triunfo do Cristianismo.* Rio de Janeiro: Zahar, 2011.

ELIADE, Mircea. *Mito e Realidade.* 6ª ed., São Paulo: Perspectiva, 2013.

ELIADE, Mircea. *O sagrado e o profano: a essência das religiões.* 3ª ed., São Paulo: Editora WMF Martins Fontes, 2013.

ELLER, Jack David. *Introdução à antropologia da religião.* Petrópolis: Vozes, 2018.

ENGELS, Friedrich; MARX, Karl. *Manifesto do Partido Comunista.* São Paulo: Penguin Classics/ Companhia das Letras, 2012.

FERNANDES, Daniela. Absolvidas por ato na Notre Dame, feministas despertam críticas de políticos. *BBC News Brasil.* Paris, 10 set. 2014. Disponível em: <http://www.bbc.com/portuguese/noticias/2014/09/140910_femen_inocentadas_df_rb>. Acesso em 16 de agosto de 2022.

FERRO, Marc. *O ressentimento na história: ensaio.* Rio de Janeiro: Agir, 2009.

GOBBI, Nelson. Artista russo fará performance como Lênin nu em São Paulo. *O Globo.* Rio de Janeiro, 25 out. 2017. Disponível em: <https://oglobo.globo.com/cultura/artes-visuais/artista-russo-fara-performance-como-lenin-nu-em-sao-paulo-21991395?utm_source=Facebook&utm_medium=Social&utm_campaign=O%20Globo>. Acesso em: 13 de março 2018.

GORDON, Flávio. *A corrupção da inteligência:* intelectuais e poder no Brasil. Rio de Janeiro: Record, 2017.

GUNZ, Rafaella. Meet Desmond Napoles, 10-year-old drag icon. *Gay Star News.* 17 dez. 2017. Disponível em: <https://www.gaystarnews.com/article/watch-meet-desmond-napoles-10-year-old-drag-icon/>. Acesso em: 13 de março de 2018.

H4CKO. Nasceu homem, virou mulher, agora quer ser um cavalo. *YouTube.* 2 dez. 2015. Disponível em: <https://www.youtube.com/watch?v=cwHP4CnSTfw&app=desktop>. Acesso em: 12 de março de 2018.

HANEY, Stephanie. Modern family: mom, dad, 11-year-old son and daughter, 13, ALL identify as transgender. *Daily Mail Online.* Londres, 16 dez. 2017. Disponível em: <https://archive.is/IefsD>. Acesso em: 13 de março de 2018.

HARADA, Eduardo. Universo Marvel: 'novo Thor' é uma mulher, tem câncer e está careca?. *Tecmundo*. São Paulo, 9 jul. 2015. Disponível em: <https://www.tecmundo.com.br/marvel/82963-universo-marvel-novo-thor-mulher-tem-cancer-careca.htm>. Acesso em: 13 de março de 2018.

HARRISON, Peter (org). *Ciência e religião*. São Paulo: Ideias & Letras, 2014.

HARTOG, François. *Fazer a viagem a Atenas: a recepção francesa de Johann Joachim Winckelmann. In:* Ibid., p. 175-176.

HARTOG, François; GUIMARÃES, José Otávio (org). *Os antigos, o passado e o presente*. Brasília: Editora Universidade de Brasília, 2003.

HILL, Jonathan. *História do Cristianismo*. Trad. Rachel Kopit Cunha, Juliana A. Saad, Marcos Capano. São Paulo: Edições Rosari, 2008.

HOBSBAWM, Eric; RANGER, Terence (orgs.). *A Invenção das Tradições*. 12ª ed., Rio de Janeiro/São Paulo: Paz&Terra, 2018.

HOMERO. *Ilíada*. São Paulo: Penquin Classics/Companhia das Letras, 2013.

HUGO, Victor. *Os trabalhadores do mar*. São Paulo: Cosac Naify, 2013.

JOÃO PAULO II. *Carta Encíclica Fides et Ratio*. 12ª ed., São Paulo: Paulinas, 2009.

KIRK, Russell. *A política da prudência*. Trad. Gustavo Santos e Márcia Xavier de Brito. São Paulo: É Realizações, 2013, p. 356.

KOSELLECK, Reinhart. *Futuro passado:* contribuição à semântica dos tempos históricos. Rio de Janeiro: Ed. PUC-Rio, 2006.

KRISTOF, Nicholas. A confession of liberal intolerance. *The New York* Times, 7 mai. 2016. Disponível em: <https://www.nytimes.com/2016/05/08/opinion/sunday/a-confession-of-liberal-intolerance.html>. Acesso em: 16 de Agosto de 2022.

LE GOFF, Jacques (org). *Homens e mulheres da Idade Média*. São Paulo: Estação Liberdade, 2013.

LE GOFF, Jacques. *História e memória*. 7ª ed., Campinas: Editora da Unicamp, 2013, p. 219-227.

LE GOFF, Jacques. *Reflexões sobre a história*. Lisboa: Edições 70, 2009.

LE GOFF, Jacques. *Uma longa Idade Média*. 3ª ed., Rio de Janeiro: Civilização Brasileira, 2011.

LÉVI-STRAUSS, Claude. *Raça e história*. Disponível em < https://we.riseup.net/assets/231452/Raça-e-História-Lévi-Strauss.pdf>. Acesso em: 12 de março de 2017.

REFERÊNCIAS

LEWIS, C. S. *A abolição do homem*. Rio de Janeiro: Thomas Nelson Brasil, 2017.

LEWIS, C. S. *Cristianismo puro e simples*. Trad. Álvaro Opperman e Marcelo Brandão Cipolla. São Paulo: Martins Fontes, 2005.

LILLA, Mark. *A Mente imprudente: os intelectuais na atividade política*. São Paulo: Record, 2017.

LILLA, Mark. *A mente naufragada*: sobre o espírito reacionário (e-book). Rio de Janeiro: Record, 2018.

MARX, Karl. *Manuscritos econômico-filosóficos*. São Paulo: Boitempo, 2014.

MELO, João Ozorio de. Lei californiana cria polêmica nos EUA. *Consultório Jurídico*. 29 dez. 2021. Disponível em: <https://www.conjur.com.br/2021--dez-29/lei-california-shoplifting-cria-polemica-eua>. Acesso em: 29 de abril de 2022.

MINOIS, Georges. *História do Futuro:* dos profetas à prospectiva. São Paulo: Editora UNESP, 2016.

MISES, Ludwig von. *Ação humana*. Trad. Donald Stewart Jr. São Paulo: Instituto Ludwig von Mises Brasil, 2010.

MISES, Ludwig von. *Socialism: an economic and sociological analysis*. Trad. J. Kahane. United States: New Haven Yale University Express, 1951.

MOVIMENTO ACREDITO. Nossos Valores. *Movimento Acredito*. São Paulo. Disponível em: <https://movimentoacredito.org/nossos-valores/>. Acesso em: 29 de abril de 2022.

NABUCO, Joaquim. *Por que continuo a ser um monarchista* (1890). Disponível em: < https://bibliomais.webnode.com/_files/200000108-d41a0d5143/ Porque%20Continuo%20a%20ser%20Monarchista%20(Mornarquista). pdf>. Acesso em: 13 de março de 2018.

NARLOCH, Leandro. Ataques em Paris: já estão culpando a vítima. *Veja*. São Paulo, 31 jul. 2020. Disponível em: <https://veja.abril.com.br/blog/ cacador-de-mitos/ataques-em-paris-ja-estao-culpando-a-vitima/>. Acesso em: 13 de março de 2018.

NENNIUS. História dos Bretões. *In:* COSTA, Ricardo da (org.). *Testemunhos da história: documentos de história antiga e medieval*. Vitória: Edufes, 2002.

NEVES, Walter Alves; JUNIOR, Miguel José Rangel; MURRIETA, Rui Sérgio S. (Orgs.). *Assim caminhou a humanidade*. São Paulo: Palas Athena, 2015.

O GLOBO. Femen invade Catedral de Notre Dame para festejar renúncia do Papa. *O Globo*. Rio de Janeiro, 12 fev. 2013. Disponível em: <http://oglobo.globo.com/mundo/femen-invade-catedral-de-notre-dame-para-festejar-renuncia-do-papa-7558197>. Acesso em: 16 de agosto de 2022.

OLIVEIRA, Giovanni. Live-action da Branca de Neve não terá os Sete Anões, informa a Disney. *Portal Popline*. 25 jan. 2022. Disponíve em: <https://portalpopline.com.br/live-action-da-branca-de-neve-nao-tera-os-sete-anoes-informa-a-disney/>. Acesso em: 29 de abril de 2022.

ORWELL, George. *O que é fascismo? E outros ensaios*. São Paulo: Companhia das Letras, 2017.

PAIM, Antônio. *História do liberalismo brasileiro*. São Paulo: LVM Editora, 2018, p. 117.

PEDRERO-SÁNCHEZ, Maria Guadalupe (org). *História da Idade Média: textos e testemunhas*. São Paulo: Editora UNESP, 2000.

PIMENTEL, Thais. 'A maior parte das livrarias não tem livros que nos representam', diz criadora de espaço dedicado a autores negros em BH. *G1*. Belho Horizonte, 13 mai. 2017. Disponível em: <https://g1.globo.com/minas-gerais/noticia/a-maior-parte-das-livrarias-nao-tem-livros-que-nos-representam-diz-criadora-de-espaco-dedicado-a-autores-negros-em-bh.ghtml>. Acesso em: 13 de março de 2018.

PITTA, Iuri. Relatora propõe distritão com desempenho mínimo de partidos em 2022. *CNN Brasil*. São Paulo, 13 jul. 2022. Disponível em: <https://www.cnnbrasil.com.br/politica/proposta-de-distritao-muda-e-regra-pode-valer-so-para-metade-de-vagas-de-estados/>. Acesso em: 29 de abril de 2022.

PLATÃO. *Fédon*. Tradução e notas de Jorge Paleikat e João Cruz Costa. 1972. Coleção Os Pensadores.

PONDÉ, Luiz Felipe. *Contra um mundo melhor: ensaios do afeto*. 2ª ed., São Paulo: LEYA, 2013.

PRIMIANO, Leonard Norman. Vernacular Religion and the Search for Method in Religious Folklife. *Western Folklore*. Vol. 54, nº 1. 1995.

PROST, Antoine. *Doze Lições Sobre a História*. 2ª ed., Belo horizonte: Autêntica Editora, 2015.

RÁDIO CÂMARA. Íntegra do discurso presidente da Assembleia Nacional Constituinte, Dr. Ulysses Guimarães. *Câmara dos Deputados*. Brasília. Disponível em: <https://www.camara.leg.br/radio/programas/277285-

REFERÊNCIAS

integra-do-discurso-presidente-da-assembleia-nacional-constituinte-dr-
-ulysses-guimaraes-10-23/>. Acesso em: 06 de fevereiro de 2022.

RAPOSO, Henrique. Voltar a Edmund Burke. *Nova Cidadania.* Portugal. Disponível em: <http://www.novacidadania.pt/content/view/774/67/lang,en/>. Acesso em: 16 de Agosto de 2022.

REALE, Giovanni. *Estoicismo, ceticismo e ecletismo:* história da filosofia grega e romana, *vl. VI.* 2ª ed., São Paulo: Edições Loyola, 2011, p. 142-146.

REALE, Giovanni. *Filosofias helenísticas e epicurismo:* história da filosofia grega e romana, *vl. V.* 2ª ed., São Paulo: Edições Loyola, 2011.

REALE, Giovanni. *História da filosofia grega e romana, vol. VIII:* renascimento do platonismo e do pitagorismo. 2ª ed., São Paulo: Edições Loyola, 2014.

REALE, Giovanni. *Léxico da filosofia grega e romana:* história da filosofia grega e romana, vol. IX. São Paulo: Edições Loyola, 2014.

REALE, Giovanni. *Pré-socráticos e orfismo*: história da filosofia grega e romana, vl. I. 2ª ed., São Paulo: Edições Loyola, 2012.

REBELLO, Hiago Maimone da Silva. Edmund Burke e a História. *Coletânea.* v. 21 n. 41 p. 115-158 jan/jun. 2022.

REDAÇÃO. 'Minha maior virtude é ser negra', diz Cris Viana, rainha de bateria da Grande Rio. *Extra.* Rio de Janeiro, 12 jan. 2011. Disponível em: <https://extra.globo.com/famosos/minha-maior-virtude-ser-negra-diz-
-cris-vianna-rainha-de-bateria-da-grande-rio-843057.html>. Acesso em: 13 de março de 2018.

REDAÇÃO. As críticas à atriz Whoopi Goldberg por declarar que Holocausto não foi 'sobre raça'. *BBC News Brasil.* 1 fev. 2022. Disponível em: <https://www.bbc.com/portuguese/geral-60213411>. Acesso em: 29 de abril de 2022.

REDAÇÃO. Branca de Neve: Rachel Zegler rebate críticas por viver 'princesa latina' no live-action; entenda. *Rolling Stone.* São Paulo, 31 jan. 2022. Disponível em: <https://rollingstone.uol.com.br/cinema/branca-de-neve-rachel-zegler-rebate-criticas-por-viver-princesa-latina-
-no-live-action-entenda/>. Acesso em: 29 de abril de 2022.

REDAÇÃO. Com jatos de vinho lançados pelo ânus, performance artística discute relações sociais. *Revista Lado A.* 30 mar. 2015. Disponível em: <http://revistaladoa.com.br/2015/03/noticias/com-jatos-vinho-
lancados-pelo-anus-performance-artistica-discute-relacoes-sociais/>. Acesso em: 13 de março de 2018.

REDAÇÃO. Ex-007 Pierce Brosnan defende um James Bond gay. *Veja*. São Paulo, 23 mai. 2017. Disponível em: <https://veja.abril.com.br/entretenimento/ex-007-pierce-brosnan-defende-um-james-bond-gay/>. Acesso em: 13 de março de 2018.

REDAÇÃO. Homem de 46 anos se descobre transgênero e vive como uma garotinha de seis. *Yahoo! Notícias.* 12 dez. 2015. Disponível em: <https://br.noticias.yahoo.com/blogs/eita/homem-de-46-anos-se-descobre-transgênero-e-vive-como-uma-garotinha-de-6-170611554.html>. Acesso em: 13 de março de 2018.

ROSS, Ian Simpson. *Adam Smith:* uma biografia. Rio de Janeiro: Record, 1999.

ROWLING, J. K. *Twitter.* 6 jun. 2020. Disponível em: <https://twitter.com/jk_rowling/status/1269382518362509313>. Acesso em: 30 de abril de 2022.

RYAN, Tim. In context: what Obama said about "fundamentally transforming" the nation. *Politifact.* Washington, DC, 6 fev. 2014. Disponível em: <https://www.politifact.com/article/2014/feb/06/what-barack-obama--has-said-about-fundamentally-tra/>. Acesso em: 30 de abril de 2022.

SACRAMENTO, Marcos. O que Holiday, o negro do MBL, pode aprender com a surra que levou da polícia. *Diário do Centro do Mundo.* São Paulo, 23 nov. 2015. Disponível em: <https://www.diariodocentrodomundo.com.br/o-que-holiday-o-negro-do-mbl-pode-aprender-com-a-surra-que-levou--da-policia-por-marcos-sacramento/>. Acesso em: 13 de março de 2018.

SANDES, Eline. Elon Musk e Twitter: liberdade de expressão preocupa especialistas. *Metrópoles.* Brasília, 25 abr. 2022. Disponível em: <https://www.metropoles.com/mundo/elon-musk-e-twitter-liberdade-de-expressao-preocupa-especialistas>. Acesso em: 30 de abril de 2022.

SANTOS. Mario Ferreira dos. *Filosofia e Cosmovisão*. São Paulo: É Realizações, 2014, p. 232.

SCHLAFLY, Phyllis; VENKER, Suzanne. *O outro lado do feminismo*. Santos: Editora Simonsen, 2015.

SMITH, Adam. *A mão invisível*. São Paulo: Penguin Classics/Companhia das Letras, 2013.

STARAUSS, Elissa. Why kids love 'fascist' cartoons like 'Paw Patrols' and 'Thomas?. *CNN.* New York, 22 dez. 2017. Disponível em: <https://archive.is/DmbTP>. Acesso em: 13 de março de 2018.

STONE, Lawrence. *Causas da Revolução Inglesa 1529-1642*. Bauru: EDUSC, 2000.

REFERÊNCIAS

TERUEL, Ana. Cannes proíbe o uso do burkini em suas praias. *El País Brasil.* São Paulo, 12 ago. 2016. Disponível em: <https://brasil.elpais.com/brasil/2016/08/12/internacional/1471003957_038249.html>. Acesso em: 16 de agosto de 2022.

The Declaration of Independence: the want, will, and hopes of the people. 4 jul. 1776. Disponível em: <http://www.ushistory.org/declaration/document/index.html>. Acesso em: 16 de agosto de 2022.

THIESSEN, Marc A. Yes, antifa is the moral equivalent of neo-Nazis. *The Washington Post.* Whasington, DC, 30 ago. 2017. Disponível em: <https://www.washingtonpost.com/opinions/yes-antifa-is-the-moral-equivalent-of--neo-nazis/2017/08/30/9a13b2f6-8d00-11e7-91d5-ab4e4bb76a3a_story.html?utm_term=.89e6348e0f13>. Acesso em: 13 de março de 2018.

TOLKIEN, John Ronald Reuel. *O Silmarillion.* 5ª ed., São Paulo: Editora WMF Martins Fontes, 2011.

US SUPREME COURT. Loving v. Virginia. *Justia US Supreme Court.* Washington, 1967. Disponível em: < https://supreme.justia.com/cases/federal/us/388/1/>. Acesso em 16 de agosto de 2022.

VEYNE, Paul. *Os gregos acreditavam em seus mitos?:* ensaio sobre a imaginação constituinte. São Paulo: Editora UNESP, 2013.

VIEIRA, Maria Clara. Jordan Peterson: a liberdade de expressão é perigosa; a alternativa é pior. *Veja.* 3 jan. 2019. Disponível em: <https://veja.abril.com.br/cultura/jordan-peterson-a-liberdade-de-expressao-e-perigosa-a--alternativa-e-pior/>. Acesso em: 30 de abril de 2022.

VILLAR, Marcela. Projeto de Pastor Isidório que restringe uso da palavra bíblia não chega à votação. *Correio 24 Horas.* Salvador, 14 mar. 2022. Disponível em: <https://www.correio24horas.com.br/noticia/nid/projeto-de-pastor-isidorio-que-restringe-uso-da-palavra-biblia-nao-chega--a-votacao/>. Acesso em: 29 de abril de 2022.

WASHINGTON, George. *Thanksgiving Proclamation,* 3 out. 1789.

WILKINSON, Dan. Rapaz decidiu perder a virgindade anal em público. *Catraca Livre.* São Paulo, 06 nov. 2022. Disponível em: <https://catracalivre.com.br/geral/arte-e-design/indicacao/conheca-a-historia-do-rapaz-que-em-nome--da-arte-decidiu-perder-a-virgindade-anal-em-publico/>. Acesso em: 13 de março de 2018.